JN446535

정신건강 사회복지론

김상옥
김현경
박주현
윤명길
이기원
이영희
장갑수
정명희
공저

SOCIAL WELFARE IN
MENTAL HEAL

양 성 원

머리말

정신건강(Mental health)이란 무엇인가? 정신건강은 인간의 심리적 기능이 어느 정도 정상적인가를 나타내는 개념이다. 일반적으로 정신질환이 없고, 정상 범주에 있으며, 잘 적응하고 있고, 불만이 적으며, 행복감을 느끼는 등의 조건을 갖춘 사람으로 생각할 수 있다. 이는 인간 정신 기능의 생리적·심리적·사회적 측면이 상호 심각한 갈등 없이 고유의 기능을 발휘하고 있으며, 사회집단과 현실적 적응을 잘하고 있음을 가리킨다. 정신건강은 하나의 목표가 달성된 이상적인 상태를 의미한다. 정신건강은 두 가지 측면, 즉 정신적으로 건강하지 못한 상태의 예방 및 치료라는 소극적인 측면과 정신적으로 건강한 상태의 유지 및 증진이라는 적극적인 측면 모두를 품고 있다.

세계보건기구(WHO) 헌장에 따르면, 건강은 단지 질병에 걸리거나 허약하지 않은 상태만이 아니라, 신체적·정신적·사회적으로 양호한 상태를 말한다. 따라서 정신건강은 일상생활에서 언제나 독립적·자주적으로 처리해 나갈 수 있고, 질병에 대해 저항력이 있으며, 원만한 가정과 사회생활을 할 수 있는 상태이자 정신적 성숙 상태를 말한다. 정신건강은 만족스러운 인간관계와 그것을 유지해 나갈 수 있는 능력이다. 즉, 정신건강은 예방적 차원뿐만 아니라 치료적 차원, 더 나아가 어떤 환경에서도 대처해 나갈 수 있는 건강하고 균형 잡힌 성격의 발달을 일컫는다. 다시 말하면, 정신건강은 정신적으로 병적인 증상이 없을 뿐 아니라, 자신의 능력을 최대한으로 발휘하고 환경에 잘 적응하며, 자주적이고 건설적으로 자신의 생활을 잘 처리해 나갈 수 있는 성숙된 인격체를 갖춘 상태이다.

정신적으로 건강한 사람은 자신이 무엇을 해야 하는지를 제대로 인식하는 선명한 자기를 가지고 인생의 목표를 자발적으로 추구해 나가고, 현실이 괴로운 것이라도 그 것을 수용하고 환경의 변화에 적극적으로 적응하는 능력이 있으며, 상대방의 입장에서 생각할 줄 알고 상대방의 요구를 이해할 수 있어서 대인관계를 계속해서 유지할 수 있고, 만족스러운 이성관계를 유지할 수 있으며, 자신의 능력의 한계를 현실적으로 수용하고 직업 적응을 잘하며, 자신이 가진 능력의 실현을 통한 성취감을 경험한다.

이러한 견지에서 이 책은 학생들이 다음과 같은 몇 가지 목표를 달성할 수 있게 한다. 첫째, 정신건강과 지역사회정신건강의 개념을 명확하게 이해한다. 둘째, 정신질환 혹은 정신장애 관련 정신건강증진 패러다임을 설명할 수 있다. 셋째, 「정신건강증진 및 정신질환자 복지서비스 지원에 관한 법률(약칭: 정신건강복지법)」을 이해하고, 정신질환자의 권리를 설명할 수 있다. 넷째, 정신질환자의 사회기술훈련과 직업재활을 설명할 수 있다. 다섯째, 정신질환자 인권의 중요성을 주장할 수 있다. 여섯째, 현대사회의 다양한 정신건강 이슈를 실천할 수 있다.

끝으로, 고마운 마음을 전하고자 한다. 항상 마음으로만 가지고 있는, 출간에 많은 도움을 준 도서출판 양성원 관계자들에게 마음속 깊은 곳에서 고마움을 전한다. 이처럼 결실을 맺을 수 있는 것은 전적으로 이 분들의 덕분이다. 특별히 이 책을 쓸 수 있도록 모든 것을 허락하신 하나님의 축복과 은혜에 대해서는 그 무엇으로도 갚을 수 없으니 참으로 안타까울 따름이다. 우리 모두가 신종 코로나바이러스 감염증(COVID-19)을 슬기롭게 극복하기를 기대하면서….

2021년 8월

차 례

PART 4 정신건강사회복지 실천 이슈

PART 1

정신건강사회복지의 기초적 이해

CHAPTER 01

정신건강과 정신건강사회복지의 이해

1. 정신건강의 개념과 역사적 전개과정

1) 정신건강의 개념

정신건강이란 인간의 심리적 기능이 어느 정도 정상적인가를 나타내는 개념으로, 큰 고민거리나 걱정거리가 없어 마음이 바르고 평안한 상태를 일컫는다.

일반적으로 정신건강은 정신질환이 없고, 정상 범주에 있으며, 잘 적응하고 있고, 불만이 적고 행복감을 느끼는 사람 등의 조건을 갖춘 경우로 볼 수 있다. 인간 정신기능의 생리적 · 심리적 · 사회적 측면이 상호 심각한 갈등 없이 고유의 기능을 발휘하고 있으며 사회집단과 현실적 적응을 하고 있음을 가리킨다.

정신건강은 정신적으로 건강하지 못한 상태의 예방 및 치료라는 소극적인 측면과 정신적으로 건강한 상태의 유지 및 증진이라는 적극적인 측면을 가진다. 이것은 흔히 다음과 같은 네 가지 측면에서 생각할 수 있다(서울대학교 교육연구소, 2011).

- 질병의 대립 개념인 정신건강으로서, 이는 정신병리가 없는 상태를 가리킨다.
- 이상적 상태인 정신건강으로서, 최적의 정신적 기능을 발휘할 수 있도록 정신기능의 모든 하위영역이 조화되고 이상적 상태를 이루고 있는 것을 가리킨다.
- 통계적 개념인 정신건강으로서, 수학의 통계적 개념을 적용하여 인간행동이나 정신기능의 정상분포 곡선에서 중간부분을 건강한 것으로 보고 양극단을 비정상 혹은 불건강한 것으로 보는 것이다.
- 상호작용 체제인 정신건강으로서, 이는 인간 정신기능의 생리적 · 심리적 · 사회적 측면이 상호 심각한 갈등이 없이 고유의 기능을 발휘하고 있으며 사회집단과 현실적 적응을 하고 있음을 가리킨다.

세계보건기구(WHO) 헌장에 따르면, 건강은 단지 질병에 걸리거나 허약하지 않은 상태만이 아니라 신체적 · 정신적 · 사회적으로 양호한 상태이고, 따라서 정신건강은 일상생활에서 언제나 독립적 자주적으로 처리해 나갈 수 있고 질병에 대해 저항력이 있으며 원만한 가정생활과 사회생활을 할 수 있는 상태이자 정신적 성숙 상태를 말한다.

미국정신위생위원회(National Committee for Mental Hygiene)에서는 "정신건강이란, 다만 정신적 질병에 걸려 있지 않은 상태만이 아니라 만족스러운 인간관계와 그것을 유지해 나갈 수 있는 능력"이라고 정의한다. 즉, 예방적 차원뿐만 아니라 치료적 차원, 나아가 어떤 환경에서도 대처해 나갈 수 있는 건강하고 균형 잡힌 성격의 발달을 의미한다고 볼 수 있다. 다시 말하면, 정신건강은 정신적으로 병적인 증상이 없을 뿐 아니라 자신의 능력을 최대한으로 발휘하고 환경에 잘 적응하며 자주적이고 건설적으로 자신의 생활을 잘 처리해 나갈 수 있는 성숙된 인격체를 갖추고 있는 상태라고 할 수 있다.

정신건강에 대한 성격학자들의 견해를 종합해 보면, 정신적으로 건강한 사람은 대체로 다음과 같은 다섯 가지 특징이 있다(김춘경 외, 2016).

- 정신적으로 건강한 사람은 자신이 무엇을 해야 하는지를 제대로 인식하는 선명한 자기를 가지고 인생의 목표를 자발적으로 추구해 나갈 수 있다.
- 정신적으로 건강한 사람은 현실이 괴로운 것이라도 그것을 수용하고 환경의 변화에 적극적으로 적응하는 능력이 있다.
- 정신적으로 건강한 사람은 상대방의 입장에서 생각할 줄 알고 상대방의 요구를 이해할 수 있어서 대인관계를 지속해서 유지할 수 있다.
- 정신적으로 건강한 사람은 만족스러운 이성 관계를 유지할 수 있고, 자신의 능력의 한계를 현실적으로 수용할 수 있다.
- 정신적으로 건강한 사람은 직업 적응을 잘하고 자신이 가진 능력의 실현을 통한 성취감을 경험할 수 있다.

2019년 12월 중국 후베이성(湖北省) 우한(武漢)에서 처음 발생한 뒤 중국 전역과 전 세계로 확산된 호흡기 감염질환인 신종 코로나바이러스 감염증(COVID-19, 코로나19)[1)]

1) 초기에는 원인을 알 수 없는 호흡기 전염병으로만 알려졌으나, 세계보건기구(WHO)가 2020년 1월 9일 해당 폐렴의 원인이 새로운 유형의 코로나바이러스(SARS-CoV-2, 국제바이러스분류위원회 2월 11일 명명)라고 밝히면서 병원체가 확인됐다. 중국 정부는 2020년 1월 21일 우한 의료진 15명이 확진 판정을 받았다며 코로나19의 사람 간 감염 가능성을 공식 확인했는데, 이 의료진 감염 여부는 사람 사이의 전염을 판별하는 핵심 지표로 알려져 있다. 이후 감염 확산세가 이어지자, WHO는 같은 해 1월 30일 '국제적 공중보건 비상사태(PHEIC)'를 선포했다. 그러다 코로나19 확진자가 전 세계에서 속출하자 WHO는 같은 해 3월 11일 홍콩독감(1968), 신종플루(2009)에 이어 사상 세 번째로 코로나19에 대해 팬데믹(pandemic, 세계적 대유행)을 선포했다.

는 정신건강에 어떤 영향을 미치는지 살펴보자(매일경제, 2020. 9. 21.; 한국일보, 2020. 9. 21.).

서울시민 10명 중 4명이 코로나19 사태로 정신건강이 나빠졌다고 생각하는 것으로 조사됐다. 서울시는 2020년 7~8월 '코로나19 이후 달라진 시민 일상' 실태를 온라인으로 조사해 한국IBM의 인공지능(AI) 챗봇으로 분석한 결과를 같은 해 9월 21일 발표했다. 대상은 10~80대 시민 3,983명이다.

자료에 따르면, '코로나19가 발생하기 이전과 비교할 때 정신적인 건강 상태는 어떠신가요?'라는 질문에 응답자의 40%(1,489명)가 '나빠졌다'고 답했다. 나머지(60%)는 '똑같다'는 쪽이었다. 정신건강이 나빠진 이유로는 경제적 어려움, 경기침체, 거리 두기로 말미암은 여가생활 부족, 야외활동 감소, 교류 감소, 마스크 착용으로 불편, 가족과의 교류 단절, 대인관계 부족 등이 꼽혔다.

2) 정신건강의 역사적 전개과정

정신건강운동은 프랑스의 피넬(P. Pinel)이 시작하였다. 그때까지만 해도 정신장애인은 하느님의 버림을 받은 사람 또는 악마가 붙은 사람이라 하여 수용소에 강제로 가두어서 쇠사슬로 묶어 놓았던 것을 피넬은 정신이상도 병의 한 종류라고 주장하여, 쇠사슬을 풀어준 데서 정신운동이 시작된 것이라고 전해진다. 그 시기와 비슷하게 전 유럽에 이런 운동이 퍼져 나갔다.

정신위생운동이 한 조직운동으로서 활발한 운동을 전개시킨 사람은 미국의 비어스(C. W. Beers)였다. 그는 정신질환자로서 정신병원에 입원했다가 완치 퇴원 후『다시 찾은 내 마음(A mind that found itself)』이라는 책을 써서 그 당시 정신병원의 문제점을 지적하고 개선방안을 제시하였다. 그의 주장이 많은 호응을 얻자 미국 코네티컷주(州)

에 처음으로 정신위생협회가 탄생하게 되었다. 정신위생이라는 말은 그를 원조했던 마이어(A. Meyer) 교수가 만들어 낸 말이다. 그 후 이 말이 부적당하다 하여 정신건강 혹은 정신보건이라는 말로 대체되어 사용되고 있다.

정신장애를 일으킨 환자는 오랫동안 편견과 경멸의 대상으로 여겨져 왔으나 문화의 발달과 인권존중사상의 보급, 경제성장에 따라서 그런 환자를 정신병원에 입원시킴으로써 격리와 치료를 받게 하는 일이 일차목표였지만 차차 개념이 달라졌다.

말하자면 정신병원 내에서의 정신건강문제부터 사회 전체가 정신위생의 인식을 달리하여 예방문제를 생각하게 되었고, 더 나아가서 이런 환자의 치료와 사회복귀를 위해서는 사회 전체가 참여하는 방향으로 발전되어 갔다. 각 나라의 사정에 따라서 활동양상은 다르기는 하지만, 요약하자면 환자의 조기발견과 입원치료, 퇴원 후의 후속치료, 환자의 처우개선, 가족에 대한 사회지원, 직업교육 문제보다도 예방문제 등에 역점을 두고 있다.

따라서 지역사회가 단위로 되어 정신병원의 설립, 가급적 단기입원, 조기퇴원환자를 곧 바로 가정으로 복귀시키기 전에 중간사회시설을 거치는 동안 차차 적응능력을 얻도록 하는 방도와 이에 필요한 보건기구를 통합하며, 학교나 기업 · 교도소 · 경찰 등의 정신의학적 카운셀링 문제, 가급적 통원치료를 받게 하거나 또는 낮이나 밤에만 입원시키는 낮병원 · 밤병원의 운영 등을 고려하게 되었다.

현대사회에서의 정신장애의 발생 책임을 물어 그 원인을 그 가족에게만 돌릴 것이 아니라 현대사회의 모순에서 발견하여 비장애인의 정신건강을 해치는 많은 악조건을 지적 · 개량할 것이며, 산업의 발달과 기계문명의 보급은 필수적으로 인간관계를 파탄시키고 있으므로 적응에 실패하는 사회적 원인의 제거와 개선을 위한 사회 전체의 참여가 절실하게 요구되고 있다.

또한, 그 속도와 필요성은 해가 갈수록 커져 가고 있다. 정신병원 내에서의 환자와 정신과 의사들만의 정신건강문제로부터 차츰 진보하여 사회학 · 인류학 등과 연관을 가진 정신의학으로 변모함에 따라서 이 문제의 해결과 예방을 위해서는 환자와 의사는 물론 사회와 직장 · 기업체 · 법률가 · 심리학자 · 사회사업가 · 종교지도자 · 보건소 등이 합심해야 한다는 결론에 도달하였다. 이를 위해서 국가는 정신건강 관련법을 제정하여 실천에 소요되는 예산과 기구를 확보하는 동시에 이에 필요한 인원의 교육과 훈련을 위해서 노력하고 있다.

유럽 각국에서는 약 2백 년 전부터 기초적인 법률을 제정하였다가 수차에 걸친 수정을 하여 오늘에 이르렀는데, 미국에서는 1948년 「국민정신건강법」이 제정되었고, 그 후 1963년 케네디(J. F. Kennedy)의 「정신보건법」이 공포되어 지역사회가 공동책임과 예방 · 치료 · 사회복귀를 위해서 노력하고 있다. 우리나라에서도 국민의 정신건강증진을 위하여 1995년 12월 30일 법률 제5134호로 「정신보건법」[2]이 제정되었다.

2. 정신건강사회복지의 개념과 역사적 전개과정

1) 정신건강사회복지의 개념

정신보건사회복지(이후 원칙적으로 정신건강사회복지라는 용어로 바꾸었으나, 문맥에 따라 혼용하여 사용하더라도 같은 용어로 봄)란 제2실천의 장인 정신의학(혹은 정신건강) 영역에서 사회복지를 실천하는 것을 일컫는다. 정신의학 영역에서 다루는 정신장애는 만성적 특성을 가지고 있으므로 병원에서는 환자의 증상을 완화시키면서, 동

2) 이 법은 2016년 5월 29일 법률 제14224호에 의거, 「정신건강증진 및 정신질환자 복지서비스 지원에 관한 법률(약칭: 정신건강복지법)」로 개정하여 2017년 5월 30일부터 시행되고 있다.

시에 환자가 성공적으로 사회에 적응할 수 있도록 계속해서 원조하여야 한다(임은희, 2014: 55).

우리나라에서 정신보건사회복지는 1993년 의료사회사업으로부터 분화되어 전문화된 영역으로 독립하였으며, 정신의료사회사업 또는 정신보건사회사업으로 명명되었다. 그러나 1998년 「사회복지사업법 시행령」 및 「사회복지사업법 시행규칙」 개정 당시 한국정신보건사회복지사협회가 '정신보건사회복지'라는 용어를 공식적으로 사용하면서 정신보건사회복지라는 개념이 등장하였다. 현재는 「정신건강증진 및 정신질환자 복지서비스 지원에 관한 법률(약칭: 정신건강복지법)」에 따라 '정신보건사회복지'라는 용어를 '정신건강사회복지'로 바꾸어 사용한다.

정신건강사회사업은 정신건강 현장에서 이루어지는 사회사업을 말한다. 그러므로 정신건강사회복지는 정신건강 현장에 대한 규정과 그 나라의 사회·문화적 환경에 따라 다양하게 정의될 수 있다.

1990년 우리나라에서 발간된 『정신의학사전』에 따르면, 정신의학적 사회사업(지금은 이를 정신건강사회복지로 부름)이란 정신병원, 정신과 진료소, 종합병원 내 신경정신과, 사회복지시설 등에서 전문치료팀의 일원으로서 정신과 환자 및 그들의 가족과 관계를 가지는 특수 사회사업 영역을 말하며, 주로 다음과 같은 일을 하게 된다. 첫째, 환자의 질병에 영향을 준 가정환경 및 사회적 요소에 대한 평가, 둘째, 환자의 수용 및 그에 대한 적응훈련과 치료계획의 수립에 대한 협조, 셋째, 집단상담과 가족상담 담당, 넷째, 퇴원과 퇴원 후의 치료계획 수립, 다섯째, 지역사회 유관단체와의 관계성 유지 등이다.

프렌치(French, 1940)에 따르면, 정신건강사회복지는 정신의료기관에서 정신의학, 심리학, 정신분석학, 자아심리학, 사회학 등의 지식과 이론을 바탕으로 사회사업의 방법론과 기술을 통하여 정신질환자의 치료활동에 다양하게 적용하여 소기의 목적을 달성하기 위한 학문이며, 집단치료도 정신건강사회복지사의 활동업무에 적용된다. 정신건강사회복지사는 사회사업의 전문성을 정신의학의 실제에 계속적으로 이바지하는 것과 정신과 분야에서 얻은 지식과 경험을 사회사업 실제에 계속해서 적용한다.

핀크(Fink, 1949)와 핀크 등(Fink et al., 1963)에 따르면, 정신건강사회복지란 정서적이고 정신적인 질병에 대한 전적인 책임이 정신의학자에 의해 수행되고 있는 병원이나 진료소에서 시행하는 개별적 수준에서 실행되는 사회복지실천이다.

미국사회복지사협회(1954)의 『사회사업연감(Social Work Year Book 1954)』에 따르면, 정신건강사회복지사업은 정신의학과 함께 직접적이고 책임 있는 관계 내에서 이루어지는 사회복지이다(유수현 외, 2014; 임은희, 2014). 그것은 정신의학적 치료에 관련된 전문적인 사람, 즉 정신의학자, 심리학자, 정신과 간호사, 작업치료사 등을 포함하는 치료팀 활동의 일부분으로 병원이나 진료소, 그 외 정신의학기관에서 시행되는 활동이다. 그 목적은 정신적 · 정서적 장애로 고통을 받는 사람들의 건강을 회복시키며, 지역사회 내에서 정신건강을 촉진하는 데 있다.

오키프(O'Keefe, 1960)에 따르면, 정신건강사회복지사업은 정신건강시설(혹은 기관)이나 정신위생 프로그램에서 이루어지는 사회사업이며, 그 목적은 지역 내의 정신위생을 향상시키는 사업과 정신적 · 정서적 장애가 있는 사람들에게 봉사하는 데 있고, 병원이나 진료소, 정신의학기관 등에서 이루어지며 정신의학자, 심리학자, 흔히 환자들을 치료하는 정신건강사업에 관심이 있는 다른 전문가들을 포함하는 치료팀으로 이루어진다.

퍼거산(Fergusan, 1969)에 따르면, 정신건강사회복지사업이란, 첫째는 정신질환자 기관 내의 프로그램을 본격적으로 돕는 한 형태로서의 사회복지 일종이며, 둘째는 치료기관에서의 실천적 본질을 강조하는 것으로 정신질환에 관한 지식과 사회복지 과정에 적용시킬 수 있는 능력을 소유하면서 시행하는 것이다.

지금까지 정신건강사회복지의 개념을 살펴보았다. 그러나 아직까지도 그 개념이 분명하지 않다. 따라서 정신건강사회복지의 개념을 좀 더 분명하게 하기 위해서는 정신건강사회복지의 구성요소를 살펴볼 필요가 있다. 구성요소인 사람, 문제, 장소, 과정, 목적의 구체적 내용은 다음과 같다(임은희, 2014: 57).

첫째, 사람(person)은 환자 혹은 정신장애인, 정신질환자 또는 부적응적 · 일탈적 · 이상적인 사람을 대상으로 하며, 클라이언트라고 한다. 최근에는 의료소비자의 권익을 강조하는 의미에서 고객(customer)이라고도 한다.

둘째, 문제(problem)란 대상자가 가진 문제, 정신적으로나 정서적으로 건강치 못한 상태, 즉 환경의 압력으로 성격요소가 왜곡되어 있어 사회적 역할을 적절히 수행할 수 없는 상태를 의미한다. 정신장애란 완전히 사회화되지 못한 미숙한 단계에서 고착되어 있는 상태라고 할 수 있다.

셋째, 장소(place)란 클라이언트의 문제를 해결하기 위한 정신병원, 진료소, 아동지도상담소, 지역사회정신보건센터, 정신요양병원, 사회복귀시설, 정신보건시설 등을 말한다.

넷째, 과정(process)은 기본적 욕구 충족, 사회화에서 결핍된 경험에 대한 생활학습의 기회, 책임 분담을 통한 사회적 역할 수행의 훈련, 퇴행된 행동의 억제, 규범 내에 활동할 수 있는 민주적 태도 향상, 현실 지향적 · 인본주의적 · 민주적 생활을 통한 학습활동 등으로 시행된다.

다섯째, 목적(purpose)이란 정신적이고 정서적인 장애로 고통받는 환자의 건강 회복, 사회 적응, 정신건강을 촉진하는 지역사회 내 활동참여를 통해 사회기능을 향상시키는 것이다. 또한, 정신장애인의 삶의 질 향상과 나아가서는 모든 시민의 정신건강증진을 도모하는 것이다.

이처럼 정신건강사회복지의 개념을 다양하게 정의하는 이유가 무엇일까? 그 이유는 다음과 같다. 첫째, 정신건강사회복지는 사회복지의 한 분야로서, 정신의학에 없는 사회복지이론 및 실천체계를 기초로 한다. 둘째, 정신건강사회복지는 개별 수준의 사회복지실천을 핵심적 개입활동으로 하지만, 집단 수준의 사회복지실천, 나아가 정신건강기관의 관리운영, 정신건강사회복지사의 교육과 훈련, 지역사회 조사 · 연구 및 지역사회에서의 인식개선과 옹호, 지역주민 대상의 교육활동 등의 기능도 한다. 셋째, 정신건강사회복지는 정신의학과도 직접적으로 책임이 있는 관계에서 서비스 실천 개입이 수행된다. 넷째, 정신건강사회복지는 정신적 · 정서적 장애를 가진 사람에 대한 대인서비스의 제공을 주된 목적으로 설치되고 있는 정신과 병 · 의원 및 정신건강기관 및 시설에서 시행된다.

이상을 종합하면, 정신건강사회복지는 정신건강사회복지사(혹은 사회복지사)가 정신질환이나 정신장애를 가진 사람(가능성을 가진 사람 포함)에게 정신의학적 전문지식, 사회복지이론 및 실천방법과 기술을 적용하여 그들의 삶의 질 향상을 목적으로 실행하는 사회복지 혹은 사회복지실천의 한 분야라고 할 수 있다. 즉, 정신건강사회복지는 정신건강에 대한 사회복지 개입이며, 3차적 활동으로 구분된다. 1차적 활동은 정신적으로 건강한 생활을 영위하는 정신건강의 함양 촉진, 2차적 활동은 정신장애증상의 완화 및 치료와 보호, 3차적 활동은 발병 이전의 상태에서 정상적 생활을 하도록 정신장애인의 재활과 사회복귀를 원조하는 것이다(임은희, 2014: 55-58).

2) 정신건강사회복지의 역사적 전개과정

(1) 서구의 역사적 전개

① 지역사회정신건강 패러다임의 전환 이전

언제부터 정신건강사회복지라는 의미로 정신건강사회복지실천이 이루어지기 시작했을까? 대체로 이 시점을 정확하게 단정하는 사람은 없다. 그래서 보통은 19세기 규모가 큰 시설에서 퇴소한 정신장애인들을 사회복지사가 지역사회에서 사후관리하면서부터 정신건강사회복지실천이 이루어진 것으로 보는 것이 일반적인 견해다(엄태완,

2018: 19-21).

미국에서는 1900년대 초에 정신병원에서 정신장애인의 생활에 미치는 사회적 힘에 대한 이해를 넓히고 치료에서의 환경적 영향을 파악하기 위해 정신건강사회복지의 원리를 적용하기 시작하였다(Perlman, 1975). 이 시기 정신건강사회복지사는 주로 정신과 의사의 보조자로서 환자의 진단을 위해 사회력을 조사하고, 환자와 가족 그리고 의료진 사이의 중재적 역할을 했으며, 퇴원 후 환자의 안정적 삶을 위해 환자와 가족을 준비시키는 일 등을 하였다.

1913년 보스턴정신병원의 사회복지책임자인 자레트(M. C. Larrett)는 최초로 '정신의료사회사업(psychiatric social work)'이라는 용어를 사용하고, 정신과 의사와 정신건강사회복지사의 협동체계를 통하여 환자를 치료하였다(최송식, 2008). 자레트는 자신의 저서에서 "정신보건사회복지사는 의사와 협조하여 독자적 서비스를 제공하는 사람이며, 의사의 지시를 받아 프로그램을 진행하는 사람이 아니다."라고 하면서, 정신보건사회복지는 정신보건영역에서의 사회복지실천임을 주장하였다. 즉, 정신보건사회복지는 정신의학의 보조적 역할을 하는 새로운 어떤 부분이 아니라, 기존의 사회복지실천 방법을 정서적 · 정신적 문제를 가진 클라이언트에게 적용하는 것이라고 보았다.

앞에서도 말했지만, 초창기 정신보건사회복지사의 중요한 업무는 정신장애인에 대한 개인력 조사, 가족상담, 환경 조정 등이었다. 그러나 점차 전문교육을 받으면서, 정신보건사회복지사는 사회복지실천의 다양한 방법을 적용하게 되었다. 자레트 등은 정신보건사회복지사를 위한 단기훈련과정 등을 시행하였으며, 본격적인 교육은 1914년 시몬대학(Simmon College)의 사회복지학과에서 시작되었다(Perlman, 1975).

영국에서는 18세기 이후 정신장애인을 광인수용소라 불렀던 대형시설에 수백 명에서 수천 명까지 수용하면서 학대와 심각한 인권침해가 지속되었다. 이러한 시설에서 1930년에는 정신병원복지사가 환자들을 중심으로 심리 · 사회적 문제를 확인하고, 가족에 대한 개입과 퇴원 및 지역사회서비스 연결과 행정 업무도 담당하였다.

또한, 영국에서는 1920년대부터 사회복지사가 아동상담소에서 정신과 의사, 임상심리사 등과 함께 전문가팀으로 활동을 시작하고 있었다. 그리고 1929년에는 런던경제대학(London School of Economics)에 정신건강사회복지사를 훈련하는 센터가 설립된 이후에 정신건강사회복지 활동을 시작하였다. 1930년에는 영국정신건강사회복지사협회(BAPSW)가 창립되었다.

미국에서는 1922년에 사회복지사가 미국의료사회복지사협회의 분과로 참여하였다가 1926년 미국정신건강사회복지사협회(AAPSW)를 창립하였으며, 1955년에 이 협회는 미국사회복지사협회(NASW)로 통합되었다. 미국정신사회복지사협회의 설립 목적은 크게 다음과 같은 두 가지로 요약할 수 있다(김상규 외, 1983). 첫째는 정신의학에 관련된 사회복지의 특수성을 발전시키는 것이며, 둘째는 사회복지실천 대상인 클라이언트와 관련하여 정신건강에 관한 지식과 통찰이 요구되는 사회복지의 다른 분야에 이바지하는 것이다. 이후부터 정신건강사회복지사는 정신과 의사와 협력적인 관계 속에서 공공 부분인 주립병원이나 군대에도 배치되었다. 세계대전으로 말미암은 군인들의 정신적 충격에 대한 치료는 전후에도 계속되어야 했으며, 이런 상황으로 말미암아 정신건강사회복지사의 서비스는 더욱 확대될 수밖에 없었다.

또한, 미국에서는 1922년부터 민간차원의 클리닉이 설립되기 시작하였는데, 대표적인 것이 아동상담클리닉(child guidance clinic)이었다. 여기에서 정신과 의사는 주로 클라이언트의 정서적 문제를 다루었으며, 정신건강사회복지사는 클라이언트와 관련된 환경을 변화시키는 데 중점을 두었다. 종합병원에서도 정신과 의사, 신경과 의사, 내과 의사, 사회복지사가 협력적으로 업무하는 정신위생클리닉(mental hygiene clinic)을 설치하였으며, 그 수가 급격히 증가하였다. 왜냐하면, 정신병원에서는 정신병자를 치료한다는 편견과 낙인으로 말미암아 다양한 클라이언트가 접근을 망설였지만, 클리닉은 이러한 문제로부터 한 발짝 떨어져 있었기 때문이다.

지역사회정신건강 패러다임 이전 시대에 사회복지사의 정신장애인에 대한 개입은 주로 정신병원을 중심으로 이루어졌다. 20세기 초부터 확대된 정신병원을 중심으로 정신과 의사 등과 협력하면서 주로 정신장애인의 가족이나 환경과 관련된 정보를 수집하고 사정하여 치료 효과를 높이는 데 이바지하였다. 초창기에는 정신과 의사의 보조자로 보이기도 하였지만, 20세기 초부터 대학에서 시작된 전문교육 등을 통해 전문가팀의 동등한 구성원으로서 자신의 역할을 감당하였다. 한동안 정신분석이론을 중심으로 심리치료자로서의 역할에 치중하기도 하였지만, 개인을 전인적으로 보는 사회복지 실천의 관점을 유지하면서 정신보건영역에서 고유한 역할을 확대하였다(엄태완, 2018: 19-21).

② 지역사회정신건강 패러다임의 전환 이후

지역사회정신건강 패러다임 시대로의 전환은 기본적으로 「정신보건법」의 제정으로부터 출발하였다. 영국에서는 1959년 「정신보건법(Mental Health Act)」의 제정을 계기로 정신장애인의 탈시설(병원)화가 본격화되었다. 이 법은 크게 다음과 같은 두 가지 차원에서 의미가 있다. 그 하나는 정신장애인을 위한 지역사회서비스를 확충하는 것이고, 또 다른 하나는 정신장애인의 정신병원 입원을 엄격히 제한함과 동시에 자유의지에 따라 병원서비스를 받도록 하는 것이다(Cockerham, 1999). 이로 말미암아 대형 정신병원은 폐쇄가 (단계적으로) 시작되었으며, 정신장애인을 지역사회병원으로 이동시키는 정책적 전환이 뒤따르게 되었다. 그리하여 지역사회병원에서는 정신장애인을 위한 지역사회서비스를 확충할 수밖에 없었으며, 아울러 지역사회서비스를 담당하기 위한 정신건강사회복지사도 더욱 필요로 하게 되었다(엄태완, 2018: 21-23).

미국에서는 1946년에 「정신보건법(National Mental Health Act)」이 제정되었으며, 이에 근거하여 국립정신건강연구소(National Institute of Mental Health)가 설립되었다. 이후 1963년에 「지역사회정신보건법(Community Mental Health Act)」이 제정되어 지역사회정신건강서비스의 기본 틀을 마련하였다. 이러한 영향으로 정신과 의사, 임상심리사, 정신과 간호사 등과 함께 정신건강사회복지사의 수적 증가가 두드러지게 되었다. 이 시기 정신건강사회복지사 대부분은 석사학위 이상의 학력을 가졌으며, 기존의 개별 상담 중심 방법에서 벗어나 집단치료, 가족치료, 그리고 치료적 공동체의 운영까지로 더욱 다양해졌다.

영국에서는 1983년 「정신보건법」의 개정으로 정신장애인을 대형 정신병원에서 지역사회병원으로 이전시키는 것이 아니라, 지역사회 내에서 생활하도록 하는 진정한 지역사회정신건강 시대로의 전환을 선언하였다. 따라서 증상이 비교적 심각하지 않은 정신장애인뿐만 아니라 중증 정신장애인도 지역사회의 다양한 시설에서 생활할 수 있는 법적 근거가 마련되었다. 이러한 지역사회시설은 호스텔, 낮병원, 주간보호센터, 그룹홈, 일반 가정집 형태의 주거시설, 자신의 주택 등이다(Emerson, 2004).

또한, 지역사회에서 생활하는 정신장애인을 위한 서비스도 확대되었다. 이러한 다양한 서비스는 작업치료, 사교클럽, 우애집단 프로그램, 간호서비스, 복지권리조언센터, 고용훈련 프로그램, 세탁서비스, 식사배달서비스, 가정봉사서비스, 위기개입서비스, 아웃리치서비스, 응급구호서비스와 다양한 주거시설 프로그램 등이다(신창식 외, 2007).

이러한 과정 속에서 영국의 대형 정신병원은 폐쇄되었으며, 대신 지역사회정신건강팀을 통해 정신장애인들을 지역사회에서 생활하도록 하는 방법이 강화되었다. 지역사회정신건강팀은 사회복지사, 지역정신간호사, 작업치료사, 정신과 의사, 심리사 등을 포함한 다양한 정신건강 관련 전문가로 구성되었다. 지역사회정신건강팀에서 사회복지사는 다른 전문가들과 마찬가지로 재가보호나 시설보호를 받는 정신장애인을 위해 정기적인 사례관리(case management)[3]를 실천하게 된다. 사회복지사는 수동적인 개

3) 지역사회 세팅 내에서 만성 장애인이나 중증 장애 클라이언트에게 차츰 확대되고 지속적인 보호를 제공하는 수단으로 여겨지고 있다. 사례관리기법의 실용적 정의는 광범위하고 포괄적이며 유동적이라고 할 수 있다. 사례관리의 본질적인 목적은 문제 해결에 있다. 문제 해결이란 지속적인 서비스를 제공하고 서비스체계의 경직성, 분산된 서비스, 서비스나 시설 접근의 어려움 등을 극복함으로써 이루어지는 것을 말한다. 사례관리기법은 서비스체계 차원과 동시에 클라이언트 차원에서 생각할 수 있다. 즉, 정부나 사회복지기관과 같은 서비스체계 차원에서의 사례관리기법은 체계 내의 클라이언트에 대한 서비스를 조장하는 전략으로 이해할 수 있고 클라이언트 차원에서의 사례관리는 클라이언트에 대한 특정한 서비스의 필요성과 그 필요한 서비스를 제공받을 수 있도록 하는 클라이언트 중심의 목적 지향적인 과정으로 정의

인 지향적 기술훈련이나 상담적 접근에만 머무르지 않고 지역사회교육, 지역개발, 사회계획과 같은 지역사회를 활용한 사회복지실천방법도 다양하게 활용하였다.

영국에서 정신보건 영역의 사회복지사는 1983년에 개정된 「정신보건법」에 의거하여 정신보건법위원회(Mental Health Act Commission)에서 법조인, 심리학자, 정신과 의사, 간호사, 시민 등과 함께 소속되어 정신장애인의 강제입원이나 구금, 입원환자 권리보호, 그리고 퇴원환자를 보호하는 기능을 수행하고 있다. 여기서 사회복지사는 크게 다음과 같은 두 가지 역할을 한다. 그 하나는 정신건강서비스 제공자로서의 역할이고, 또 다른 하나는 강제입원과 관련된 사회복지사로서의 의무이다. 세부적으로 살펴보면, 첫째는 정신장애인의 현재 상태와 과거 경력 및 주요 자원에 대한 정보수집과 사정이고, 둘째는 강제입원 신청이며, 셋째는 강제입원 신청 전 환자 사전 면담이고, 넷째는 「정신보건법」에 관한 모니터링 등이다(김기태 외, 2016: 88-89).

영국에서는 「정신보건법」에 따라 정신장애인은 자의입원하거나 강제입원이 될 수도 있다. 그러나 강제입원은 다음과 같은 세 가지 상황을 제외하고는 엄격히 제한하고 있다. 첫째는 정신장애인 자신의 치료적 이익과 관련된 경우, 둘째는 정신장애인 자신의 안전에 관련된 경우, 셋째는 다른 사람의 안전과 관련된 경우가 그것이다. 그리고 정신병원 대부분은 개방 병동으로 운영되고 있으며, 탈출을 예방하기 위한 조치로 「정신보건법」에 따른 폐쇄 병동을 운영할 수 있지만, 이 또한 치료적 목적에 근거한다. 또한, 심각한 증상으로 말미암아 자신이나 다른 사람을 해칠 수 있다고 판단되는 정신장애인은 병동 내의 격리수용병실(seclusion rooms)로 이전할 수 있다. 하지만 이 경우에도 결코 징벌적으로 활용하지 않아야 하며, 치료적 목적의 테두리 안에서 단기간으로 이루어져야 하고, 반드시 기록을 남겨야 한다(신창식 외, 2007).

미국에서도 정신병원의 규모를 대폭 줄이고 단기 환자를 중심으로 치료를 하며, 정신장애인 대부분이 지역사회에서 정신건강서비스를 받으면서 생활하도록 법적 · 제도

되고 있다.

적 변화가 활발하게 일어났다. 1986년 제정된 「포괄적 정신보건서비스계획법(State Comprehensive Mental Heath Services Plan Act)」은 주(州)정부가 정신보건에 대한 종합계획을 의무화한 법이다. 이에 따라 주정부는 지역사회정신건강 패러다임으로 서비스 시스템을 어떻게 체계화하고 운영하며, 그 서비스를 받게 될 대상을 누구로 할 것인지 등의 내용을 계획하고 실행하여야 한다. 또한, 지역사회 정신건강서비스에서는 반드시 사례관리를 시행하도록 규정하였으며, 이러한 업무를 담당할 전문가팀에 정신건강사회복지사가 포함되었다.

서구 선진국에서는 만성 정신장애인이라고 하더라도 증상이 심각할 경우에 단기입원이나 집중 약물치료를 통해 회복하고, 대부분의 삶을 동시대의 모든 사람과 마찬가지로 사회의 기본단위인 지역사회에서 살아야 한다는 이념이 보편화되어 있다. 즉, 정신장애인에 대한 개입은 지역사회 정신건강의 이념과 실천방법을 중심으로 이루어지고 있으며, 이러한 패러다임 속에서는 정신건강사회복지사의 역할과 위상이 더욱 강화될 것이다(엄태완, 2018: 21-23).

(2) 대한민국의 역사적 전개

① 정신건강사회복지 태동기

우리나라에 1945년 대한신경정신의학회가 조직되기 전까지 정신건강사회복지는 없었다. 광복과 함께 조선신경정신의학회가 대한신경정신의학회로 바뀌고 정신의학의 체계적인 연구를 시작하면서 정신의학자, 심리학자와 더불어 사회복지사 권기주가 청소년문제에 관심을 갖고 연구하였다(이영호 외, 2015: 46).

가장 직접적으로는 한국전쟁으로 미군병원에서 정신건강사회복지사가 정신과 의사와 함께 일하던 것에 큰 영향을 받았다. 특히 정신건강사회복지사인 랄프 모건(R. W. Moorgan)의 역할이 한국 정신과 의사에게 많은 영향을 미쳤다. 그는 전쟁신경증을 가진 군인들을 돕는 과정에서 한국 정신과 의사들에게 사회복지사의 필요성을 인식시켜 주었다.

1958년 서울시립아동상담소가 개설되면서 정신의학자(대표적으로 유석진 박사), 정신건강사회복지사(대표적으로 하상락 교수), 일부 심리학자 및 법률전문가들이 팀 접근을 시도하였다. 1962년 국립정신병원의 개설과 더불어 정신건강사회복지사(김원진 외 1명)가 정신질환자를 위한 서비스와 사회사업전공 학생들의 실습을 담당하였고, 같은 해 가톨릭 교구에서 운영하는 사회복지회의 부회장(정의방)이 가톨릭의과대학 부속 성모병원 무료진료소와 자살예방센터에 파견근무를 하였다.

1963년 4월에는 성모병원 신경정신과에 전임 사회복지사가 채용되어 환자의 개인력 조사, 가족상담 등을 수행하였다. 1967년 3월에는 자살예방센터에 전임 정신건강사회복지사(정의방, 의료사회사업과장 겸무)가 채용되었다. 1968년 7월에 중앙대학교 부속 필동성심병원에 신경정신과 개설과 더불어 정신건강사회복지사(정의방, 박순자)가 채용되어 환자의 개인력 조사, 집단지도, 가족상담과 가정방문 등의 활동을 하였다.

1969년 1월에는 대구동산기독병원(현재 계명대학교 부속 동산의료원) 신경정신과에 정신건강사회복지사(김기태, 이후 김규수)가 채용되어 환자의 개인력 조사, 가족상담, 집단요법 등을 수행하였다. 그리고 1965년 의료사회복지사(박현경)를 채용한 연세대학교 의과대학 부속 세브란스병원에서는 1970년대부터 정신건강사회복지도 겸하게 되었다(이영호 외, 2015: 46-47).

② 정신건강사회복지 발전기

이 시기부터는 정신건강사회복지사가 정신과전문병원에 근무하기 시작하였다. 1971년 한강성심병원, 용인정신병원, 혜동의원에 정신건강사회복지사가 일하기 시작하였다. 1973년 9월 대통령령 제6863호로 「의료법 시행령」이 개정되어 종합병원에 환자의 갱생, 재활과 사회복귀를 위한 상담과 지도를 위하여 「사회복지사업법」이 정한 사회복지사를 1인 이상 두도록 명시하였다. 이로 말미암아 종합병원 내 사회복지사의 활동이 확대되었다. 1974년에 안양신경정신병원, 고려대학교 부속병원, 서울기독병원에 정신건강사회복지사가 채용되었고, 1976년에는 서울백제병원에 사회복지사가 채용되었다.

1977년 7월부터 시행된 의료보험에서는 정신건강사회복지사의 치료활동에 대한 보험청구를 할 수 있도록 규정하였다. 이로 말미암아 정신과전문병원에서 사회복지사 채용이 급속히 늘어나게 되었다. 1978년, 정신과전문병원인 부산한병원에 정신건강사회복지사(안영실)가 최초로 근무하기 시작하였는데, 이는 부산지역 정신건강사회복지의 효시라고 할 수 있다.

1979년에는 이화여자대학교 부속병원, 전주예수병원, 1982년에는 부산백병원, 1983년에는 서울적십자병원, 1984년에는 군산개정병원 등에서 정신건강사회복지사가 활동하였다(이영호 외, 2015: 47-48).

③ 정신건강사회복지 정착기

1980년대를 거치면서 종합병원에서도 정신건강사회복지사를 채용하게 되어, 1990년에 이르러서는 전국적으로 약 100여 개에 이르는 기관에서 정신건강사회복지사들이 활동하였다. 1995년 10여 년의 우여곡절 끝에 「정신보건법」이 제정됨으로써, 이제 우리나라도 정신건강사회복지가 (지금까지의 병원 중심의 활동에서) 그 활동영역을 확대하여 지역사회(사회복귀시설, 정신건강증진센터)까지 나아갈 수 있는 전기가 마련되었다.

또한, 「정신보건법」의 제정으로 정신건강전문요원의 자격제도가 마련되었고, 정신건강사회복지사들도 더욱 전문적인 자격을 갖추기 시작하였다. 정신보건사회복지사 중에는 석사학위, 박사학위 소지자도 상당수 있다. 사회복지사의 역할도 의료보험수가 청구항목에 지정된 것[4] 외에도 개인상담 치료, 재활서비스, 집단치료, 가족치료, 치료

4) 정신건강사회복지사만이 청구할 수 있는 의료보험수가 내용은 개인력 조사, 사회사업 조사, 사회사업지도, 가정방문이다.

공동체 프로그램 운영, 사회복지전공 학생의 실습교육 등 다양해졌다(이영호 외, 2015: 48-49).

④ 정신건강사회복지 패러다임의 전환과 전문성

우리나라 정신건강영역에 사회복지사가 개입하기 시작한 지 60년 정도가 흘렀다. 처음에는 사회복지사들이 일부 의료 세팅에서 정신과 의사의 영향권 아래 제한된 정신의료사회사업가의 역할을 수행하였다. 1977년 7월 이후 의료보험수가 청구기준에 '정신의학적 사회사업'이 포함되면서 여러 병원 정신과에 사회복지사가 채용되는 계기가 되었다. 그러나 1993년에 '한국정신의료사회사업학회'가 창립되기 전까지만 해도 정신의료사회사업가라고 지칭하던 사회복지사들은 대부분 병원 정신과에 국한되어 활동하고 있었다.

그러다가 우리나라 「정신보건법」 제정에 대한 논의가 시작된 때를 같이하여 한국정신의료사회사업학회가 창립되면서 우리나라의 정신건강사회사업은 새로운 전기를 맞게 되었다. 특히 1995년 이후 우리나라의 「정신보건법」 제정과 함께 정신건강정책이 일대 전환기를 맞이하여, 한국정신보건사회사업학회(현재의 한국정신건강사회복지학회)가 주축이 되어 치료영역만이 아니라 예방에서 재활영역에 이르기까지 정신건강사회복지사들이 폭넓게 참여하는 공간을 확장시키고, 그들의 전문성을 확보하여 오늘에 이르게 되었다(이영호 외, 2015: 49).

3. 사회복지학 분야로서 정신건강사회복지학

사회복지학(社會福祉學) 분야로서 정신건강사회복지학을 조명하기 위해서는 먼저 사회복지학의 개념을 살펴보아야 한다. 사회복지학은 인간의 사회적 욕구와 사회문제를 해결하기 위해 국가 또는 민간이 제공하는 정책 및 서비스를 연구하는 학문이다. 사회복지학은 본질적으로 인간과 사회문제에 대한 과학적 분석과 문제 해결을 위한 노력의 결과로 이루어진 지식체계로서, 사회과학의 한 분야이다.

사회복지학은 사회학(社會學)과 복지학(福祉學)의 합성어이다. 사회학은 가족 구성원을 위시하여 친구, 학교, 직장, 이웃, 지역사회와 인종 등을 포함하여 다른 여러 요인과 함께 생활하는 것을 기저로 하는 역동적인 상호작용에 초점을 두고 연구하는 학문이다. 또한, 복지학은 인간으로서 존엄성을 지키며, 정신적·육체적으로의 안녕(well-being) 상태를 다루는 학문이다. 즉, 복지학은 인간이 누릴 수 있는 더할 나위 없이 좋고 만족스러운 삶이 무엇인지를 다루는 학문이다. 다른 의미로 사회복지학은 다양한 환경에서 생활하는 사회 구성원들의 안녕을 위한 사회적 지지가 무엇인지를 연구하는 학문이다.

사회복지학의 개념을 제대로 이해하기 위해서는 사회복지의 성립 및 그 발전과정에 대한 이해가 필요하다. 그것은 사회복지학이 사회 구성원의 사회생활상 변화와 관련된 사회적 적응 방식을 사회적 차원에서 이루어지는 사회복지와 관련된 내용을 다루고 있기 때문이다. 실제로 전통사회에서는 상부상조, 자선사업, 박애사업, 구빈사업 등의 용어로 표현되면서 빈곤, 사고, 천재지변, 전쟁 등으로 말미암은 개인 및 사회적 위험에 대처하는 소극적 수준이 사회적 개입이 이루어져 왔다. 그리고 산업사회에 들어와서는 사회사업, 사회복지 등의 용어로 표현되면서 산업재해, 대형의 안전사고, 질병, 환경오염, 빈부격차, 노령화 등의 사회적 문제에 적극적으로 대응하면서 오늘에 이르렀기 때문에 역사적인 조망이 요구되는 것이다.

사회과학으로서의 사회복지학은 순수사회과학인 정치학 · 경제학 · 사회학 · 심리학 등의 분야와 비교할 때 이론의 형성과 발전이라는 측면에서 그 학문적 축적이 상대적으로 빈약한 편이다. 이 점은 사회복지학이 학문으로서 출발한 때가 19세기여서 그 역사가 짧을 뿐만 아니라, 순수이론 중심이 아닌 문제 해결 중심의 실천지향적인 응용 사회과학이라는 특성 때문에 순수이론 개발의 시급함이 상대적으로 약했던 사실에 기인한다.

이상을 정리하면, 사회복지학은 사회 구성원이 생활하고 있는 사회적 환경 안에서 잘 기능할 수 있도록 도우며, 이러한 도움이 가능할 수 있도록 지지하기 위해 사회 구성원이 생활하고 있는 환경을 변화시키는 데 공헌하는 학문이라 하겠다. 즉, 환경 안에서의 인간의 기능화가 그 핵심이며, 이를 위해 정당한 권한을 가진 전문 사회복지 종사자들이 개인과 환경 사이에서 적절히 개입하게 되며, 그 결과 증대된 상호작용을 통해 문제를 해결하거나 생활의 질을 향상하는 것을 목적으로 하는 학문이다. 사회복지학의 한 영역인 정신건강사회복지학은 정신보건영역에서 이루어지는 사회복지 활동이다. 즉, 정신건강사회복지학은 사회복지학의 하위학문이다.

CHAPTER 02

정신건강사회복지의 주요 관점과 패러다임

1. 지역사회정신건강의 이념

정신질환이나 심리적 문제로 고통을 당하고 있는 사람들이 상담이나 정신치료를 받으러 오기를 기다리기보다는 이와 같은 정신불건강의 문제를 지니고 있거나 지닐 가능성이 있는 사람을 찾아내서 정신질환을 사전에 예방하는 것을 지역사회정신건강이라고 한다(서울대학교 교육연구소, 1995, 2011).

서구사회에서 지역사회정신건강은 지적장애를 포함한 정신장애자들의 대단위 수용시설에서 탈시설화시키는 정책으로 시작되었다. 병원에서의 의학적 치료로만 정신장애에 개입해 오던 것을 넓은 의미에서의 예방(정신장애의 발생을 저지하는 것), 치료

(정신장애의 조속한 발견 및 신속한 치료), 재활(정신장애로 말미암아 부차적으로 갖게 되는 정신적 결함이나 사회적 장애를 줄이는 것) 및 사회복귀의 차원으로 확대시킨 것이다.

지역사회정신건강은 정신장애자에게만 국한하지 않고 전체 사회를 대상으로 삶의 질을 보장하는 정신건강과 관련된 모든 것을 포괄하는 광범위한 의미를 내포하고 있다. 의료를 포함한 각종 정신보건서비스를 제공하며, 제공의 주체는 지역사회가 된다. 최소한 규제를 원칙으로 하고, 사회 통합을 보장해 주는 다양한 서비스를 개발 · 제공하며, 서비스는 독자적인 사회생활의 영위를 보장해 줄 수 있는 것이어야 한다.

지역사회정신건강은 모든 사람이 차별 없는 동등한 기회를 보장받는 것으로서 삶의 질과 기능적 기술재활에 그 목표를 두고 있다. 정신장애자의 생활 조건이나 환경을 정상화하면서 장애나 사회적 불리로 말미암아 파생되는 문제를 최소화하여 가능한 한 많은 정신장애자가 지역사회 생활의 주류로 동참할 수 있도록 한다. 또한, 사회적 상호작용의 달성을 원칙으로 하기 때문에 지역사회에서의 물리적 통합을 이루고(주거지 마련), 지역사회 자원과의 활발한 교류가 중요하다.

이처럼 지역사회정신건강에는 정신장애자를 격리 · 수용하지 않고 지역사회와 교류를 해 나가면서, 또는 그 속에서 회복을 도모하는 종합적인 대책이 구성되어 있다. 또한, 정신장애의 발생예방에서부터 발생했을 때 즉시 대처할 수 있는 서비스 네트워크를 만들며, 수용치료가 필요한 사람들의 사회복귀대책 등 일련의 포괄적인 서비스가 고려되고 있다(김춘경 외, 2016).

2. 정신질환의 회복 관점

회복(回復, 恢復)이란 일 · 건강 등의 나빠진 상태(狀態)에서 다시 좋은 상태로 되돌리는 것(원래의 상태로 돌이키거나 원래의 상태를 되찾음)을 뜻한다. 생명과학에서 회복은 생물의 개체 · 조직 수준으로부터 세포, 나아가 분자의 수준에까지 손상된 부분이 정상 상태로 고쳐지는 현상을 의미한다. 분자의 상처로는 DNA 회복이 잘 알려져 있고, 조직이나 기관의 상처에서는 손상된 세포가 신생한 정상세포에 의한 재생이나 육아조직의 형성 등에 의해 보상 치유되는 과정을 말한다(강영희, 2014).

생물의 유전정보를 담당하는 DNA 분자는, 구성하는 염기의 산화, 탈아미노, 탈푸린 반응, 포스포디에스테르 결합의 절단(DNA 절단) 등에 의해 자연발생적으로 손상이 생긴다. 또한, 자외선 같은 전리방사선이나 알킬화제 같은 화학물질에 노출되어도 손상을 입는다. 특히 DNA 복제 시에는 염기의 호변이성체(tautomer)나 DNA 중합 효소의 과오로 빈도는 매우 낮지만 잘못된 염기 접합이 일어난다. 이러한 짝짓기 오류나 DNA 손상은 잘못된 DNA 복제나 DNA 복제 저해를 일으켜 최종적으로는 돌연변이, 혹은 세포의 죽음을 유발한다.

이러한 생물에서 치명적인 DNA 손상을 없애고 원래의 손상 없는 DNA로 수선하는 기구가 DNA 회복이다. 회복 기구로는 DNA 손상의 직접 회복(광 회복, 메틸기 전이), 제거 회복(염기 제거 회복, 뉴클레오티드 제거 회복), 복제 후 회복 또는 재조합 회복, 유도회 복제(SOS 수선, 적응 응답) 등이 잘 알려져 있다. 포유동물에서도 자외선에 의한 유전자 발현의 유도현상이 나타나지만 DNA 회복과의 관계는 밝혀지지 않았다(강영희, 2014).

그렇다면 정신장애는 회복될 수 있을까? 마크 레긴스(M. Ragins)는 정신장애를 가진 사람들과 그 가족들에게 회복 가능성과 희망을 주고 있다(Ragins, 2010, 김기태 외 역,

2011). 그는 정신장애를 가진 사람들이 의미 있는 삶을 살아가야 하고, 또 그렇게 살 수 있다고 말한다. 그는 회복을 다음과 같은 4단계로 나누어 설명하고 있다.[1] 이러한 단계는 비록 유동적이기는 하지만, 특별히 심각한 정신질환으로부터 사람들이 회복할 수 있도록 돕기 위해 적용해 볼 수 있는 회복과정이라는 로드맵을 제공한다(Ragins, 2010, 김기태 외 역, 2011: 39-43).

1) 1단계: 희망

절망에 빠져 있는 동안, 모든 사람은 자신이 어떤 것을 할 수 있고, 더 좋아질 것이라는 희망을 가지는 마음 자세가 매우 중요하다. 희망이 없으면 기대할 것도 없고, 긍정적인 행동을 할 가능성도 없다. 희망은 훌륭한 동기부여가 되지만, 진정한 의미에서 동기부여가 되기 위해서는 단지 이상적인 것 이상의 그 무엇이 있어야만 한다. 가령 어떤 일이 개선되었다고 한다면, 어떤 것이 그렇게 보이는지, 눈에 보이는 비전으로써 실제적이고 합리적인 형태를 갖추어야 한다. 정신질환(혹은 정신장애)을 가진 사람들에게는 자신의 비전을 실제로 정확하게 이룰 수 있느냐 없느냐 하는 것보다는 오히려 그러한 가능성에 대한 분명한 이미지를 가져야 한다. 그래야만 비로소 곤란을 극복하고 변화를 만들어 낼 수 있으며, 바람직한 다음 단계로 나아갈 수 있다.

1) 이에 관한 더 자세한 내용은 『회복에 이르는 길(A Road to Recovery)』(Ragins, 2010, 김기태 외 역, 2011), pp. 45-147을 참고하기 바란다.

2) 2단계: 임파워먼트

사람들이 앞으로 나아가기 위해서는 자신이 능력이 있고, 힘을 가지고 있다고 느끼고 있어야 한다. 희망의 초점은 다른 사람들이 발견하거나 제공해 주는 새로운 치료법 또는 개선방법이 아니라, 사람들이 자기 자신을 위해 할 수 있는 일에 맞추어져야 한다. 사람들이 임파워먼트가 되기 위해서는 정보와 선택할 수 있는 기회에 접근할 수 있어야 한다. 사람들이 자신들의 약점 대신 강점에 초점을 맞추기 위해서는 용기가 있어야 한다. 때때로 사람들은 자기 자신을 믿을 만한 확신이 생길 때까지 자신을 믿어 주는 어떤 사람이 필요할 것이다. 정신질환을 가진 사람들이 준비가 될 때까지 기다린다는 것은 오히려 침체될 수도 있고 그 사람이 가진 능력을 잃게 만들 수도 있다. 왜냐하면, 충분히 준비가 되었는가, 아닌가 하는 것은 그 순간에는 알기 힘들고 어떤 일을 성공적으로 해내고 난 후 과거를 회상해 볼 때에 비로소 알 수 있기 때문이다. 사람들이 성공할 수 있다고 믿게 하려면 그 전에 성공하는 경험을 자주 하게 해 주어야 한다.

3) 3단계: 자기책임

정신질환을 가진 사람들이 회복을 향해 나아갈 때 그들은 자신의 삶에 대하여 책임을 져야 한다는 사실을 깨닫는다. 이것은 그들이 위험을 감수하고 새로운 것을 시도하며, 실수와 실패로부터 배워야 한다는 것을 의미한다. 또한, 그것은 비난, 분노, 그리고 그들의 병과 관련된 실망과 같은 감정을 그대로 허용하여야 한다는 것을 의미한다. 이것은 특히 정신질환을 가진 사람과 그들의 보호자에게 있어 대단히 어려운 단계이다. 의존이라는 오래된 패턴을 끊어 내야 하며, 정신건강전문가들은 클라이언트로 하여금 안전하게 보호를 받으며, 쉽게 안주하게 하는 대신 그들 스스로가 책임을 지도록 격려하여야 한다.

4) 4단계: 삶에서 의미 있는 역할

회복하기 위해서, 궁극적으로 정신질환을 가진 사람들은 자신의 삶에서 본인의 질병과는 별개로 어떤 의미 있는 역할을 성취해야만 한다. 조난 상태에 머물러 있다는 것은 회복된 역할을 수행하는 것이 아니며, 진정한 의미에서 생존자도 아니다. 희망으로 충만한 느낌, 고양된 자신감, 그리고 자기책임 따위와 같은 새로이 획득된 습관을, 직장인, 아들, 어머니, 그리고 이웃사람으로서의 역할을 수행하는 것과 같은 '정상적이고 평범한' 역할수행을 하는 데 적용하여야 한다. 그들이 더 큰 공동체에 참가하고, 정신질환과는 아무런 관련이 없는 사람들과 상호 교류한다는 것은 대단히 중요한 일이다. 의미 있는 역할은 정신질환을 가진 사람들이 고립에서 벗어나 회복하고, 자기 '자신만의 의미 있는 삶'을 살아가도록 돕는다.

3. 정신건강증진 패러다임

회복은 정신질환(혹은 정신장애)을 가진 사람들, 그들의 가족, 그들을 지원하는 전문가에게 참신하고 활력이 넘치는 비전을 제시한다. 회복 비전의 확산 운동은 이미 조금씩 보급되고 있기는 하지만, 회복의 이념과 가치를 실제 현장에서 실천하고 있는 곳은 미국 전역에서 볼 때 아직 몇몇 지역에만 산재해 있을 뿐이다. 정신건강 시스템은 전체적으로 보면 회복을 기반으로 하고 있지는 않다. 정부의 예산편성은 여전히 의료모델의 수렁에 빠져 있어서 증상과 질병의 개선은 중시하지만, 건강과 회복은 경시하고 있다. 대다수 사람의 교육훈련과 가치기준은 여전히 케어 중심이며, 의료모델이기 때문에 때때로 실망스럽기도 하다(Ragins, 2010, 김기태 외 역, 2011: 149-158).

진정한 회복 시스템을 구축하는 것은 수형자(受刑者)에 대한 교정(矯正)·교화와 사회복귀를 위하여 교육을 시키는 제도·정책을 징벌에서 용서 중심으로 바꾸거나, 교육정책을 권위에 대한 순종에서 배움에 대한 애정으로 바꾸는 따위와 같은 아주 혁신적인 일이다. 우리는 아주 조금씩 우리의 비전을 성취해야 할지도 모른다. 진전은 매우 더딜 것이다. 비록 정신건강 시스템 전체를 바꾸지는 못할지라도 우리가 행하고 있는 정신건강 실천과 프로그램 안에서 회복을 추진할 수는 있을 것이다.

마크 레긴스에 따르면, 그들의 빌리지[2)]는 회복의 단계와 가치에 입각한 포괄적이고 통합적인 서비스를 제공하였다. 빌리지는 중증 정신장애를 가진 사람들이 회복하고 보람 있는 삶을 살도록 돕는 일에 성공을 거두었다. 레긴스는 빌리지에서 배운 교훈에 근거하여 다음과 같이 행동할 것을 제안한다(Ragins, 2010, 김기태 외 역, 2011: 151-152).

- 단편적이고 세분화된 서비스가 아니라, 통합적 서비스를 창조할 것
- 질병에 대한 서비스가 아니라, 금전관리나 잡코치(job coach) 등 삶의 질을 높이기 위한 서비스를 시행할 것
- 삶의 질이 향상되었는지를 근거로 서비스의 효과를 측정하고 평가할 것
- 치료와 회복의 모든 면에 클라이언트를 관여시킬 것
- 강요할 것이 아니라, 참여하도록 격려할 것
- 어느 누구도 포기하지 않도록 하기 위해서 '실패라는 것은 없다.' '우리가 먼저

2) 미국 로스엔젤레스에서 남쪽으로 1시간 정도 떨어진 롱비치 지역에 위치한 정신건강시설을 말한다. 빌리지 조직은 크게 노숙인 지원 프로그램, 서비스 조정팀, 고용과, 주택과의 네 부분으로 구성되어 있다.

그만두게 하지 않는다.' '지속적인 지원을 잊지 않는다.'라는 방침을 중시할 것
- 위험에 도전하는 직원을 격려할 것
- 클라이언트를 더욱 직접적이고 개별적으로 돕기 위하여 예산을 자유롭게 사용할 수 있도록 직원들에게 권한을 부여할 것
- 시설 밖에서의 활동을 장려할 것
- 정신질환을 가진 많은 사람이 다양한 종류의 직업분야에서 일하도록 고용할 것
- 장기자랑, 스포츠 활동, 파티, 외출 등과 같은 환자 이외의 역할로 직원과 정신질환을 가진 사람이 상호작용하는 활동을 장려할 것
- 당사자가 직접 운영하는 서비스를 창출하고 지원할 것

1) 회복워커가 되기

정신건강 분야에서 몇 년을 일하다 보면 애초에 왜 이 일을 하고 싶어 했는가를 잊어버리는 사람이 적지 않을 것이다. 그렇게 되면 일에 대한 열정이 식어 버린다. 정신건강전문가로서 우리는 종종 소진되어 간다는 느낌에 대하여 이야기한다. 소진은 사람과 친밀한 관계가 도를 넘었기 때문에 오는 것이 아니라, 사람을 자기로부터 멀어지게 하려고 하기 때문에 오는 것이다.

만약에 우리가 도우려고 하는 사람과 거리를 두기 위해서 벽을 만들고 마음을 감추고자 하는 것에 에너지를 써 버린다면 우리 안의 정열은 죽어 버린다. 그러나 어떤 사람이 심한 망상에 시달리고 있을 때 자비의 마음을 가지고 도우려고 하거나 열심히 돌보던 사람이 헤로인 과다복용으로 사망했을 때 대성통곡하면서 눈물을 흘릴 수 있다면, 우리 마음은 아프겠지만 소진은 없을 것이다.

한 정신과 전공의가 빌리지에 부임했는데, 그에게는 양극성장애를 앓는 누이가 있었다. 그가 정신질환을 가진 사람들을 어떻게 생각하고 있는지에 대하여 진지하게 생각하게 된 것은, 빌리지에 와서 사람 사이의 울타리가 낮고 친밀감이 증가하는 분위기 속에서 비로소 가능하게 되었다. 회원과의 거리가 전보다 가까워졌을 때 자신의 마음속에 숨겨 왔던 두려움은 없어지고 회원과 생활에 대하여 함께 이야기 나누는 것을 즐길 수 있게 되었다(Ragins, 2010, 김기태 외 역, 2011: 153-156).

2) 태도 변화에 영향을 끼치다

우리는 왜 회복 비전을 보급해야만 하는가? 회복 비전을 보급하는 중요한 목적은, 회복 비전은 정신건강 시스템의 내외적 태도에 영향을 끼치기 때문이다. 빌리지의 일에는 두 가지 영역이 있다. 하나는 빌리지가 돕고 있는 사람들이 지역사회 내에서 더욱 나은 생활을 할 수 있도록 하는 일이고, 또 하나는 지역사회가 빌리지가 돕고 있는 사람들에게 살기 좋은 곳이 될 수 있도록 지역사회를 지원하는 것이다. 이것은 중증 정신장애를 가진 사람을 배제하고 잊어버리고 싶어 하는 지역사회를 서서히 변화시켜서, 그들을 환영하고 가치 있는 사람으로 받아들이는 사회로 만들어 가는 것이다. 이것은 매우 어려운 일이고, 수십 년이 걸리는 일이 될 수도 있지만, 반드시 하여야 하는 일이다.

헬렌 켈러(Helen Keller)[3]가 선구자적으로 일을 한 지 몇 십 년이 지난 지금, "장애를 가진 사람이 이용 가능한 곳입니다."라는 안내표지를 걸고 여러 중증 장애를 가진 사람들을 환영하는 것이 당연한 일이 되었다(주에 따라서는 이것이 법으로 의무화되어 있

3) 헬렌 켈러(Helen Keller, 1880~1968)는 미국의 앨라배마 주 터스컴비아에서 태어났다. 작가이자 사회복지사업가로, 세계 최초로 대학교육을 받은 시각·청각 장애인이다. 장애인들을 위한 교육과 사회복지시설의 개선을 위해 앞장섰고, 여성, 노동자 등 소외된 사람들의 인권을 위해 사회운동을 펼쳤다.

다). 우리는 언젠가 "이곳은 정신질환을 가진 사람들이 이용할 수 있는 곳입니다."라는 안내표지를 보아야 한다.

가령, 우리가 마트에 가서 다운증후군을 가진 사람이거나 어떤 사람이 휠체어에 앉아서 진열대에 상품을 진열하는 것을 보았다고 가정하자. 이때 우리는 "대단하네, 자신의 장애를 극복하고 자립생활을 하는 저 사람을 봐!"라고 할 것이다. 심지어 곁으로 가서 악수를 청하고, 그에게 경의를 표하는 사람도 있을 것이다.

그러나 식품점에서 은박지를 머리에 쓰고, 혼잣말을 중얼거리면서 진열대에 캔을 진열하는 사람을 보았다고 가정하자. 이때 사람들이 "대단하네, 자신의 장애를 극복하고 자립생활을 하는 저 사람을 봐!"라고 하지는 않을 것이다. 우리는 그보다는 "위험하지 않을까? 저 사람은 병원에 가야 하지 않을까?"라고 생각할 것이다. 그러므로 그의 곁으로 가서 악수를 청하고, 그에게 경의를 표하지는 않을 것이다. 오히려 가능한 한 그를 피할 것이다.

만약 우리가 그 사람 곁으로 가서 악수를 청하고, 장애를 극복하고 자립생활을 위해 노력하는 것에 경의를 표한다고 한다면, 우리는 중증 정신장애를 가진 거의 모든 사람이 회복할 수 있는 세상에 살고 있는 것이다. 그렇게 된다면 우리는 그러한 세상에 살면서 일하는 것을 너무나 자랑스러워할 것이다(Ragins, 2010, 김기태 외 역, 2011: 149-158).

〈표 2-1〉 회복에 기반을 둔 서비스체계의 원칙

회복의 특성	서비스체계의 원칙
회복은 병이 아니라 사람이 나아지는 과정이다.	사람과의 관계는 질병과의 관계보다 훨씬 더 중요하다. 따라서 진단보다는 관여에, 질병치료보다는 상호신뢰와 협동에 더 우선순위를 두어야 한다.
회복은 성장과정이다.	직원은 성장과 회복을 믿고 이를 증진시켜야 한다. 목표는 안정이 아니라 성장에 맞추어져야 한다. 서비스는 이행되어 나아갈 수 있는 변화 가능한 계획이어야 하며, 긍정적인 흐름을 촉진할 수 있어야 한다. 서비스는 재활기술 습득을 포함하여야 한다.
회복은 고도로 개별화된 과정이다.	서비스는 고도로 개별화되어야 한다. 제공되는 서비스에 따라 사람들의 욕구가 생기는 것이 아니라, 사람들의 욕구에 따라 서비스가 제공되어야 한다.
회복은 그 사람의 내면적이고 주관적인 변화에 달려 있다.	직원은 스스로 결정할 수 있는 사람들의 능력을 믿어야 하며, 그들에게 해야 할 일을 말해 주기보다 오히려 자기결정과 선택을 촉진해야 한다. 모든 사람의 내면적 과정에 민감해야 하며, 그들 자신의 언어로 목표를 세울 것을 권해야 하고, 기회에 대해 가르치고 스스로 선택할 수 있도록 도와야 한다.
회복은 희망, 임파워먼트, 자기책임, 그리고 의미 있는 역할을 획득하는 예견 가능한 단계를 융통성 있게 지속시켜 나가는 발달과정이다.	우리의 서비스와 관계 및 문화는 희망, 임파워먼트, 자기책임, 의미 있는 역할을 획득하는 데 초점을 맞추어야 한다.
회복은 의미 있는 역할을 획득하기 위해 지역사회 내에서 소속될 수 있는가에 달려 있다.	우리의 서비스는 지역사회로 확장되어 나가야 한다. 우리는 사람들이 지역사회에서 더 잘 어울려 살아갈 수 있도록 도와야 하고, 동시에 그들이 살아가기에 더 나은 장소가 될 수 있도록 지역사회를 도와야 한다. 우리는 다른 사회복지 서비스 기관들과 지역사회 활동에 있어서도 기회를 창출하고 옹호해야 한다.
회복은 사람들에게 있어서 위험의 감소, 회복에의 관여 확대, 목표설정 및 성취의 증대, 기술과 지원의 확대, 향상된 삶의 질 등을 포함하는 긍정적이고 관찰 가능한 변화를 가져다준다.	프로그램은 긍정적인 결과를 객관적으로 추적함으로써 고도로 개별화되고 주관적인 회복의 과정을 간접적으로 입증할 수 있고, 긍정적인 결과를 성공적으로 촉진시키기 위하여 책임성 있게 진행되어야 한다.

출처: Ragins(2010), 김기태 외 역(2011: 162-163).

4. 다학제적 팀워크

1) 팀협력모델

의료기관에서 '팀'이라는 용어는, 좁게는 외과 의사가 권위를 떠맡고, 다른 사람들은 자신에게 할당된 과업을 수행하는 수술실 팀에서부터, 넓게는 어느 한 환자를 위해 다양한 조합으로 함께 일하지만 협력적 실천을 일관성 있게 공유하지 않는 여러 학문 전문가로 구성된 재활서비스 팀까지 다양한 작업집단에 폭넓게 적용되어 오고 있다(Siller, 1971: 410-412, 김기태 외, 2016: 281 재인용).

팀의 주된 초점은 환자를 '지(知) · 정(情) · 의(意)를 모두 갖춘 사람, 즉 전인(全人)'으로 파악하는 데 있다. 그렇다면 효과적 팀 기능을 수행하는 데 가장 적절한 모델은 어떤 모델일까? 보건의료영역에서의 팀협력모델로는 권위주의적 모델, 합의모델, 매트릭스모델이 있다(Mailick & Jordon, 1997: 445-454). 권위주의적 모델은 다학문적 팀모델이며, 합의모델은 학제 간 팀모델이고, 매트릭스모델은 학제 초월 팀모델이라고 할 수 있다(김기태 외, 2016: 281-286; 김용득, 1998: 12; DeLamerens-Pratt & Goiden, 1994: 159-175; Garner, 1994: 19-35).

(1) 다학문적 팀모델

다학문적 팀모델은 협력적 팀 기능으로 가장 먼저 발달한 모델이다. 의학적 팀 대부분은 다학문적 팀모델을 채택하고 있다. 따라서 평가와 치료가 다양한 전문가에 의해서 독립적으로 제공된다. 그런데 시간의 흐름에 따라 조정이 부족한 것이 이 모델의 잠재적 어려움이다. 이 모델은 의료에 대한 의학적 전문성과 의사의 법적 책임 때문에 의사에게 지도력과 통제 권한이 부여되고, 본질적으로 위계적이다. 따라서 의사가 팀의 지도자로 되고 다른 사람들은 자문 의뢰가 되기 때문에 정보의 종합이 어렵다. 각 전문가는 팀이 자신의 기능을 수행하기 위해서 요구된 그들의 세부 전문성에 따라 선택된다.

다학문적 팀모델은 ICU(intensive care unit)[4] 팀, 수술팀, 그리고 임상적 과업이 환자의 급성질환이라는 상황에 따라 상대적으로 예측 가능하고 전형적인 팀에서 적용된다. 전형적으로 그런 팀들은 같은 학문과 개인이 시간의 흐름에 상관없이 계속해서 유지된다. 협력 과정의 특징은 의사가 확실히 책임을 지고, 전문가의 활동을 조정한다. 예를 들어, 수술실에서 함께 일하는 전문가팀에 협력 기술은 매우 중요하다. 그러나 과업의 긴급성 때문에 그들은 한 개인의 명확한 지시를 기다린다. 작업집단의 구성원은 잘 짜인 각자의 역할을 하며, 한정된 의사소통 형태에 기초하여 높은 수준의 전문성을 발휘하고, 외과 의사의 권위에 대해 아무런 반항도 하지 않고, 그의 지시에 따른다. (협력이 필수적이지만) 흔히 무시되는 환자 또한 보통은 의식을 철회하여 독립적 판단을 하지 않고, 수술의 위기에 반응한다. 만약 작업집단의 구성원 간에 갈등이 일어나면, 외과 의사의 엄명으로 가볍게 해결된다. 이 모델은 고도의 협력을 바탕으로 한 전문적 · 권위적 모델로, 과업 성취에 적절한 모델이다(김기태 외, 2016: 282).

(2) 학제 간 팀모델

학제 간 팀모델은 1960~70년대 미국의 휴먼서비스 기관에 등장하였다. 이 모델은 복합적 장애아동의 가족을 적절히 관리하는 데 유용하다. 그러나 한 명의 학문으로는

4) ICU는 중환자실(重患者室), 집중치료부(集中治療部)라고도 한다. 현대의료에 있어서는 중독(重篤: 병세가 매우 무거움)하고, 복잡한 병태(病態: 어떤 병이 나타내는 증상이나 진행 단계) 등인 질병이 특정한 전문 의사만으로는 어렵고, 더욱이 대단히 중요한 것으로는 시시각각(時時刻刻)으로 변화하는 병태를 24시간 체제로 감시, 특수치료 또는 더욱 고차(高次)의료가 필요한 경우가 생길 수 있다. ICU는 이러한 중증환자(重症患者)에 대해서는 단독인, 특수치료 전문부분에서가 아니라 전문 분화한 의료, 간호 등 최대 협력 체제하에서 최고의 팀 의료를 결집하여 제공하는 장소라고 할 수 있다.

환자를 평가할 수 없다. 연방법으로 제정하여 학제 간 과정을 신설하였다. 팀은 집단종합을 필요로 한다. 독립적 평가 후 비교 · 발견 · 보호와 관리를 한다. 팀 구성원은 서로를 잘 안다. 공통 언어, 경청 능력, 상호작용에서의 융통성이 높다.

테네시대학 의학센터는 학제 간 팀모델을 채택하고 있다(김기태 외, 2016: 283). 발달장애를 가진 아동의 평가와 치료를 위해 소아정신과 의사, 심리학자, 청력 및 언어치료사, 사회복지사가 참여한다. 사회복지사는 아동의 심리 · 사회적 사정(assessment)[5]과 가족관계를 다룬다. 팀 구성원은 자신의 분야에서 전문가이지만, 그들 각자는 팀 의사소통에 최적인 학제 간 과정에서 훈련을 받는다.

예컨대, 노인성 질환을 가진 환자는 보호 욕구의 범위와 복잡성이 있어 학제 간 팀 접근이 요구된다. 또한, 보훈병원에서도 이 모델을 활용할 수 있다. 왜냐하면, 통합적 평가와 치료를 하여야 하기 때문이다. 어떤 세팅에서, 특히 시설 중심의, 혹은 지역사회 중심의 장기보호를 제공하는 세팅에서 통합된 혹은 학제 간 팀이 증가하고 있다. 그런데 이 모델의 단점은 초기에 비용이 많이 든다는 것이다. 그러나 계속해서 서비스를 제공하면 장기적으로는 비용이 절감된다. 왜냐하면, 재발하여 여러 병원에 입원하는 것을 방지할 수 있기 때문이다.

학제 간 팀모델을 적용해야 하는 하나의 예는 다음과 같은 경우이다. 의사, 간호사, 재활상담가, 사회복지사, 영양사, 그리고 기타 사람들 모두가 중요하게 이바지하여야 하는 만성질환을 가진 환자의 보호가 바로 그것이다. 이런 종류의 과업에 (앞에서 소개한) 수술실 협력 패턴(다학문적 팀모델)을 적용하는 것은 아주 적절하지 못하다. 환자의 점진적 보호단계를 위해 함께 계획을 세우는 것에는 더욱 평등주의적이며, 융통성 있는 협력 패턴이 필요이다. 이것이 바로 합의모델로, 환자의 역할도 협력 과정의 일부

5) 교육적 의사결정에 필요한 자료를 수집하고 평가하는 과정이다. 1970년대 이후 사회복지실천에서 의료모델에 대한 비판이 강해지면서 이때까지 사용하고 있던 진단이라는 용어 대신에 일반적으로 사정이라는 용어를 사용하고 있는데, 이는 클라이언트가 직면하는 문제와 상황을 확인하고, 이해하기 위한 자료를 수집하여 분석함과 동시에 문제 해결을 위한 계획을 확정해 가는 과정을 말한다.

로 고려하여야 한다.

학제 간 팀모델의 목적은 개인, 가족, 지역사회 혹은 인구집단에 더 나은 보건의료를 제공할 수 있도록 다양한 학문의 개념, 방법, 자료를 통합하는 것이다(앞에서 소개한 다학문적 팀모델은 다양한 학문의 개념, 방법, 자료를 단지 조정한다). 질병에 초점을 둔 접근법 대신에 학제 간 팀모델은 생리 · 심리 · 사회-문화적 접근법을 반영하고 있다. 이 모델은 건강과 질병의 적응적 모델과 일치하는 '환경 속 전인' 개념에 의존한다. 이 모델은 다학문적 팀모델과는 대조적으로, 덜 위기 지향적이며, 시간제한에 따른 구속을 적게 받으며, 한 개인으로부터 지시의 필요성이 많지 않다. 또한, 높은 수준의 기술 적용이 덜 뚜렷하다(Mailick & Jordon, 1997: 445-454). 임상적 과업은 정형적이지 못하고 예측하기가 어려우며, 협력 과정에서 환자 및 가족의 적극적 참여가 격려된다. 바꾸면 말하면, 팀은 전문적 기능보다는 환자 욕구와 임상적 과업을 둘러싸고 조직화되는 것이며, 따라서 그것은 위계구조가 철저하지 못하다(Heald, 1982).

팀 구성원의 자격은 서비스 대상이 가진 욕구의 특성에 의해 결정된다(Germain, 1984: 212). 직업건강진료소에서 그 팀은 직업재활의사, 변호사(대리인), 역학자, 사회복지사를 포함한다(Shanker, 1983: 24-30). 사회적 장애를 가진 청소년에게 통합되고 포괄적인 보건, 정신건강, 사회적 서비스를 제공하는 젊은이를 위한 지역사회 중심의 전인적 보건의료센터는 의학전문가, 간호사, 사회복지사, 보건교육, 영양, 심리학, 보건행정, 법학, 그리고 직업재활 등을 포함하는 13개 학문의 전문가 직원으로부터 도출된 몇 가지 종류의 팀 구조를 사용한다.

치료팀은 청소년의 욕구 변화에 따라 발달하거나 더욱 명백해져서 구조적으로 고정되지 않는다. 그들은 클라이언트와 관련 있는 접촉을 갖는 모든 직원을 포함하며, 청소년의 일차적 상담가나 실천가에 의해서 조정된다. 게다가 구조화된 보건의료팀에서는 의사, 간호사, 상담가, 보건교육가, 영양사, 사회복지사, 의료보조기사 등이 포함된다. 이들 팀은 낮에 보인 청소년의 문제를 검토하고 사정하며, 치료 건강 목표의 형성과 미래 방향을 논의하기 위하여 매일 끝날 때 공식적으로 모임을 가진다(Glover, 1979).

학제 간 팀모델은 주어진 세팅에서의 정해진 구성원에 한정되지 않는다. 어떤 상황에서 그들은 시간에 따라서 클라이언트와 가족을 위해서 서비스, 지식, 기술을 통합하려는 팀 노력의 일환으로 정신건강직원뿐만 아니라, 기관 대표자들을 참여시키는 학제 간, 기관 상호 간 팀이다. 종종 그런 팀을 이끌어 가고 팀의 활동을 조정하는 사람이 바로 정신건강사회복지사이다. 예를 들어, 병원 중심 아동학대팀에는 병원의 의사, 간호사, 사회복지사, 그리고 가정폭력방지센터의 직원뿐만 아니라 아동보호기관의 대표자도 포함된다. 그런 하나의 팀에서 소아과 담당 사회복지사는 조정자로 이바지한다(김기태 외, 2016: 282-284).

(3) 학제 초월 팀모델

학제 초월 팀모델은 더욱 많은 비공식적 의사소통방식을 필요로 한다. 환자의 질병 경과와 시간제한을 예측할 수 없는 상황에서는 환자에게 적용된 전문기술이 별로 중요하지 않다. 정신건강팀의 역할도 다소 상호 교환적으로 사용할 수 있는 상황에서, 협력은 상대적으로 지속적이고 비공식적인 것이다. 그런 비공식적 모델의 예가 환경치료병동에서 급성 정신질환자를 보호하는 것과 의학적 병동에서 만성질환을 가진 노인을 관리하는 것이다.

학제 초월 팀모델에서, 다른 전문직의 역할이 요구될 때에는 그 역할을 배워서 실행하며, 팀 책임의 공유를 강조한다. 이 모델에서는 관리자의 역할을 강조하며, 관리자는 팀 전문가 활동을 조정하고, 팀 구성원은 서로 지식과 기술을 가르친다(Russell, 1988: 38-45). 수련의나 전공의, 간호사, 사회복지사, 심리학자, 정신과 의사 등 모두가 궁극적으로 개별화된 정신건강계획을 달성하는 하나의 수단으로 환자와 환자 가족과의 과정에 직접 참여한다. 이 모델에서, 날마다 결정이 이루어질 때 공식적 형태의 계획된 모임을 갖는 것은 기능적이지 못하다. 왜냐하면, 환자에게 적용된 전문기술이 환자의 일상생활에서 모든 사건에 깊이 스며들기 때문이다. 환자를 포함하여 얼굴을 보면서 만나지만, 빈번하게 선택적으로 상호 의사교환이 이루어지는 것이 이 협력 과정의 특징이다.

1970년대 중반까지는 의학문헌에 학제 초월 팀모델이 거의 발표되지 않았다. 1976년 허친슨(Hutchinson, 1976)이 특수교육체계에 예를 들어 설명하면서 학제 초월 팀모델이 소개되기 시작하였다. 의료분야는 보통 문제 혹은 진단 지향적이다. 따라서 이 모델을 적용하기가 녹록하지 않다. 왜냐하면, 의사는 훈련과 경험 내용이 다르며, 법적 책임을 갖기 때문이다. 내과 의사가 아닌 다른 전문가들이 내과 의사의 어떤 책무를 수행하는 경우도 있다. 그러나 그렇더라도 그 수행을 하기 위해서는 훈련과 자격이 있어야 한다. 자격증과 처방전이 있으면, 의사보조자, 간호사도 스페셜리스트가 될 수 있다. 그러나 이들의 활동에 대해서도 법적 책임은 의사에게 있다(김기태 외, 2016: 285).

〈표 2-2〉 **세 가지 팀모델의 스포츠팀과의 비교**

구분	적용 영역	스포츠팀과의 유사점 비유(수비-공격 유형)
다학문적 팀모델	ICU팀, 수술팀	야구팀
학제 간 팀모델	발달장애아동 및 가족사정팀, 노인성 질환을 가진 환자의 적절한 평가와 치료팀	배구팀, 축구팀
학제 초월 팀모델	환경치료병동에서 급성 정신질환자를 보호하기 위한 팀, 의학적 병동에서 만성질환을 가진 노인관리팀	농구팀, 핸드볼팀

출처: 김기태 외(2016: 286).

지금까지 우리는 세 가지 모델, 즉 다학문적 팀모델, 학제 간 팀모델, 학제 초월 팀모델을 살펴보았다. 이제 세 가지 모델의 예를 들어 보고, 구분하여 보자. 학제 간 팀모델은 문제의 해결이나 과업의 완수가 다른 사람들의 상호 의존적 재능을 필요로 하는 과정을 의미하는 것으로 정의된다. 만약 내가 혼자서 과업을 완수하거나 문제를 해결할 수 있다면, 내 활동은 학제 간 모델이 아니다. 만약 과업이 두 부분으로 나누어지고 당신과 내가 따로 우리의 부분을 해결할 수 있다면, 그 과정은 다학문적 모델이다. 만약 당신과 내가 함께 과업에 임하는 것이 필요하지만 각자가 같은 기술을 사용한다면, 그 과업은 단일학문적이며, 두 사람이 그 일을 하면 더욱 빨리 할 수 있을 것이다. 그러나 만약 당신과 내가 함께 일하고 과업을 완수하는 데 각자의 이바지하는 다른 기술이 과업에 적용되고 우리의 개별기술이 요구된다면, 우리는 상호 의존적이며 학제 간 팀모델이다(김기태 외, 2016: 285-286).

2) 팀 구성원의 역할과 자세

의료기관에서의 사회복지사는 의사, 간호사, 영양사, 물리치료사, 언어 및 청력지도사, 작업치료사, 약사 등을 포함하는 광범위한 영역의 전문가들과 협력한다. 병원 밖에서 그들은 공중보건의사, 간호사와 건강교육자들과 함께 일한다(Skidmore et al., 1991: 151). 그래서 보건의료영역에서 일하는 사회복지사가 무엇을 알아야 하며 무엇을 해야 하는가에 대해 자신들이 명확하게 아는 만큼, 즉 정체성을 확립하는 정도에 따라 팀 내에서 자신의 역할을 효과적으로 수행할 수 있다. 만약 이런 문제가 해결되지 않으면 사회복지사 본인은 물론 자신의 전문직 및 환자에게 불이익을 입히고, 종국에는 다른 전문직 간의 관계에서 불이익이 일어난다(Falk, 1990: 63).

팀 협력에서 이루어지는 팀 구성원의 구체적 역할은 다음과 같은 세 가지가 있다(DeLamerens-Pratt & Golden, 1994: 167). 첫째는 전문가 역할이다. 이 역할은 자신이 가진 지식과 기술에 기초한다. 둘째는 지도자 역할이다. 이 역할은 팀 구조 내 구성원의 구성과 팀 성격에 달려 있다. 셋째는 서비스 조정자 역할이다. 이 역할은 소비자와 관계가 있으며, 전체 팀 노력의 통합을 허용한다. 의사는 위의 세 가지 역할 중 하나

이상을 수행한다. 지도자는 조정자, 권위자, 지도감독자로서 다양한 모델을 제공한다. 팀 과정의 형태와 상황에 따라 의사는 이런 기능 중 어느 것에 책임을 진다(김기태 외, 2016: 290-296).

브릴(Brill, 1976)은 세 가지 방법으로 팀 지도자를 결정한다고 하였다. 첫째는 지명되는 경우다. 즉, 조직이나 팀에서 선발된다. 전문가 역할, 행정가 지위, 동료 전문가나 행정 권위 사이에 갈등이 일어날 수 있다. 둘째는 출현하는 경우다. 팀 과정 중에 자연스럽게 나타난다. 셋째는 상황적이다. 즉, 상황에 따라서 적당한 사람을 선택하는 것이다.

효과적인 팀 기능을 위해서는 무난한 협력이 매우 중요하다. 전문성에 따라 지도력을 이 사람에서 저 사람으로 옮기는 것을 수용하고 일하는 것이 좋다. 의사결정 유형은 권위적 지도력에서부터 합의와 매트릭스모델에 걸쳐 있다(Mailick & Jordon, 1997). 그것의 구체적 팀 지도자를 외과 모델(다학문적 모델)과 비교할 때, 매트릭스모델(학제초월 모델)은 직접적으로 과업을 위한 그들 기술의 중요성에 따라 의사결정과 환자보호에서 지배를 하는 팀의 다른 구성원에게 역할상의 실질적 중복을 허용한다(DeLamerens-Pratt & Golden, 1994: 161-171).

- **다학문적 팀 지도력**: 환자를 맨 처음 보는 의사가 팀 평가와 전문가 의뢰에서 지도자 역할을 담당한다. 발달장애아동팀에서 의학, 교육, 조기치료, 개인 서비스의 협력이 요구된다. 개업의도 팀의 중요한 일부다. 지도감독, 의학적 권위, 서비스 조정 등을 수행한다.
- **학제 간 팀 지도력**: 효과적이며 성공적인 학제 간 평가는 공통의 행동 계획을 팀에게 통합시킬 수 있는 지도자의 존재에 달려 있다. 이 사람은 평가되는 클라이언트의 궁극적 욕구뿐만 아니라 집단 내에서의 상호작용, 구성원의 인격특성에 맞추어야 한다. 팀이 어떤 문제에 접근하는 방식에 민감해지면 지도자는 의사결정 과정을 더 잘 촉진할 수 있다.

라슨과 라파스토(Larson & LaFasto, 1989: 123)에 따르면, 어떤 팀모델을 채택하든지, 혹은 누가 팀이 되든지 간에 팀 지도자에게는 다음과 같은 사항이 기대된다.

- 팀 목적을 다른 책략적 문제와 타협하지 않아야 한다.
- 팀 목표에 개인적 관여를 하지 않아야 한다.
- 너무 많은 우선순위를 선정하여 팀 노력을 분산시키지 않아야 한다.
- 모든 팀 구성원에게 편파적이지 않고, 공정하여야 한다.
- 팀 구성원이 부적절하게 수행하는 것과 연관된 쟁점을 기꺼이 직시하고 해결해야 한다.
- 팀 구성원에게 새로운 아이디어와 정보를 공개해야 한다.

정신의학 영역에서 활동하는 팀 구성원의 역할을 요약하면 다음과 같다(김기태 외, 2016: 292-293).

- **정신의학자**: 치료에 대한 사회적 · 법적으로 인정된 책임을 갖는 의학적 배경과 그의 본질적 관심 때문에 정신의학팀의 책임자로 기능한다. 또한, 환자의 질병에 대한 정신병리학적, 발생학적, 유전 등, 즉 소인과 해부학적 · 생물학적 · 생화학적 과정의 영향 및 성격의 발달과 병리에 중점을 두고, 주로 임상진단과 약물치료 및 정신치료를 수행하며, 종합적 치료의 전략 등을 계획하여 시도하도록 주관한다.
- **정신건강임상심리사**: 심리학적 이론과 훈련을 통하여 여러 가지 검사 도구를 활용한 심리진단, 임상적 문제에 대한 학습이론과 행동수정의 원리를 적용한 인지행동치료, 개인치료와 집단치료, 그리고 성격, 정신병리 및 치료기법에 대한 연구, 교육 및 자문 역할을 수행한다.

- **정신건강사회복지사:** 환자를 둘러싸고 있는 가족, 친구, 학교, 지역사회와의 관계 및 환경에 초점을 두고, 사회조사를 통하여 진단한다. 환자의 입원기간을 통하여 개별 및 집단상담, 가족상담이나 가족치료를 수행한다. 퇴원을 앞둔 회복기 환자가 퇴원 계획을 세우고 사회로 복귀하는 데 있어서, 그들 가정과 사회 환경을 평가하고 퇴원 후 가정 및 사회에 재적응을 잘할 수 있도록 도와야 한다. 정신건강 분야에서 다른 전문직과 협동을 할 때 정신건강사회복지사는 개인 및 가족문제에 영향을 미치는 사회적 요인을 취급하는 데 주된 관심이 있다는 것을 기억해야 한다.
- **정신건강간호사:** 정신건강간호사에게는 무엇보다도 환자와의 접촉이 가장 중요하고, 특히 어머니로서의 간호사 역할은 무조건적 믿음의 바탕 위에서 환자와 관계를 맺고 진실한 관심과 지지를 제공한다. 또한, 간호학의 지식과 기술을 바탕으로 신체치료와 더불어 환자를 위한 치료적 환경을 조성한다.

라슨과 라파스토(1989: 124)는 효과적으로 기능하는 팀이 되기 위한 팀 구성원의 바람직한 자세를 다음과 같이 제시하였다.

- 자기의 역할과 책무에 대한 현실적 이해를 보여 주어라.
- 목적과 사실에 기초한 판단을 설명하라.
- 팀의 다른 구성원과 효과적으로 협력하라.
- 다른 개인적 목적보다는 팀의 목표에 최선을 두어라.
- 팀의 성공을 달성하는 데 필요하다면 무엇이든지 기꺼이 헌신하라.
- 정보, 인식, 피드백을 기꺼이 공개하여 공유하라.
- 필요할 때 적절하게 팀의 다른 구성원에게 도움을 제공하라.
- 높은 수준의 우수함 기준을 보여 주어라.

- 뒤에서 팀의 결정을 지원하라.
- 중요한 쟁점을 직접적으로 직면시킴으로써 확신을 가지고 용기를 보여 주어라.
- 팀의 성공에 공헌하는 방식으로 지도력을 발휘하라.
- 다른 사람의 피드백에 건설적으로 반응하라.

우리나라 의료기관에서 사회사업이 이루어질 때 의사나 간호사, 팀 협력에 참여하는 각종 전문직은 사회복지사가 의료기관 내에서 차지하는 위치나 역할에 대해 제대로 인식하지 못하고 있는 경우가 많다. 따라서 효과적 팀 협력이 이루어지기 위해서는 다른 전문가에게 역할을 인식시키는 것이 무엇보다도 선행되어야 한다. 왜냐하면, 목표가 불명확하고 역할이 명료하지 못할 때 팀은 효과적으로 기능하지 못하기 때문이다(김기태 외, 2016: 294-296).

팀 내에서 역할 기대가 일치하지 못하여 문제가 생기는 경우가 많다. 사회사업의 전문성이 확립된 미국에서도 그런 경향이 다소 있지만, 특히 우리나라에서는 역할 기대에 대한 차이가 더 많다. 사회복지사는 자신의 역할을 임상가로 생각하지만, 정신과 의사와 간호사는 그렇게 생각하지 않는다. 그들은 사회복지사에게 먼저 교통, 양로원 배치, 재정, 가정에서의 지지서비스, 그리고 주택 등과 같은 구체적 서비스를 포함하여 지역사회 자원을 적절하게 활용하는 점에 많은 기대를 한다. 사회복지사는 이때 선택을 해야 한다. 그들과 싸울 수도 있고, 중단할 수도 있고, 협력할 수도 있다. 그러나 동맹을 맺는 것이 필요하다. 먼저 그들이 원하는 기대를 차분하게 충족시키면서 차츰 전문화된 역할로 나아가는 것이 효과적이다.

또한, 여러 전문직이 의료기관 내에서 협력이 필요하다는 것을 인식하고 있다고 해서 그들이 그런 목표를 달성할 수 있는 팀 협력에 관한 기술을 자동적으로 소유할 것이라고 확신하지 못한다. 팀 협력에 대해서 대학에서는 물론이고 대학원에서도 그 자체의 원리를 가진 구체적 개념으로는 거의 가르치지 않는다. 따라서 병원 세팅에서 사회복지사는 자신들이 이미 배운 집단을 활용한 실천기술과 준거 틀을 준용하여 협력의 필요성에 부응하는 경향이 있다. 그래서 만약 사회복지사가 개인을 중심으로 한 실천에 훈련된 자라면, 협력을 둘러싼 문제를 이해할 때 협력자들의 인격상 문제로 규정짓는 경우가 흔하게 나타난다.

팀 협력에서, 사회복지사에게서 나타나는 반응 중 가장 많이 나타나는 것은 다른 전문가와 경쟁하여 이기려는 반응이다. 개인적 속성과 사회 · 경제적 배경에서 남성 사회복지사는 의사를 이기거나 그들을 교육하면서 의사와 인간관계를 좋게 하는 데 많은 관심을 기울이지, 구조적 혹은 조직적 배치를 변화시키는 데 초점을 두는 반응은 별로 나타나지 않는다. 한편, 여성 사회복지사는 간호사와 긴장관계에 빠지는 경우가 많다.

조직 환경에 대한 이해나 주의가 없으면, 그들은 자신들의 역할을 너무 넓게 정의하거나 너무 좁게 정의하여 역기능적으로 반응할 것이다. 너무 넓게 역할을 인식하면 자신들의 실천을 형성하기 위하여 의사와 간호사로부터 의뢰를 허용한다. 좁은 역할 정의도 위험성을 가진다. 사회복지사는 전문가 역할에 대해 경계가 있는 견해를 가지며, 전문가 경계 내에 남아 있다. 오직 규칙만을 준수하는 융통성 없는 행동은 흔히 그런 결과이다. 이것은 직접적 서비스 수준에 있는 사회복지사뿐만 아니라 더욱 큰 제도적 세팅의 맥락 내에서 행정 수준에 있는 사회사업과(혹은 사회복지과)에서도 마찬가지이다.

전통적 사회복지사의 책무로 여겨져 온 기능은, 팀에 사회사업 구성원이 없기 때문에 때로는 다른 학문에 의해서 수행될 수도 있다. 이런 경우 사회사업이 팀에 추가될 때 기존 업무를 맡아 왔던 사람들이 쉽게 물러나지 않는다. 예를 들어, (사회복지사가 없어서) 간호사가 자신의 많은 업무에도 불구하고 환자와 가족에게 정서적 지지를 제공하고, 필요에 따라 퇴원 계획을 수립하는 데 관여해 왔다고 가정하자. 그런데 사회복지사가 팀에 합류하자 간호사와 사회복지사 사이에 갈등이 일어나기 시작하였다. 사회복지사는 숙련된 실천가로 이런 경우 최소한 어느 정도는 이런 반응을 예상하여야 한다. 따라서 사회복지사는 간호사가 노력하는 것을 지지하면서, 초기에는 중요성이 낮은 접근법을 주장하여야 한다. 적극적 저항이 사라지고 사회복지사의 존재에 대한 수용이 증가함에 따라 사회복지사는 점차 어려운 환자나 가정 상황에서 더욱 직접적인 역할을 취하여 나가는 것이 유리하다.

의료 전문직은 모든 전문직 중에서 가장 오래되었으며, 다른 전문직의 모델로 이바지해 오고 있다. 따라서 그들은 전통에 젖어 변화에 저항적이다. 의사는 자신들의 전문성, 배타적 지식, 환자의 치료에 대한 법적 책임, 자신들의 사회적 위신 따위 때문에 질병 문제에 있어서는 최고의 권위를 보장받는다. 그 때문에 의료기관 내에서 여러 전문직이 함께 일하고 있지만, 수용적이지 못한 의사가 많다. 또한, 의료기관에 근무하는 의사들이 양성되는 과정에서 팀 협력에 대한 수련의 기회가 없다. 아울러 의료인이 수시로, 자주 바뀌기 때문에 여태껏 형성되어 온 팀 협력이 다시 원점으로 돌아가는 경우도 흔하다(김기태 외, 2016: 290-296).

PART 2

정신건강사회복지의 법과 제도

03 CHAPTER

정신건강복지법과 정책방향

1. 「정신건강복지법」의 이념

정부는 1995년 12월 30일 생활환경의 급격한 변화로 말미암아 정신질환자가 증가함에 따라 정신질환을 예방하고 정신질환자에 대한 효율적인 의료 및 사회복귀를 위해 필요한 사항을 정함으로써, 국민의 정신건강증진에 이바지하기 위하여 「정신보건법」을 제정하였다. 그러다가 2016년 5월 29일 정신질환자의 범위를 중증정신질환자로 축소 정의하고, 전 국민 대상의 정신건강증진의 장을 신설하며, 정신질환자의 입원 · 퇴원 제도를 개선하고, 정신질환자에 대한 복지서비스 제공을 추가하는 등 현행 법률상 미흡한 점을 개선 · 보완하기 위하여 「정신건강증진 및 정신질환자 복지서비스 지원에 관한 법률(약칭: 정신건강복지법)」로 전부 개정하였다.

현행「정신건강증진 및 정신질환자 복지서비스 지원에 관한 법률(약칭: 정신건강복지법)」은 법률 제17794호(2020. 12. 29.)로 일부 개정하여 2020년 12월 29일부터 시행하고 있다. 이 법은 정신질환의 예방 · 치료, 정신질환자의 재활 · 복지 · 권리보장과 정신건강 친화적인 환경 조성에 필요한 사항을 규정함으로써 국민의 정신건강증진 및 정신질환자의 인간다운 삶을 영위하는 데 이바지함을 목적(법 제1조)으로 하며, 기본이념(법 제2조)은 다음과 같다.

- 모든 국민은 정신질환으로부터 보호받을 권리를 가진다.
- 모든 정신질환자는 인간으로서의 존엄과 가치를 보장받고, 최적의 치료를 받을 권리를 가진다.
- 모든 정신질환자는 정신질환이 있다는 이유로 부당한 차별 대우를 받지 아니한다.
- 미성년자인 정신질환자는 특별히 치료, 보호 및 교육을 받을 권리를 가진다.
- 정신질환자에 대해서는 입원 또는 입소(이하 "입원 등"이라 한다)가 최소화되도록 지역 사회 중심의 치료가 우선적으로 고려되어야 하며, 정신건강증진시설에 자신의 의지에 따른 입원 또는 입소(이하 "자의입원 등"이라 한다)가 권장되어야 한다.
- 정신건강증진시설에 입원 등을 하고 있는 모든 사람은 가능한 한 자유로운 환경을 누릴 권리와 다른 사람들과 자유로이 의견교환을 할 수 있는 권리를 가진다.
- 정신질환자는 원칙적으로 자신의 신체와 재산에 관한 사항에 대하여 스스로 판단하고 결정할 권리를 가진다. 특히, 주거지, 의료 행위에 대한 동의나 거부, 타인과의 교류, 복지 서비스의 이용 여부와 복지 서비스 종류의 선택 등을 스

스로 결정할 수 있도록 자기결정권을 존중받는다.

- 정신질환자는 자신에게 법률적 · 사실적 영향을 미치는 사안에 대하여 스스로 이해하여, 자신의 자유로운 의사를 표현할 수 있도록 필요한 도움을 받을 권리를 가진다.
- 정신질환자는 자신과 관련된 정책의 결정과정에 참여할 권리를 가진다.

2. 「정신건강복지법」의 구성

「정신건강증진 및 정신질환자 복지서비스 지원에 관한 법률(약칭: 정신건강복지법)」은 제8장 제89조의 본칙과 부칙으로 구성되어 있다. 본칙은 제1장 총칙, 제2장 정신건강증진 정책의 추진 등, 제3장 정신건강증진시설의 개설 · 설치 및 운영 등, 제4장 복지서비스의 제공, 제5장 보호 및 치료, 제6장 퇴원 등의 청구 및 심사 등, 제7장 권익보호 및 지원 등, 제8장 벌칙으로 되어 있다. 각 장에 담긴 각 조 내용은 다음과 같다.

- **제1장 총칙(법 제1조~제6조)**: 목적, 기본이념, 정의, 국가와 지방자치단체의 책무, 국민의 의무, 정신건강증진시설의 장의 의무
- **제2장 정신건강증진 정책의 추진 등(법 제7조~제18조)**: 국가계획의 수립, 시행계획의 수립 · 시행 등, 정신건강증진 관련 주요정책의 심의, 실태조사, 정신건강상 문제의 조기 발견 등, 국가 및 지방자치단체의 정신건강증진사업 등의 추진 등, 학교 등에서의 정신건강증진사업 실시, 정신건강의 날, 정신건강복지센터의 설치 및 운영, 국가트라우마센터의 설치 · 운영, 중독관리통합지원센터

의 설치 및 운영, 정신건강연구기관 설치 · 운영, 정신건강전문요원의 자격 등, 정신건강전문요원의 결격사유

- **제3장 정신건강증진시설의 개설 · 설치 및 운영 등(법 제19조~제32조)**: 정신의료기관의 개설 · 운영 등, 과징금처분, 국립 · 공립 정신병원의 설치 등, 공립 정신병원의 운영 등, 정신요양시설의 설치 · 운영, 정신건강의학과전문의의 자문, 정신요양시설의 폐지 · 휴지 · 재개 신고, 정신요양시설 사업의 정지, 설치허가 취소 등, 정신재활시설의 설치 · 운영, 정신재활시설의 종류, 정신재활시설의 폐지 · 휴지 · 재개 신고, 정신재활시설의 폐쇄 등, 기록보존, 정신건강증진시설의 평가, 청문
- **제4장 복지서비스의 제공(법 제33조~제38조)**: 복지서비스의 개발, 고용 및 직업재활 지원, 평생교육 지원, 문화 · 예술 · 여가 · 체육활동 등 지원, 지역사회 거주 · 치료 · 재활 등 통합 지원, 가족에 대한 정보제공과 교육
- **제5장 보호 및 치료(법 제39조~제52조)**: 보호의무자, 보호의무자의 의무, 자의입원 등, 동의입원 등, 보호의무자에 의한 입원 등, 특별자치시장 · 특별자치도지사 · 시장 · 군수 · 구청장에 의한 입원, 입원 등의 입원적합성심사위원회 신고 등, 입원적합성심사위원회의 설치 및 운영 등, 입원적합성심사위원회의 심사 및 심사결과 통지 등, 입원적합성의 조사, 입원적합성심사위원회 위원 등의 제척, 응급입원, 신상정보의 확인, 퇴원 등의 사실의 통보
- **제6장 퇴원 등의 청구 및 심사(법 제53조~제67조)**: 정신건강심의위원회의 설치 · 운영, 정신건강심사위원회의 설치 · 운영, 퇴원 등 또는 처우개선 심사의 청구, 정신건강심의위원회의 회부, 퇴원 등 또는 처우개선의 심사, 정신건강심사위원회 위원의 제척 · 기피 · 회피, 퇴원 등 명령의 통지 등, 재심사의 청구 등, 재심사의 회부 등, 특별자치시장 · 특별자치도지사 · 시장 · 군수 · 구청장에 의한 입원의 해제, 임시 퇴원 등, 외래치료 지원 등, 무단으로 퇴원 등을 한

사람에 대한 조치, 보고 · 검사 등, 입 · 퇴원 등 관리시스템

- 제7장 권익보호 및 지원 등(법 제68조~제83조): 입원 등의 금지 등, 권익보호, 인권교육, 비밀누설의 금지, 수용 및 가혹행위 등의 금지, 특수치료의 제한, 통신과 면회의 자유 제한의 금지, 격리 등 제한의 금지, 작업치료, 직업훈련 지원, 단체 · 시설의 보호 · 육성 등, 경제적 부담의 경감 등, 비용의 부담, 비용의 징수, 상속인 없는 재산의 처리, 보조금 등, 권한의 위임 및 업무의 위탁
- 제8장 벌칙(법 제84조~제89조): 벌칙, 양벌규정, 과태료

3. 「정신건강복지법」에 근거한 정신건강 종합대책

「정신건강증진 및 정신질환자 복지서비스 지원에 관한 법률(약칭: 정신건강복지법)」에 의한 정신건강 종합대책의 주요 사항은 다음과 같다.

1) 정신건강증진 정책의 추진

(1) 국가계획의 수립

- 보건복지부장관은 관계 행정기관의 장과 협의하여 5년마다 정신건강증진 및 정신질환자 복지서비스 지원에 관한 국가의 기본계획(이하 “국가계획”이라 한다)을 수립하여야 한다(법 제7조 제1항).

- 특별시장 · 광역시장 · 특별자치시장 · 도지사 · 특별자치도지사(이하 "시 · 도지사"라 한다)는 국가계획에 따라 각각 특별시 · 광역시 · 특별자치시 · 도 · 특별자치도(이하 "시 · 도"라 한다) 단위의 정신건강증진 및 정신질환자 복지서비스 지원에 관한 계획(이하 "지역계획"이라 한다)을 수립하여야 한다. 이 경우 해당 지역계획은 「지역보건법」 제7조에 따른 지역보건의료계획과 연계되도록 하여야 한다(법 제7조 제2항).
- 국가계획 또는 지역계획에는 다음 각 호의 사항이 포함되어야 한다(법 제7조 제3항).
  - 정신질환의 예방, 상담, 조기발견, 치료 및 재활을 위한 활동과 각 활동 상호간 연계
  - 영 · 유아, 아동, 청소년, 중 · 장년, 노인 등 생애주기(이하 "생애주기"라 한다) 및 성별에 따른 정신건강증진사업
  - 정신질환자의 조기퇴원 및 사회적응
  - 적정한 정신건강증진시설의 확보 및 운영
  - 정신질환에 대한 인식개선을 위한 교육 · 홍보, 정신질환자의 법적 권리보장 및 인권보호 방안
  - 전문인력의 양성 및 관리
  - 정신건강증진을 위한 교육, 주거, 근로환경 등의 개선 및 이와 관련된 부처 또는 기관과의 협력 방안
  - 정신건강 관련 정보체계 구축 및 활용
  - 정신질환자와 그 가족의 지원
  - 정신질환자의 건강, 취업, 교육 및 주거 등 지역사회 재활과 사회참여
  - 정신질환자에 대한 복지서비스의 연구 · 개발 및 평가에 관한 사항
  - 정신질환자에 대한 복지서비스 제공에 필요한 재원의 조달 및 운용에 관한

사항
- 그 밖에 보건복지부장관 또는 시·도지사가 정신건강증진을 위하여 필요하다고 인정하는 사항

- 보건복지부장관과 시·도지사는 국가계획 및 지역계획의 수립·시행에 필요한 자료의 제공 및 협조를 관계 행정기관, 정신건강증진시설 및 관련 기관·단체 등에 요청할 수 있다. 이 경우 요청받은 기관·시설·단체 등은 자료의 제공이 법령에 위반되거나 정상적인 업무수행에 뚜렷한 지장을 초래하는 등의 정당한 사유가 없으면 그 요청에 따라야 한다(법 제7조 제4항).
- 국가계획 및 지역계획을 수립할 때에는 「장애인복지법」 제10조의2에 따른 장애인정책종합계획과 연계되도록 하여야 한다(법 제7조 제5항).
- 보건복지부장관은 5년마다 정신질환자의 인권과 복지증진 추진사항에 관한 백서를 발간하여 공표하여야 한다(법 제7조 제6항).
- 국가계획 및 지역계획의 수립 절차 등에 관하여 필요한 사항은 보건복지부령으로 정한다(법 제7조 제7항).

(2) 실태조사

- 보건복지부장관은 5년마다 다음 각 호의 사항에 관한 실태조사를 하여야 한다. 다만, 정신건강증진 정책을 수립하는 데 필요한 경우 수시로 실태조사를 할 수 있다(법 제10조 제1항).
  - 정신질환의 인구학적 분포, 유병률(有病率) 및 유병요인
  - 성별, 연령 등 인구학적 특성에 따른 정신질환의 치료 이력, 정신건강증진시설 이용 현황
  - 정신질환으로 인한 사회적·경제적 손실
  - 정신질환자의 취업·직업훈련·소득·주거·경제상태 및 정신질환자에 대

한 복지서비스

– 정신질환자 가족의 사회 · 경제적 상황

– 그 밖에 정신건강증진에 필요한 사항으로서 보건복지부령으로 정하는 사항

- 제1항에 따른 실태조사(이하 "실태조사"라 한다)와 정신건강증진 관련 지도업무를 수행하기 위하여 시 · 도에 담당 공무원을 둘 수 있다(법 제10조 제2항).
- 보건복지부장관은 실태조사를 하는 데 필요한 자료를 제공하도록 정신건강증진시설 및 대통령령으로 정하는 관련 기관 · 단체 등에 요청할 수 있다. 이 경우 요청받은 정신건강증진시설 및 관련 기관 · 단체 등은 자료의 제공이 법령에 위반되거나 정상적인 업무수행에 뚜렷한 지장을 초래하는 등의 정당한 사유가 없으면 그 요청에 따라야 한다(법 제10조 제3항).
- 실태조사는 필요한 경우 「장애인복지법」 제31조에 따른 장애 실태조사와 함께 실시할 수 있다(법 제10조 제4항).
- 실태조사를 실시하면 그 결과를 공표하여야 한다(법 제10조 제5항).
- 실태조사의 시기, 방법, 절차 및 공표 등에 관하여 필요한 사항은 보건복지부령으로 정한다(법 제10조 제6항).

(3) 정신건강상 문제의 조기발견

- 보건복지부장관, 시 · 도지사 및 시장 · 군수 · 구청장은 정신질환의 원활한 치료와 만성화 방지를 위하여 정신건강복지센터, 정신건강증진시설 및 의료기관을 연계한 정신건강상 문제의 조기발견 체계를 구축하여야 한다(법 제11조 제1항).
- 보건복지부장관, 시 · 도지사 및 시장 · 군수 · 구청장은 생애주기 및 성별 정신건강상 문제의 조기발견 · 치료를 위한 교육 · 상담 등의 정신건강증진사업을 시행한다(법 제11조 제2항).

- 제2항에 따른 생애주기 및 성별 정신건강상 문제의 조기발견 · 치료를 위한 정신건강증진사업의 범위, 대상 및 내용 등은 대통령령으로 정한다(법 제11조 제3항).

(4) 국가와 지방자치단체의 정신건강증진사업 등의 추진

- 보건복지부장관은 제7조 제3항 각 호에 관한 전국 단위의 정신건강증진사업 등을 수행하고, 제2항 및 제3항에 따른 지방자치단체의 지역별 정신건강증진사업 등을 총괄 · 지원한다(법 제12조 제1항).
- 시 · 도지사는 관할 구역에서의 제7조 제3항 각 호에 관한 정신건강증진사업 등, 시 · 군 · 구(자치구를 말한다. 이하 같다) 간 연계체계 구축 및 응급 정신의료 서비스 제공 등 광역 단위의 정신건강증진사업 등을 수행하며, 시장 · 군수 · 구청장이 제8조 제1항 본문에 따른 지역계획의 시행계획이나 같은 항 단서에 따른 지역보건의료계획의 시행계획에 따른 정신건강증진사업 등을 총괄 · 지원한다(법 제12조 제2항).
- 시장 · 군수 · 구청장은 관할 구역에서의 제7조 제3항 각 호에 관한 정신건강증진사업 등을 수행한다(법 제12조 제3항).
- 보건복지부장관, 시 · 도지사 및 시장 · 군수 · 구청장은 제1항부터 제3항까지의 규정에 따른 정신건강증진사업 등을 시행하는 경우에 정신건강복지센터, 정신건강증진시설, 사회복지시설, 학교 및 사업장의 관련 활동이 서로 연계되도록 하여야 한다(법 제12조 제4항).
- 제1항에 따른 정신건강증진사업 등에 관하여 자문 · 지원하기 위하여 보건복지부장관 소속으로 중앙정신건강복지사업지원단을 두고, 제2항에 따른 정신건강증진사업 등에 관하여 자문 · 지원하기 위하여 시 · 도지사 소속으로 지방정신건강복지사업지원단을 둔다(법 제12조 제5항).

- 제5항에 따른 중앙정신건강복지사업지원단 및 지방정신건강복지사업지원단의 운영 등에 필요한 사항은 대통령령으로 정한다(법 제12조 제6항).

(5) 학교 등에서의 정신건강증진사업 실시

- 다음 각 호에 해당하는 기관 · 단체 · 학교의 장 및 사업장의 사용자는 구성원의 정신건강에 관한 교육 · 상담과 정신질환 치료와의 연계 등의 정신건강증진사업을 실시하도록 노력하여야 한다(법 제13조 제1항).
  - 국가 및 지방자치단체의 기관 중 업무의 성질상 정신건강을 해칠 가능성이 높아 정신건강증진사업을 실시할 필요가 있는 기관으로서 대통령령으로 정하는 기관
  - 「초 · 중등교육법」 및 「고등교육법」에 따른 학교 중 대통령령으로 정하는 학교
  - 「근로기준법」에 따른 근로자 300명 이상을 사용하는 사업장
  - 그 밖에 업무의 성질이나 근무자 수 등을 고려하여 정신건강증진사업을 실시할 필요가 있는 기관 · 단체로서 대통령령으로 정하는 기관 · 단체
- 보건복지부장관은 제1항에 따른 정신건강증진사업의 효율적인 시행을 위하여 그 구체적 내용 및 방법 등에 관한 지침 시행, 정보 제공, 그 밖의 필요한 사항의 권고를 할 수 있다(법 제13조 제2항).
- 보건복지부장관은 제1항 각 호의 기관 · 단체 · 학교 및 사업장 중 구성원의 정신건강 증진을 위하여 적극적으로 노력한 기관 등을 선정 · 공표할 수 있으며, 해당 기관 · 단체 · 학교 및 사업장에 대하여 지원을 할 수 있다(법 제13조 제3항).

(6) 정신건강의 날

- 정신건강의 중요성을 환기하고 정신질환에 대한 편견을 해소하기 위하여 매년 10월 10일을 정신건강의 날로 하고, 정신건강의 날이 포함된 주(週)를 정신건강주간으로 한다(법 제14조 제1항).
- 국가와 지방자치단체는 정신건강의 날 취지에 적합한 행사와 교육 · 홍보사업을 실시할 수 있다(법 제14조 제2항).
- 제2항에 따른 정신건강의 날 행사 등에 관하여 필요한 사항은 보건복지부령으로 정한다(법 제14조 제3항).

(7) 정신건강복지센터의 설치 및 운영

- 보건복지부장관은 필요한 지역에서의 제12조 제1항에 따른 소관 정신건강증진사업 등의 제공 및 연계 사업을 전문적으로 수행하게 하기 위하여 정신건강복지센터를 설치 · 운영할 수 있다(법 제15조 제1항).
- 시 · 도지사는 관할 구역에서의 제12조 제2항에 따른 소관 정신건강증진사업 등의 제공 및 연계 사업을 전문적으로 수행하게 하기 위하여 광역정신건강복지센터를 설치 · 운영할 수 있다(법 제15조 제2항).
- 시장 · 군수 · 구청장은 관할 구역에서의 제12조 제3항에 따른 소관 정신건강증진사업 등의 제공 및 연계 사업을 전문적으로 수행하게 하기 위하여 「지역보건법」에 따른 보건소(이하 "보건소"라 한다)에 기초정신건강복지센터를 설치 · 운영할 수 있다(법 제15조 제3항).
- 정신건강복지센터의 장은 정신건강증진사업 등의 제공 및 연계사업을 수행하기 위하여 정신질환자를 관리하는 경우에 정신질환자 본인이나 제39조에 따른 보호의무자(이하 "보호의무자"라 한다)의 동의를 받아야 한다(법 제15조 제4항).

- 보건복지부장관은 제2항 및 제3항에 따른 정신건강복지센터의 설치 · 운영에 필요한 비용의 일부를 부담한다(법 제15조 제5항).
- 보건복지부장관은 대통령령으로 정하는 바에 따라, 시 · 도지사 및 시장 · 군수 · 구청장은 조례나 규칙으로 정하는 바에 따라 소관 정신건강증진사업 등을 정신건강에 관한 전문성이 있는 기관 · 단체에 위탁하여 수행할 수 있다(법 제15조 제6항).
- 시 · 도지사는 소관 광역정신건강복지센터의 운영 현황 및 정신건강증진사업 등의 추진 내용을, 시장 · 군수 · 구청장은 관할 시 · 도지사를 통하여 소관 기초정신건강복지센터의 운영 현황 및 정신건강증진사업 등의 추진 내용을 각각 반기별로 보건복지부장관에게 보고하여야 한다(법 제15조 제7항).
- 보건복지부장관, 시 · 도지사 및 시장 · 군수 · 구청장은 수시로 신고를 받을 수 있는 정신건강상담용 긴급전화를 설치 · 운영하여야 한다(법 제15조 제8항).
- 제1항부터 제7항까지에서 규정한 사항 외에 정신건강복지센터의 설치 · 운영에 필요한 사항 및 제8항에 따른 긴급전화의 설치 · 운영에 필요한 사항은 대통령령으로 정한다(법 제15조 제9항).

(8) 국가트라우마센터의 설치 · 운영

- 보건복지부장관은 다음 각 호의 어느 하나에 해당하는 사람의 심리적 안정과 사회 적응을 지원(이하 이 조에서 "심리지원"이라 한다)하기 위하여 국가트라우마센터를 설치 · 운영할 수 있다(법 제15조의2 제1항).
  - 재난이나 그 밖의 사고로 정신적 피해를 입은 사람과 그 가족
  - 재난이나 사고 상황에서 구조, 복구, 치료 등 현장대응 업무에 참여한 사람으로서 정신적 피해를 입은 사람
- 국가트라우마센터는 다음 각 호의 업무를 수행한다(법 제15조의2 제2항).

- 심리지원을 위한 지침의 개발 · 보급
- 제1항 각 호의 어느 하나에 해당하는 사람에 대한 심리평가, 심리상담, 심리치료
- 트라우마에 관한 조사 · 연구
- 심리지원 관련 기관 간 협력체계의 구축
- 그 밖에 심리지원을 위하여 보건복지부장관이 정하는 업무

• 보건복지부장관은 국가트라우마센터의 업무를 지원하기 위하여 권역별 트라우마센터를 설치 · 지정 및 운영할 수 있다(법 제15조의2 제3항).

• 보건복지부장관은 대통령령으로 정하는 바에 따라 국가트라우마센터 및 권역별 트라우마센터의 설치 · 지정 및 운영을 그 업무에 필요한 전문인력과 시설을 갖춘 기관에 위임 또는 위탁할 수 있다(법 제15조의2 제4항).

• 제1항부터 제4항까지에서 규정한 사항 외에 국가트라우마센터 및 권역별 트라우마센터의 설치 · 지정 및 운영에 필요한 사항은 대통령령으로 정한다(법 제15조의2 제5항).

(9) 중독관리통합지원센터의 설치 및 운영

• 보건복지부장관 또는 지방자치단체의 장은 알코올, 마약, 도박, 인터넷 등의 중독 문제와 관련한 종합적인 지원사업을 수행하기 위하여 중독관리통합지원센터를 설치 · 운영할 수 있다(법 제15조의3 제1항).

• 제1항에 따른 중독관리통합지원센터(이하 "중독관리통합지원센터"라 한다)는 다음 각 호의 사업을 수행한다(법 제15조의3 제2항).

- 지역사회 내 중독자의 조기발견 체계 구축
- 중독자 대상 상담, 치료, 재활 및 사회복귀 지원사업
- 중독폐해 예방 및 교육사업

- 중독자 가족에 대한 지원사업
- 그 밖에 중독 문제의 해소를 위하여 필요한 사업

• 보건복지부장관은 제1항에 따른 지방자치단체의 중독관리통합지원센터 설치 · 운영에 필요한 비용의 전부 또는 일부를 부담할 수 있다(법 제15조의3 제3항).

• 보건복지부장관 또는 지방자치단체의 장은 중독관리통합지원센터의 설치 · 운영을 그 업무에 관한 전문성이 있는 기관 · 단체에 위탁할 수 있다(법 제15조의3 제4항).

• 중독관리통합지원센터의 설치 · 운영 및 위탁 등에 필요한 사항은 보건복지부령으로 정한다(법 제15조의3 제5항).

(10) 정신건강연구기관 설치 · 운영

• 보건복지부장관은 다음 각 호의 업무 수행을 위하여 국립정신건강연구기관을 둘 수 있다(법 제16조).
- 뇌(腦)신경 과학에 관한 연구
- 정신질환 치료 및 재활을 위한 중개(仲介) · 임상 연구
- 정신건강증진 서비스 전달체계 개선에 관한 연구
- 정신질환과 관련된 정보 · 통계의 수집 · 분석 및 제공
- 정신건강증진 전문가 양성 및 정신건강증진시설 종사자 훈련
- 국가계획의 수립 및 실태조사의 지원
- 국가정신건강정책의 수행을 위한 국립정신병원의 지원
- 그 밖에 대통령령으로 정하는 업무

2) 정신건강증진시설의 개설 · 설치 및 운영

(1) 정신의료기관의 개설 · 운영

- 정신의료기관의 개설은 「의료법」에 따른다. 이 경우 「의료법」 제36조에도 불구하고 정신의료기관의 시설 · 장비의 기준과 의료인 등 종사자의 수 · 자격에 관하여 필요한 사항은 정신의료기관의 규모 등을 고려하여 보건복지부령으로 따로 정한다(법 제19조 제1항).
- 다음 각 호의 어느 하나에 해당하는 행위로 금고 이상의 형을 선고받고 그 형의 집행이 끝나거나 집행을 받지 아니하기로 확정된 후 5년이 지나지 아니한 사람 또는 그 사람이 대표자로 있는 법인은 정신의료기관을 개설하거나 설치할 수 없다(법 제19조 제2항).
  - 제41조 제2항, 제42조 제2항 본문, 제43조 제7항 · 제9항 본문, 제47조 제4항 또는 제62조 제1항 후단을 위반하여 정신질환자를 퇴원이나 임시 퇴원을 시키지 아니한 행위
  - 제68조 제1항을 위반하여 정신건강의학과전문의의 대면(對面) 진단에 의하지 아니하고 정신질환자를 정신의료기관에 입원을 시키거나 입원의 기간을 연장한 행위
- 보건복지부장관은 정신질환자에 대한 지역별 병상 수급 현황 등을 고려하여 정신의료기관이 다음 각 호의 어느 하나에 해당하는 경우에 그 정신의료기관의 규모를 제한할 수 있다(법 제19조 제3항).
  - 300병상 이상의 정신의료기관을 개설하려는 경우
  - 정신의료기관의 병상 수를 300병상 미만에서 기존의 병상 수를 포함하여 300병상 이상으로 증설하려는 경우
  - 300병상 이상의 정신의료기관을 운영하는 자가 병상 수를 증설하려는 경우

- 시 · 도지사 또는 시장 · 군수 · 구청장은 정신의료기관이 다음 각 호의 어느 하나에 해당하는 경우에는 1년의 범위에서 기간을 정하여 시정명령을 할 수 있다(법 제19조 제4항).
  - 제1항 후단에 따른 정신의료기관의 시설 · 장비의 기준과 의료인 등 종사자의 수 · 자격에 미달하게 된 경우
  - 제41조 제2항, 제42조 제2항 본문, 제43조 제7항 · 제9항 본문, 제47조 제4항 또는 제62 조 제1항 후단을 위반하여 정신질환자를 퇴원이나 임시 퇴원을 시키지 아니한 경우
  - 제59조 제1항 제1호부터 제6호까지(제61조 제2항에서 준용하는 경우를 포함한다) 또는 제66조 제4항에 따른 명령에 따르지 아니한 경우
  - 정당한 사유 없이 제66조 제1항에 따른 보고를 하지 아니하거나 거짓으로 보고를 하는 경우, 관계 서류를 제출하지 아니하거나 거짓의 서류를 제출하는 경우 또는 관계 공무원의 검사를 거부 · 방해 또는 기피하는 경우나 같은 조 제2항에 따른 관계 공무원과 정신건강심의위원회 위원의 심사를 거부 · 방해 또는 기피한 경우
  - 제68조 제1항을 위반하여 정신건강의학과전문의의 대면 진단에 의하지 아니하고 정신질환자를 입원시키거나 입원 기간을 연장한 경우
- 시 · 도지사 또는 시장 · 군수 · 구청장은 정신의료기관이 제4항의 시정명령에 따르지 아니한 경우 보건복지부령으로 정하는 바에 따라 1년의 범위에서 사업의 정지를 명령하거나 개설허가의 취소 또는 시설의 폐쇄를 명령할 수 있다(법 제19조 제5항).
- 제4항 및 제5항에 따른 행정처분의 세부적인 기준은 그 위반행위의 유형과 위반의 정도 등을 고려하여 보건복지부령으로 정한다(법 제19조 제6항).
- 정신의료기관에 관하여는 이 법에서 규정한 것을 제외하고는 「의료법」에 따른

다(법 제19조 제7항).

(2) 국립 · 공립 정신병원의 설치

- 국가와 지방자치단체는 국립 또는 공립의 정신의료기관으로서 정신병원을 설치 · 운영하여야 한다(법 제21조 제1항).
- 국가와 지방자치단체가 정신병원을 설치하는 경우 그 병원이 지역적으로 균형 있게 분포되도록 하여야 하며, 정신질환자가 지역사회 중심으로 관리되도록 하여야 한다(법 제21조 제2항).
- 제1항에 따른 정신병원은 제12조 제1항부터 제3항까지에 따른 정신건강증진사업을 수행하고 정신건강증진사업 인력에 대한 교육 · 훈련을 담당한다(법 제21조 제3항).

(3) 공립 정신병원의 운영

- 보건복지부장관은 보건복지부령으로 정하는 바에 따라 공립 정신병원에 대한 운영평가를 실시하여야 한다. 다만, 보건복지부장관이 필요하다고 인정하는 경우에는 지방자치단체의 장으로 하여금 운영평가를 하게 할 수 있다(법 제21조의2 제1항).
- 지방자치단체의 장은 공립 정신병원 운영의 전문성과 효율성을 제고하기 위하여 필요한 경우에는 보건복지부령으로 정하는 법인 · 단체 또는 개인에게 그 운영을 위탁할 수 있다(법 제21조의2 제2항).
- 제2항에 따라 공립 정신병원의 운영을 위탁하려는 경우에는 이를 공고하여 경쟁입찰에 부쳐야 한다. 다만, 공립 정신병원의 설치 · 운영에 필요한 부지 또는 건물 등으로서 보건복지부령으로 정하는 재산을 기부채납한 자에게 위탁하는 경우에는 수의계약을 할 수 있다(법 제21조의2 제3항).

- 공립 정신병원 운영의 위탁기간은 그 위탁을 받은 날부터 5년으로 하며, 지방자치단체의 장은 제1항에 따른 운영평가 결과를 고려하여 5년 단위로 위탁계약을 갱신할 수 있다(법 제21조의2 제4항).
- 지방자치단체의 장은 제2항에 따라 공립 정신병원의 운영을 위탁받은 자(이하 "수탁자"라 한다)가 공립 정신병원을 위법 또는 부당하게 운영하거나 위탁계약을 위반한 사실이 있는 경우 그 시정을 요구할 수 있다(법 제21조의2 제5항).
- 지방자치단체의 장은 수탁자가 다음 각 호의 어느 하나에 해당하는 경우 위탁계약을 해지할 수 있다. 다만, 제1호에 해당하는 경우에는 위탁계약을 해지하여야 한다(법 제21조의2 제6항).
  - 거짓이나 그 밖의 부정한 방법으로 위탁계약을 체결한 경우
  - 부도, 파산, 해산, 의료인의 면허자격 정지 또는 취소, 의료업에 관한 허가 정지 또는 취소 등의 사유로 공립 정신병원의 위탁 운영이 곤란하다고 인정되는 경우
  - 제1항에 따른 운영평가를 정당한 사유 없이 거부 · 방해 또는 기피한 경우
  - 제5항에 따른 지방자치단체의 장의 시정 요구를 정당한 사유 없이 이행하지 아니한 경우
  - 그 밖에 위탁계약 내용에 포함된 계약 해지 사유가 발생한 경우
- 지방자치단체의 장은 제6항에 따라 위탁계약을 해지하려면 수탁자에게 미리 의견진술의 기회를 주어야 한다(법 제21조의2 제7항).

(4) 정신요양시설의 설치 · 운영

- 국가와 지방자치단체는 정신요양시설을 설치 · 운영할 수 있다(법 제22조 제1항).
- 「사회복지사업법」에 따른 사회복지법인(이하 "사회복지법인"이라 한다)과 그

밖의 비영리법인이 정신요양시설을 설치·운영하려는 경우에는 해당 정신요양시설 소재지 관할 특별자치시장·특별자치도지사·시장·군수·구청장의 허가를 받아야 한다(법 제22조 제2항).

- 다음 각 호의 어느 하나에 해당하는 행위로 금고 이상의 형을 선고받고 그 형의 집행이 끝나거나 집행을 받지 아니하기로 확정된 후 5년이 지나지 아니한 사람 또는 그 사람이 대표자로 있는 법인은 정신요양시설을 설치할 수 없다(법 제22조 제3항).
  - 제41조 제2항, 제42조 제2항 본문, 제43조 제7항·제9항 본문, 제47조 제4항을 위반하여 정신질환자를 퇴소나 임시 퇴소를 시키지 아니한 행위
  - 제68조 제1항을 위반하여 정신건강의학과전문의의 대면 진단에 의하지 아니하고 정신질환자를 정신요양시설에 입소시키거나 입소의 기간을 연장한 행위
- 제2항에 따라 허가를 받은 자가 허가받은 사항을 변경하려는 경우에는 특별자치시장·특별자치도지사·시장·군수·구청장에게 신고하여야 한다. 다만, 입소 정원을 변경하려는 경우에는 변경허가를 받아야 한다(법 제22조 제4항).
- 특별자치시장·특별자치도지사·시장·군수·구청장은 제4항 본문에 따른 신고를 받은 경우 그 내용을 검토하여 이 법에 적합하면 신고를 수리하여야 한다(법 제22조 제5항).
- 보건복지부장관, 시·도지사 및 시장·군수·구청장은 정신요양시설의 장에게 정신질환자의 요양생활에 지장이 없는 범위에서 지역주민·사회단체·언론사 등이 정신요양시설의 운영상황을 파악할 수 있도록 그 시설의 개방을 요구할 수 있다. 이 경우 정신요양시설의 장은 정당한 사유가 없으면 그 요구에 따라야 한다(법 제22조 제6항).
- 정신요양시설의 설치기준·수용인원, 종사자의 수·자격 및 정신요양시설의

이용 · 운영에 필요한 사항은 보건복지부령으로 정한다(법 제22조 제7항).

(5) 정신재활시설의 설치 · 운영

- 국가 또는 지방자치단체는 정신재활시설을 설치 · 운영할 수 있다(법 제26조 제1항).
- 국가나 지방자치단체 외의 자가 정신재활시설을 설치 · 운영하려면 해당 정신재활시설 소재지 관할 특별자치시장 · 특별자치도지사 · 시장 · 군수 · 구청장에게 신고하여야 한다. 신고한 사항 중 보건복지부령으로 정하는 중요한 사항을 변경할 때에도 신고하여야 한다(법 제26조 제2항).
- 특별자치시장 · 특별자치도지사 · 시장 · 군수 · 구청장은 제2항에 따른 신고를 받은 경우 그 내용을 검토하여 이 법에 적합하면 신고를 수리하여야 한다(법 제26조 제3항).
- 정신재활시설의 시설기준, 수용인원, 종사자 수 · 자격, 설치 · 운영신고, 변경신고 및 정신재활시설의 이용 · 운영에 필요한 사항은 보건복지부령으로 정한다(법 제26조 제4항).
- 국가 또는 지방자치단체는 필요한 경우 정신재활시설을 사회복지법인 또는 비영리법인에 위탁하여 운영할 수 있다(법 제26조 제5항).
- 제4항에 따른 위탁운영의 기준 · 기간 및 방법 등에 관하여 필요한 사항은 보건복지부령으로 정한다(법 제26조 제6항).

(6) 정신재활시설의 종류

- 정신재활시설의 종류는 다음 각 호와 같다(법 제27조 제1항).
  - 생활시설: 정신질환자 등이 생활할 수 있도록 주로 의식주 서비스를 제공하는 시설

- 재활훈련시설: 정신질환자 등이 지역사회에서 직업활동과 사회생활을 할 수 있도록 주로 상담 · 교육 · 취업 · 여가 · 문화 · 사회참여 등 각종 재활활동을 지원하는 시설
- 그 밖에 대통령령으로 정하는 시설

- 제1항 각 호에 따른 정신재활시설의 구체적인 종류와 사업 등에 관하여 필요한 사항은 보건복지부령으로 정한다(법 제27조 제2항).

(7) 정신건강증진시설의 평가

- 보건복지부장관은 정기적으로 정신건강증진시설에 대한 평가(이하 "정신건강증진시설평가"라 한다)를 하여야 한다. 다만, 「의료법」 제58조에 따른 의료기관 인증 또는 「사회복지사업법」 제43조의2에 따른 사회복지시설평가로 정신건강증진시설평가를 갈음할 수 있다(법 제31조 제1항).
- 정신건강증진시설의 장은 정당한 사유가 있는 경우를 제외하고는 정신건강증진시설평가를 받아야 한다(법 제31조 제2항).
- 보건복지부장관은 정신건강증진시설평가에 관한 업무를 관계 전문기관 또는 단체에 위탁할 수 있다(법 제31조 제3항).
- 보건복지부장관은 정신건강증진시설평가의 결과를 공표하여야 한다.
- 보건복지부장관은 정신건강증진시설평가 결과가 우수한 정신건강증진시설에 행정적 · 재정적 지원을 할 수 있다(법 제31조 제4항).
- 제1항부터 제4항까지의 규정에 따른 정신건강증진시설평가의 주기 · 범위 · 절차, 정신건강증진시설평가 업무의 위탁, 평가결과의 공표 등에 필요한 사항은 보건복지부령으로 정한다(법 제31조 제5항).

3) 복지서비스의 제공

(1) 복지서비스의 개발

- 국가와 지방자치단체는 정신질환자가 정신질환에도 불구하고 잠재적인 능력을 최대한 계발할 수 있도록 정신질환자에게 적합한 서비스를 적극적으로 개발하기 위한 연구지원체계를 구축하기 위하여 노력하여야 한다(법 제33조 제1항).
- 제1항에 따른 연구지원체계 구축에 필요한 사항은 보건복지부령으로 정한다(법 제33조 제2항).

(2) 고용 및 직업재활 지원

- 국가와 지방자치단체는 정신질환자가 자신의 능력을 최대한 활용하여 직업생활을 영위할 수 있도록 일자리 창출, 창업지원 등 고용촉진에 필요한 조치를 강구하여야 한다(법 제34조 제1항).
- 보건복지부장관은 정신질환자의 능력과 특성에 적합한 직업훈련, 직업지도 등을 지원하기 위하여 필요한 조치를 강구하여야 한다(법 제34조 제2항).
- 제1항 및 제2항의 고용촉진 및 직업훈련 등에 필요한 사항은 보건복지부령으로 정한다(법 제34조 제3항).

(3) 평생교육 지원

- 국가와 지방자치단체는 정신질환자에게 「교육기본법」 제3조 및 제4조에 따른 평생교육의 기회가 충분히 부여될 수 있도록 특별자치시장 · 특별자치도지사 · 시장 · 군수 · 구청장별로 「평생교육법」 제2조 제2호의 평생교육기관을 지

정하여 정신질환자를 위한 교육과정을 적절하게 운영하도록 조치하여야 한다(법 제35조 제1항).

- 국가와 지방자치단체는 제1항에 따라 지정된 평생교육기관에 대하여 예산의 범위에서 정신질환자를 위한 교육과정 운영에 필요한 경비의 전부 또는 일부를 지원할 수 있다(법 제35조 제2항).
- 제1항에 따른 평생교육기관의 지정기준과 절차, 정신질환자를 위한 교육과정의 기준, 교육제공인력의 요건 등은 교육부장관이 보건복지부장관과 협의하여 정한다(법 제35조 제3항).

(4) 문화 · 예술 · 여가 · 체육활동 등 지원

- 국가와 지방자치단체는 이 법에서 정한 지원 외에 문화 · 예술 · 여가 · 체육활동 등의 영역에서 정신질환자에게 필요한 서비스가 지원되도록 최대한 노력하여야 한다(법 제36조).

(5) 지역사회 거주 · 치료 · 재활 등 통합 지원

- 국가와 지방자치단체는 정신질환자의 지역사회 거주 및 치료를 위하여 필요한 시책을 강구하여야 한다(법 제37조 제1항).
- 국가와 지방자치단체는 정신건강증진시설에서의 퇴원 등이 필요한 정신질환자에 대한 지역사회 재활 지원 등 지역사회 통합 지원을 위하여 노력하여야 한다(법 제37조 제2항).
- 제1항 및 제2항에 따른 지역사회 거주 · 치료 · 재활 등 통합 지원을 위하여 필요한 사항은 보건복지부령으로 정한다(법 제37조 제3항).

(6) 가족에 대한 정보제공과 교육

- 국가와 지방자치단체는 정신질환자의 가족이 정신질환자의 적절한 회복과 자립을 지원하는 데 필요한 정보를 제공하거나 관련 교육을 실시할 수 있다(법 제38조 제1항).
- 제1항에 따라 제공하는 정보와 교육의 내용·방법 등에 필요한 사항은 보건복지부령으로 정한다(법 제38조 제2항).

4. 「정신건강복지법」에 근거한 정신질환자의 권리

「정신건강증진 및 정신질환자 복지서비스 지원에 관한 법률(약칭: 정신건강복지법)」에 의한 정신질환자의 권리 관련 주요 사항은 다음과 같다.

1) 보호 및 치료

(1) 보호의무자의 의무

- 보호의무자는 보호하고 있는 정신질환자가 적절한 치료 및 요양과 사회적응 훈련을 받을 수 있도록 노력하여야 한다(법 제40조 제1항).
- 보호의무자는 보호하고 있는 정신질환자가 정신의료기관 또는 정신요양시설(이하 "정신의료기관 등"이라 한다)에 입원 등을 할 필요가 있는 경우에는 정신

질환자 본인의 의사를 최대한 존중하여야 하며, 정신건강의학과전문의가 정신의료기관 등에서 정신질환자의 퇴원 등이 가능하다고 진단할 경우에는 퇴원 등에 적극 협조하여야 한다(법 제40조 제2항).

- 보호의무자는 보호하고 있는 정신질환자가 자신이나 다른 사람을 해치지 아니하도록 유의하여야 하며, 정신질환자의 재산상의 이익 등 권리보호를 위하여 노력하여야 한다(법 제40조 제3항).
- 보호의무자는 보호하고 있는 정신질환자를 유기하여서는 아니 된다(법 제40조 제4항).

(2) 자의입원 등

- 정신질환자나 그 밖에 정신건강상 문제가 있는 사람은 보건복지부령으로 정하는 입원 등 신청서를 정신의료기관 등의 장에게 제출함으로써 그 정신의료기관 등에 자의입원 등을 할 수 있다(법 제41조 제1항).
- 정신의료기관 등의 장은 자의입원 등을 한 사람이 퇴원 등을 신청한 경우에는 지체 없이 퇴원 등을 시켜야 한다(법 제41조 제2항).
- 정신의료기관 등의 장은 자의입원 등을 한 사람에 대하여 입원 등을 한 날부터 2개월마다 퇴원 등을 할 의사가 있는지를 확인하여야 한다(법 제41조 제3항).

(3) 동의입원 등

- 정신질환자는 보호의무자의 동의를 받아 보건복지부령으로 정하는 입원 등 신청서를 정신의료기관 등의 장에게 제출함으로써 그 정신의료기관 등에 입원 등을 할 수 있다(법 제42조 제1항).
- 정신의료기관 등의 장은 제1항에 따라 입원 등을 한 정신질환자가 퇴원 등을 신청한 경우에는 지체 없이 퇴원 등을 시켜야 한다. 다만, 정신질환자가 보호

의무자의 동의를 받지 아니하고 퇴원 등을 신청한 경우에는 정신건강의학과전문의 진단 결과 환자의 치료와 보호 필요성이 있다고 인정되는 경우에 한정하여 정신의료기관 등의 장은 퇴원 등의 신청을 받은 때부터 72시간까지 퇴원 등을 거부할 수 있고, 퇴원 등을 거부하는 기간 동안 제43조 또는 제44조에 따른 입원 등으로 전환할 수 있다(법 제42조 제2항).

- 정신의료기관 등의 장은 제2항 단서에 따라 퇴원 등을 거부하는 경우에는 지체 없이 환자 및 보호의무자에게 그 거부 사유 및 제55조에 따라 퇴원 등의 심사를 청구할 수 있음을 서면 또는 전자문서로 통지하여야 한다(법 제42조 제3항).
- 정신의료기관 등의 장은 제1항에 따라 입원 등을 한 정신질환자에 대하여 입원 등을 한 날부터 2개월마다 퇴원 등을 할 의사가 있는지를 확인하여야 한다(법 제42조 제4항).

(4) 보호의무자에 의한 입원 등

- 정신의료기관 등의 장은 정신질환자의 보호의무자 2명 이상(보호의무자 간 입원 등에 관하여 다툼이 있는 경우에는 제39조 제2항의 순위에 따른 선순위자 2명 이상을 말하며, 보호의무자가 1명만 있는 경우에는 1명으로 한다)이 신청한 경우로서 정신건강의학과전문의가 입원 등이 필요하다고 진단한 경우에만 해당 정신질환자를 입원 등을 시킬 수 있다. 이 경우 정신의료기관 등의 장은 입원 등을 할 때 보호의무자로부터 보건복지부령으로 정하는 바에 따라 입원 등 신청서와 보호의무자임을 확인할 수 있는 서류를 받아야 한다(법 제43조 제1항).
- 제1항 전단에 따른 정신건강의학과전문의의 입원 등 필요성에 관한 진단은 해당 정신질환자가 다음 각 호의 모두에 해당하는 경우 그 각각에 관한 진단을

적은 입원 등 권고서를 제1항에 따른 입원 등 신청서에 첨부하는 방법으로 하여야 한다(법 제43조 제2항).

- 정신질환자가 정신의료기관 등에서 입원치료 또는 요양을 받을 만한 정도 또는 성질의 정신질환을 앓고 있는 경우
- 정신질환자 자신의 건강 또는 안전이나 다른 사람에게 해를 끼칠 위험(보건복지부령으로 정하는 기준에 해당하는 위험을 말한다. 이하 같다)이 있어 입원 등을 할 필요가 있는 경우

- 정신의료기관 등의 장은 정신건강의학과전문의 진단 결과 정신질환자가 제2항 각 호에 모두 해당하여 입원 등이 필요하다고 진단한 경우 그 증상의 정확한 진단을 위하여 2주의 범위에서 기간을 정하여 입원하게 할 수 있다(법 제43조 제3항).
- 정신의료기관 등의 장은 제3항에 따른 진단 결과 해당 정신질환자에 대하여 계속 입원 등이 필요하다는 서로 다른 정신의료기관 등에 소속된 2명 이상의 정신건강의학과전문의(제21조 또는 제22조에 따른 국립·공립의 정신의료기관등 또는 보건복지부장관이 지정하는 정신의료기관 등에 소속된 정신건강의학과전문의가 1명 이상 포함되어야 한다)의 일치된 소견이 있는 경우에만 해당 정신질환자에 대하여 치료를 위한 입원 등을 하게 할 수 있다(법 제43조 제4항).
- 제4항에 따른 입원 등의 기간은 최초로 입원 등을 한 날부터 3개월 이내로 한다. 다만, 다음 각 호의 구분에 따라 입원 등의 기간을 연장할 수 있다(법 제43조 제5항).
  - 3개월 이후의 1차 입원 등 기간 연장: 3개월 이내
  - 제1호에 따른 1차 입원 등 기간 연장 이후의 입원 등 기간 연장: 매 입원 등 기간 연장 시마다 6개월 이내

- 정신의료기관 등의 장은 다음 각 호의 모두에 해당하는 경우에만 제5항 각 호에 따른 입원 등 기간의 연장을 할 수 있다. 이 경우 정신의료기관 등의 장은 입원 등 기간을 연장할 때마다 관할 특별자치시장 · 특별자치도지사 · 시장 · 군수 · 구청장에게 대통령령으로 정하는 기간 이내에 그 연장에 대한 심사를 청구하여야 한다(법 제43조 제6항).
  - 서로 다른 정신의료기관 등에 소속된 2명 이상의 정신건강의학과전문의(제21조 또는 제22조에 따른 국립 · 공립의 정신의료기관 등 또는 보건복지부장관이 지정하는 정신의료기관 등에 소속된 정신건강의학과전문의가 1명 이상 포함되어야 한다)가 입원 등 기간을 연장하여 치료할 필요가 있다고 일치된 진단을 하는 경우
  - 제1항에 따른 보호의무자(이하 "신청 보호의무자"라 한다) 2명 이상(제1항에 따른 입원 등 신청 시 신청 보호의무자가 1명만 있었던 경우에는 1명으로 한다)이 제5항에 따른 입원 등의 기간 연장에 대한 동의서를 제출한 경우
- 정신의료기관 등의 장은 제6항에 따른 입원 등 기간 연장의 심사 청구에 대하여 특별자치시장 · 특별자치도지사 · 시장 · 군수 · 구청장으로부터 제59조(제61조 제2항에서 준용하는 경우를 포함한다)에 따라 퇴원 등 또는 임시 퇴원 등(일시적으로 퇴원 등을 시킨 후 일정 기간이 지난 후 다시 입원 등 여부를 결정하는 조치를 말한다. 이하 같다) 명령의 통지를 받은 경우에는 해당 정신질환자를 지체 없이 퇴원 등 또는 임시 퇴원 등을 시켜야 한다(법 제43조 제7항).
- 정신의료기관 등의 장은 제1항이나 제3항부터 제5항까지의 규정에 따라 입원 등을 시키거나 입원 등의 기간을 연장하였을 때에는 지체 없이 입원 등을 한 사람 및 보호의무자에게 그 사실 및 사유를 서면으로 통지하여야 한다(법 제43조 제8항).
- 정신의료기관 등의 장은 입원 등을 한 사람 또는 보호의무자가 퇴원 등을 신청

한 경우에는 지체 없이 그 사람을 퇴원 등을 시켜야 한다. 다만, 정신의료기관 등의 장은 그 입원 등을 한 사람이 제2항 각 호에 모두 해당하는 경우에는 퇴원 등을 거부할 수 있다(법 제43조 제9항).

- 정신의료기관 등의 장은 제9항 본문에 따라 입원 등을 한 사람을 퇴원 등을 시켰을 때에는 지체 없이 보호의무자에게 그 사실을 서면으로 통지하여야 하고, 제9항 단서에 따라 퇴원 등을 거부하는 경우에는 지체 없이 정신질환자 본인과 퇴원 등을 신청한 보호의무자에게 그 거부사실 및 사유와 제55조에 따라 퇴원 등의 심사를 청구할 수 있다는 사실 및 그 청구 절차를 서면으로 통지하여야 한다(법 제43조 제10항).
- 제4항 및 제6항 제1호에 따른 서로 다른 정신의료기관 등에 소속된 2명 이상의 정신건강의학과전문의의 진단은 해당 지역의 정신의료기관 등 또는 정신건강의학과전문의가 부족한 사정이 있는 경우에는 보건복지부령으로 정하는 바에 따라 구체적인 시행방안을 달리 정하여 진단하도록 할 수 있다(법 제43조 제11항).

(5) 특별자치시장 · 특별자치도지사 · 시장 · 군수 · 구청장에 의한 입원

- 정신건강의학과전문의 또는 정신건강전문요원은 정신질환으로 자신의 건강 또는 안전이나 다른 사람에게 해를 끼칠 위험이 있다고 의심되는 사람을 발견하였을 때에는 특별자치시장 · 특별자치도지사 · 시장 · 군수 · 구청장에게 대통령령으로 정하는 바에 따라 그 사람에 대한 진단과 보호를 신청할 수 있다(법 제44조 제1항).
- 경찰관(「국가공무원법」 제2조 제2항 제2호에 따른 경찰공무원과 「지방공무원법」 제2조 제2항 제2호에 따른 자치경찰공무원을 말한다. 이하 같다)은 정신질환으로 자신의 건강 또는 안전이나 다른 사람에게 해를 끼칠 위험이 있다고

의심되는 사람을 발견한 경우 정신건강의학과전문의 또는 정신건강전문요원에게 그 사람에 대한 진단과 보호의 신청을 요청할 수 있다(법 제44조 제2항).

- 제1항에 따라 신청을 받은 특별자치시장 · 특별자치도지사 · 시장 · 군수 · 구청장은 즉시 그 정신질환자로 의심되는 사람에 대한 진단을 정신건강의학과전문의에게 의뢰하여야 한다(법 제44조 제3항).
- 정신건강의학과전문의가 제3항의 정신질환자로 의심되는 사람에 대하여 자신의 건강 또는 안전이나 다른 사람에게 해를 끼칠 위험이 있어 그 증상의 정확한 진단이 필요하다고 인정한 경우에 특별자치시장 · 특별자치도지사 · 시장 · 군수 · 구청장은 그 사람을 보건복지부장관이나 지방자치단체의 장이 지정한 정신의료기관(이하 "지정정신의료기관"이라 한다)에 2주의 범위에서 기간을 정하여 입원하게 할 수 있다(법 제44조 제4항).
- 특별자치시장 · 특별자치도지사 · 시장 · 군수 · 구청장은 제4항에 따른 입원을 시켰을 때에는 그 사람의 보호의무자 또는 보호를 하고 있는 사람에게 지체 없이 입원 사유 · 기간 및 장소를 서면으로 통지하여야 한다(법 제44조 제5항).
- 제4항에 따라 정신질환자로 의심되는 사람을 입원시킨 정신의료기관의 장은 지체 없이 2명 이상의 정신건강의학과전문의에게 그 사람의 증상을 진단하게 하고 그 결과를 특별자치시장 · 특별자치도지사 · 시장 · 군수 · 구청장에게 서면으로 통지하여야 한다(법 제44조 제6항).
- 특별자치시장 · 특별자치도지사 · 시장 · 군수 · 구청장은 제6항에 따른 진단 결과 그 정신질환자가 계속 입원할 필요가 있다는 2명 이상의 정신건강의학과전문의의 일치된 소견이 있는 경우에만 그 정신질환자에 대하여 지정정신의료기관에 치료를 위한 입원을 의뢰할 수 있다(법 제44조 제7항).
- 특별자치시장 · 특별자치도지사 · 시장 · 군수 · 구청장은 제7항에 따른 입원 의뢰를 한 때에는 보건복지부령으로 정하는 바에 따라 그 정신질환자와 보호의

무자 또는 보호를 하고 있는 사람에게 계속하여 입원이 필요한 사유 및 기간, 제55조에 따라 퇴원 등 또는 처우개선의 심사를 청구할 수 있다는 사실 및 그 청구 절차를 지체 없이 서면으로 통지하여야 한다(법 제44조 제8항).

- 특별자치시장 · 특별자치도지사 · 시장 · 군수 · 구청장은 제3항과 제4항에 따라 정신질환자로 의심되는 사람을 진단하거나 입원을 시키는 과정에서 그 사람이 자신의 건강 또는 안전이나 다른 사람에게 해를 끼칠 위험한 행동을 할 때에는 「119구조 · 구급에 관한 법률」 제2조에 따른 119구급대의 구급대원(이하 "구급대원"이라 한다)에게 호송을 위한 도움을 요청할 수 있다(법 제44조 제9항).
- 지정정신의료기관의 지정기준, 지정취소 및 지정취소 기준, 지정 및 지정취소 절차 등에 관하여 필요한 사항은 보건복지부령으로 정한다(법 제44조 제10항).

(6) 입원 등의 입원적합성심사위원회 신고

- 제43조 또는 제44조에 따라 입원 등을 시키고 있는 정신의료기관 등의 장은 입원 등을 시킨 즉시 입원 등을 한 사람에게 입원 등의 사유 및 제46조에 따른 입원적합성심사위원회에 의하여 입원적합성심사를 받을 수 있다는 사실을 구두 및 서면으로 알리고, 입원 등을 한 사람의 대면조사 신청 의사를 구두 및 서면으로 확인하여야 한다(법 제45조 제1항).
- 제1항에 따른 정신의료기관 등의 장은 입원 등을 한 날부터 3일 이내에 제46조에 따른 입원적합성심사위원회에 입원 등을 한 사람의 주민등록번호를 포함한 인적사항, 입원 등 일자, 진단명, 입원 등 필요성, 대면조사 신청 여부 및 그 밖에 대통령령으로 정하는 사항을 신고하여야 한다(법 제45조 제2항).

(7) 입원적합성의 조사

- 입원적합성심사위원회의 위원장은 제47조 제1항에 따라 입원심사소위원회에

회부하기 전에 입원 등을 한 사람이 대면조사를 신청하거나 입원 등의 적합성이 의심되는 등 대통령령으로 정하는 사유가 있는 경우에는 직권으로 그 국립정신병원 등의 소속 직원(이하 "조사원"이라 한다)에게 해당 정신의료기관 등을 출입하여 입원 등을 한 사람을 직접 면담하고 입원 등의 적합성, 퇴원 등의 필요성 여부를 조사하게 할 수 있다(법 제48조 제1항).

- 제1항에 따라 조사를 수행하는 조사원은 해당 정신의료기관 등의 장에게 다음 각 호의 사항을 요구할 수 있다. 이 경우 정신의료기관 등의 장은 대통령령으로 정하는 특별한 사정이 없으면 이에 협조하여야 한다(법 제48조 제2항).
  - 정신의료기관 등에 입원 등을 한 사람 및 정신의료기관 등의 종사자와의 면담
  - 정신의료기관 등에 입원 등을 한 사람의 진료기록 및 입원 등의 기록의 제출
  - 정신의료기관 등에의 출입 및 현장 확인
  - 그 밖에 입원 등 적합성을 확인하기 위하여 필요한 사항으로서 대통령령으로 정하는 사항
- 제1항 및 제2항에 따라 조사를 수행하는 조사원은 권한을 나타내는 증표를 지니고 이를 조사대상자에게 보여 주어야 한다(법 제48조 제3항).
- 제1항 및 제2항에 따른 조사원의 자격, 정신의료기관 등에의 출입, 면담 등 조사 방법 및 절차 등에 필요한 사항은 대통령령으로 정한다(법 제48조 제4항).

(8) 응급입원

- 정신질환자로 추정되는 사람으로서 자신의 건강 또는 안전이나 다른 사람에게 해를 끼칠 위험이 큰 사람을 발견한 사람은 그 상황이 매우 급박하여 제41조부터 제44조까지의 규정에 따른 입원 등을 시킬 시간적 여유가 없을 때에는 의사와 경찰관의 동의를 받아 정신의료기관에 그 사람에 대한 응급입원을 의뢰할

수 있다(법 제50조 제1항).

- 제1항에 따라 입원을 의뢰할 때에는 이에 동의한 경찰관 또는 구급대원은 정신의료기관까지 그 사람을 호송한다(법 제50조 제2항).
- 정신의료기관의 장은 제1항에 따라 응급입원이 의뢰된 사람을 3일(공휴일은 제외한다) 이내의 기간 동안 응급입원을 시킬 수 있다(법 제50조 제3항).
- 제3항에 따라 응급입원을 시킨 정신의료기관의 장은 지체 없이 정신건강의학과전문의에게 그 응급입원한 사람의 증상을 진단하게 하여야 한다(법 제50조 제4항).
- 정신의료기관의 장은 제4항에 따른 정신건강의학과전문의의 진단 결과 그 사람이 자신의 건강 또는 안전이나 다른 사람에게 해를 끼칠 위험이 있는 정신질환자로서 계속하여 입원할 필요가 있다고 인정된 경우에는 제41조부터 제44조까지의 규정에 따라 입원을 할 수 있도록 필요한 조치를 하고, 계속하여 입원할 필요가 없다고 인정된 경우에는 즉시 퇴원시켜야 한다(법 제50조 제5항).
- 정신의료기관의 장은 제3항에 따른 응급입원을 시켰을 때에는 그 사람의 보호의무자 또는 보호를 하고 있는 사람에게 입원이 필요한 사유 · 기간 및 장소를 지체 없이 서면으로 통지하여야 한다(법 제50조 제6항).

2) 권익보호 및 지원

(1) 입원 등의 금지

- 누구든지 제50조에 따른 응급입원의 경우를 제외하고는 정신건강의학과전문의의 대면 진단에 의하지 아니하고 정신질환자를 정신의료기관 등에 입원 등을 시키거나 입원 등의 기간을 연장할 수 없다(법 제68조 제1항).

- 제1항에 따른 진단의 유효기간은 진단서 발급일부터 30일까지로 한다(법 제68조 제2항).

(2) 권익보호

- 누구든지 정신질환자이거나 정신질환자였다는 이유로 그 사람에 대하여 교육, 고용, 시설이용의 기회를 제한 또는 박탈하거나 그 밖의 불공평한 대우를 하여서는 아니 된다(법 제69조 제1항).
- 누구든지 정신질환자, 그 보호의무자 또는 보호를 하고 있는 사람의 동의를 받지 아니하고 정신질환자에 대하여 녹음·녹화 또는 촬영하여서는 아니 된다(법 제69조 제2항).
- 정신건강증진시설의 장은 입원 등을 하거나 정신건강증진시설을 이용하는 정신질환자에게 정신건강의학과전문의의 지시에 따른 치료 또는 재활의 목적이 아닌 노동을 강요하여서는 아니 된다(법 제69조 제3항).

(3) 인권교육

- 정신건강증진시설의 장과 종사자는 인권에 관한 교육(이하 "인권교육"이라 한다)을 받아야 한다(법 제70조 제1항).
- 보건복지부장관은 인권교육을 하기 위하여 인권교육기관을 지정할 수 있다(법 제70조 제2항).
- 보건복지부장관은 제2항에 따라 지정한 인권교육기관에 교육과정의 운영에 드는 비용의 일부를 예산의 범위에서 보조할 수 있으며, 제2항에 따라 지정을 받은 인권교육기관은 보건복지부장관의 승인을 받아 교육에 필요한 경비를 교육대상자로부터 징수할 수 있다(법 제70조 제3항).
- 보건복지부장관은 제2항에 따라 지정을 받은 인권교육기관이 다음 각 호의 어

느 하나에 해당하면 그 지정을 취소하거나 6개월 이내의 기간을 정하여 업무를 정지할 수 있다. 다만, 제1호에 해당하면 그 지정을 취소하여야 한다(법 제70조 제4항).

– 거짓이나 그 밖의 부정한 방법으로 지정을 받은 경우

– 제5항에 따라 보건복지부령으로 정하는 지정요건을 갖추지 못하게 된 경우

– 인권교육의 수행능력이 현저히 부족하다고 인정되는 경우

- 인권교육의 시간 · 대상 · 내용 · 방법, 제2항에 따른 인권교육기관의 지정요건 등 지정 및 제4항에 따른 인권교육기관의 지정취소 · 업무정지 처분의 기준 등에 필요한 사항은 보건복지부령으로 정한다(법 제70조 제5항).

(4) 비밀누설의 금지

- 정신질환자 또는 정신건강증진시설과 관련된 직무를 수행하고 있거나 수행하였던 사람은 그 직무의 수행과 관련하여 알게 된 다른 사람의 비밀을 누설하거나 공표하여서는 아니 된다(법 제71조).

(5) 수용 및 가혹행위 등의 금지

- 누구든지 이 법 또는 다른 법령에 따라 정신질환자를 보호할 수 있는 시설 외의 장소에 정신질환자를 수용하여서는 아니 된다(법 제72조 제1항).
- 정신건강증진시설의 장이나 그 종사자는 정신건강증진시설에 입원 등을 하거나 시설을 이용하는 사람에게 폭행을 하거나 가혹행위를 하여서는 아니 된다(법 제72조 제2항).

(6) 특수치료의 제한

- 정신의료기관에 입원을 한 사람에 대한 전기충격요법 · 인슐린혼수요법 · 마취하최면요법 · 정신외과요법, 그 밖에 대통령령으로 정하는 치료(이하 "특수치료"라 한다)는 그 정신의료기관이 구성하는 협의체에서 결정하되, 본인 또는 보호의무자에게 특수치료에 관하여 필요한 정보를 제공하고, 본인의 동의를 받아야 한다. 다만, 본인의 의사능력이 미흡한 경우에는 보호의무자의 동의를 받아야 한다(법 제73조 제1항).
- 제1항에 따른 협의체는 2명 이상의 정신건강의학과전문의와 대통령령으로 정하는 정신건강증진에 관한 전문지식과 경험을 가진 사람으로 구성하며, 그 운영 등에 필요한 사항은 대통령령으로 정한다(법 제73조 제2항).

(7) 통신과 면회의 자유 제한의 금지

- 정신의료기관 등의 장은 입원 등을 한 사람에 대하여 치료 목적으로 정신건강의학과전문의의 지시에 따라 하는 경우가 아니면 통신과 면회의 자유를 제한할 수 없다(법 제74조 제1항).
- 정신의료기관 등의 장은 치료 목적으로 정신건강의학과전문의의 지시에 따라 통신과 면회의 자유를 제한하는 경우에도 최소한의 범위에서 하여야 한다(법 제74조 제2항).

(8) 격리 등 제한의 금지

- 정신의료기관 등의 장은 입원 등을 한 사람에 대하여 치료 또는 보호의 목적으로 정신건강의학과전문의의 지시에 따라 하는 경우가 아니면 격리시키거나 묶는 등의 신체적 제한을 할 수 없다(법 제75조 제1항).

- 정신의료기관 등의 장은 치료 또는 보호의 목적으로 정신건강의학과전문의의 지시에 따라 입원 등을 한 사람을 격리시키거나 묶는 등의 신체적 제한을 하는 경우에도 자신이나 다른 사람을 위험에 이르게 할 가능성이 뚜렷하게 높고 신체적 제한 외의 방법으로 그 위험을 회피하는 것이 뚜렷하게 곤란하다고 판단되는 경우에만 제1항에 따른 신체적 제한을 할 수 있다. 이 경우 격리는 해당 시설 안에서 하여야 한다(법 제75조 제2항).

(9) 작업치료

- 정신의료기관 등의 장은 입원 등을 한 사람의 치료, 재활 및 사회적응에 도움이 된다고 인정되는 경우에는 그 사람의 건강상태와 위험성을 고려하여 보건복지부령으로 정하는 작업을 시킬 수 있다(법 제76조 제1항).
- 제1항에 따른 작업은 입원 등을 한 사람 본인이 신청하거나 동의한 경우에만 정신건강의학과전문의가 지시하는 방법에 따라 시켜야 한다. 다만, 정신요양시설의 경우에는 정신건강의학과전문의의 지도를 받아 정신건강전문요원이 작업의 구체적인 방법을 지시할 수 있다(법 제76조 제2항).
- 제1항에 따른 작업의 시간, 유형 또는 장소 등에 관한 사항은 보건복지부령으로 정한다(법 제76조 제3항).

(10) 직업훈련 지원

- 국가 또는 지방자치단체는 정신질환으로부터 회복된 사람이 그 능력에 따라 적당한 직업훈련을 받을 수 있도록 노력하고, 이들에게 적절한 직종을 개발·보급하기 위하여 노력하여야 한다(법 제77조).

(11) 단체 · 시설의 보호 · 육성

- 국가 또는 지방자치단체는 정신질환자의 사회적응 촉진과 권익보호를 목적으로 하는 단체 또는 시설을 보호 · 육성하고, 이에 필요한 비용을 보조할 수 있다(법 제78조).

(12) 경제적 부담의 경감

- 국가 또는 지방자치단체는 정신질환자와 그 보호의무자의 경제적 부담을 줄이고 정신질환자의 사회적응을 촉진하기 위하여 의료비의 경감 · 보조나 그 밖에 필요한 지원을 할 수 있다(법 제79조).

CHAPTER 04

정신건강사회복지 전달체계와 인력체계

1. 정신건강복지 전달체계와 기능

1) 정신건강서비스 전달체계

우리나라 정신건강서비스 전달체계는 〈그림 4-1〉에서 보는 바와 같이 중앙정부인 보건복지부 아래 시 · 도, 시 · 군 · 구, 보건소로 연결되어 있다. 보건복지부(정신건강정책과 · 자살예방정책과)에는 중앙정신건강복지사업지원단, 국립정신건강센터, 국립정신병원을 두고, 시 · 도에는 광역정신건강심의(심사)위원회, 광역정신건강복지센터를 두고 있다. 시 · 군 · 구에는 기초정신건강심의(심사)위원회를 두고, 보건소에는 정신재활시설(재활, 생활), 정신요양시설(요양, 재활), 중독관리통합지원센터, 기초정신건강복지센터(정신건강증진사업 제공 및 연계사업), 정신의료기관(진료, 재활)을 두고 있다.

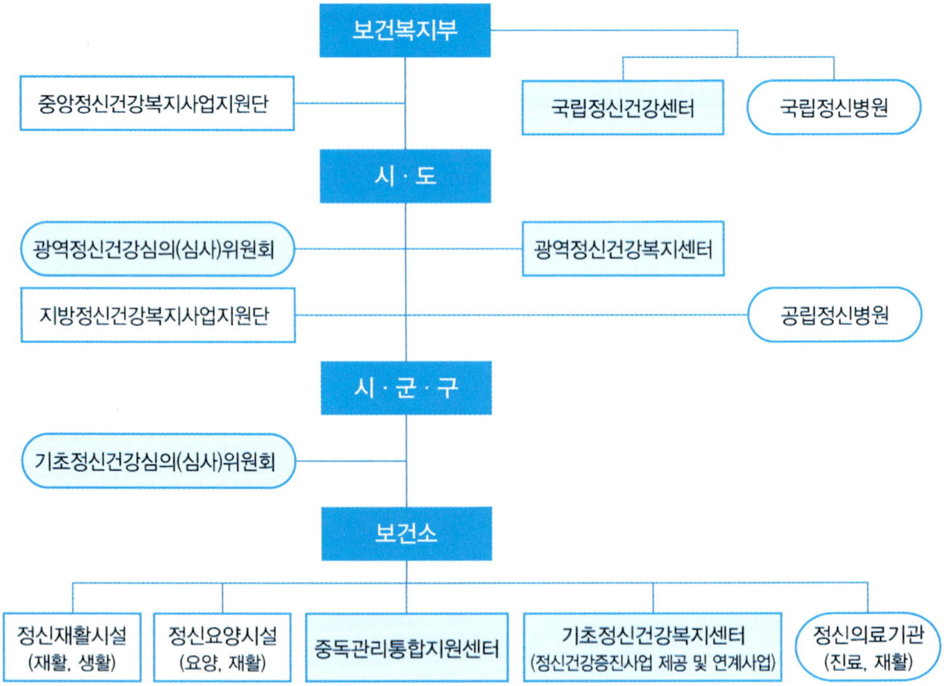

〈그림 4-1〉 **정신건강서비스 전달체계**

출처: 보건복지부(2021: 5).

2) 정신건강증진기관 및 시설 현황

전국에 정신건강증진기관 및 시설은 2,609개소(2020년 12월 31일 기준)로 광역정신건강복지센터 16개소, 기초정신건강복지센터 244개소, 중독관리통합지원센터 50개소가 설치 · 운영되고 있으며, 정신의료기관 1,892개소, 정신재활시설 348개소, 정신요양시설 59개소가 운영되고 있다. 시 · 도 단위로 보면, 정신의료기관 및 정신재활시설은 서울시에 가장 많이 설치되어 있다. 정신건강증진기관 및 시설 현황과 주요 기능은 [표 4-1]과 같으며, 시 · 도별 정신건강증진기관 및 시설 설치 현황은 [표 4-2]와 같다.

[표 4-1] 정신건강증진기관 및 시설 현황 (단위: 개소)

구분	시설수	주요기능
정신건강복지센터	260	지역사회 내 정신질환 예방, 정신질환자 발견 · 상담 · 정신재활훈련 및 사례관리, 정신건강증진시설 간 연계체계 구축 등 지역사회 정신건강사업 기획 · 조정
정신의료기관	1,892	정신질환자 진료, 지역사회 정신건강증진사업 지원
정신요양시설	59	만성 정신질환자 요양 · 보호
정신재활시설	348	병원 또는 시설에서 치료 · 요양 후 사회복귀 촉진을 위한 훈련 시행
중독관리통합지원센터	50	중독 예방, 중독자 상담 · 재활훈련

출처: 보건복지부(2021: 11).

[표 4-2] 시 · 도별 정신건강증진기관 및 시설 현황 (단위: 개소)

지역	정신건강복지센터		자살예방센터		중독관리 통합지원 센터	정신요양 시설	정신재활 시설	정신의료 기관
	광역	기초	광역	기초				
계	16	244	6	44	50	59	348	1,892
서울	1	25	2		3	3	108	525
부산	1	16		1	3	3	18	163
대구	1	8		1	2	3	15	97
인천	1	11	1	2	5	2	12	79
광주	1	5		1	5	4	12	61
대전	1	5		1	3	4	29	79
울산	1	5			2	1	2	28

지역	정신건강복지센터		자살예방센터		중독관리통합지원센터	정신요양시설	정신재활시설	정신의료기관
	광역	기초	광역	기초				
세종		1				1	3	10
경기	1	37	3	28	8	6	57	399
강원	1	18		5	3		4	44
충북	1	14			1	4	11	51
충남	1	16		3	2	10	22	55
전북	1	14			2	4	21	66
전남	1	22			2	4	3	50
경북	1	25		1	2	5	21	70
경남	1	20			5	4	5	91
제주	1	2		1	2	1	5	24

출처: 보건복지부(2021: 12).

3) 국립정신건강센터

국립정신건강센터의 설치·운영 목적은 크게 다음과 같은 두 가지이다. 첫째는 국가기관으로서 민간의료기관이 기피하는 필수 정신건강복지서비스의 제공 기능을 강화하고, 정신건강 정책과 서비스 질을 향상시키기 위한 체계적 연구 및 지원에 대한 요구에 선제적으로 대응하기 위해서고, 둘째는 지역사회 다양한 정신건강 관련 시설 및 서비스 제공 기관을 유기적으로 연계하여 정신건강복지서비스의 누수 방지 및 시너지 효과를 극대화하기 위함이다.

국립정신건강센터의 직무 범위는 다음과 같다.

- 정신질환 예방 및 진료
- 정신질환 진료 관련 조사 연구, 지표 및 표준 개발 · 보급
- 국가정신건강증진기관 간의 정신건강증진사업 수행 관련 총괄
- 정신건강증진 및 지역사회 정신건강사업 기획
- 중앙정신건강복지사업지원단 업무 지원
- 정신건강 관련 교육 프로그램 개발 · 보급
- 정신건강 관련 전문인력 양성 및 훈련
- 정신건강전문요원 자격 관리 및 수련기관 관리
- 정신건강 연구 · 개발 기획, 지원 및 관리
- 정신건강 연구 수행 및 성과 확산
- 국제교류 및 협력
- 정신건강증진시설 지도 · 감독 등 보건복지부장관으로부터 위임받은 업무 수행
- 국가트라우마센터 설치 · 운영
- 기타 센터의 목적 달성을 위하여 필요한 사항

4) 국가 · 권역트라우마센터

국가트라우마센터는 재난이나 그 밖의 사고로 정신적 충격을 받은 트라우마 환자의 심리적 안정과 사회 적응을 지원하고, 권역별 트라우마센터(수도권 · 호남권 · 영남권 · 강원권 · 충청권)는 해당 권역 내 재난 발생 시 정신건강복지센터 · 보건소 등 기관과 상호 협력하여 피해자에 대한 심리지원을 제공한다.

국가 · 권역트라우마센터의 직무 범위는 다음과 같다.

- 심리지원을 위한 지침의 개발 · 보급
- 트라우마 환자에 대한 심리평가, 심리상담, 심리치료
- 트라우마에 관한 조사 · 연구
- 심리지원 관련 기관 간 협력체계의 구축
- 그 밖에 심리지원을 위하여 보건복지부장관이 정하는 업무

5) 지역 기반의 정신건강서비스

(1) 정신건강복지사업지원단

급격한 사회변화에 따라 갈수록 국민의 정신건강 수준이 악화되고, 정신질환자의 사회지지 체계가 약화되는 상황이다. 이에 따라 더욱 전문적이고 효과적인 정신건강증진사업을 자문 및 지원하기 위하여 보건복지부에는 중앙정신건강복지사업지원단을, 각 시 · 도에는 지방정신건강복지사업지원단을 설치 · 운영한다.

① 중앙정신건강복지사업지원단의 주요사업

- 국가계획 수립 · 시행 관련 자문
- 국가계획 및 지역계획 시행 결과에 대한 평가 지원
- 정신건강증진사업의 기획 및 조정에 대한 지원
- 정신건강증진시설, 정신건강복지센터 등 정신질환자 등과 관련된 시설, 기관 및 단체 사이의 연계체계 구축 지원
- 정신건강 및 정신질환 인식개선 사업
- 정신건강복지사업 및 정신건강증진시설 평가 자문과 지원
- 정신건강복지사업의 현황파악 및 통계 수집 · 분석 또는 그 지원

- 지방정신건강복지사업지원단 지원
- 그 밖에 정신건강복지사업과 관련하여 보건복지부장관이 요청하는 사항

② 지방정신건강복지사업지원단의 주요사업

- 지역계획 수립·시행 관련 자문
- 지역계획의 관할 시·군·구 시행 결과에 대한 평가 또는 평가 지원
- 정신건강증진사업의 기획 및 조정에 대한 지원
- 해당지역 내 정신건강 및 정신질환 인식개선 사업
- 해당지역 내 정신건강복지사업 및 정신건강증진시설 평가 자문과 지원
- 해당지역 내 정신건강증진시설, 정신건강복지센터 등 정신질환자 등과 관련된 시설, 기관 및 단체 사이의 연계체계 구축 지원
- 해당지역 내 정신건강복지사업의 현황 파악 및 통계 수집·분석 또는 그 지원
- 그 밖에 정신건강복지사업과 관련하여 시·도지사가 요청하는 사항

(2) 광역·기초정신건강복지센터와 중독관리통합지원센터

정신건강복지센터와 중독관리통합지원센터는 지역사회를 기반으로 하여 주민들의 정신건강 문제에 대한 통합적이고 지속적인 서비스 제공을 목적으로 하는 공공 정신건강증진 전문기관이다. 정신건강복지센터와 중독관리통합지원센터의 설치·운영은 지역사회 중심의 통합적인 정신질환 예방·치료, 중독관리 체계 구축, 정신질환자의 재활과 정신건강 친화적 환경 조성으로 국민의 정신건강 증진을 도모하는 것을 목적으로 한다.

① 운영의 기본방향

지역사회 중심의 통합적 정신건강서비스 제공을 위한 기반을 구축한다. 공적 기관으

로서 지역사회 정신건강증진사업의 기획 · 조정 및 수행한다. 지역주민의 욕구에 적합한 예방 · 치료 · 재활서비스가 제공될 수 있도록 정신건강증진시설 간 연계 및 정신건강서비스 제공체계를 마련한다. 시 · 도 정신건강복지사업지원단과 연계체계를 구축한다.

② 운영형태

- 직영형: 시 · 도지사는 관할구역에서의 정신건강증진사업을 전문적으로 수행하기 위하여 광역정신건강복지센터를 설치하여 운영한다. 시장 · 군수 · 구청장은 관할 구역에서의 정신건강증진사업을 전문적으로 수행하기 위하여 「지역보건법」에 따른 보건소(이하 "보건소"라 한다)에 기초정신건강복지센터 및 중독관리통합지원센터를 설치 · 운영한다.
- 위탁형: 「정신건강복지법 시행령」 제10조에 따라 정신건강복지센터 및 중독관리통합지원센터 운영의 전부 또는 일부를 정신건강증진사업을 실시한 경험이 있고, 정신건강 관련 전문인력 등을 갖춘 정신건강증진시설 또는 「고등교육법」 제2조에 따른 학교로서 정신건강 관련 학과가 설치되어 있는 학교에 위탁할 수 있다. 수탁기관 당 1개소의 정신건강복지센터 또는 중독관리통합지원센터를 위탁 · 운영하는 것을 원칙으로 하되, 불가피하게 2개소 이상 위탁을 할 경우에는 시 · 도지사의 승인을 받도록 한다(단, 각 센터별로 회계 및 인력관리는 별도로 하여야 한다).

③ 시 · 도 자치단체의 역할

- 사업수행에 필요한 예산 지원과 행정적인 지원 및 지도 · 감독을 수행하며, 반기별 사업추진 실적을 시 · 군 · 구에 요청, 이를 취합하여 익월 20일까지 보건복지부장관에게 보고하여야 한다.

- 관할 지역의 보건소에서 수행하고 있는 지역사회 정신건강증진사업에 대한 현황 조사표 작성을 요청하고, 이를 취합하여 익년 1월 20일까지 국립정신건강센터로 제출하여야 한다.
- 광역정신건강복지센터 예산의 전부 또는 일부를 지원하며, 연간사업계획을 추진 및 평가한다.
- 관할 지역의 보건소가 「정신건강복지법」에 의한 지역사회 정신건강증진사업을 수행할 수 있도록 지원한다.
- 지방자치단체 예산으로 복지시설 종사자에게 지급하는 복지 수당을 정신건강복지센터 및 중독관리통합지원센터 종사자(대체인력 등 기간제 포함)에게도 지급한다.
- 원활한 행정지원을 위하여 전담팀 설치를 권장하며, 최소 전담 공무원을 배치하도록 한다.
- 지도 · 감독
  - 시설운영의 지도 · 감독: 시 · 도지사 또는 시장 · 군수 · 구청장은 정신건강복지센터 · 중독관리통합지원센터 운영 전반에 대한 지도 · 감독을 반기마다 1회 이상 실시하여야 한다.
  - 행정조치 강화: 단순 · 경미한 사항은 현장에서 시정조치 할 수 있다. 인권유린 행위, 이용료 부당징수, 금전 및 물품출납서류 등을 미작성 · 미제시 할 경우 행정처분 후 당해 시설을 특별관리 할 수 있다. 차후 지속적으로 수시 및 특별점검 · 관리할 수 있다.
  - 결과 보고: 시 · 도지사(시장 · 군수 · 구청장은 시 · 도지사를 거쳐)는 반기별 정신건강복지센터 및 중독관리통합지원센터 지도 · 감독 결과를 다음 반기가 시작되는 달의 20일까지 보건복지부장관에게 보고하여야 한다.
- 시 · 도의 정신건강증진자원 현황 등을 감안하여 시 · 도와 시 · 군 · 구 간 정신

건강증진 서비스 연계체계 구축을 지원한다.

- 시 · 도가 설치 · 운영 지원하는 지방정신건강복지사업지원단을 통하여 정신건강증진시설에 대한 기술지원 및 평가, 교육훈련, 홍보자료 개발, 공동행사 추진 등의 사업을 지원한다.
- 정신건강증진사업 업무 종사자의 사기 진작 및 지역사회 정신건강증진사업의 발전 도모를 위해 정신건강증진사업 유공자에게 시 · 도지사 표창을 할 수 있다.

④ 시 · 군 · 구(보건소)의 역할

- 시 · 군 · 구 정신건강증진사업기획을 위한 기획구조를 조직 · 운영한다. 기획구조는 국가 및 시 · 도의 정책방향성을 기초로 시 · 군 · 구의 판단에 의해 다양한 형태로 운영할 수 있다.
- 사업수행에 필요한 예산의 일부(지방비 부담액의 일부 또는 전부)와 행정적인 지원을 하며, 반기별 사업추진실적을 이용하여 익월 15일까지 시 · 도지사에게 보고한다.
- 정신건강복지센터는 지역사회 정신건강증진사업 현황조사표를, 중독관리통합지원센터는 지역사회 중독관리통합지원사업 현황조사표를 작성하여 익년 1월 15일까지 시 · 도지사에게 보고한다.
- 연간 사업추진계획에 대한 추진 및 평가한다.
- 정신건강복지센터 및 중독관리통합지원센터를 보건소 내에 설치하거나 관내 공공시설을 무상으로 이용할 수 있도록 지원하며, 정신건강복지센터 및 중독관리통합지원센터의 원활한 사업진행을 위한 공간과 시설 확보를 지원한다.
- 보건소를 통하여 정신건강복지센터 및 중독관리통합지원센터에서 의뢰하는 환자의 신체질환에 대한 검진 및 진료를 지원한다.

- 모든 보건소는 정신건강업무 담당 공무원을 정신건강에 대한 전문적인 지식을 갖고 있는 사람으로 지정하고, 교체를 최소화하여 업무의 지속성이 유지될 수 있도록 한다.

⑤ 수탁기관의 역할

- 정신건강복지센터 및 중독관리통합지원센터의 수탁운영자가 되어 사업계획을 입안하고 수행한다.
- 정신건강복지센터 및 중독관리통합지원센터를 수탁 운영하는 경우 비영리법인 및 학교법인 대표 등 협력기관장 명의의 사업자 등록 및 운영이 가능하다.
- 수탁기관의 영리를 위한 목적으로 센터사업을 진행할 수 없다.
- 정신건강복지센터 및 중독관리통합지원센터장 파견을 통하여 정신건강증진사업 및 중독통합지원사업에 대한 책임을 수행하게 하며, 비상근하는 경우 근무일이 아니더라도 정신건강복지센터 및 중독관리통합지원센터의 업무와 관련해서 사업수행 인력 및 해당 지방자치단체의 자문에 응할 수 있도록 지원한다.
- 해당 지방자치단체의 정신건강증진 및 중독관리통합지원 관련 사업 운영에 일차적 책임성을 가지고 시·도 및 시·군·구 보건소와 협력하여 합리적이고 책임성 있는 사업 전개를 위한 기술적 지원을 한다.
- 반기별 예산집행 및 사업추진실적을 익월 10일까지 정신건강복지센터 및 중독관리통합지원센터를 통해 해당 지방자치단체에 보고할 수 있도록 한다.
- 위탁받은 기관이 정신건강복지센터라면 센터를 통해 지역사회정신건강증진사업 현황 조사표를, 중독관리통합지원센터라면 센터를 통해 지역사회 중독관리통합지원사업 현황 조사표를 작성하여 익년 1월 10일까지 해당 지방자치단체에 보고할 수 있도록 한다.

⑥ 기초정신건강복지센터

기초정신건강복지센터에서는 중증정신질환 관리, 자살예방, 정신건강증진, 아동·청소년의 정신건강증진을 주요사업으로 수행한다.

⑦ 중독관리통합지원센터

중독관리통합지원센터에서는 기본적 중독관리([표 4-3] 참조), 노숙인 및 취약계층 알코올 중독 문제 관리를 주요사업으로 수행한다.

[표 4-3] 중독관리통합지원센터의 기본적 중독관리사업

영역	필수 사업	선택 사업
중독 문제 조기발견 및 개입서비스	• 알코올 문제 신규 발견 및 이용체계 구축 • 고위험음주군 조기발견 및 단기 개입서비스	• 기타 중독(도박, 인터넷, 마약) 신규발견 및 이용체계 구축 • 기타 중독(도박, 인터넷, 마약) 고위험군 조기발견 및 단기 개입서비스
중독질환관리사업	• 알코올의존(중독)자 관리체계 구축 – 사례관리서비스 – 재활 프로그램	• 알코올의존자 위기관리서비스 • 알코올의존자 직업재활서비스 • 기타 중독 관리체계 구축 – 사례관리서비스 – 재활 프로그램
중독질환 가족지원사업	• 알코올의존자 가족 신규발견 및 이용체계 구축 – 사례관리서비스 – 가족모임 지원서비스	• 알코올의존자 및 기타 중독자 가족 신규발견 및 이용체계 구축 – 가족교육 및 프로그램
중독 예방 및 교육사업	• 취약계층 알코올 문제 교육사업 • 인식 개선 및 홍보사업	• 아동·청소년 예방교육사업 • 직장인 중독 예방지원사업 • 지역주민 예방교육사업
지역사회 사회안전망 조성사업	• 보건복지 네트워크 구축 • 지역 인프러 구축	• 지역 법무 연계·협력체계 구축 • 자원봉사 관리·운영체계 구축 • 경찰 및 응급지원 네트워크 구축
지역 진단 및 기획		• 지역사회 진단 및 연구 • 지역 특성을 고려한 특화 서비스 기획 • 지원 조정 및 중재

출처: 보건복지부(2021: 147).

취약계층 알코올 중독 문제 관리사업은, 유관기관 연계망 구축(지역사회 내 중독관리 서비스 지원 또는 연계할 기관 및 자원 현황 파악, 중독관리통합지원센터는 연계기관과 MOU 등 공식적 협력체계망을 구축하고 유기적인 업무 협조체계 마련), 유관기관 역량 지원(유관기관 종사자 교육프로그램 운영, 유관기관 내 대상자 교육프로그램 개발 지원), 사례 발굴 및 사례관리 서비스(유관기관의 대상자의 중독문제 선별 지원, 선별된 대상자의 중독문제 진단적 평가, 대상자별 맞춤형 치료목표 수립 및 사례관리 서비스 제공, 기관을 중심으로 한 사례관리 서비스 제공), 집단상담 · 교육 프로그램 운영(대상자별 집단상담 · 교육프로그램 운영) 등이다.

(3) 마약류 중독자 치료보호사업

마약류 중독자 치료보호사업은 마약류 중독자를 환자의 개념으로 접근하여 마약류에 대한 정신적 · 신체적 의존성 극복과 재발 방지를 위한 치료적 수단을 통하여 건전한 사회인으로 복귀할 수 있도록 지원하는 사업을 말한다. 사업 종류는 마약사범에 대한 기소유예부 검찰 의뢰 치료보호와 자의로 치료보호가 있으며, 2020년 12월 31일 기준 21개 지정 정신의료기관(국립 5개소, 민간 16)에서 입원 · 외래치료를 통해 사업을 수행한다. 치료비의 환자 부담액은 없으며(전액 무료), 국립정신건강센터 및 국립병원 4개소는 자체 예산으로, 그 외 16개 지정의료기관은 국비 50%, 지방비 50% 매칭사업으로 판별검사 및 치료보호에 드는 비용을 지원한다.

마약류 중독자 치료보호사업의 목표는 다음과 같다.

- 마약류 중독으로부터 안전한 국가실현을 위한 기반을 확립한다.
- 마약류 중독자를 종래 범죄자로 인식하던 격리 위주의 형사처분 정책에서 치료해야 할 환자로 인식하는 치료재활보호 정책으로 전환한다.
- 마약류 중독자에 대한 치료와 재활이라는 관점에서 형사사법체계와 보건의료

체계의 연계를 통한 마약류 중독자 치료보호 활성화 및 사회복귀지원 내실화를 기한다.

- 관계기관과 유기적 협조 체계 운영으로 마약류 투약사범들의 치료보호지원을 활성화한다.

2. 정신건강 인력체계와 정신건강전문요원

1) 정신건강전문요원 인력 수련기관 현황

정신질환자의 발견 · 상담 · 진료 · 사회복귀 훈련 및 사례관리와 지역사회 정신건강 증진사업 추진을 위해서는 간호사, 사회복지사, 임상심리사 등 다양한 영역의 전문가가 있어여 한다. 따라서 이러한 전문가를 양성하기 위하여 정신건강전문요원 수련기관을 지정하여 정신건강전문요원을 양성하고 있다. 정신건강전문요원 수련 현황(2020년 12월 31일 기준)은 [표 4-4]와 같다.

[표 4-4] 정신건강전문요원 수련 현황 (단위: 개소, 개)

수련기관 수	수련과정 수			
	계	정신건강간호사	정신건강 사회복지사	정신건강 임상심리사
287	396	36	212	148

출처: 보건복지부(2021: 11).

2) 정신건강전문요원 보수교육

(1) 법적 근거

- 「정신건강증진 및 정신질환자의 복지서비스 지원에 관한 법률(약칭: 정신건강복지법)」 제17조: ① 보건복지부장관은 정신건강 분야에 관한 전문지식과 기술을 갖추고 보건복지부령으로 정하는 수련기관에서 수련을 받은 사람에게 정신건강전문요원의 자격을 줄 수 있다. ② 제1항에 따른 정신건강전문요원(이하 "정신건강전문요원"이라 한다)은 그 전문분야에 따라 정신건강임상심리사, 정신건강간호사, 정신건강사회복지사 및 정신건강작업치료사로 구분한다. ③ 보건복지부장관은 정신건강전문요원의 자질을 향상시키기 위하여 보수교육을 실시할 수 있다. ④ 보건복지부장관은 제3항에 따른 보수교육을 국립정신병원, 「고등교육법」 제2조에 따른 학교 또는 대통령령으로 정하는 전문기관에 위탁할 수 있다. ⑤ 정신건강전문요원은 다른 사람에게 자기의 명의를 사용하여 정신건강전문요원의 업무를 수행하게 하거나 정신건강전문요원 자격증을 빌려주어서는 아니 된다. ⑥ 누구든지 정신건강전문요원 자격을 취득하지 아니하고 그 명의를 사용하거나 자격증을 대여받아서는 아니 되며, 명의의 사용이나 자격증의 대여를 알선하여서도 아니 된다. ⑦ 보건복지부장관은 정신건강전문요원이 다음 각 호(1. 자격을 받은 후 제18조 각 호의 어느 하나에 해당하게 된 경우, 2. 거짓이나 그 밖의 부정한 방법으로 자격을 받은 경우, 3. 제5항을 위반하여 다른 사람에게 자기의 명의를 사용하여 정신건강전문요원의 업무를 수행하게 하거나 정신건강전문요원 자격증을 빌려준 경우, 4. 고의 또는 중대한 과실로 제8항에 따라 대통령령으로 정하는 업무의 수행에 중대한 지장이 발생하게 된 경우)의 어느 하나에 해당하는 경우에는 그 자격을 취소하거나 6개월 이내의 기간을 정하여 자격의 정지를 명할 수 있다. 다만, 제1호 또는

제2호에 해당하면 그 자격을 취소하여야 한다. ⑧ 제1항부터 제3항까지의 규정에 따른 정신건강전문요원 업무의 범위, 자격 · 등급에 관하여 필요한 사항은 대통령령으로 정하고, 수련과정 및 보수교육과 정신건강전문요원에 대한 자격증의 발급 등에 관하여 필요한 사항은 보건복지부령으로 정한다.

- **「정신건강증진 및 정신질환자의 복지서비스 지원에 관한 법률 시행령(약칭: 정신건강복지법 시행령)」 제13조:** ① 보건복지부장관은 법 제17조 제4항에 따라 같은 조 제3항에 따른 정신건강전문요원 보수교육을 다음 각 호[1. 법 제21조에 따라 국가가 설립한 정신병원(이하 "국립정신병원"이라 한다), 2. 「고등교육법」 제2조에 따른 학교로서 정신건강 관련 학과가 설치되어 있는 학교, 3. 정신건강전문요원을 구성원으로 하여 설립된 기관으로서 전국적 조직을 갖추고 있는 기관의 전문기관에 위탁할 수 있다. ② 보건복지부장관은 법 제17조 제4항에 따라 보수교육을 위탁하려는 경우에는 그 위탁기준 · 절차 및 방법 등에 관한 사항을 미리 공고하여야 한다. ③ 보건복지부장관은 법 제17조 제4항에 따라 보수교육을 위탁한 경우에는 그 위탁 내용 및 수탁자 등에 관한 사항을 보건복지부의 인터넷 홈페이지에 게시하여야 한다. ④ 법 제17조 제4항에 따라 보수교육을 위탁받은 기관 또는 단체는 보건복지부장관이 정하는 바에 따라 사업운영계획, 사업집행현황, 자금운용계획 및 자금집행명세 등을 보건복지부장관에게 보고하여야 한다.
- **「정신건강증진 및 정신질환자의 복지서비스 지원에 관한 법률 시행규칙(약칭: 정신건강복지법 시행규칙)」 제9조:** ① 법 제17조 제3항에 따른 정신건강전문요원의 보수교육(이하 "보수교육"이라 한다)은 다음 각 호(1. 보수교육 대상: 정신건강전문요원의 자격을 가지고 해당 자격과 관련된 업무에 종사하고 있는 사람, 2. 보수교육 방법: 대면 교육 또는 정보통신망을 활용한 온라인 교육, 3. 보수교육 시간: 매년 12시간 이상)의 구분에 따라 실시한다. ② 보건복지부장

관은 다음 각 호[1. 보수교육 면제: 다음 각 목(가. 법 제17조 제1항에 따른 정신건강전문요원 자격의 신규 취득자, 나. 보건복지부장관이 제1항에 따른 보수교육에 상응하는 교육을 받았다고 인정하여 고시하는 사람)의 어느 하나에 해당하는 사람, 2. 보수교육 유예: 본인의 질병이나 그 밖의 불가피한 사유로 보수교육을 받기가 곤란하다고 보건복지부장관이 인정하는 사람]의 구분에 따라 해당 연도의 정신건강전문요원 보수교육을 면제하거나 유예할 수 있다. 이 경우 보수교육이 유예된 사람은 유예사유가 해소된 후 유예된 보수교육을 추가로 받아야 한다. ③ 제1항 및 제2항에서 규정한 사항 외에 보수교육의 실시, 면제 또는 유예 등에 필요한 사항은 보건복지부장관이 정하여 고시한다.

(2) 보수교육

정신건강전문요원 보수교육은 법정의무교육이므로 보수교육 대상은 매년 보수교육을 이수하여야 한다. 보수교육 대상은 정신건강전문요원의 자격을 가지고 해당 자격과 관련 업무에 종사하고 있는 사람이어야 한다. 보수교육 시간은 매년 12시간(공통과정 4시간, 개별과정 8시간)이며, 정신건강전문요원의 보수교육 위탁기관 현황(2020년 12월 31일 기준)은 [표 4-5]와 같다.

[표 4-5] 정신건강전문요원 보수교육 위탁기관

구분	보수교육 과정	
	공통(4시간)	개별(8시간)
운영기관	국립정신건강센터 국립공주병원 국립춘천병원 국립나주병원 국립부곡병원	국립정신건강센터 국립공주병원 국립춘천병원 국립나주병원 국립부곡병원 대한간호협회 정신간호사회 한국정신건강사회복지협회 한국임상심리학회

PART 3

정신건강사회복지 실천

CHAPTER 05

정신건강사회복지 사정

1. 정신건강분류체계(DSM)에 의한 사정의 의미와 한계

1) 정신질환의 진단

정신질환은 정신 기능의 기초를 이루는 심리학적, 생물학적 혹은 발달 과정에서의 기능 이상을 반영하는 개인의 인지, 정서 조절 또는 행동에서 임상적으로 유의미한 장애라는 특징을 가진 증후군이다. 정신질환은 대개 사회적, 직업적 혹은 다른 중요한 활동에서의 심신장애 또는 유의미한 정신적 고통과 관련되어 있다. 가령 사랑하는 사람의 죽음과 같이 다른 중요한 활동에 대한 예측이 가능하거나 문화적으로 용인되는 반응은 정신질환이 아니다. 사회적으로(예, 정치적, 종교적 혹은 성적인) 정상에서 벗어난 행동과 주로 개인과 사회 간의 충돌은 그 이상이나 갈등이 개인의 기능부전으로부터 나온 결과가 아닌 한 정신질환이 아니다(APA, 2013, 권준수 역, 2018: 47).

정신질환의 진단은 임상적 유용성을 가져야 한다. 임상의들은 그들의 환자에 대해 예후, 치료계획, 잠재적인 결과를 결정하도록 도움을 줄 수 있어야 한다. 그러나 정신질환의 기준은 치료의 필요성과 일치하는 것은 아니다. 치료에 대한 필요는 증상 심각도, 눈에 띄는 증상(예, 자살 사고의 존재), 증상과 관련된 환자의 정신적 고통, 환자의 증상과 관련된 심신장애, 가능한 치료의 위험성과 이점, 그리고 기타 요인(예, 다른 질환과 얽혀 있는 정신과적 증상)을 고려하는 복잡한 임상적 결정이다. 그렇기 때문에 임상의는 증상이 정신질환 판정의 전체 기준을 충족하지는 않지만, 치료가 반드시 필요한 환자를 만나야 한다. 일부 환자가 진단에 대해 모든 직접적인 증상을 보이지는 않는다고 해서 적절한 돌봄으로의 접근 제한을 정당화해서는 안 된다.

분리된 범주적 정신질환을 위한 진단 기준 비준에 접근은 다음과 같은 유형을 포함하였다. 증거선행비준인자(유사한 유전적 표지자[1]), 가족 특성, 기질, 환경적 노출), 동시발생비준인자(유사한 신경 기질, 생물학적 표지자, 정서적이고 인지적인 과정, 증상 유사성), 그리고 예측비준인자(predictive validators: 유사한 임상적 과정과 치료 반응) 등이 있다.

우리는 『DSM-5(Diagnostic and Statistical Manual of Mental Disorders, Fifth Edition)』[2]

1) 표지자(標識者)란 특정의 구조 또는 물질을 동정하거나 추적하는 수단 혹은 물질을 말한다. "강박충동장애 연관 유전적 표지자 규명"이라는 다음 기사를 보자. "미국에서만 약 220만 명이 강박충동장애를 앓는 것으로 추정되고 있는 바, 존스홉킨스대학 연구팀이 「Molecular Psychiatry」 저널에 밝힌 강박충동장애를 앓는 사람과 이들의 친척 및 건강한 사람을 포함 총 5,061명을 대상으로 한 새로운 연구결과에 의하면, 강박충동장애를 앓는 환자들이 PTPRD(protein tyrosine phosphokinase)라는 단일 유전자 근처 9번 염색체와 밀접한 연관성이 있는 것으로 나타났다(메디컬투데이, 2014. 5. 15.)."

2) 미국정신의학회(APA)에서 발간한 DSM(정신질환 진단 및 통계 편람)의 5번째 개정판을 『DSM-5』라고 한다. DSM은 세계적으로 가장 많은 임상가와 연구자가 사용하고 있다. DSM은 특정한 이론적 입장에 치우치지 않고 심리적 증상과 증후군을 위주로 하여 정신장애의 분류체계와 진단기준을 제시하고 있다. 즉, DSM의 정신장애 분류는 장애의 원인이 아니라 증상의 기술적 특징에 근거하여 이루어져 있다. 1952년에 『DSM-I』이 처음 발행된 이후 임상적 유용성과 진전된 연구결과를 반영하여 여러 차례의 개정 과정을 거쳤다. 1994년 네 번째 개정판인 『DSM-IV』가 발간되었으며, 2013년 5월에 『DSM-5』가 발행되었다.

에서 그 어떤 단일 장애를 위한 현재의 진단 기준이라 해도 똑같은 환자 그룹조차 반드시 동일하게 확인하지는 않을 것이라는 점을 인정하고 있다. 이용 가능한 증거는 이들 비준인자가 존재하는 진단 경계를 넘나들지만, 인접한 『DSM-5』 장애 그룹 안에서나 가로질러서 더욱 빈번하게 집합하는 경향이 있다는 점을 보여 준다. 내향적인 병리학적 또는 병태생리학적 기전이 구체적인 장애나 장애 스펙트럼을 완전히 비준하도록 확인되기까지 『DSM-5』 장애 기준을 위한 가장 중요한 기준은 주어진 진단 기준 목록에 따라 그룹화된 개인의 임상과정 평가 및 치료 반응을 위한 『DSM-5』의 임상적인 유용성이 될 것이다(APA, 2013, 김준수 역, 2018: 46-48).

2) 『DSM-5』의 한계

(1) 『DSM-5』의 문제점

『DSM-5』는 비현실적으로 높은 기대감과 엉성한 방법론의 불행한 조합으로 말미암아 몸살을 겪고 있다(Frances, 2009a). 긍정적인 측면으로는 정신과 영역에서 패러다임의 전환이라는 진전을 가져온 것을 꼽을 수 있다. 하지만 불행하게도, 안전하지도 과학적이지도 않은 매뉴얼이 탄생해 버렸다(Frances, 2010). 예를 들면, 『DSM-5』에서는 정상과의 경계가 명확하지 않은 다음과 같은 세 가지 새로운 질환을 명명했다. 폭식장애, 경도신경인지장애, 그리고 파탄성기분조절장애가 바로 그것들이다. 이러한 진단을 제한적으로만 사용하지 않는다면 수백만 명의 정상적인 사람들이 잘못 진단될 것이고, 도움이 되지 않을 치료를 받으며 불필요한 낙인이 찍히게 될 것이다(Frances, 2013, 박원명 외 역, 2014: 8).

또한, 『DSM-5』는 현존하는 질환의 진단 기준의 역치를 더 낮추었다. 예를 들어, 애도 반응이 심할 경우 주요우울장애로 진단할 수 있게 되었다. 성인의 주의력결핍활동과잉장애에 대한 진단 기준도 느슨해져 정상 범주의 산만함과 쉽게 혼동될 수 있고, 수능력 향상이나 유흥 목적으로 중추신경자극제를 오용하는 행위를 촉진할 수 있다. 『DSM-5』는 약물남용의 초기 단계와 마지막 단계인 약물의존의 단계를 하나의 범주로 통합하였고, 이로 말미암아 전혀 다른 질환의 경과와 적합한 치료 간의 혼동을 주게 되었으며, 불필요한 낙인이 생기게 되었다(Frances, 2009b).

이 중 어떤 변화도 확실한 과학적인 근거 아래 이루어지지 않았다. 어떤 것도 충분하게 검증되지 않았다. 어떤 것도 효과적인 치료와 관련 있다고 증명되지 않았다. 그리고 모든 것이 오용으로 이어지게 되었다. 예를 들어, 한 연구 집단에 의해 단 6년간만 연구되었던 파탄성기분조절장애가 『DSM-5』에 포함되었다. 51개의 정신건강 관련협회에서 근거중심의학의 독립적인 전문가들이 『DSM-5』에서의 변화된 부분을 검토해야 한다고 진정서를 냈지만 아무런 설명 없이 거절당했다(Division 32 Committee on DSM-5, 2012). 이제 『DSM-5』는 과잉 진단을 더욱 부추기고, 과도한 약물 사용을 촉진하는 거대한 문을 열어 버린 셈이다.

살아가면서 보일 수 있는 모든 증상과 문제가 모두 정신장애로부터 나타나는 것이 아니며, 의사로부터 잘못 진단되었을 때 대상자에게 해로운 결과를 초래할 수 있다는 점을 꼭 유념하기 바란다. 과소 진단하는 것이 과잉 진단하는 것보다 차라리 낫다고 본다. 시간이 지나고 경험이 쌓여서 적절하다고 판단될 때 진단을 추가하는 것은 매우 쉬운 일이지만, 진단하기 이전 상태로 돌리는 것은 어려워진다(Frances, 2013, 박원명 외 역, 2014: 8-10).

(2) 『DSM-5』의 법의학적 적용을 위한 주의

『DSM-5』 진단 기준과 본문은 주로 임상 평가, 사례 개념화 및 치료계획을 수행하는 과정에서 임상의를 지원하도록 고안되었으나, 동시에 정신질환의 법의학적 결과를 평가할 때 법정과 법률 대리인을 위한 참고문헌으로도 사용된다. 즉, 『DSM-5』에 포함된 정신질환의 정의가 법정과 법률 전문가의 모든 기술적인 필요에 앞서 임상의, 공중보건 전문가, 연구 조사자의 요구를 충족하도록 개발되었다는 점을 유념해야 한다. 또한, 『DSM-5』가 특정 질환에 대한 치료 지침을 제공하는 것은 아니라는 점 역시 중요하다(APA, 2013, 권준수 역, 2018: 55).

적절히 사용할 경우, 진단과 진단 정보는 법적 의사결정자들의 결정에 도움을 줄 수 있다. 예를 들어, 정신질환의 존재가 차후 법적인 판단을 위한 기초가 될 때(예, 심신장애치료 감호), 수립된 진단 체계를 이용하는 것은 결정의 신빙성과 가치를 향상시킨다. 『DSM-5』는 타당한 임상 및 연구 문헌의 검토에 기초한 개론을 제공함으로써 정신질환의 관련 특징에 대한 법률 의사결정자들의 이해를 쉽게 할 수 있다. 또한, 진단 관련 문헌은 정신질환과 특정 개인의 기능에 관한 근거 없는 억측을 점검하는 역할을 한다. 끝으로 장기적인 과정에 관한 진단 정보는 법적 사안이 과거 혹은 미래 시점에서의 개인의 정신적 기능에 관심을 가질 때 의사결정을 향상시킬 수 있다.

그러나 『DSM-5』 이용 시에는 법의학적 환경에서 사용할 때의 위험과 한계에 대해 알고 있어야 한다. 『DSM-5』의 범주와 진단 기준, 본문 기술이 법의학적인 목적으로 사용될 때 진단 정보가 오용되거나 오해받을 소지가 있다. 이러한 위험이 발생하는 까닭은 임상 진단에 나와 있는 정보와 법에서 궁극적으로 관심을 두는 질문이 완전하게 맞아떨어지지 않기 때문이다. 대개 지적장애(지적발달장애), 조현병, 주요신경인지장애, 도박장애 또는 소아성애장애와 같은 『DSM-5』 정신질환의 임상 진단을 받았다고 해서 해당 질환을 가진 개인이 반드시 정신질환이나 구체화된 법적 표준(예, 수행 능력, 형사상의 책임 또는 장애)을 위한 법적 기준을 충족한다는 의미는 아니다. 후자를 위해서는 『DSM-5』 진단에 포함될 수 있는 정보, 즉 개인의 기능 손상에 대한 정보와 이들 손상이 어떻게 문제가 되는 특정 능력에 영향을 미칠 수 있는지 등을 넘어서는 추가적인 정보가 필요하다. 특정 진단이 손상이나 장애의 명시적 단계를 의미하지 않는 것은 분명 손상, 능력, 장애가 각 진단 범주 안에서 널리 다양하기 때문이다.

임상 혹은 의학적 배경이 없거나 기타 불충분하게 숙련된 개인이 정신질환 존재 유무를 평가하기 위해 『DSM-5』를 이용하는 것은 권할 만하지 않다. 또한, 비임상적 의사결정자는 진단이 정신질환의 원인 혹은 병인이나 질환과 관련되었을 수 있는 개인의 행동에 대한 통제 여부와 관련하여 그 어떠한 함의도 제공하지 않는다는 점을 유의해야 한다. 개인의 행동에 대한 통제 감소가 질환의 특성일 때조차, 진단을 하는 것 그 자체로는 어느 한 개인이 특정 시점에 자신의 행동을 통제할 수 있음(또는 있었음)을 말해 주지는 않는다(APA, 2013, 권준수 역, 2018: 55-56).

어떻게 진단적 면담을 할 것인가?

◈ 치료적 관계가 우선이 되게 하라

정확한 진단은 환자와의 협력적인 노력을 통해 이루어질 수 있다. 정확한 진단은 좋은 관계의 결과이자 그러한 관계를 촉진하는 가장 좋은 방법이기도 하다. 첫 면담은 매우 긴장되고 위험한 시간이지만, 마법과도 같은 시간이기도 하다. 좋은 관계가 구축되고 올바른 진단이 이루어지면, 그 결과는 실로 대단할 것이다. 그러나 당신이 만약 첫 만남에서 이를 이루지 못한다면, 그 사람은 두 번 다시 오지 않을 것이다. 환자는 쉬운 존재가 아니다. 당신이 그를 만나는 날은 그의 인생에서 가장 최악의 날일 가능성이 많다. 사람들은 종종 만연한 두려움, 불신, 창피함으로 말미암아 도움 요청하기를 꺼려 하고, 극심한 고통이 이러한 감정을 넘어서는 때까지 기다린다. 새로운 한 명의 환자가 당신에게는 길고 바쁜 하루 진료 중 단지 여덟 번째로 보는 환자일 수도 있다. 병원에 오는 사람들은 때때로 의사와의 만남에 대해 좋거나 나쁜 쪽으로 과장된 기대를 수반한다. 모든 진단적 평가는 환자에게 중요하고, 당신에게도 중요하다. 하지만 항상 초점은 환자의 치료에 맞춰져 있어야 하고, 당신은 그것을 듣고 이해해야 한다. 바로 이것이 무엇보다 우선이 되어야 한다.

◈ 환자와 협력하여 진단하라

진단을 위해 조사를 하되, 세균과 같은 미생물이나 검사용 장비의 일부 따위가 체내 조직 안으로 들어갈 때 느끼는 것 같은 무미건조한 시도가 아닌, 당신의 공감을 보여 주는 협력 작업을 하라. 그리고 항상 정보와 교육을 제공하라. 환자는 스스로 이해되었다는 느낌을 받아야 한다. 이러한 평가가 앞으로 환자의 남은 인생을 변화시킬 중요한 시점이라는 사실을 반드시 명심해야 한다.

◈ 첫 시간의 균형을 유지하라

첫 번째 면담의 첫 순간에 발생하는 상반되는 두 가지 위험성이 있다. 임상가 대다수는 부정확한 첫 인상에 고착(固着)되고, 매우 제한된 정보에 근거하여 성급하게 진단을 내리려 하며, 이로 말미암아 이후에 얻을 수 있는 대비되는 정보에 대해 간과하게 된다. 또 이와는 상반되게 어떤 이들은 너무 느리게 평가를 진행해서 첫 만남에서 환자로부터 얻을 수 있는 엄청난 양의 정보를 놓치기도 한다. 환자들은 처음 당신을 만났을 때 의도적 · 비의도적으로 언행과 태도를 통해 많은 양의 정보를 준다. 처음 몇 분간 바짝 더 주의를 집중하되 성급하게 어떤 진단적 결론을 내리지 말라. 즉, 이때 균형을 유지하라.

◈ 체크리스트의 질문과 개방형 질문을 적절히 함께 사용하라

『DSM-Ⅲ』까지는 환자를 면담하는 데 있어서 환자가 자유롭게 표현할 수 있도록 하는 것을 강조했다. 이 방법은 면담 상에서 환자의 특성을 이끌어 내는 데에는 매우 유용하지만, 구조적이고 구체적인 질문이 없어 진단적인 신뢰도가 떨어지게 된다. 사실 임상가들은 동일한 데이터베이스 위에서 동일한 정보를 얻을 경우에만 진단에 동의할 수 있다. 그래서 임상가들은 진단의 신뢰도와 효율성을 얻기 위해 차츰 이전과 반대되는 방식으로 면담을 하게 된다. 최근의 임상가들은 오직 DSM 진단 기준에 중점을 둔 '예-아니요' 형의 폐쇄형 질문으로 이루어진 긴 목록으로 면담을 한다. 극단적으로 말하자면, 전자는 개별적이고 형식이 없으며, 후자는 편협한 환원주의적인 접근으로서, 이 두 가지 모두 환자에게 해를 줄 수 있다. 환자가 자발적으로 자기 자신을 드러낼 수 있도록 하되, 필요할 때에는 적절히 질문을 해야 한다.

◈ 정확한 진단을 위해 선별질문을 사용하라

신뢰할 만하고 정확하며 포괄적인 진단을 하는 가장 확실한 방법은 넓은 범위의 개방형 질문과 폐쇄형 질문을 결합한 반구조화된 면담을 하는 것이다. 그러나 시간이 많이 걸리므로 신뢰도가 중요한 연구나 법의학적인 상황에서만 수행이 가능할 것이다. 매일 하는 임상적 면담에서 모든 질환에 대해 모든 질문을 할 수는 없기 때문에 불가피하게 지름길이 필요하다. 환자가 말하는 문제에 대해 주의 깊게 듣고 나서, 먼저 진단적으로 어떤 가닥을, 진단 카테고리를 생각하라(예를 들어, 우울장애, 양극성장애, 불안장애, 강박장애, 정신병적장애, 물질관련장애 등). 그리고 나서 각각의 질환에 해당되는 선별질문을 하여 환자에게 가장 적합한 세부적인 진단으로 범위를 좁혀 나가라. 당신의 진단에 만족하기 전에, 환자에게 가능한 다른 진단이 모두 감별되었는지 생각해 보라. 당신이 진단을 하는 데 있어서 도움이 될 만한 몇 가지 팁이 있다. 모든 환자에게 약물, 기타 물질, 신체적 질환이 미치는 영향을 평가해 봐야 한다.

◈ 임상적 중요성의 의의를 기억하라

정신과적 증상은 모든 사람에게 상당히 흔하게 나타난다. 가장 정상적인 사람들도 적어도 하나의 증상은 있고, 대부분 몇 가지 증상은 가지고 있다. 단독으로 보이는 하나 또는 몇 가지 증상만으로 정신과적 질환을 진단하지는 않는다. 어떠한 증상이 정신적인 장애가 되기 위해서는 다음과 같은 두 가지 추가적인 조건이 성립해야 한다. 첫째, 증상이 특정한 방향으로 모여서 나타나야 한다. 우울, 불안, 불면, 기억력 장애, 집중의 어려움 등의 증상은 그 자체만으로는 진단을 하는 데 충분하지 않다. 둘째, 증상으로 말미암아 임상적으로 유의미한 정도의 고통 또는 사회적 직업적인 기능 손상이 유발되어야 한다. 이 점은 매우 중요한 것으로 모든 정신과 질환의 감별 진단을 하는 데 있어 중심이 되고 필수적인 요소이다. 진단에 있어서 증상을 확인하는 것으로는 충분하지 않고, 증상이 심각하며 계속해서 문제를 일으켜야 한다는 점을 기억하라.

◈ 위험-이득 비율을 분석하라

동전 던지기와 같이 그 확률이 50:50이라면 그 진단을 내리는 것의 장점과 단점을 비교해 보아야 한다. 가장 기본적인 질문은 "이 진단이 환자에게 도움이 될 것인가, 아니면 해가 될 것인가?"로 압축할 수 있다. 어느 쪽으로 결정을 하든지 이득과 위험이 같은 상황이라면, 추천되는 치료법이 안전하고 효과적인 쪽으로 진단하는 것이 옳다. 반면에 증명된 치료법이 없거나 가능한 치료법이 위험한 부작용을 일으킬 수 있는 때에는 진단을 보류해야 한다.

◈ 동반 이환을 제대로 이해하라

신뢰도를 높이기 위하여 DSM은 진단을 세부적으로 나누고 있다. 진단이라는 큰 파이는 수많은 작은 조각으로 나누어져 있다. 환자들은 한 가지 이상의 증상군을 나타내고, 한 가지 이상의 진단을 필요로 하는 경우가 많다. 모든 진단에는 진단적인 정확성과 한 사람에 대한 균형 잡힌 관점이 요구된다는 것을 기억하라. 그러나 하나 이상의 진단이 있다는 것이 각각이 서로 독립적이라거나 개별적인 치료를 요구하는 것을 의미하는 것은 아니다. DSM의 정신장애는 기술된 증후군일 뿐이고, 그것들이 별개의 질환일 필요는 없다. 여러 개의 진단이 하나의 원인을 반영하는 것일 수도 있으며, 하나의 치료법에 반응할 수도 있다. 예컨대 공황장애와 범불안장애는 불안과 관련하여 동일한 경향의 문제를 나타내는 두 가지 측면일 뿐이다. 이에 대해 개별적인 카테고리를 사용하는 이유는 몇몇 사람들은 오직 공황 증상만을 보이고, 또 다른 이들은 범불안 증상만을 보이기 때문이다. 개별적인 카테고리를 사용하는 것이 개별적인 원인을 가지고 있다거나 서로 다른 치료가 필요하다는 의미는 아니다. 동반 이환을 잘못 이해하여 임상가들이 각각의 정신장애에 대해 각각 다른 치료가 필요하다는 잘못된 생각을 가지고 있을 경우 환자에게 해로운 과잉 처방을 하게 될 수 있다.

◈ 인내심을 가져라

어떤 환자들은 증상이 매우 명확해서 5분 안에 진단을 내릴 수도 있다. 그러나 어떤 환자들은 진단에 5시간이 걸릴 수 있다. 또 다른 어떤 환자들은 5개월, 심지어는 5년이 걸릴 수 있다. 환자의 진단은 검증해 볼 만한 유용한 가설이 되어야 하며, 새로운 정보를 놓치게 하거나 큰 틀에서 보는 것을 방해하는 것이 되어서는 안 된다. 진단을 내리는 것을 서두르면 심각한 실수를 저지를 수 있다.

◈ '달리 분류되지 않는'이라는 카테고리를 쓰는 것을 부끄러워하지 말라

환자들의 증상이 모두 DSM 정의에 딱 들어맞는 모양이라면 얼마나 간단할까? 그러나 실제로는 책에 쓰인 것보다 모든 것이 복잡하다. 정신과적인 설명은 이질적이고 중복되며 경계가 불분명하다. 많은 경우 한 사람이 정신적 장애를 시사하는 증상을 나타내고는 있지만, 이것이 DSM 카테고리의 그 어떤 진단에도 정확하게 들어가지는 않는다. 이 때문에 DSM-5에서 '달리 분류되지 않는(unspecified)'이라는 카테고리가 자주 쓰인다. 이 카테고리는 환자에게 반드시 진단을 붙여야 하지만, 정확히 들어맞는 진단이 없을 때 사용할 수밖에 없다. 이러한 카테고리가 없다면 인간이 겪는 다양한 양상의 고통을 표현하기 위해 끊임없이 추가되는 새로운 정신장애 목록이 필요할 것이고, 이로 말미암아 과잉 진단과 복잡한 시스템에 매몰되는 일이 생길 것이다.

정신의학에는 흑백 사고가 적용되지 않는 회색 지대가 많다. '달리 분류되지 않는'이라는 꼬리표는 진단하는 데 있어 주목할 만한 수준의 불확실성이 존재한다는 것을 반영하며, 이를 간단히 말하자면 섣부른 대답은 자주 틀리고 해가 된다는 것이다. 불확실성은 환자에 대한 정보가 불충분할 때, 특이하거나 일정 수준 이하의 증상을 보고할 때, 물질이나 의학적 상태가 증상을 유발했는지 여부가 명확하지 않을 때 생길 수 있다. 따라서 '달리 분류되지 않는'이라는 명칭은 환자에 대해서 더 잘 알고 더 평가를 해 봐야 한다는 의미이다. 불확실성을 인정하는 것은 정확한 진단을 위한 첫걸음이다. 거짓된 정확함은 정말로 정확한 것이 아니며, 섣부른 확실성은 진정한 확실함을 가져다주지 않는다. 대신 이 두 가지는 환자에게 불필요한 꼬리표를 붙이거나 과도한 약물 치료를 하는 등 의도치 않게 위험한 결과를 초래할 수 있다.

어떤 환자가 명백하게 우울증을 보이고 있을 때를 가정해 보자. 이 경우 우울 증상이 우울장애로 말미암은 것인지, 아니면 음주나 신체적 질환으로 말미암은 것인지, 약물 부작용으로 말미암은 것인지, 아니면 복합적인 원인으로 생긴 것인지 명확하지 않다. 이런 것들이 좀 더 분명해지기 전까지는 '달리 분류되지 않는 우울장애'라는 진단이 가장 적당하다. 또한, 10대 청소년의 정신병적 증상이 처음 발생했을 때 곧바로 이 환자가 양극성장애인지, 단기 정신병적장애인지, 아니면 몰래 LSD(lyseric acid diethylamide: 강력한 환각제의 하나) 사용으로 말미암은 것인지 등 어느 쪽으로 단정해서 말하기에는 너무 이르다. 시간이 지나 원인이 밝혀지기 전까지는 '달리 분류되지 않는 정신병적장애'라는 진단을 내려라. 너무 성급하게 판단하지 말라.

한 가지 중요한 사실이 있다. '달리 분류되지 않는'이라는 카테고리가 임상적으로는 유용하며 필수적이지만, 법의학적인 소송 절차에서는 아무런 소용이 없으며 전문가의 증언에서는 절대로 사용되어서는 안 된다. 법의학적인 업무에서는 훨씬 더 높은 수준의 정확성과 합의가 필요하며, '달리 분류되지 않는'이라는 진단을 사용해서는 안 된다.

◈ '기타'라는 진단을 주의하라

DSM-5에서는 (내가 생각하기에) 위험할 수도 있는 새로운 관례가 적용되었다. 많은 카테고리에서 임상가들은 기타 정신병적장애(other psychotic disorder), 기타 우울장애(other depressive disorder), 기타 불안장애(other anxiety disorder), 기타 성도착장애(other paraphilic disorder) 등과 같이 '기타(other)'라는 진단 코드를 붙일 수 있게 되었다. 나는 이것에 반대하는데, 이 코드가 DSM-5에서 배제되거나 3절로 격하된 임상적인 상태에 대해 옳지 않은 방법으로 진단을 제공하기 때문이다. 3절에는 더 연구가 필요한 장애[예를 들어, 약화정신증 증후군(attenuated psychosis syndrome), 혼재성불안/우울증(mixed anxiety/depression), 강압성 변태성욕(coercive paraphilia), 청소년애(hebephilia), 인터넷 중독(internet addiction), 성행위 중독(sex addiction) 등]가 기재되어 있다. 이들은 여러 가지 이유로 SM-5에서 배제되었거나 거리를 두게 되었고 보통 임상적으로나 법의학적으로나 쓰여서는 안 된다. 나는 일관성을 위하여 때때로 '기타' 코드를 사용하기도 하지만, 이 코드가 잘못 사용될 수 있을 때에는 제외시킨다.

◈ **당신의 주관적인 판단을 끊임없이 시험하라**

현재 정신의학에는 치매를 제외하고는 생물학적인 검증 방법이 없으며, 적어도 앞으로 10년 안에도 없을 것이다. 정신과적 진단은 완전히 주관적인 판단에만 의존하고 있으며, 이 판단은 틀릴 수 있고 잠정적이다. 따라서 끊임없이 환자에 대해 잘 알고 있는 것인지 시험하고 임상 경과가 어떻게 변해 가는지 지켜보아야 한다. 특히 사람들은 스스로에 대해 정확하게 보고하지 못하는 경우도 있기 때문에 더 많은 정보가 있는 것이 좋다. 가능하다면 언제라도 환자의 가족이나 다른 정보제공자와 이야기를 나누고 내과적이든 정신과적이든 이전의 의무기록이 있다면 모두 수집하는 것이 좋다. 사람은 변하고 진단적 오류는 흔히 발생하는 일이므로, 예전의 진단을 반드시 믿을 필요는 없지만 이전 진단에 대한 고려는 해야 한다. 그리고 치료가 잘 듣지 않을 때는 진단에 대해 다시 한번 생각해 보아야 한다.

◈ **당신의 생각을 늘 기록하라**

진단은 그 자체만으로는 그저 하나의 표시일 뿐이다. 당신이 어떤 결정을 할 때 그에 대한 명확한 근거만 있다면 진단은 임상적인 사고와 장기적인 추적 관찰을 도와주고 의료 과오 소송으로부터 보호해 주기도 한다. 환자가 현재 보고하는 것들, 개인적 과거력, 임상 경과, 가족력, 그리고 치료에 대한 반응 중에 어떤 것이 가장 당신의 생각을 주도하는가? 아직 답을 내릴 수 없는 질문과 불확실성이 계속되는 영역은 어떤 것인가? 다음 방문 시에는 어떤 것을 살펴볼 것인가? 기록을 잘하는 것은 제대로 진단을 하도록 안내해 준다.

◈ **위험성이 높다는 것을 기억하라**

제대로 한다면 정신과적 진단은 적절한 치료로 이끌어 주고 완치 또는 상당한 호전을 가져올 수 있게 한다. 제대로 하지 못한 경우에 진단은 해로운 치료, 불필요한 낙인, 놓쳐 버린 기회, 기대의 감소, 부정적인 자기 충족적 예언 등 악몽과도 같은 결과를 가져올 수 있다. 정신과적 진단을 잘할 수 있도록 시간과 노력을 들이는 것은 그만한 가치가 있는 일이다. 능숙하게 진단을 하는 것이 완벽한 임상가가 되는 것을 보장하지는 않지만, 좋은 진단 기술 없이 좋은 임상가가 되는 것은 불가능한 일이다.

출처: Frances(2013), 박원명 외 역(2014: 11-21).

2. 사정의 기초적 이해

1) 사정의 개념

1970년대 이후 사회사업실천에서 의료모델에 대한 비판이 강해지면서 이때까지 사용하고 있던 진단이라는 용어 대신에 일반적으로 사정(assessment)이라는 용어를 사용하고 있다. 사정은 클라이언트가 직면하고 있는 문제와 상황을 확인하고 이해하기 위한 자료를 수집하여 분석함과 동시에 문제 해결을 위한 계획을 확정해 가는 과정을 말한다. 즉, 사정은 문제가 무엇인지, 어떤 원인 때문인지 그 문제를 해결하거나 줄이기 위해 무엇이 변화되어야 하는지에 대해 조사하여 설명하는 정신건강사회복지 실천과정의 핵심적 단계이다.

사정은 클라이언트의 강점과 능력을 한층 더 북돋고 클라이언트의 참여를 유도하며, 클라이언트와 정신건강사회복지사의 수직관계가 아닌 동료관계의 파트너십을 갖는 정신건강사회복지 실천과정이다. 사정은 클라이언트의 상황을 이해하고, 이를 토대로 바람직한 서비스 실천 개입의 계획을 수립하기 위한 전문적인 서비스 전달과정의 하나이다. 좀 더 구체적으로 말하면, 사정은 클라이언트의 문제에 대한 이해를 얻고, 문제의 원인이 무엇이며, 그 문제를 완화하거나 없애기 위하여 클라이언트의 잠재된 문제 해결 능력을 끄집어 낼 수 있는 내·외적 자원을 찾으려 하는 탐색과정이다. 결국 사정은 클라이언트와 그 체계에 관한 정보를 수집하는 체계적인 과정이다(이영호 외, 2006; 이준우·채준안, 2007).

이러한 사정은 의료분야의 진단과는 그 성격을 달리한다. 가령 오래된 유물이 출토되었다고 가정하자. 그러면 가장 먼저 달려오는 사람들이 누구일까? 바로 고고학자들일 것이다. 고고학자들은 유물의 원래 모습을 있는 그대로 복원시키는 데 심혈을 기울

일 것이다. 그렇게 복원되면 다음으로 역사학자들이 달려와서 그 유물들의 제작연대를 파악하여 발표하게 될 것이다. 예를 들면, BC 600년경의 유물이라고 한다든지 할 것이다. 진단이란 이렇게 단정하는 것이다. 하지만 사회복지실천의 사정은 단정하거나 클라이언트의 상황을 조사해서 결정하는 것이 아니라, 클라이언트의 상황을 있는 그대로 조사해서 설명하는 과정이라고 할 수 있다(이준우, 2002; 이준우 · 손덕순, 2007; 이준우 · 채준안, 2007).

2) 사정의 목적과 과정

사정은 클라이언트의 욕구와 해결책, 현존하는 문제, 현 상황에서의 클라이언트에 대한 이해에 도달하기 위하여 클라이언트와 사회복지사가 문제를 완화하기 위한 계획을 수립하는 데 그 목적을 둔다. 이에 컴프턴과 갤러웨이(Compton & Galaway, 1999: 254)는 사정의 과정이 다음과 같은 6단계로 이루어진다고 하였다(이영호 외, 2006, 2015 재인용).

- 문제 상황의 주된 요소를 정확히 이해할 것
- 클라이언트로부터 문제의 의미를 이해할 것
- 클라이언트와 클라이언트 환경에서의 강점을 동일시할 것
- 클라이언트 목표의 실현 가능성을 명확히 할 것
- 적극적인 사고과정에서 상황에 따라 변화할 수 있는 욕구가 어떤 것인지를 알기 위해 전문적인 지식을 활용할 것
- 원하는 변화를 어떻게 성취할 것인지에 대한 계획을 수립할 것

3) 사정에서 필요한 정보의 원천

우리는 앞에서 사정의 목적과 과정을 이해하였다. 그렇다면 사정을 정확히 하기 위해서는 어떻게 하여야 할까? 이를 위해서는 다양한 자료를 다각도로 수집하여 잘 활용하여야 한다. 자스트로(C. Zastrow, 1992: 58-61)는 사정을 위한 정보의 원천으로 다음과 같은 일곱 가지 요소를 활용할 것을 강조하였다(이영호 외, 2006, 2015 재인용).

- **클라이언트로부터의 구두보고:** 비록 클라이언트가 자신의 어려움과 자원을 적절히 묘사하지 못할지라도, 클라이언트의 구두보고는 클라이언트의 현실에 대한 왜곡, 변화에 대한 두려움, 감정 상태 등을 파악할 수 있게 하므로 매우 중요한 정보로 취급되어야 한다.
- **클라이언트 가족에 의한 자가 보고 형태:** 가족에 의한 자가 보고 형태는 사정과정에서 주요 참고자료로 사용된다.
- **기타 부수적인 정보의 원천:** 클라이언트와 관련하여 정보를 줄 수 있는 친구, 다른 사회기관, 교사, 의사, 목사, 이웃이 제공하는 정보이다.
- 심리검사의 보고서
- 클라이언트의 비언어적 행동
- 중요한 다른 사람과의 상호작용과 가정방문
- 직접적 상호작용으로부터 얻은 사회복지사의 지각과 지식

4) 정신 상태의 사정

클라이언트의 정신 상태를 사정하기 위해서는 외모와 태도, 행동, 의식, 감정, 사고,

지각, 기억, 상식, 판단력, 통찰력 등을 평가해야 한다. 이들 각각에 대해 구체적으로 살펴보면 다음과 같다(김경호, 2005: 198-204).

(1) 외모와 태도

클라이언트의 외모와 태도를 사정할 때에는 걸음, 자세, 얼굴, 손발, 옷차림, 치장, 면접 태도 등을 관찰하고 평가할 수 있어야 한다. 첫째는 걸음이 당당한지, 활기차 있는지, 불안정한지 등을 관찰한다. 둘째는 자세를 웅크리고 있는지, 긴장되어 있는지 등을 확인한다. 셋째는 얼굴과 손발의 생김새, 청결 정도, 얼굴 표정, 눈의 표정, 머리 모양 등을 평가한다. 넷째는 옷차림이나 화장이 단정하고 유행에 걸맞은지 등을 살펴본다. 다섯째는 면접 시에 사회복지사가 접근하기 쉬운지, 면접에 솔직하고 협조적인 자세로 임하는지, 방어나 저항이 있는지 등을 평가한다.

(2) 행동

클라이언트의 운동과 동작의 질적인 변화와 양적인 변화를 관찰한다. 행동이 자발적인지, 수동적인지, 과다한지 등을 평가하고 반복적인 행동이 있는지를 살펴본다.

(3) 의식

주의력(注意力)과 지남력(指南力)을 평가한다. 주의력은 외부 환경이나 개체 내부의 여러 자극 가운데서 특정한 것을 분명하게 인정하거나 그것에만 반응하는 마음의 선택적 · 집중적인 작용이나 상태를 말한다. 이러한 주의력이 있는지, 아니면 주의가 산만해서 집중을 하지 못하는지를 관찰한다. 지남력은 현재 자신이 놓여 있는 상황을 올바르게 인식하는 능력을 말한다. 올바른 지남력을 갖기 위해서는 의식, 사고력, 판단력, 기억력, 주의력 등이 유지되어야 하는 것이 필요하다. 통상 사람, 장소, 시간의 지남력으로 구별되고 있다. 지남력이 장애를 받게 되는 것을 지남력 상실이라고 한다. 이 경우에는 '자신은 누구인가?' '이곳은 어디인가?' '오늘은 몇 월 며칠인가? 등을 질문을 해도 대답을 하지 못한다. 의식장애, 뇌기질질환, 코르사코프 증후군(Korsakov syndrome)[3] 등에서는 지남력이 장애를 받는다. 따라서 사회복지사는 클라이언트가 시간, 장소, 인물, 자신의 위치와 관계를 정확히 파악하는 능력을 가지고 있는지 확인하여야 한다.

(4) 감정

사회복지사는 면접 중에 클라이언트의 표정, 몸짓, 거동, 어조에서 클라이언트의 감정을 이해할 수 있다. 그러므로 클라이언트의 창백하거나 붉은 얼굴, 눈동자의 확대, 움켜진 주먹, 가쁜 호흡 등에 대해서는 주의를 기울이고 질문할 수 있어야 한다. '지금 기분이 어떠신지요?' '그런 기분이 들 때 어떻게 하시는지요?' 등의 질문을 통해 클라이언트의 감정 상태는 물론 클라이언트가 감정을 통제하는 방식을 이해할 수 있게 될 것이다. 아울러 클라이언트가 한 대상에 대해 동시에 가지는 상반된 감정, 즉 양가감정(兩價感情, ambivalence)[4]을 살필 수 있어야 한다.

3) 기명력(記銘力)의 극단적인 저하를 나타내는 정신상태를 말한다. 바로 전의 일도 잊을 정도의 기명장애(記銘障碍)와 발병 이전의 일까지 잊는 이른바 역행건망(逆行健忘)을 나타내는데, 오래된 기억은 비교적 유지된다. 시간이나 방향 등 자신을 둘러싸고 있는 환경을 올바로 파악할 수 없게 되는 소재의식(所在意識)의 장애 및 되는 대로 말을 지어내는 작화증(作話症)도 두드러진다. 1887년 러시아의 정신병학자 코르사코프(S. S. Korsakov)에 의해 기재되었다. 이 증상은 뇌의 일정 부위, 예컨대 호르몬의 중추인 시상하부, 기억과 관계가 깊은 암몬각(角) 등에 변화가 있을 때 일어나기 쉽다. 알코올 의존의 경우는 간장애 · 다발성신경염 등을 수반하는 수가 많다. 두부외상(頭部外傷) · 일산화탄소 중독 뒤에 오는 것은 점차적으로 가벼워진다. 뇌연화나 노년치매에서 볼 수 있는 것은 일시적으로 증상이 가벼워지는 수도 있지만 치유되기 어렵다.

4) 논리적으로 서로 어긋나는 표상의 결합에서 오는 혼란스러운 감정으로 양면가치라고도 한다. 어떤 대상, 사람, 생각 따위에 대하여 동시에 대조적인 감정을 지니거나, 감정이 이랬다저랬다 하는 따위이다. 애정과 증오, 독립과 의존, 존경과 경멸 등 완전히 상반되는 감정을 동일대상에 대해 동시에 갖는 것을 말한다. 정신요법이나 케이스워크의 경우 클라이언트가 치료자에 대해 갖는 감정이며, 치료나 원조관계의 전개에 있어서 양가감정의 존재자체의 확인과 그 처리가 대단히 중요한 의미를 갖는다. 특히 치료에서는 서로 모순된 감정의 양면에 대한 클라이언트의 자기인식과 통합이 하나의 목적이 된다.

(5) 사고

클라이언트의 사고를 평가하기 위해서는 클라이언트의 언어, 사고 과정, 사고 내용에 주의를 기울여야 한다. 구체적으로 평가해야 하는 것들은 다음과 같다. 첫째는 클라이언트의 말하는 소리, 즉 큰소리인지, 알아듣기 힘들 만큼 작은 소리인지, 화난 목소리인지, 침착한지, 떨리는지, 긴장해 있는지 등을 확인하여야 한다. 아울러 클라이언트가 스스로 말을 하는지, 아니면 사회복지사의 질문에만 기계적으로 대답하는지, 말을 안 하고 몸짓이나 글씨로 의사를 전달하는지, 말더듬 또는 혀 짧은 소리는 아닌지 등을 주의하여 살핀다. 둘째는 클라이언트의 사고 과정을 평가해야 한다. 클라이언트가 질문에 적절한 대답을 하는지, 대답이 논리적인지, 사고의 진행이 빠르거나 비약이 심한지, 모든 질문에 똑같은 말만을 반복하는지, 사고의 진행이 단절되어 있는지 등을 주의 깊게 관찰하여야 한다. 셋째는 사고 내용 중에 과대망상, 피해망상, 자책망상 등 망상이 있는지를 평가하여야 한다. 망상이 있으면 망상의 내용을 클라이언트가 말하는 대로 직접 인용하여 기록하는 것이 바람직하다. 그런데 여기서 클라이언트의 망상 내용에 동의하거나 환자와 논란을 벌인다든지, 망상에 대해 구체적으로 캐묻거나 따져서는 안 된다. 왜냐하면, 클라이언트가 사회복지사의 태도를 보고 자신의 망상을 사실로 믿고 망상을 더욱 체계화하거나 방어하게 만들 수 있기 때문이다.

(6) 지각

클라이언트에게 착각(錯覺) 또는 환각(幻覺)이 있는지 확인하여야 한다. 착각은 어떤 사물이나 사실을 실제와 다르게 지각하거나 생각하는 것이며, 환각은 감각 기관을 자극하는 외부 자극이 없는데도 마치 어떤 사물이 있는 것처럼 지각하는 것으로, 환시(幻視), 환청(幻聽), 환후(幻嗅), 환미(幻味) 따위가 있다. 환각과 착각은 둘 다 잘못된 지각을 한다는 점에서는 비슷하지만, 착각은 환각과는 달리 실제 사물에 자극받는다. 환각은 잠을 이루지 못하는 수면장애, 현실세계에 대해 잘못 이해하거나 뒤틀린 관점을 지니는 망상, 현실세계에 대한 오류로서, 인지하지 않고 자동적 통제 아래 존재하는 심상과도 구별된다. 환각의 가벼운 양상은 동요다. 말초적 환상에서 보이는 움직임을 보거나 희미한 소음이나 목소리를 들을 수도 있다. 정신장애인에게 나타나는 환각의 대부분은 감각장애라기보다 인격장애가 원인이며, 망상과 밀접하게 결부되어 있는 경향이 있다.5)

(7) 기억

클라이언트가 사물을 기억하거나 과거의 경험을 생각해 내는 일을 어려워하는지를 확인해야 한다. 사회복지사는 클라이언트가 최근의 일을 기억하는 것을 힘들어하는지를 알아보기 위해 '오늘 또는 어제 일어났던 일들을 이야기해 보시겠습니까?'라고 질문할 수 있다. 클라이언트가 과거 일을 기억하는 것을 힘들어하는지를 평가하기 위해서는 '결혼기념일은 언제입니까?' 등의 질문을 활용할 수 있을 것이다. 아울러 숫자 몇 개를 부르고 2~3분 정도 지나고 나서 기억해 보게 할 수도 있다.

(8) 상식

사회복지사는 클라이언트가 일반인이 가진 정도의 지식이나 이해력을 가지고 있는지를 평가하여야 한다. 예를 들어, 환자가 깊이 생각하지 않고서도 대답할 수 있을 만한 시사, 역사, 지리, 사회 전반에 대해 질문할 수 있다. 단, 클라이언트와 관계를 형성

5) 분석심리학자 융(C. G. Jung)은 환자의 독특한 경험을 모두 환자 개인의 사적인 측면으로만 설명할 수 없으며, 또 환자가 채택한 가치관과 상충하는 관념의 억압으로만 설명할 수도 없다는 것을 확신하였다. 망상, 환각, 환청은 흔히 개인적 경험에서 벗어나 있는 것처럼 보이는 것이다. 특정 형태의 정신병에서는 콤플렉스가 소리의 형태로 나타나기도 한다. 마찬가지로 어떤 형태의 환각(실제와 일치하지 않는 지각)에서는 콤플렉스가 보이기도 한다. 융은 사람들이 흔히 하고 있는 망상과 환각이 정신병의 특별한 징후일 뿐만 아니라 인간에게 매우 의미 있는 어떤 것이라는 사실을 드러내고자 애썼다. 융은 인간이 자신의 원형을 충분히 깨닫지 못하면 환각을 통해 원형의 본질적 의미가 나타날 수도 있다고 하였다.

한 후 상식에 대해 질문하는 것이 바람직하다는 것을 염두에 두어야 한다. 또는 단순한 덧셈과 뺄셈을 질문할 수도 있을 것이다.

(9) 판단력

클라이언트의 판단력을 평가하기 위해서는 여러 가지 질문을 활용할 수 있다. '장래 희망이 무엇인가요?' '앞으로의 계획은 무엇인가요?' 등의 질문을 통해 클라이언트가 전후 사정을 종합하여 사물에 대한 자신의 생각을 마음속으로 정하는 능력을 알아볼 수 있다.

(10) 통찰력

클라이언트가 자신을 꿰뚫어 보는 능력을 가지고 있는지를 평가해야 한다. 클라이언트가 자신과 자신의 처지를 어떻게 인식하고 있는지 알아보기 위해 '자신의 상태가 어떻다고 생각하십니까?' '무엇 때문에 문제가 발생했다고 생각하십니까?' '무엇 때문에 입원하게 되었다고 생각하십니까?' 등의 질문을 할 수 있다.

5) 사정을 위한 질문과 사정보고서

앞에서도 말했지만, 사정을 위해서는 클라이언트에 관한 정보나 자료를 가능한 한 여러 출처를 통해 수집하는 것이 바람직하다. 클라이언트의 정신장애를 사정하기 위해서는 클라이언트가 언어를 통해 제공하는 정보, 클라이언트 주변인들이 제공하는 정보, 클라이언트의 비언어적인 행동, 클라이언트와 주변인들 사이의 상호작용, 각종 심리검사 결과 등을 고려해야 한다. 정보나 자료를 수집할 때 염두에 두어야 할 질문

내용은 〈표 5-1〉과 같다. 클라이언트에 대한 사정보고서는 클라이언트를 개별화하고 클라이언트의 발달단계, 강점, 자원 등을 고려하여 작성하여야 한다. 구체적인 사정보고서는 〈표 5-2〉와 같은 형태로 작성할 수 있겠다

〈표 5-1〉 사정을 위한 질문

사정을 위한 질문

1. 문제는 무엇인가?
2. 클라이언트는 문제를 어떤 관점에서 보고 있는가?
3. 가족은 문제를 어떤 관점에서 보고 있는가?
4. 문제에는 어떠한 사람들이 어떻게 관련되어 있는가?
5. 문제의 원인은 무엇인가?
6. 문제는 언제, 어디에서, 어떻게 발생하였는가?
7. 문제 행동의 빈도, 강도, 지속기간은 어떠한가?
8. 클라이언트는 무엇을 원하고 있는가?
9. 클라이언트는 문제를 해결하기 위해 어떠한 노력을 하였는가?
10. 가족은 무엇을 원하고 있는가?
11. 가족은 문제를 해결하기 위해 어떠한 노력을 하였는가?
12. 클라이언트의 강점은 무엇인가?
13. 가족의 강점은 무엇인가?
14. 지역사회의 강점은 무엇인가?
15. 문제 해결을 위해 필요한 클라이언트의 기술은 무엇인가?
16. 문제 해결을 위해 필요한 가족의 기술은 무엇인가?
17. 문제 해결을 위해 필요한 자원은 무엇인가?

〈표 5-2〉 **사정보고서**

사정보고서

1. 기본 정보: 이름, 주소, 성별, 생년월일, 연락처, 동거인, 직업, 결혼 상태, 종교, 사회경제적 지위 등
2. 의뢰 과정: 의뢰 기관 또는 의뢰인, 의뢰 사유 등
3. 주요 문제
4. 문제의 본질: 문제의 역사, 문제의 발생빈도와 강도 및 지속기간 등
5. 클라이언트의 상태
   1) 인지 기능: 문제의 지각 정도, 사고의 합리성 등
   2) 정서 기능: 감정 상태 등
   3) 행동 기능: 행동, 태도, 장애 등
   4) 생리: 약물복용 등
   5) 변화 동기
6. 개인력
   1) 출생
   2) 유아기
   3) 아동기
   4) 청소년기
   5) 성인기
   6) 노년기
7. 가족력
   1) 가계도(家系圖, genogram)
   2) 가족 구성원에 대한 설명
   3) 직계가족 간의 관계
   4) 확대가족과의 관계
8. 사회적 관계
   1) 생태도(生態圖, ecomap)
   2) 사회적 관계 및 대인관계에 대한 설명
9. 강점과 약점
10. 종합적 사정
11. 개입 계획
   1) 개입의 이론적 배경
   2) 개입 목표
   3) 개입 계획

2022년 3월 1일

작성자: 사회복지사 ○○○ (인)

3. 정신건강영역에서 사정 체계

1) 『DSM-5』의 축 Ⅳ 분류 체계

『DSM-5』의 축 Ⅳ는 심리사회적 · 환경적 문제를 평가한다. 『DSM-5』에서는 축 Ⅳ를 9가지 항목으로 분류한다. 구체적인 내용은 〈표 5-3〉과 같다.

〈표 5-3〉 『DSM-5』의 축 Ⅳ: 심리사회적 · 환경적 문제

축 Ⅳ: 심리사회적 · 환경적 문제
1. 일차적인 지지집단과의 문제: 가족 내 죽음, 별거, 이혼, 불화, 재혼, 학대, 방임, 건강문제 등
2. 사회적 환경과 관련되는 문제: 친구의 죽음, 상실, 이민, 차별 등
3. 교육적 문제: 문맹, 학업문제, 학교 환경 및 교사와의 문제, 교우관계 문제 등
4. 직업적 문제: 실직, 과로, 상사 및 동료와의 불화 등
5. 주거의 문제: 무주택, 부적절한 주거 환경, 이웃과의 불화 등
6. 경제적 문제: 빈곤, 월수입 및 복지수급 상의 문제 등
7. 건강서비스 문제: 의료서비스 및 보험 관련 문제 등
8. 법적 체계 및 범죄 관련 문제: 범법 행위, 소송 등
9. 기타 심리사회적 · 환경적 문제: 재난, 전쟁, 사회기관 관련 문제 등

2) PIE 분류 체계

PIE(Person-In-Environment) 사정 분류 체계는 미국사회복지사협회(NASW)에서 개발한 사정 분류 체계이다. DSM-5는 개인의 정신장애와 병리에 초점을 둔 사정 체계이지만, PIE 분류 체계는 개인의 대인관계 및 사회적 환경과의 상호작용 측면에 초점을

둔 사정 체계라는 특성이 있다. PIE 사정 체계는 〈표 5-4〉에서 보는 바와 같이 네 가지 요소로 구성되어 있다(Karls, 1994, 김경호, 2005: 205-207 재인용).

〈표 5-4〉 PIE 사정 체계

분류	분류 내용
요소 Ⅰ: 사회적 기능 문제	클라이언트의 사회적 역할 문제: 문제 유형, 문제의 심각성, 문제 대처 능력 등 • 가족 내 역할: 부모, 배우자, 자녀, 형제 등 • 기타 대인관계상의 역할: 연인, 친구, 이웃, 회원 등 • 직업적 역할: 노동자, 고용주, 학생 등 • 상황적 역할: 소비자, 환자, 죄수, 이민자, 소송자 등
요소 Ⅱ: 환경 문제	요소 Ⅰ의 사회적 기능 문제에 영향을 미치는 환경적 조건, 문제의 심각성, 문제의 지속기간 등 • 경제적 · 기본적 욕구 체계: 음식 · 영양, 주거, 고용, 교통 등 • 교육 · 훈련 체계 • 사법 · 법률 체계 • 건강 · 안전 · 사회적 서비스 체계 • 단체 · 교류 체계: 종교, 지역사회 등 • 정서적 지지체계
요소 Ⅲ: 정신건강 문제	클라이언트의 개입에 관련된 현재의 정신적 · 성격적 · 발달적 장애 또는 상태
요소 Ⅳ: 신체건강 문제	클라이언트의 신체적 건강 및 장애

출처: Karls(1994), 김경호(2005: 206 재인용).

사회적 기능 문제(요소 Ⅰ)에서 사회복지사는 클라이언트의 사회적 역할 문제를 확인하고 부호화한다. 일반적으로 한 가지 이상의 문제가 발생하는데, 사회복지사는 각 문제의 유형과 그로 말미암아 일어난 어려움의 정도, 그리고 그 문제를 다루기 위한 클라이언트의 대응 능력을 확인하고 부호화한다(이영호 외, 2015: 155-156).

환경 문제(요소 Ⅱ)에서 사회복지사는 요소 Ⅰ(사회적 기능 문제)에 영향을 미치는 환경 조건이나 그 정도뿐 아니라 각 문제가 일으킨 어려움의 정도, 그리고 각 문제의 지속기간을 확인한다. 요소 Ⅱ(환경 문제)의 문제 역시 한 가지 이상이 될 수 있다. 요소 Ⅰ, Ⅱ는 클라이언트의 사회적 기능 수행 문제와 환경에 관한 핵심적 서술로 이루어져 있다. 이는 사회복지의 주요 초점이다.

정신건강 문제(요소 Ⅲ)는 사회복지사가 클라이언트에 대한 이해와 개입과 관계가 있는 현재의 정신적·성격적 혹은 발달상의 장애 혹은 상태를 표시하도록 한다. 이와 같은 문제는 DSM-5의 축 Ⅰ, Ⅱ에 나와 있다.

신체건강 문제(요소 Ⅳ)는 클라이언트의 사회적 역할 수행과 환경 문제에 대한 이해 및 유지에 관련 가능성이 있는 현재의 신체장애 혹은 현재 상태를 사회복지사가 표시하도록 한다. 사회복지사는 의미 있는 신체적 문제를 정규적으로 질문하고, 그 문제의 결과를 요소 Ⅳ에 기록하여야 한다(이영호 외, 2015: 155-156).

그런데 여러 분야의 전문가들과 전문가팀으로 함께 일하는 정신건강사회복지사의 경우 정신건강현장에서 PIE 분류 체계를 실제 활용하는 데에는 현실적인 한계가 있다. 따라서 PIE 분류 체계를 활용할 경우에는 이러한 사정이 불변의 것이 아니라, 클라이언트에게 개입하는 동안 언제든지 변화할 수 있는 단계적이고도 진행적인 과정이라는 것을 염두에 두어야 한다.

이상과 같은 한계점에도 불구하고 PIE 분류 체계가 사회복지사에게 매력적인 이유는 다음과 같다(이영호 외, 2015: 156-157).

- PIE 분류 체계는 사회복지의 생태체계적 관점이나 사람과 상황으로 일관된 문제 분류 기준을 나타낸다.
- PIE 분류 체계는 클라이언트에 대한 낙인과 편견을 없애고 문제의 환경적 요소, 적응 능력, 강점을 구체화시킨다.
- PIE 분류 체계는 사회복지 자체의 분류 기준을 제공할 수 있기 때문에 다른 전문직에 의해 개발된 진단 체계가 가지는 사회복지의 욕구에 불합리하고 부

적절한 부분을 없앨 수 있다.

- PIE 분류 체계는 사회복지사가 마주치게 되는 문제의 형태를 개념화하고 묘사하고 해석하는 데 도움을 줄 것이다.
- PIE 분류 체계는 문제 정의와 개입 사이의 연결을 요구하지 않는다. 사회복지사와 클라이언트는 클라이언트의 독특한 상황적 기초와 사회복지사의 지식 기초에 가장 적절한 개입을 선택하는 데 있어 매우 자유롭다.

3) PROS 분류 체계

체계에 대한 심리사회적 사정인 PROS(Psychosocial Review of Systems)는 의사들이 클라이언트의 심리사회적 측면을 사정할 수 있게 고안된 분류 체계이다(Goldberg & Novack, 1992, 김경호, 2005: 207-208 재인용). 심리사회적 사정 체계의 구체적인 내용은 〈표 5-5〉와 같다.

〈표 5-5〉 PROS 사정 체계

분류	분류 내용
Ⅰ. 담배 · 알코올 · 약물	흡연? / 알코올? / 약물?
Ⅱ. 스트레스 · 생애 사건	현재의 주요 스트레스 · 변화? / 상실(가족, 친구, 일 등)?
Ⅲ. 기대 · 공포 · 의미	의료서비스에서 기대하는 것? / 건강과 관련한 걱정 · 두려움? / 증상의 원인에 대한 자신의 생각?
Ⅳ. 생활 상황 · 사회적 지지	동거인? / 사회적 지지체계? / 문제가 있을 때 도움을 구하는 사람? / 외로움?
Ⅴ. 성	성적으로 활발? / 성적인 문제 · 걱정? / 성 학대 경험?
Ⅵ. 결혼 상태	결혼 · 미혼 · 별거 · 이혼 · 재혼?
Ⅶ. 일 · 재정 · 교육	직업? / 무직인 경우 시간 보내기? / 재정적 문제? / 교육 정도

분류	분류 내용
Ⅷ. 정신병력	정신병력? / 치료 경험? / 정신병력 · 약물 중독 있는 가족 구성원?
Ⅸ. 기분 · 인지	불안? / 우울? / 기억 관련 문제?
Ⅹ. 기능적 상태	자기보호(목욕, 식사, 용변 등) 가능? / 일상생활(일, 쇼핑, 청소, 요리 등) 가능?
Ⅺ. 문화	

출처: Goldberg & Novack(1992), 김경호(2005: 207 재인용).

CHAPTER 06

정신건강과 정신건강사회복지의 이해

1. 상담과 치료

상담은 카운슬러(counselor)가 도움을 필요로 하는 사람에게 전문적 지식과 기능을 가지고 내담자(來談者, client) 자신과 환경에 대한 이해를 증진시키며, 합리적이고 현실적이며 효율적인 행동양식을 증진시키거나 의사결정을 내릴 수 있도록 원조하는 활동으로, 흔히 심리치료와 같은 의미로도 쓰인다.

상담에는 다음과 같은 특징이 있다. 첫째, 모든 행동변화나 의사결정은 내담자가 원하는 것이어야 한다. 둘째, 상담은 자발적 변화가 일어날 수 있는 조건을 제공하는 것이어야 하며 개인이 선택하고 결정할 권리를 존중해야 된다. 셋째, 합리적 계획, 문제 해결, 의사결정, 환경적 압력에 대한 대응, 일상 행동습관 등과 같은 일상생활의 문제에 중점을 둔다. 치료는 어떤 질병, 장애, 또는 문제를 치료, 치유, 완화하기 위해 계획된 체계적 과정과 활동을 의미한다. 사회사업가들은 종종 이 용어를 심리치료(psychotherapy), 심리사회치료(psychosocial therapy), 집단치료(group therapy)와 동의어로 사용한다. 사회사업가들은 작업치료, 물리치료, 오락치료, 약물치료, 화학치료(chemotherapy)와 같은 다른 치료 형태를 논할 때 이것들을 더욱 특정한 용어로 사용한다.

정신건강증진 영역에서 가장 흔히 사용되는 개입방법은 상담과 치료이다. 그러나 환경 속에서의 인간에 대한 접근이라는 사회복지적 관점에서 볼 때는 부분적인 개입이라는 점, 교육과 훈련 기간이 오래 걸린다는 점과 법적인 자격을 갖추어야 한다는 점이 사회복지사들에게는 실질적인 부담으로 작용하고 있다.

이는 법적 자격을 갖추고 개업 사회사업(private practice)[1]이 가능한 미국에서도 약 20%의 사회복지사들만이 이 같은 활동을 하고 있는데, 이 경우 일반적으로 개별상담과 치료를 수행하는 전문직으로 정신건강의학과 의사, 임상심리사, 임상사회복지사 등이 개별상담과 치료를 수행하는 대표적 전문가로 알려져 있다. 그러나 이 경우에도 직접적인 증상 치료를 위해 개별상담을 하는 사회복지사는 정신건강의학과 의사와 임상심리사와 비교할 때 그 숫자가 제한적이다.

우리나라에서는 1997년 이후 정신건강 전문요원이라는 공식 자격이 주어졌지만, 정신의학자들을 제외한 임상심리사와 사회복지사의 개입은 법적으로 보장받지는 못하고 있다. 하지만 이들 전문가들이 개별상담과 치료에 관심을 가져야 한다. 왜냐하면, 사회복지 대상 클라이언트의 전체 환경을 더욱 구체적으로 이해하는 것은 그 개인을 이해

1) 사회사업의 비임상분야에서 자영 전문인이 영리를 목적으로 사회봉사를 제공하는 행위를 영리행위(proprietary practice)라고 말한다. 영리행위라는 용어는 개인사업이 통상 임상분야에 적용한다는 점을 제외하고는 본질적으로 개업 사회사업(private practice)과 같은 의미이다. 영리행위를 하는 사회사업가는 전형적으로 개인 상담역, 특별 이익단체의 조직책 및 특정 단체의 관리인 자격으로 자신의 시설과 전문기술을 제공한다. 이들 중 일부는 특별한 사회봉사와 함께 신체적 도움을 필요로 하는 사람들을 위해 영리 목적의 사설기관을 개발하기도 한다.

한다는 전제로 이루어지는 사회복지실천의 기초가 되기 때문이다. 여기에서는 개별상담과 치료 영역에서 대표적인 정신역동 상담과 치료, 인지행동 상담과 치료에 관해서 살펴본다(권진숙 외, 2017: 179-190).

1) 정신역동 상담과 치료

프로이트(S. Freud)의 정신분석학을 비롯하여 정신분석이론(psychoanalysis)의 영향을 받아 탄생한 아들러(A. Adler)의 개인 심리학(individual psychology), 융(C. G. Jung)의 분석 심리학(analytic psychology) 등을 정신역동이론(psychoanalytic theory)이라고 한다. 정신역동에서는 사람의 생각과 행동이 과거의 경험과 무의식적 동기에서 영향을 받는다는 것을 중심으로 사람의 성격을 설명한다. 정신역동 상담과 치료는 분석적 내용에 환경적 요소를 더욱 많이 포함시키고 있다. 따라서 프로이트는 물론 아들러를 비롯한 여러 학자의 다양한 이론을 기반으로 개발된 치료모델이다(권진숙 외, 2017: 180-185).

(1) 정신역동의 개념

정신역동은 정신 결정론(psychic determinism)과 무의식(unconsciousness)을 기초로 인간의 심리 현상과 행동을 설명한다. 정신 결정론이란 사람의 생각과 행동은 과거의 경험에서 영향을 받는다는 것이다. 무의식은 의식적인 수준에서 일어나지 않는 정신적 활동을 의미하는데, 정신역동에서는 인간의 행동이 무의식적 동기나 의도의 영향을 받는다고 설명한다. 따라서 정신역동에서는 자유연상(free association), 꿈 분석(꿈 작업)을 통해 불안의 원인이 되는 단서를 찾아 내담자가 불안을 관리하거나 극복할 수 있도록 돕는다. 정신역동이론에는 프로이트의 정신분석이론, 아들러의 개인 심리학, 융의 분석 심리학 등이 있다.

프로이트는 내담자 본인이 가진 문제의 무의식적인 근원을 깨닫게 도와주는 치료법을 개발하면서, 문제의 근본이 유년기의 억압된 기억, 고착, 해결되지 않은 갈등에 있을 것이라 여겼다. 이런 근본적인 문제는 무의식 아래로 억압되어 있어 의식상으로 인지하지는 못하지만 개인의 삶 속에서 행동과 사고에 영향을 미치는 형태로 발현된다.

아들러는 인간을 자신의 목표를 달성하기 위해 끊임없이 노력하는 존재로 보았다. 그는 인간이 된다는 것은 자신이 열등하다는 것을 느끼는 것이며, 이것은 자기완성을 위한 동기가 된다고 주장했다. 아들러는 개인이 열등감을 파악하지 못하고 통제에 실패하여 열등감의 지배를 받는 것을 콤플렉스(complex)라고 불렀다. 콤플렉스는 아동기의 경험에 의해 발생하며 주어진 문제를 사회적으로 유용한 방식으로 해결할 수 없도록 만든다. 아들러는 기관 열등감(organ inferiority)[2], 과잉보호(overprotection), 양육태만이 열등 콤플렉스(inferiority complex)의 원인이라고 보았다.

융은 인간의 성격이 인생 초기에 결정된다는 프로이트의 견해에 반대하며, 무의식을 더욱 깊게 연구했다. 그는 인간의 정신이 선험적인 원형의 영향을 받는다고 보았으며, 개인의 전체적인 성격을 정신이라고 명명했다. 정신은 리비도(libido)를 통해 다양한 심리적 활동을 수행하며 정신 에너지는 대립, 등가, 균형의 원리에 의해 기능한다고 설명한다. 융은 정신 에너지를 성격에 존재하는 다양한 요소가 갈등을 빚은 결과로 보았다. 따라서 대립이 없으면 에너지 또한 존재할 수 없고, 대립이 곧 행동의 원동력이라는 것이 대립 원리이다. 그는 성격 발달의 목표를 개성화(individuation)[3]와 자기실현으로 보았다. 분석 심리학에서 분석가의 역할은 내담자의 타고난 심리적 유형을 바탕으로 내담자의 개성화 과정을 돕는 것이다.

2) 기관 열등감이란 신체 특유의 기관에 대한 열등감으로, 패배 의식을 일으키는 원인이 되기도 한다.
3) 개성화는 개인이 심리적으로 나눌 수 없는 전체(whole)로서의 존재가 되는 것을 의미한다.

정신역동은 이러한 무의식 속에 억압되어 있는 문제를 찾고 내담자로 하여금 문제를 깨닫게 함으로써 곧 현재의 문제를 해결할 수 있다는 이론이다. 현대의 정신역동치료는 장기간에 걸쳐 많은 비용이 들었던 기존 정신분석치료보다 수월하고 빠른 치료를 지향한다. 기존 정신분석치료는 1~2년 동안 매주 다수의 상담을 필요로 했고 그로 말미암은 비용도 컸지만, 정신역동치료는 수개월 안으로 치료를 마칠 수 있다.

정신역동이론이 바탕으로 하는 무의식적 갈등과 그것의 영향이 행동과 사고를 결정한다는 주장에 대해서 비판적인 의견이 있으며, 이는 정신분석 당시부터 있어 온 비판으로 정신역동의 구조상 과학적인 검증이 불가능하다는 한계점에 기인한 것이다.

(2) 정신역동 상담의 실제

① 진단단계

정신역동적 진단은 클라이언트 중심의 정신역동을 이해하고, 그들의 병리적 요소와 건강한 요소를 사정하는 과정이다. 이때 정신장애에 대한 진단은 임상적 진단과 역동적 진단으로 나눈다. 임상적 진단은 주로 기질적이거나 신경계통의 이상으로 발생한 문제인가를 확인하기 위한 노력을 일컫는다. 따라서 임상적 진단에서 이상소견이 발견되지 않을 때 역동적 진단에 초점을 맞추고 클라이언트의 문제 혹은 증상을 진단하게 된다. 이때 진단의 초점은 개인의 자아와 방어기제 등을 중심으로 이루어지며, 이에 기초한 발견을 통해 통찰적 심리치료가 이루어질 것인지 지지적 심리치료가 제공될 것인지를 결정하기도 한다.

② 치료단계

일반적으로 정신역동적 상담은 초기－중간－종결－평가단계로 이루어지며, 단계마다 평가가 이루어진다(정원철, 2007: 335-337).

1 초기단계

치료자는 클라이언트를 돕는 데 관심이 있음을 밝히고, 약속과 시간 등에 대한 치료 계획의 개략적인 상황을 설명해 준다. 이때 중요한 원칙은, 치료자는 클라이언트에게 완치에 대한 보증을 해서는 안 된다는 점이다. 면담 횟수는 개인에 따라 다르다. 방어를 강화하는 지지적 치료일 때는 일주일에 한 번 정도로, 방어를 해체하는 통찰치료일 때는 일주일에 두 번에서 세 번 정도의 면담을 행한다. 만약 치료자가 몇 주 혹은 몇 달 내로 병원이나 치료기관을 떠나도록 되어 있다면, 치료가 시작되기 전에 이 사실을 클라이언트에게 알려야 한다. 왜냐하면, 클라이언트가 갑자기 알게 되었을 때 클라이언트는 뜻밖의 심한 충격을 받을 수 있으며, 다음 치료자와의 관계를 필요 이상으로 복잡하게 만들 수도 있기 때문이다.

2 중간단계

치료가 초기단계에서 중간단계로 이어지는 분명한 경계점이 있는 것은 아니지만, 일반적으로 클라이언트가 비교적 안정적이고 치료자와의 치료동맹이 이루어졌다고 확인되는 때를 중간단계로 본다. 다음과 같은 상황을 중간단계로 파악한다. 첫째는 클라이언트가 고통을 이겨 낼 수 있을 만큼 치료동맹의 강도가 강해졌을 때이다. 둘째는 현재의 고통을 더욱 깊은 수준의 통찰과 해결을 위한 과도기라고 클라이언트가 인식하게 되었을 때이다. 셋째는 전이(transference)[4]가 나타나기 시작하는 때이다.

4) 정신분석학 용어로, 프로이트에 의하면 과거 타인과의 관계가 정신분석치료에서 분석가를 향한 정서적 반응으로 나타나는 것이다. 아동기 동안에 중요한 사람들과의 관계에서 경험했던 느낌, 사고, 행동 유형이 현재 맺고 있는 다른 사람들과의 관계로 전치된 것을 말한다. 이 과정은 대체로 무의식적인 것이기 때문에, 환자는 전이에서 나타나는 태도, 환상, 사랑, 미움, 분노와 같은 감정의 다양한 원천을 지각하지 못한다. 이 현상은 자발적으로 발생하는 것이며, 때로는 당사자들을 힘들게 하기도 한다. 일반적으로 부모가 그런 감정 유형의 원래 대상이지만, 형제자매, 조부모, 교사, 의사, 아동기의 영웅들도 전이의 대상이 된다.

3 종결단계

종결에 대한 일반적인 기준을 세우는 일은 어렵다. 그러나 대체로 정신 치료의 종결은 다음과 같은 경우에 이루어진다. 첫째는 클라이언트 자신이 중단하기를 희망하든가, 외부환경 때문에 중단되어야 하는 경우이다. 둘째는 치료가 되었든지 안 되었든지 클라이언트 가족이 치료 중단을 희망하는 경우이다. 셋째는 클라이언트가 다른 지역으로 옮겨 가거나 직업상 규칙적으로 약속을 지키기가 불가능한 경우이다. 넷째는 목표했던 문제가 해결되었을 경우이다. 종결단계에서는 집중적인 해석이 요구되는 주제를 다루지 않도록 하며, 훈습(薰習, working through)[5]과정에도 돌입하지 않는다. 치료 종결 시에는 치료에 대한 의존 문제와 추후 면담에 대해 설명한다.

4 평가단계

모든 치료과정에는 그 단계마다 평가과정이 포함된다. 평가란 처음부터 끝까지 치료의 전 과정에서 이루어지며, 치료자는 항상 클라이언트의 진전, 장점과 단점, 치료의 전개방향 등을 평가해야 한다. 이처럼 평가는 치료자가 취해야 할 방향에 지침을 제공한다. 끊임없는 평가를 지침으로 해서 '치료자는 어떻게 치료를 진행할 것인가? 기본 전략을 변경해야 하는가? 치료목표를 수정해야 하는가? 목표와 전략을 수정하였다고 하면 구체적으로 어떤 전술과 개입이 필요한가?' 등을 결정한다.

평가는 '원래의 치료목표를 얼마나 달성할 수 있었는가? 그 치료목표는 처음부터 적절한 것이었는가? 치료 중에 가장 중요한 문제는 무엇으로 판명되었는가? 또 그것을 최초 진단 시나 치료 초기에 얼마나 예측할 수 있었는가? 치료 자체에 결정적으로 중대한 전환점이 된 것은 무엇이었는가? 장차 이와 비슷한 사례를 접한다면 어떤 종류의

5) 내담자가 현실에서 유사한 상황에 직면했을 때 그것을 스스로 해결할 수 있도록 도움을 주기 위해 치료 장면에서 그 문제를 반복적으로 경험하도록 하는 과정이다. 프로이트의 논문 「기억, 반복, 훈습(Remembering, Repeating and Working through)」에서 제시한 용어로, 철저한 조작 혹은 철저한 작업이라고도 한다. 훈습의 목적은 내담자가 인지한 저항을 숙지시키고, 내담자를 반복 강박의 지배로부터 해방시키는 것이다. 이러한 과정을 통해 내담자는 새로운 자각과 더불어 지금까지 경험하지 못한 것을 조합하거나 재인식하여 자신의 존재를 새롭게 체험할 수 있다.

개입을 다시 반복할 것이고, 어떤 개입을 수정할 것인가?' 등을 돌이켜 반성하는 과정이다. 따라서 평가는 치료단계에서 빠뜨릴 수 없는 과정이다.

③ 주요 개입기법

정신역동적 진단을 기초로 이루어지는 치료는 자유연상(自由聯想), 꿈 분석(꿈 작업), 저항 분석, 전이 분석, 해석 등의 기법을 사용하는데, 여기서는 자유연상과 꿈 분석에 대해 살펴본다.

1 자유연상

자유연상은 정신분석적 상담기법 중에서도 핵심적인 것으로, 자유연상이라는 용어에서 '자유'라는 단어는 의식적 통제를 중지시키는 것을 의미한다. 정신분석적 치료에서 환자는 머릿속에 떠오르는 모든 생각, 감정, 바람, 감각, 이미지, 기억을 아무런 유보 없이 있는 그대로 표현하도록 요구받는다. 이런 요구는 정신분석의 기본 규칙으로 불린다. 내담자는 자유연상을 하는 동안 보통 긴 안락의자에 눕고, 상담자는 그 옆이나 뒤에 앉아 내담자의 주의를 분산시켜 생각과 감정이 자유롭게 떠오르는 것을 방해하지 않도록 한다. 자유연상을 하는 과정에서 증상과 관련된 과거의 경험이나 기억들이 차츰 드러나게 되며, 상담자는 이를 통해 내담자의 증상이 무의식적으로 어떤 의미를 지니는지를 이해하게 된다.

융의 자유연상은 프로이트의 정신기제에 대한 확정적 개념에 기반을 두고 있다. 융은 피험자들에게 단어목록에 자유연상을 요구하여 환자의 정서적 문제에 대해 통찰하도록 했는데, 1,900개의 정신의학적 훈련에서 자유연상을 수행하였다. 융은 환자가 단어연상검사를 할 때 나타나는 억압에 주목함으로써 자유연상에 대해 프로이트의 억압 개념을 바탕으로 설명하였다. 자유연상의 법칙은 간단하다. 환자는 자신의 반응이 얼마나 어리석은 답인지, 혹은 얼마나 상관없는 답인지에 상관없이 자신의 머릿속에 떠오르는 첫 번째 것을 말하면 된다. 어떠한 검열도 허용되지 않으며 생각과 감정을 즉각적으로 보고한다. 무의식적 소망, 환상, 갈등을 해방시키고 탐색해 들어가는 기본적인 분석도구다.

자유연상을 통해 상담자는 내담자의 무의식에 억압되어 있는 내용을 규명해 내고, 그 자료를 해석해 줌으로써 내담자 스스로 미처 의식하지 못했던 근원적 역동을 더 잘 통찰할 수 있도록 도와준다. 즉, 자유연상에서 환자는 훈련된 선택이나 검열 없이 마음에 떠오르는 것은 무엇이든 말한다. 환자는 때때로 자유연상검사를 할 때 평소보다 더 오랫동안 멈추거나 눈을 깜빡거리거나 침을 삼키는데, 이는 환자가 자신의 반응이 마음으로 갔다는 것을 감지했다는 표시다. 예를 들어, 만약 치료자가 환자에게 '엄마' 그리고 '마녀'라고 말을 한다면, 환자는 즉각적으로 반응하지 못할 수도 있다. 전문적 훈련을 받은 치료자는 환자가 첫 연상을 잘 보고할 수 있도록 격려해 준다. 환자가 독특한 연상이나 연상에서 어려움을 겪는 경우에는 환자가 가진 심리적 문제에 대해 치료자와 이야기를 나눌 수 있는데, 후에 자극 단어에 대해 각각 걸리는 시간은 정신적 손상과 관련이 있다는 것이 밝혀졌다.

자유연상은 하나의 생각을 다른 생각으로 이끌 수 있다. 이는 꿈 작업에도 사용되며, 감정은 꿈의 특성과 직접적으로 연결되지는 않는다. 자유연상을 통해 꿈에 대해 기억하고, 가정하고, 통찰함으로써 자신이 인식하지 못했던 꿈의 메시지를 발견할 수 있다. 정신분석은 처음부터 언어, 추리, 의식과 결정을 내리는 능력 간의 밀접한 관계를 강조했다. 정신생활의 모든 것이 말로 표현될 수 있는 것은 아니지만, 자유연상은 환자로 하여금 가능한 한 많은 것을 표현할 수 있는 특별한 조건을 제공해 주고, 분석 과정의 효과에 대한 환자 자신의 경험을 통합할 수 있게 해 준다. 분석가는 언어 또는 침묵을 사용하여 개입함으로써 환자로 하여금 표현과 성찰 간의 균형을 유지할 수 있게 해 준다(김춘경 외, 2016).

2 꿈 분석

정신분석학이나 분석심리학에서 꿈속에 숨어 있는 욕망이나 불안을 자유연상에 의해 찾아내는 일을 꿈 분석 혹은 꿈 작업이라고 말한다. 이러한 꿈 분석은 수면 중에는 잠이 깨어 있을 때의 자아활동이 저하됨으로써 억압된 욕망이나 불안이 변형되어 의식에 떠오르는 것이라 상정(想定)하고 이루어지는 것이다. 프로이트가 처음으로 꿈의 상징적 내용 해석에 관한 이론을 전개하였다(김춘경 외, 2016).

프로이트는 꿈의 동기는 소망이고, 꿈의 내용은 소망충족이라고 단정적으로 말한다. 이 말이야말로 프로이트의 꿈 해석을 다른 것과 다르게 만든다. 어떻게 보면 좀 유치하고 단순해 보이는 이 주장 속에 정신분석학의 생명이 걸려 있다. 다시 질문해 보자. 왜 꿈을 꿀까? 프로이트는 잠을 계속 자고자 하는 소망 때문이라고 답한다. 엥? 오히려 꿈 없는 잠이 편안한 잠이 아닌가? 그렇지 않다. 만약 꿈이 없다면 우리는 수면 중의 외부 자극에 반응하기 위해 잠을 중단해야 한다. 꿈은 수면 중의 외부 자극에 운동신경으로 반응하지 않고, 지각 신경으로만 반응함으로써 계속 잠잘 수 있게 한다. 오줌이 마렵다는 생리적 자극에 시원하게 오줌 누는 꿈으로 응답함으로써 화장실 가려고 잠을 깨는 수고를 면해 주는 것이다(최영주 외, 2006).

이러한 꿈의 해석은 꿈의 분석 방법을 통해 꿈에서 보였거나 유발된 다양한 이미지와 감정을 개인에 맞게 탐구하는 것이 목표라는 점에서 고전적인 해몽과 다르다. 이 작업은 여러 심리적 층위나 방어기제, 아니마, 대극 등이 어떻게 꿈으로 표현되는지 분석하여, 개인의 내면심리나 무의식을 안전하게 탐구하게 한다. 이러한 작업은 심리적 성장이나 개인의 소명 발견 등으로 나아가도록 도와주기도 한다. 같은 이미지라도 개인에 따라 해석이 천차만별이기에 꿈에 대한 고정된 해석을 피한다.

꿈이 소망충족이라 하더라도 완전히 충족된 소망을 펼쳐 놓는 꿈은 거의 없다. 꿈을 꾸는 동안에도 의식의 검열은 사라지지 않기 때문이다. 꿈이 '작업'을 하는 이유도 검열 때문이다. 우리 마음속에 있는 이 검열관 때문에 리비도가 집중된 표상은 억압된다.

의식의 표면에서 사라진다는 말이다. 그렇게 억압된 표상은 무의식 상태로 잠류해 있다가 의식의 검열관이 잠자는 동안 꿈의 뒷문으로 들어오게 된다. 하지만 문명인의 자기 검열은 워낙 세기 때문에 꿈에서조차도 경계를 늦추지 않는다. 그래서 리비도는 억압된 표상에 투여된 양(강도)을 덜고 그 대신 엉뚱한 표상에 투여되기도 하고, 리비도가 방출됨으로써 느끼는 쾌감의 정서 대신 엉뚱하게 리비도를 검열하는 검열관의 정서, 즉 불쾌감을 느끼게 하는 방식으로 탈출구를 모색한다.

(3) 정신건강사회복지사와 정신역동 상담

정신건강사회복지사가 상담을 할 때 단순한 수준의 지지적 상담에서부터 정신의학에서 정신요법(精神療法, psychotherapy)[6]이라 부르는 정신역동적 심리치료까지 개인의 교육과 훈련배경에 따라 다양하게 이루어질 수 있다.

인가된 사회복지적 기능과 활동을 포함하지 않고 심리치료에 대한 치료비 혹은 상담비 명목으로 클라이언트에게 요구할 때 우리나라에서는 자칫 무면허소지자에 의한 불법치료 행위로 간주될 수도 있고, 전문직 간 경계를 침범한 행위로 간주되기도 한다. 그리하여 심하게는 이로 말미암은 법적 문제로까지 발생할 소지가 있어 매우 조심스럽다. 이 같은 문제에 대해 미국에서는 심리치료를 포함한 개별치료가 법률적으로 가능한 임상사회복지사 자격이 미국사회복지사협회 자격증(ACSW) 혹은 주 정부의 면허증(LCSW) 등으로 주어지고 있다. 이들 자격증 소유자는 주 정부의 교육과 훈련에 기반을 둔 개별치료 혹은 상담을 합법적으로 제공할 수 있으며, 일반적으로 이들의 행위를 개업 사회사업(혹은 개업실천, private practice)이라 부른다.

개업 사회사업은 위에서 언급한 대로 정신분석 수준의 치료가 이루어지는 경우가

6) 전문가가 다양한 이론체계를 기반으로 한 기법을 사용하여, 정신적 또는 정서적 문제를 갖는 사람을 대상으로, 언어적 또는 비언어적 커뮤니케이션을 이용하여 정신적 영향을 주어 대상자의 문제를 해결해 가는 방법을 말한다. 의학 영역에서 그 대상은 대개는 환자로 그 치료를 목표로 한다. 심리학 영역에서는 그 대상을 클라이언트(내담자)로 부르며 각자가 안고 있는 문제의 해결을 도모한다.

있지만, 정신분석가로서의 자격 취득은 정신의학자의 경우도 쉽지 않은 상황이기 때문에 일반적인 임상사회복지사를 위한 교육과 훈련의 수준으로 가능하지 않은 경우가 대부분이다. 그러나 심리치료는 물론 정신역동적 상담은 자격증 취득 후 다양하게 제공되고 있는 심화 수준의 훈련을 통해 흔히 이루어지고 있는 것을 볼 수 있다.

정신역동 상담이나 치료를 합법적으로 제공하는 정신과 의사, 임상심리학자 등과의 차이가 있다면 치료비 혹은 상담비의 책정이 차등적으로 이루어지고 있다는 것이다. 우리나라는 정신건강사회복지사의 정신역동 상담을 위한 개별치료에 대한 사회적 인가는 아직 공식화되지 않은 상태이다. 따라서 이에 대한 노력이 관련 학회와 협회 차원에서 이루어져야 할 것이다(권진숙 외, 2017: 185).

2) 인지행동 상담과 치료

인지행동치료는 행동치료에서 발전하여 인간의 심리적 · 정신적 문제에 왜곡된 인지적 정보처리 방법이 깊게 관여하고 있다는 인식이 대두되면서 출발하였다. 인지행동치료는 1960년대 이후에 행동치료에서 인지적 요소를 치료 요인으로 포함하기 시작하였고, 1980년대에 와서 상담 및 임상심리 영역에서 주요 심리치료이론과 기법으로 급속하게 발전하였다. 인지행동치료는 행동치료와 인지치료의 발달에서 비롯되었는데, 행동치료는 1950년대 초반 울페(J. Wolpe)와 아이젱크(H. J. Eysenck)가 시작하였다. 행동치료가 확대되면서 점차 외적 행동뿐만 아니라 불안이나 동기 등 내현적 중재변인을 인정하고, 이러한 내현적 행동도 학습의 원리로 변화시키려는 행동치료기법이 나타나기 시작하였다(김춘경 외, 2016).

인지행동치료 형태는 정신역동치료 등이 포함하고 있는 통찰적 치료모델과 대조적인 형태를 띤다. 따라서 '지금-여기'에 초점을 맞추고, 단기적으로 개입하면서 제한적이고 구체적인 목표를 정하고 치료한다. 이때 치료자는 지시적이며, 클라이언트가 제시하는 문제를 중심으로 개입한다. 이 치료가 가장 효과적이라고 알려진 대표적인 증상은 우울장애이며, 데이비드 번스(D. Burns)의 『필링 굿(Feeling Good)』(1980)이라는 책으로 일반인들에게도 널리 알려졌다. 그 외에도 알코올 및 약물 중독, 분노조절치료와 사회기술훈련 등에서도 많이 활용되고 있다(권진숙 외, 2017: 186).

(1) 인지행동치료의 특성

인지행동치료란 인간의 감정과 행동은 사고와 밀접하게 연결되고, 이러한 감정과 행동은 인간의 생각에 기반을 두고 있다는 점을 강조하는 심리치료의 한 형태이다. CBT(Cognitive & Behavioral Therapies)라고 불리는 이 모델은 분명하게 구별되는 치료 기법을 가지고 있지 않다. 그래서 합리적 정서치료, 인지치료, 합리적 행동치료 등과 많은 유사성을 지닌다. 그러나 인지행동치료 대부분은 다음과 같은 특성을 가지고 있다(권진숙 외, 2017: 186-187).

- 인간의 정서적 반응에 대해서는 인지모델에 기반을 두고 있다.
- 간결하며, 시간 제한적이다.
- 좋은 치료적 관계가 필요하지만, 그 자체가 초점은 아니다.
- 치료는 치료자와 클라이언트의 협동적 노력이다.
- 스토아학파의 철학적 기반을 갖는다.
- 소크라테스적 접근방법을 사용한다.
- 구조적이고, 지시적이다.
- 교육적 모델을 기반으로 하고 있다.
- 이론과 기법은 귀납적 방법을 신뢰한다.
- 과제는 인지행동치료의 중심내용이다.

(2) 주요 이론: ABCDE 이론

인지행동치료의 주요 목표 한 가지는 개인의 정서를 합리적인 정서로 바꾸도록 하는 것이다. 이를 위해 ABCDE 이론은 핵심이 되는 내용으로 이를 정리하면 다음과 같다(권진숙 외, 2017: 187).

- A(Activating event): 개인이 정서적 혼란을 갖게 되는 선행사건이다.
- B(Belief system): 어떤 사건이나 행위 등과 환경적 자극에 대해서 각 개인이 갖는 태도로서, 개인의 신념체계 또는 사고방식을 가리킨다. 신념체계에는 합리적 신념과 비합리적 신념이 있다. 합리적 신념은 우리가 바라는 어떤 목표를 달성하는 데 도움을 주는 사고방식이다. 비합리적 신념은 그와 반대되는 개념으로 사태나 행위를 아주 수치스럽고 끔찍스러운 현상으로 해석하여 자기를 징벌하고 자포자기(自暴自棄)[7]하거나 세상을 원망하는 사람들이 가지는 사고방식이다.
- C(Consequence): 선행사건에 접했을 때 생겨나는 비합리적인 태도 혹은 사고방식으로 그 사건을 해석함으로써 느끼게 되는 정서적 결과를 말한다.
- D(Dispute): 자신이 가지고 있는 비합리적인 신념이나 사고에 대해서 도전해 보고 과연 그것이 합리적인지를 논박하는 것이다.
- E(Emotional consequence): 비합리적인 신념을 철저하게 논박함으로써 합리적인 신념을 갖게 된 다음에 느끼게 되는 자기 수용적 태도나 긍정적인 감정의 결과나 효과이다.

7) 자포(自暴)하는 자(者)와는 더불어 말할 수 없다. 자기(自棄)하는 자(者)와는 더불어 행동(行動)할 수 없다. 예의 아닌 것을 말하는 것을 자기(自棄)라 한다. 나는 인의(仁義)의 경지에 다달아 살 수 없다고 생각하는 것을 자기(自棄)라고 이른다. 自暴者(자포자)는 不可與有言也(불가여유언야)라. 自棄者(자기자)는 不可與有爲也(불가여유위야)라. 言非禮義(언비예의)는 爲之自暴也(위지자포야)요, 吾身不能居仁由義(오신불능거인유의)는 爲之自棄也(위지자기야)라 하니라[맹자(孟子)의 이루상편(離婁上篇)].

(3) 인지행동치료의 실제

인지행동치료는 앞에서 언급했듯이 교육적 방법을 사용하면서 과제를 주고 다음 세션으로 만날 때까지 일상에서 과제를 수행한다. 그리고 그 결과를 가지고 와서 치료세션 중에 그 내용을 다루고 다음 단계를 위한 과제를 부과한다(권진숙 외, 2017: 188-190).

① 치료기간

치료기간은 일반적으로 3개월에서 6개월까지로, 정신역동적 이론과 비교할 때 단기치료모델로 볼 수 있다. 치료기간이 단기이기 때문에 발생하는 문제 중 한 가지는 그 효과도 단기적일 수밖에 없다는 점이다. 그래서 이를 보완하기 위해 필요시 인지행동치료의 전 과정 또는 부분적인 내용을 반복하여 치료하기도 한다.

② 치료단계

치료단계는 확정적이지 않으며, 치료기간에 다름과 같은 단계를 진행하고 필요시 이 단계를 반복하기도 한다.

1 치료 1단계

인지행동치료의 기본 철학 및 논리를 클라이언트가 믿도록 설명하여 설득한다.

2 치료 2단계

클라이언트의 자기보고와 상담자의 관찰을 통해 비합리적인 신념을 발견하고 규명한다.

3 치료 3단계

클라이언트의 비합리적인 신념에 대한 상담자의 직접적인 논박 및 합리적인 신념의 예를 들어 설명해 준다.

4 치료 4단계

자신이 동의한 비합리적인 신념을 합리적인 신념으로 바꾸기 위한 인지적 연습을 반복한다.

5 치료 5단계

합리적 사고와 행동 반응을 개발하고, 이를 일반화시켜 일상적으로 적용하기 위한 행동적 연습을 한다.

③ 치료기법

치료기법은 일반적으로 세 가지 유형으로 구분되는 데, 그 내용을 소개하면 다음과 같다.

1 인지적 기법

- **합리적 신념에 대한 상담자의 논박:** 클라이언트이 비합리적인 신념을 적극적으로 논박하는 기법이다.
- **인지적 과제 부과:** 클라이언트의 내면화된 '자기－언어'의 일부인 추상적인 '반드시…할 것이다.'나 '반드시…해야 한다.'를 제거하는 기법이다.
- **자신의 비합리적 신념에 대한 클라이언트의 자기 논박:** 매일 자신의 비합리적인 신념이 약화될 때까지 일정 시간 대표적인 비합리적 신념을 논박하도록 하는 기법이다.

- **새로운 진술문 사용:** 클라이언트는 절대적인 '…를 해야 한다.'를 절대적이 아닌 '…를 하면 좋겠다.'로 대치함으로써 더욱 합리적인 사고로 자신을 진술하는 법을 배울 수 있다.

2 정서적 기법

- **합리적 · 정서적 이미지:** 습관적으로 부적절한 느낌이 드는 장면을 생생하게 상상하도록 한다. 그리고 그 장면에서의 부적절한 행동을 적절한 행동으로 바꾸도록 하는 기법이다.
- **역할놀이:** 클라이언트가 문제행동과 관련된 장면에서 어떤 일이 일어나는지를 알기 위하여 그 장면에서의 행동을 시도해 보도록 하는 기법이다.
- **수치심/대면연습:** 주위 사람들이 어떻게 생각할지에 대한 두려움 때문에 못하는 것을 실제로 행동을 해 보도록 하는 훈련기법이다.
- **무조건적 수용:** 클라이언트의 어떤 말이나 행동을 무조건적으로 수용하는 기법이다.
- **시범:** 클라이언트가 겪고 있는 정서적 혼란에 대해 그것과 다르게 생각하고 행동하는 사람들의 생각이나 행동을 치료자가 연출해 보여 주는 기법이다.
- **유머:** 클라이언트에게 혼란을 일으키는 어떤 생각을 줄이기 위해 치료자가 유머를 사용하는 기법이다.

3 행동적 기법

인지행동치료에서는 행동적 상담기법(조작적 조건화, 자기관리, 체계적 둔감법, 도구적 조건화, 자기제어, 이완 등)을 많이 활용하기도 한다. 그러나 전통적 행동주의 기법과의 차이점은 행동의 변화뿐만 아니라 사고, 더 나아가 정서까지도 변화시키려고 하는 데 궁극적인 초점이 있다는 점이다.

(4) 정신건강사회복지사와 인지행동치료

정신건강 혹은 임상사회사업실천 영역에서 일하는 사회복지사들이 가장 많이 활용하는 개별치료모델이 인지행동치료라는 사실은 우리나라는 물론 미국도 그렇다(권진숙 · 정선영, 2002; 양옥경, 2000). 인지행동치료는 앞에서 언급한 우울장애치료뿐만 아니라 가족폭력과 학대, 분노, 알코올과 약물을 포함한 다양한 행동적 문제를 위한 치료적 접근법으로 폭넓게 활용되고 있다(권진숙 외, 2017: 190).

한 가지 다행스러운 것은 인지행동치료법은 정신역동적 상담이나 치료와 비교할 때 교육과 훈련도 접근성이 높은 편이어서 정신건강사회복지사 대부분이 이 모델을 전체적으로 혹은 부분적으로 적용하는 데 큰 어려움이 없다는 것이다. 그러나 유의할 점은 이 치료법의 철학적 · 사상적 기반에 대한 지식은 물론 개별치료의 기본이라 할 수 있는 정신역동치료에 대한 지속적인 교육과 훈련은 병행되어야 한다는 점이다.

지금까지 살펴보았듯이 인지행동치료는 인지적 · 행동적 이론뿐만 아니라 다양한 사상과 철학적 배경까지를 포함하고 있어서 먼저 그 내용에 대한 지식이 있어야 한다. 인간의 감정과 무의식을 주된 내용으로 접근하는 정신역동이론에 대한 기반 없이 인지행동치료를 충분히 이해하기는 힘들다(권진숙 외, 2017: 190). 인지행동치료는 노출치료(exposure therapy), 스트레스 면역(stress inoculation), 인지처리치료(cognitive processing therapy), 인지치료(cognitive therapy), 이완 훈련(relaxation training), 변증법적 행동치료(dialectical behavior therapy), 수용전념치료(acceptance and commitment therapy) 등과 같이 다양하지만, 서로 관련되어 있는 기법을 다양하게 결합하여 시행한다. 일부 관련 종사자들은 치료 과정의 일부로서 자기인식(self-awareness)에 중점을 두는 마음 챙김 인지치료(mindful cognitive therapy)를 개발하기도 했다.

2. 사례관리

전통적으로 만성 정신건강장애인을 위한 접근법은 입원 및 약물치료가 주류를 이루었다. 정신장애인은 장애의 특성상 만성화되고 사회적 기능이 상실되며, 의존의 욕구가 강하고 스트레스에 민감하여 다시 지역사회로 돌아가는 데 필요한 도움을 받지 못하고 무능력 상태로 방치되는 경우가 많다. 그러나 탈시설화 이후 지역사회에서의 대안적 서비스로서 포괄적인 보호체계를 구축하고 적절한 치료와 서비스를 보장하기 위한 방안으로 사례관리(case management)가 등장하게 되었다(Turner & Shifren, 1979, 최희철 · 천덕희, 2019: 235 재인용).

사례관리는 장애인복지, 지역사회 정신건강, 노인복지, 의료 · 보건사업, 발달장애 등과 같은 인간을 대상으로 하는 서비스에 두루 쓰이는 실천 양식으로, 지역사회 세팅 내에서 만성 장애인이나 중증 장애클라이언트에게 차츰 확대되고 지속적인 보호를 제공하는 수단으로 여겨지고 있다. 사례관리의 본질적인 목적은 문제 해결에 있다. 문제 해결이란 지속적인 서비스를 제공하고 서비스체계의 경직성, 분산된 서비스, 서비스나 시설 접근의 어려움 등을 극복함으로써 이루어지는 것을 말한다.

사례관리기법의 실용적 정의는 광범위하고 포괄적이며 유동적이라고 할 수 있다. 사례관리기법은 서비스체계 차원과 동시에 클라이언트 차원에서 생각할 수 있다. 즉, 정부나 사회복지기관과 같은 서비스체계 차원에서의 사례관리기법은 체계 내의 클라이언트에 대한 서비스를 조정하는 전략으로 이해할 수 있고, 클라이언트 차원에서의 사례관리는 클라이언트에 대한 특정한 서비스의 필요성과 그 필요한 서비스를 제공받을 수 있도록 하는 클라이언트 중심의 목적 지향적인 과정으로 정의되고 있다. 클라이언트나 클라이언트의 그룹을 위한 모든 원조 활동이 조화를 이루도록 조정하는 절차이다. 그 절차는 그 기관 또는 다른 기관 내의 많은 사회사업가들이 전문적 팀워크를 통해 그들의 서비스가 서로 조화롭게 제공되도록 하고, 그럼으로써 요구되는 서비스 폭도 넓히게 된다.

사례관리는 여러 분야의 다른 전문가, 기관, 건강 관리소 및 휴먼 서비스 프로그램의 서비스로 필요로 하는 클라이언트를 알아내는 것도 포함할 수 있다. 또 케이스 발견과 다양한 측면에서의 문제 사정과 빈번한 모든 문제 사정도 여기에 포함된다. 사례관리는 규모가 큰 기관이나 기관들 간에 서비스를 조정 · 연결하는 지역사회 프로그램에서 발생할 수 있다. 한편, 사례관리는 제공자들 간의 부적절한 것의 조정, 스텝의 교체, 스텝의 이동 및 서비스 분열로부터 발생하는 다양한 문제를 최소한 줄이도록 하는 중요한 방법으로 여겨지고 있다(이철수 외, 2008).

1) 사례관리의 개념

사례관리란 클라이언트의 다양한 욕구를 충족시키기 위하여 지역사회에 널리 퍼져 있는 서비스와 자원체계를 개발하면서, 동시에 이를 통하여 고객의 삶을 변화시키는 방법을 일컫는다. 사례관리는 크게 사례관리실천과 사례관리체계로 구분한다(O'Connor, 1988). 여기서 사례관리실천(case management practice)은 사례계획의 수행에 이바지하는 직접적인 실천 활동을 의미하며, 사례관리체계(case management system)는 실무 분야의 행정적 구조, 기관 간의 관계망, 그리고 공식적 · 비공식적 지역사회 자원을 의미한다. 오코너(O'Connor, 1988)는 사례관리를 서비스 제공이나 누락을 막고 효율적인 서비스를 제공하기 위해 서비스 제공자들 간의 협력과 행정적 측면을 강조하는 간접적 개입의 특성과, 클라이언트와의 전문적인 관계 속에서 지속적인 보호와 직접적인 상담 및 치료를 제공하는 임상적인 측면을 강조하는 직접적 개입의 특성을 모두 포함하는 것이 바람직함을 제안하고 있다(이준우 · 최희철, 2014 재인용).

사례관리를 일관되게 정의하기란 쉽지 않으나, 공통적으로 사례관리는, 첫째는 장애나 만성적이고 심하게 손상되어 사회적 기능상의 문제를 가짐으로써 복합적이고 다양한 욕구를 가진 지역사회 내 클라이언트를 대상으로 하며, 둘째는 이들의 공식적 · 비공식적 자원 및 서비스체계의 상호작용체계를 구축하고, 셋째는 이들의 자원 활용 능력의 강화와 서비스망과의 상호작용 증진을 통해 사회적 기능 향상과 욕구를 최대한 충족시키며, 넷째는 서비스 전달과정, 결과에 대한 점검과 클라이언트의 욕구 변화에 대한 재사정과 지속적인 자원망 개발, 그리고 자원망 간의 상호작용체계를 변화시킴으로써, 궁극적으로는 클라이언트의 지역사회 내에서의 독립적인 생활을 강화시켜 가는 서비스 실천방법이다.

지금까지 내용을 정리하면, 사례관리란 다양하고 복합적인 욕구를 가진 클라이언트에게 사회복지실천기술을 활용하여 그들이 원하는 서비스를 통합적이며 효과적 · 효율적으로 제공받을 수 있도록 보장하는 서비스의 실천과정이자 방법임과 동시에 서비스 조정활동이라 할 수 있다. 다시 말해, 사례관리는 클라이언트의 욕구를 일시적 혹은 단편적으로 충족시켜 왔던 전통적인 사회복지실천의 한계를 벗어나, 사례관리자가 클라이언트와 파트너십을 형성하고 이들의 참여를 독려함으로써, 모든 실천과정에서 클라이언트의 잠재력과 자율성이 충분히 기능하도록 돕는 조정활동이다(최희철 · 천덕희, 2019: 238-239).

2) 사례관리의 특성과 필요성

(1) 사례관리의 특성

사례관리는 한때 학부 졸업 수준의 직원이 행하는 단순하고 지위가 낮으며, 비상근 행정직의 전문성이 낮은 업무로 인식되었다. 그래서 1990년대 중반까지만 해도 사회복지 분야에서 사례관리의 접근은 전문직의 주요 역할로 인정받지 못했다. 그러나 최근에는 경험이 많고 지식수준이 높은 사회복지사들이 수행하는 복잡하고 다양한 능력이 요구되는 전문화된 기술로 발전하고 있어서 높은 수준의 전문성을 강조한다(Woodside & McClam, 2006, 이채식 외, 2020: 28 재인용). 사회복지실천의 전통적인 접근이 시간 소모적이고 비효율적이라고 비판을 받으면서 이의 대안으로 부각된 사례관리는 사회복지실천과 비슷한 점이 많은 실천방법이다. 그러나 사회복지실천과 비교할 때 상대적으로 강조되는 사례관리의 특성은 다음과 같다(Gursansky et al., 2003, 이채식 외, 2020: 28 재인용).

- 한 번에 여러 원조자(원조체계)로부터 다양한 원조와 장기간의 서비스 제공이 요망되는 클라이언트의 복합적인 욕구가 그 대상이 된다.
- 체계적인 사정과 개입 계획이 수립된 이후에 개입이 이루어지기 때문에 위기개입의 대상은 원칙적으로 대상에서 배제된다.
- 통합적 서비스를 제공하기 위해 서비스와 자원 간의 네트워크가 강조된다.
- 서비스의 연결 · 조정과 함께 주기적인 점검과 평가가 강조된다.
- 사례관리팀과 통합 사례관리운영팀 등과 같은 사례관리의 운영체계가 강조된다.

(2) 사례관리의 필요성

정신장애인은 신체 및 정신건강을 유지하고자 하는 건강의 욕구, 일상생활을 유지하거나 여가생활을 활용하고자 하는 생활능력의 욕구, 교육 및 직업의 욕구, 주거의 욕구, 사회적 파별이나 불이익에 대한 법적 옹호의 욕구 등 다양한 삶의 영역에서 도움과 지지가 필요하다. 특히 지역사회로 복귀하는 정신장애인의 특성은 만성화된 질환을 가지고 있고, 오랫동안 사회적인 관계에서 부적응을 경험한 경우가 많아 각종 교육과 사회 적응 훈련이 필요하다.

이러한 광범위한 욕구를 충족시키기 위해서는 다차원적이고, 포괄적이며, 통합적인 개입을 하여야 한다. 그러나 다음과 같은 사유로 이러한 개입은 실패할 가능성이 높다(이기연, 2012). 첫째는 서비스 제공 기관들이 서로 다른 서비스 제공 원칙과 적용 방식의 차이로 말미암아 정신장애인의 개별화된 욕구를 충족시키기 어렵다. 둘째는 특정 지역사회가 정신장애인을 위한 서비스나 자원이 지속적으로 결핍되어 있거나 비효율적인 방식으로 제공하면, 정신장애인에게 미충족 욕구가 발생하게 된다. 셋째는 정신장애인은 다양한 서비스 영역에서 자신들에게 필요한 서비스를 찾고, 접근하기 위한 기술이 부족하거나 접근에 필요한 자원이 없는 경우가 많다.

따라서 다양하고 충분한 지역사회 자원이 제공된다고 하더라도 정신장애인들은 필요한 서비스를 받지 못할 가능성이 높다. 이러한 문제를 해결하기 위해서 지역사회 정신건강 정책에서 정신장애인의 삶의 질 향상, 사회통합 등이 주요한 정책목표가 되고 있으며, 이를 달성할 수 있는 수단이자 서비스 제공 방식으로서 사례관리가 강조되고 있다(최희철 · 천덕희, 2019: 237-238).

3) 사례관리의 목적과 원칙

(1) 사례관리의 목적과 목표

① 사례관리의 목적

사례관리는 클라이언트의 특성과 지역사회의 자원 수준에 따라 사회복지의 실천 요소인 지식과 기술, 가치를 실현하는 통합적인 실천방법이다. 따라서 사례관리는 단순히 서비스를 연결하고 조정하는 기술적 접근 이상의 의미를 갖는 것으로 사회복지실천의 다양한 형태, 즉 상담, 사정, 개입, 평가 등을 포괄하는 모델이라 할 수 있다.

이러한 통합적인 실천이 클라이언트에게 실질적이고 효과적으로 전달되기 위해서는 사례관리 모델이 갖는 주요한 목적을 이해하는 것이 도움이 된다. 사례관리의 궁극적인 목적은 클라이언트와 클라이언트 환경체계의 역량 강화, 그리고 서비스의 효율성과 효과성 증진이다. 이러한 목적을 좀 더 구체적으로 살펴보면 다음과 같다(권진숙 · 박지영, 2015: 17-19).

- **클라이언트의 생활기술 및 문제 해결 능력 향상:** 클라이언트가 서비스와 자원을 이용하고 접근하는 데 필요한 생활기술을 향상시킴으로써 문제 해결 능력을 증진시키도록 한다.
- **클라이언트 환경체계로서의 공식 · 비공식 자원의 역량 강화:** 클라이언트의 기능 향상과 복지를 증진시키기 위해 사회적 망과 관련된 공식적 · 비공식적 지원체계의 능력을 발전시키도록 한다.
- **서비스의 효율성 및 효과성 증진:** 클라이언트에게 제공되는 서비스 및 지원을 가장 효율적인 방법으로 전달시키는 동시에 서비스 효과성이 증진되도록 한다.

② 사례관리의 목표

사례관리의 목적이 사례관리자가 궁극적으로 도달해야 할 종착지라면, 목표는 그 종착지에 다다르기 위해 반드시 거쳐야 하는 중간 지점이라고 볼 수 있다. 따라서 사례관리에서의 목표는 일반 사회복지실천에서의 목표와 마찬가지로 단기간에 실현 가능하고 명확한 실천 지표가 된다. 사례관리의 일반적인 목표는 다음과 같다(권진숙 · 박지영, 2015: 19-21).

- 클라이언트가 환경적인 문제에 스스로 직면하고 도전할 수 있도록 개개인의 잠재력을 계발하는 것이다.
- 가족 및 일차집단이 클라이언트를 보호하는 능력을 극대화하는 것이다.
- 공식적 보호체계와 일차적 보호체계를 통합하는 것이다.
- 개인 및 일차집단의 욕구를 충족시키기 위해 공식적 보호체계 내의 능력을 극대화하는 것이다.

(2) 사례관리의 개입원칙

앞에서 제시한 사례관리의 목적과 목표를 달성하려면 어떻게 해야 할까? 이를 위한 사례관리의 개입원칙은 다음과 같다(이준우 · 최희철, 2014: 40-42; 최희철 · 천덕희, 2019: 240-241).

- 서비스의 개별화: 클라이언트마다 독특한 신체적 · 정신적 · 사회적 환경에 따라 서비스는 특별히 각 클라이언트의 욕구를 충족시키기 위해 개발 또는 고안되는 것을 말한다. 즉, 원조계획은 클라이언트 한 사람 한 사람마다 주의 깊게 수립되어야 하며, 변화하는 클라이언트의 상황에 따라 수정되어야 한다.
- 서비스 제공의 포괄성: 특정 시점에서 클라이언트의 다양한 욕구를 충족시키기 위해 지역사회에서 기능하는 데 필요한 광범위한 서비스를 연결하고 조정 · 점검하는 것이다. 이때의 서비스는 클라이언트의 삶의 모든 영역(안전, 건강, 일상생활 유지, 가족관계, 사회적 관계, 경제, 교육, 직업, 주거 등)을 포괄적으로 다룬다.
- 클라이언트의 자율성 보장: 클라이언트의 선택 자유를 최대한 존중하는 측면에서 서비스가 결정되고 제공되도록 돕는 것이다. 클라이언트가 자신의 보호에 관한 의사결정에 가능한 한 많이 참여하도록 하며, 자율적으로 사회적 기능을

수행할 수 있는 권리가 주어져 있는 자기결정의 극대화를 말한다.

- **서비스의 지속성**: 서비스 이용자에게 서비스를 필요로 하는 한 계속 접촉해서 서비스를 장기적 또는 지속적으로 제공하는 것이다. 즉, 1회의 단편적인 서비스 제공이 아니라 클라이언트가 자신의 생활환경에서 잘 적응하도록 지속적으로 원조해야 한다.
- **서비스의 연계성**: 복잡하고 분리되어 있는 서비스 전달체계를 연결하는 것을 말한다. 즉, 클라이언트에게 필요한 서비스가 여러 기관에 분산되어 있을 때 적절한 서비스를 받을 수 있도록 다른 기관에 클라이언트를 의뢰한다.

4) 정신건강 영역의 사례관리모델

뮤서 등(Mueser et al., 1998)은 정신건강 영역에서 대표적인 사례관리 모델을 6가지, 즉 중개자모델(Broker Model), 임상사례관리모델(Clinical Case Management Model), 강점모델(Strengths Model), 재활모델(Rehabilitation Model), 적극적 지역사회치료모델(ACT 모델: Assertive Community Treatment Model), 집중사례관리모델(ICM 모델: Intensive Case Management Model)로 구분하였다(최희철 · 천덕희, 2019: 241-242; 홍선미 · 하경희, 2009: 29).

- **중개자모델**: 만성 정신장애인이 지역사회에서 생존하는 데 필요한 다양한 자원의 연결 및 조정에 초점을 둔다. 사례관리 대상자보다 사례관리자가 매우 부족한 기관에서 채택하게 되나, 많은 사례 수로 말미암아 위기개입 또는 서비스 연계 이상의 개별적인 욕구 충족 활동은 불가능하다.
- **임상사례관리모델**: 만성 정신장애인에게 필요한 심리교육과 치료를 포함한 임

상치료적 서비스와 자원 연계를 함께 제공한다. 사례관리자의 임상적 기술, 대안적인 치료기법을 보유하도록 요구한다.

- **강점모델**: 정신장애인의 강점과 잠재력에 초점을 두고 자원 활용 능력 강화에 더욱 주목하였다.
- **재활모델**: 만성 정신장애인의 지역사회 생활 유지와 개인적 치료, 재활에 초점을 두고 사회기술훈련에 집중한다.
- **적극적 지역사회치료모델(ACT 모델)**: 1970년대 중개자모델과 임상사례관리모델의 한계점을 극복하고자 만성 정신장애인을 대상으로 낮은 사례량, 다학제적 팀 접근과 아웃리치 중심의 지역사회 현장 중심 활동이 특징이다. 서비스 비용이 많이 들지만, 재발방지와 입원기간 감소 등 재활에 효과적인 모형으로 인정받고 있다.
- **집중사례관리모델(ICM 모델)**: ACT 모델과 비슷하나 전문가로 구성된 팀 접근을 하지 않는 등 비용절감을 시도하며, 집중적인 서비스 모델을 보급하고자 개발되었다.

〈표 6-1〉 정신건강 영역의 사례관리 모델 특성

구분	중개자 모델	임상사례 관리모델	강점모델	재활모델	ACT 모델	ICM 모델
사례관리자/클라이언트 비율	1:50	1:30	1:20~30	1:20~30	1:10	1:10
아웃리치 정도	낮음	낮음	중간	중간	높음	높음
팀 활동	없음	없음	없음	없음	팀 활동	없음
24시간 사례관리자의 접근성	없음	없음	없음	없음	있음	있음
클라이언트의 참여 정도	없음	낮음	높음	높음	낮음	낮음
기술훈련 강조	없음	낮음	중간	높음	중간	중간
접촉 빈도	낮음	중간	중간	높음	높음	높음

구분	중개자 모델	임상사례 관리모델	강점모델	재활모델	ACT 모델	ICM 모델
접촉 장소	사무실	사무실	지역사회	사무실 지역사회	지역사회	지역사회
치료의 통합	낮음	중간	낮음	낮음	높음	높음
직접 서비스 정도	낮음	중간	중간	중간	높음	높음
표적 대상	만성 정신장애	만성 정신장애	만성 정신장애	만성 정신장애	정신장애 잦은 입원치료	정신장애 잦은 입원치료

출처: Mueser et al.(1998), 홍선미 · 하경희(2009: 29 재인용).

앞에서 말한 6가지 모델의 특성은 〈표 6-1〉에서 보는 바와 같으며, 여기서는 사례관리자를 위한 실천적 지침으로 빈번하게 인용되는 강점모델을 소개한다(최희철 · 천덕희, 2019: 243-244). 강점모델은 정신장애인의 지역사회 회복을 목적으로 개발되었으며, 다음과 같은 특징을 포함하고 있고(Rapp & Goscha, 2004, 박정임, 2002 재인용), 실천과정과 주요 과업은 〈표 6-2〉와 같다(Rapp, 1998, 박정임, 2002 재인용).

〈표 6-2〉 강점모델의 실천과정과 주요 과업

실천과정	주요 과업
초기 관계 형성 및 관여	• 가벼운 대화나 여가활동을 함께 하기 • 사례관리 활동의 목적과 과정을 소개하고 논의하기 • 소비자에게 진행자로서의 역할을 부여하기 • 사례관리 활동 시간, 장소, 기록 책임자 선정하기 • 사례관리자의 역할 설명하기 • 앞으로의 기대 논의하기 • 긍정적인 강화 코멘트를 활용하여 강점 인식의 기회 갖기
강점 사정	• 일상생활 영역(주거, 재정, 직업 및 교육, 사회적 · 영적 지지, 건강, 여가)에서 현재의 상태, 바람과 열망, 역사를 탐색하기 • 현재와 과거에 노력해 온 경험을 끌어내기 • 우선 순위화한 열망을 나누고 기록하기

실천과정	주요 과업
장 · 단기 목표 설정	• 우선 순위화한 열망을 장기 목적으로 선정하기 • 장기 목적을 달성하기 위해 필요한 단기 목표를 논의하기 • 단기 목표도 우선 순위화하기
단기목표 달성을 위한 최대한의 선택 대안 확보	• 사례관리자는 소비자가 단기 목표를 최대한으로 달성하도록 하기 위하여 강점 사정을 바탕으로 선택 대안을 마련하기 • 선택 대안의 확보를 위한 인적 · 물적 자원의 획득 전략을 마련하기
구체적인 계획	• 선택 대안을 논의하기 • 선택 대안 중 가장 선호하는 대안을 선정하기 • 선택 대안을 중심으로 구체화하기(시간, 장소, 책임 할당하기) • 구체화된 계획 내용을 기록하고 확인하기
계획 실행/옹호	• 구체화된 계획에 따라 실행하기 • 사례관리자는 옹호가 필요한 경우 적극적으로 옹호하기
모니터링 및 재사정	• 계획대로 실행되었는지 함께 모니터링하기 • 단기 목표가 계획대로 실행되었다면 재사정 후 다음 단기 목표와 계획을 수립하기 • 단기 목표가 잘 실행되지 않았다면 재점검 후 재조정하고 다음 단기 목표와 계획을 수립하기 • 사례관리자는 긍정적인 강화 코멘트를 제공하기
재실행	• 구체화된 계획에 따라 재실행하기, 다시 과정을 반복하기
평가	• 지금까지 수행한 사례관리 활동을 평가하기
종결	• 성공적인 독립생활을 영위할 수 있도록 사례관리 활동을 종결하기

출처: Rapp(1998), 박정임(2002: 25 재인용).

5) 사례관리의 실천과정

사례관리의 실천과정은, ① 접수, ② 사정 과정, ③ 개입 계획, ④ 조정과 점검, 그리고 ⑤ 평가와 종결의 5단계로 이루어지며, 이에 대해 간략히 살펴보면 다음과 같다(권진숙 · 박지영, 2015: 107-196; 권진숙 외, 2012: 97-121; 박미은, 2015: 123-197; 이채식 외, 2020: 108-207; 최희철 · 천덕희, 2019: 244-265).

(1) 접수

사례관리의 첫 단계인 접수는 사례관리를 필요로 하는 잠재적 클라이언트를 발견하고, 그들의 욕구를 개략적으로 파악하여 적격성 심사(screening)를 거쳐 대상자 여부를 확인한 후 서비스 이용자를 확정하는 과정이다. 다시 말해, 접수에서 이루어지는 주요 과업은 일반적으로 문제를 정의하고, 그 문제를 해결하기 위해 필요한 자원을 파악하는 것이다. 이 단계는 사례 발견(case finding), 적격성 심사, 초기면접(intake)을 모두 포함하는 포괄적인 과정으로, 접수의 목적은 서비스 이용자를 확인하고 등록하는 것이다. 이때 문제 해결에 있어 클라이언트의 강점을 염두에 둔 사례관리자라면 클라이언트의 참여를 독려하고, 스스로 문제를 해결할 수 있도록 하는 데 역점을 두면서 인터뷰를 이끌어 나갈 것이다.

(2) 사정 과정

사례관리의 핵심 개념이자 주요 과정인 사정은 개입방법을 선택하기 위하여 클라이언트의 문제와 상황을 검토하는 과정이다. 사정 과정에서는 욕구 사정과 자원 사정을 두 단계로 명시하면서, 전통적인 사정 과정에서 간과하기 쉬운 자원 사정이 반드시 이루어질 수 있도록 하여야 한다. 사정 과정을 통하여 서비스 수준과 성격에 관한 결정이 내려지고, 서비스 전달의 양과 질에 대한 청사진이 마련된다. 이 단계에서는 클라이언트와 그 가족에 의해 제시된 문제 외에도 신체적 · 인지적 · 사회적 · 정서적 욕구는 물론 경제적 · 환경적 욕구도 파악하여야 한다. 이처럼 사정은 클라이언트의 욕구와 자원을 다차원적으로 파악할 뿐만 아니라, 앞으로 진행될 개입의 효과성을 결정하는 중요한 역할을 담당한다. 사정을 위한 도구로 가계도(genogram), 생태도(eco-map source), 사회적 지지망 그리드(social support network grid source) 등을 활용한다.

(3) 개입 계획

개입 계획은 사례관리의 중추적 기능으로, 사례관리자는 클라이언트가 자신의 문제를 직면하고 해결하기 위해 적극적으로 참여하도록 독려해야 한다. 이 단계에서는 사정 과정에서 얻어진 정보, 문제 상황, 욕구, 자원, 지지망, 장애물 등을 활용하여 서비스 이용자의 욕구나 문제를 해결하고, 이용자가 원하는 방향으로 변화하기 위한 실천방법을 체계화 · 구체화하는 과정이다. 이 과정에서 서비스 이용자에 대한 장 · 단기 목표를 구분하고, 우선순위를 설정하며, 목표 달성을 위한 가장 적절한 해결방안을 모색하기 위해 서비스 이용자에 대한 개별 서비스 계획을 구체화한다.

(4) 조정과 점검

사례관리에서 조정(coordinating)은 일종의 오케스트라를 지휘하는 것과 같다. 즉, 오케스트라에서는 개개인의 연주자가 자신의 악기를 어떻게 다루어야 하는가를 알고 연주할 수 있는 수준에 이르렀을 때, 각각의 연주자가 하나의 음악을 완성할 수 있도록 서로 연계하고 협조하도록 한다. 이처럼 한 명의 클라이언트를 위해 다양한 자원을 연계하고 제공하는 과정에서 클라이언트의 상태와 문제 해결 수준에 따라 여러 자원을 적절한 수준으로 조정하는 것, 이것이 바로 사례관리 조정이다(권진숙 · 박지영, 2015: 177-178).

조정과 함께 이 단계에서 중요한 역할을 수행하는 과정으로 점검을 들 수 있다. 점검이란 서비스 이용자의 실행 계획에 정해진 서비스와 자원의 전달이 잘 이루어지고 있는지를 추적하기 위해 행해지는 활동 과정이다. 사례관리에서 대부분의 실질적인 도움은 자원 제공자들로부터 나온다. 따라서 사례관리자는 그 사실을 먼저 알고 있어야 한다. 점검을 위한 준거틀은 계획이고, 점검 내용은 서비스 동의서나 계약서가 될 것이다. 클라이언트를 위한 점검 및 지지 방법은 개별적 지지(정서적 지지), 해석(원조적 지지: 예를 들어, 관료주의 환경에서의 자신의 경험을 들려주는 것 등), 직접 행동 등을 통해 이루어지며, 지지적이어야 하지만 구조적일 필요는 없다.

(5) 평가와 종결

사례관리 실천과정에서 평가는 사례관리자가 클라이언트의 욕구와 문제 해결을 위해 욕구 우선순위와 목표를 수립하고 개입과 점검을 통해 목표가 어느 정도 달성했는지를 확인함으로써 종결 여부를 결정짓는 과정이다. 다른 한편으로는 사례관리자와 클라이언트가 좀 더 발전된 다음 단계로 진입하기 위한 점검의 의미를 갖기도 한다. 따라서 평가는 사례관리의 질을 강화하는 과정이라고 할 수 있다. 평가는 반드시 클라이언트와 함께 수행함으로써 사례관리자와 클라이언트의 과업 달성뿐 아니라 내적 성장을 함께 도모해야 한다.

평가를 거친 후에 이루어지는 종결은 사례관리의 활동을 마무리하는 과정이다. 즉, 사례관리를 통해 형성된 전문적 관계의 기능이 종료되는 시점이 바로 종결 시점이다. 그러나 모든 사례관리에서 목표를 달성하고, 클라이언트에게 더는 사례관리자의 도움이 필요하지 않은 시점에 종결하는 것은 아니다. 종결은 다양한 사유에서 발생할 수 있으며, 사례관리자는 이러한 종결 상황에 대해 예측함으로써 종결을 준비해야 한다. 때때로 예측하지 못한 상황에서의 종결에 대해서는 적절한 종료 조치를 취하도록 해야 한다.

3. 위기개입

사회복지사는 다양한 실천현장에서 위기 상황에 직면하게 되며 정신건강 영역 또한 마찬가지로 위기개입을 요하는 상황이 빈번하게 발생한다. 보호 및 관리를 중요시하는 입원 세팅에서뿐만 아니라 지역사회 내에서도 위기 상황에 대처해야 하는 상황이 많이 발생한다. 정신건강 영역에서의 위기 상황은 환자 자신은 물론 다른 사람의 생명과 안전에 연결되는 경우가 있을 수 있기 때문에 정신건강사회복지사를 포함한 정신건강 전문가들은 위기개입과 관련된 교육과 훈련이 필수적이다(유수현 외, 2018: 163).

1) 위기 및 위기개입의 기초적 이해

(1) 위기의 개념

위기(危機, Crisis)란 '분리하다.'를 뜻하는 그리스어의 'Krinein'에서 유래되었으며, 회복과 죽음의 분기점이 되는 갑작스럽고 결정적인 병세의 변화를 가리킨다. 제임스와 길리랜드(James & Gilliland)는 개인이 현재 지닌 대처기제와 자원으로 해결하거나 감당하기 어려운 사건 또는 상황을 지각하거나 경험하는 것을 위기로 정의하였다. 브램머(Brammer)는 기대하지 않은 상황에서 갑작스럽게 충격적인 단일 사건이 발생하거나 반복적으로 사건을 경험하면서 정서적 충격을 받아 개인이 적절하게 대처할 수 없거나 대처방식이 붕괴되는 것이라고 위기를 정의하였다(김춘경 외, 2016).

인간은 살아가는 동안 쉽게 해결할 수 있는 일부터 해결하기 어려운 일 또는 갑작스럽거나 미리 예견된 일 등을 겪는다. 예견하지 못한 상황에서 갑작스럽게 사건이 발생하여 빠른 시간 내에 해결해야 하는 일을 응급 상황이라고 한다. 이에 반해 위기란 응급 상황처럼 빠른 시일 내에 해결해야 하는 일이 아니라 시간적으로 24시간 이상 기다려도 되는 상황이다. 응급 상황이 긴급하게 해결되지 않고 24시간 이상 지연된다면 위기 상황이 된다.

위기는 일시적인 불균형 상태를 동반하지만 성장의 잠재력도 가지고 있다. 개인의 위기는 긍정적으로 해결하면 자아를 강화하고 대처능력을 향상하여 새로운 삶의 방식을 형성하기도 한다. 그러나 반대로 자기 패배적이거나 역기능적인 행동과 증상으로 고통을 받거나 부정적 행동 패턴을 유지하는 원인이 되기도 한다. 따라서 위기는 그 자체가 일종의 병이 아니고, 안정상태의 혼란 혹은 생의 전환점인 체계의 불균형 상태를 의미한다(김기태, 2006).

정신장애인과 그들의 가족은 정신장애의 발병으로 말미암아 급성 및 만성 위기 상황을 경험하게 된다. 정신장애인뿐만 아니라 그들의 가족도 이러한 문제로 말미암아 심각한 정서적 · 인지적 · 행동적 역기능이 초래된다. 정신건강 영역의 사회복지사는 위기적 사건으로 말미암은 정신건강 문제, 예컨대 외상 후 스트레스 장애와 같은 경우뿐만 아니라 심각한 정신질환의 발병으로 개인적 · 사회적 혼란을 경험하는 정신장애인과 그 가족의 위기 상황도 이해하고 개입해야 한다.

위기는 비슷한 상황에서 발생하더라도 개인에 따라 그 반응 형태는 다양하다. 위기는 개인의 습관적인 문제 해결의 방법으로는 해결할 수 없는 특수한 상황으로 다음과 같은 특성을 가지고 있다(Slaikeu, 1990: 15-17, 엄태완, 2018: 242 재인용).

- 위기는 일시적인 특성을 가지고 있다. 대부분의 개인에게 위기는 즉각적이며 순간적이고 일시적이다. 그러나 다른 사람에게 위기는 수년간 혼란을 일으켜서 장기적이고 만성화되거나 하나의 생활양식이 될 수도 있고, 심지어 외상 후 스트레스 장애가 지속될 수 있다.

- 위기는 개인적 혼란(upset)을 동반한다. 혼란은 위기에 대한 가장 공통적인 반응인 불안과 우울을 포함하는 광범위한 개념이다. 가장 심각한 반응은 해리나 정신병적 현상으로 나타난다. 해리는 인지적 · 행동적 · 정서적으로 나타난다.
- 위기의 결과는 부정과 긍정을 모두 포함한다. 예를 들면, 건강, 재산 혹은 사랑하는 사람의 상실이나 죽음은 상당히 긍정적이거나 부정적 결과를 가져올 수 있는 사건이다.

(2) 위기개입의 이해

앞에서도 언급하였지만, 위기는 곤경에 처한 사람이 성장할 수도, 또는 더욱 악화될 가능성을 지닌 변환의 시기이기도 하다. 즉, 위기란 위험하지만 동시에 기회의 전환점이라는 뜻을 내포하고 있기에, 우리는 "위기는 곧 기회"라는 말을 자주 듣는다. 따라서 지지적 사회복지사의 즉각적이고도 집중적이며 잦은 접촉은 위기를 기회로 전환시킬 수 있다.

정신장애인이 겪는 위기에 대한 일반 대중의 반응(전통적 치료)은 사회통제를 유지시키려는 목적이 강하다. 하지만 정신적 위기 속에 있는 사람을 이해하고 다루는 데 있어 근본적인 변화가 있어야 한다. 신뢰와 공감을 바탕으로 한 관계 형성과 위기 속에서 사람이 경험하는 주관적 세계를 탐색하는 것이 중요하다(이윤로 외, 2008). 이를 통해 위기는 새로운 의미를 창출하는 기회가 될 수 있다.

사회복지실천에서 위기개입 모델은 위기 상황에 보통 24시간 이내에 개입하기 시작하여 4~6주 이내에 종료하는, 단기 집중 전문 원조를 제공하기 위한 모델을 말한다. 즉, 위기개입이란 위기로 말미암은 불균형 상태를 회복하기 위하여 일정한 원조 수단을 개인, 가족, 집단, 그리고 지역사회 등에 적용하는 과정을 말한다(김기태, 2006). 정신건강 영역에서의 위기는 즉각적인 정신건강서비스 혹은 개입을 필요로 하는데, 무엇보다도 중요한 것은 위기 상황에서는 집중적인 도움을 즉각적으로 줄 수 있어야 한다는 것이다. 그러기 위해서는 클라이언트와 보호자에게 도움을 청해야 하는 시기와 방법에 대해 알려 주고, 즉각적이고 자주 활용할 수 있는 지지체계(예컨대, 자원봉사자, 전화상담서비스 등)를 만들어 주는 것이다(유수현 외, 2018: 165-166).

2) 정신과적 위기개입서비스

오랜 기간 정신과적인 문제를 가진 사람들은 스트레스에 취약할 뿐만 아니라 대처능력도 한정되어 있는 경우가 많다. 따라서 이들은 발달적 · 상황적 위기뿐만 아니라 정신장애라는 질병의 특성으로 말미암은 정신과적 응급 상황에 처할 수 있다. 정신과적 응급이란 난폭 행동이나 자살 시도를 포함한 응급처치를 하지 않으면 심각한 해를 일으킬 수 있는 정도의 사고나 감정, 그리고 행동의 장애를 말한다. 정신장애인을 위한 위기개입서비스는 제2차 세계대전 이후 지역사회정신건강의 발달과 정신병원 입원 금지, 자살예방 강조, 위기개입이론의 발달에 힘입어 발전하게 되었다(유수현 외, 2018: 168).

(1) 실천현장의 위기개입 요소

정신건강 영역의 사회복지사는 정신의료기관에서 위기개입을 실천할 수도 있지만, 지역사회 내에서 더욱 자주 활용할 수 있다. 지역사회 내의 위기개입서비스가 원활하게 작동하기 위해서는 다음과 같은 필수적인 요소가 포함되어야 한다(이구상, 2010, 2012).

- 응급관리체계: 위기는 예측할 수 없기 때문에 위기 상황에 대처할 수 있는 체계가 필요하다. 지역사회의 모든 구성원이 24시간 내내 언제든지 활용할 수 있는

시스템을 구축해야 한다. 현재 이러한 역할을 위해서 광역정신건강복지센터와 자살예방센터가 있다.

- **사례관리팀:** 이는 지역사회에서 사례로 관리하는 정신장애인들에 대한 정보와 책임을 공유하기 위해 필요하다. 실제로 정신건강복지센터에서 관리 중인 정신장애인의 경우에 사례관리팀의 전문가 간 정보와 책임을 공유함으로써 담당 사례관리자의 부재 시에도 신속하게 위기개입이 가능하다.
- **신속한 슈퍼비전:** 위기개입은 충격적이고 돌발적인 상황이 자주 반복되어 나타날 수 있다. 그러므로 전문가의 슈퍼비전을 즉각적으로 받을 수 있는 체계를 구축해야 한다. 즉, 신속한 슈퍼비전을 받을 수 있도록 비상연락망을 통한 유기적인 체계가 마련되어야 한다.
- **자원 및 의뢰 체계망:** 위기는 다양한 상황에서 발생할 수 있으며, 이에 즉각 대처해야 한다. 따라서 언제 어디서나 활용 가능한 자원망을 구축하고, 상황에 따른 적절한 서비스로 의뢰할 수 있는 체계를 구축해야 한다. 예를 들면, 위기개입과 관련 있는 지역사회 내의 응급실, 경찰, 119 구급대, 관공서 등의 기관과 신속한 협력이 이루어질 수 있도록 네트워크가 구축되어야 한다.

(2) 위기개입과 사회복지사

위기개입에서 전문가들이 스스로 반성적 고찰을 지속해야 할 사항은, ① 경험의 유용한 활용, ② 전문적 기술의 습득과 활용, ③ 균형 감각의 유지, ④ 창조성과 융통성의 활용, ⑤ 에너지의 활용, 그리고 ⑥ 위기에 대한 신속한 반응이다(James, 2008: 17-18, 엄태완, 2018: 253-255 재인용). 이를 고려하면서 위기개입서비스를 제공하는 정신건강사회복지사는 끊임없이 심리적 지지, 인지적 회복, 행동주의적 접근, 환경 수정 등의 개입 기술을 학습하고 수행해야 한다. 정신건강사회복지사는 위기개입서비스를 하는 과정에서 다음과 같은 반성적 성찰과 기술의 습득 및 반응을 해야 한다.

① 경험의 유용한 활용

정신건강사회복지사의 경험은 위기개입에서 유용할 수 있지만, 그렇지 않은 경우도 많다. 예컨대, 외상적 경험이 있거나 알코올 중독 가족 경험을 가진 사회복지사는 상황에 따라 이러한 경험이 도움이 되기도 하지만, 클라이언트와 자신 모두에게 해로움으로 작용할 수도 있다. 따라서 정신건강사회복지사는 자신의 삶 속에서 배우고 새로운 지식을 습득하면서 성장해야 한다. 정신건강사회복지사는 자신의 일상적 생활과 치료 활동을 지속적으로 통합시키려는 노력을 해야 한다.

② 전문적 기술의 습득과 활용

정신건강사회복지사는 위기개입에서 경청, 환기법, 재보증, 명료화, 보편화, 직면, 설득, 암시, 충고 등의 다양한 기법을 활용할 수 있어야 한다. 또한, 클라이언트의 불안을 억제하는 빠른 전략을 가지고 있어야 하며, 부적응적 행동을 적응적으로 변화시키는 방안도 수립할 수 있어야 한다. 그리고 클라이언트를 위한 간접 개입인 환경 조정에 대한 방법도 숙지해야 한다.

③ 균형 감각의 유지

정신건강사회복지사는 대부분 통제력을 잃은 클라이언트와 가족에게 위협적이고 충격적인 사실을 듣게 된다. 이때 정신건강사회복지사는 침착함과 균형을 유지하여 클라이언트의 통제력을 회복하도록 지지하여야 한다.

④ 창조성과 융통성의 활용

정신건강사회복지사는 대부분 해결할 수 없을 것 같은 클라이언트와 가족의 문제를 경청한다. 이러한 불가능해 보이는 상황이나 사건에 대한 정신건강사회복지사의 창조성과 융통성은 문제 해결에서 중요한 역할을 한다.

⑤ 에너지의 활용

끊임없는 위기 상황에 대한 직면으로 정신건강사회복지사는 소진(burnout)[8]될 수 있다. 따라서 정신건강사회복지사는 일상적으로 자신의 신체적 · 심리적 욕구를 잘 파악하여 에너지를 높은 수준으로 관리하는 것이 매우 중요하다.

⑥ 위기에 대한 신속한 반응

정신건강사회복지사는 항상 복잡하고 새로운 상황에 직면한다. 따라서 정신건강사회복지사는 갑작스럽게 발생하는 위기 사건의 이슈를 다룰 수 있는 반응 능력을 갖추어야 한다. 만약 정신건강사회복지사가 신속하고 정확하게 반응하지 못하는 일이 자주 일어나면 좌절하고 자신감을 잃게 된다. 이러한 도전을 극복하기 위해 정신건강사회복지사는 계속해서 이론을 습득하고 슈퍼비전을 끊임없이 받아야 한다.

8) 심리학에서 말하는 소진은 과도한 업무나 학업에 지쳐 자기 혐오감, 무기력증, 불만, 비관, 무관심 등이 극도로 커진 상태를 뜻한다. 소진의 사전적 정의인 "차차 줄어들어 없어지는 것. 다 써서 없어지는 것"에서 알 수 있듯이 의욕도, 일을 해 나가려는 동기도 잃어버린 극단적인 스트레스 상태를 말한다. 소진은 조직과 개인 간의 불일치 때문에 일어난다. 소진 상태는 일반적인 스트레스 해소법으로는 해결되지 않는다. 소진을 예방하려면 조직적 차원의 변화와 개인의 교육을 통한 변화가 통합되어야 한다. 조직적 차원의 변화는 조직 내부의 관리 개발을 통해 이루어질 수 있다. 소진의 일반적인 대처 전략으로 휴식이 매우 효과적인 것으로 드러났다. 일시적으로 업무 시간을 줄이는 것을 들 수 있는데, 이것은 서서히 개인의 내구성을 높일 수 있다. 소진과 관련된 것을 줄이는 것은 개인적 차원의 동기에서 오기보다는 조직적 차원의 동기에서 온다.

CHAPTER 07

정신건강사회복지 실천 방법

1. 정신질환자 가족의 교육

가족은 가족 구성원 개개인의 정서와 건강에 영향을 미치는 기능적 상호작용 단위이다. 그러므로 가족 구성원에게 신체적 · 정신적 장애가 발생할 때 다른 가족 구성원에게도 영향을 미친다. 이는 가족 전체의 문제로 확대되는 경향이 있다. 가족 내 정신질환자나 정신장애인을 둔 가족은 질환이나 장애를 가진 클라이언트 이상으로 많은 고통과 부담을 갖는다. 특히 만성질환의 진행과정은 예후를 예측하기 어렵기 때문에 가족들은 불확실성, 불안, 우울, 상실감 등을 느끼게 되고, 신체 · 심리 · 경제적으로 고갈되어 부담감 · 위기감 · 사회적 고립감 등을 경험하고 삶의 질에 부정적 결과를 초래하게 된다. 또한, 이러한 가족 내 분위기는 클라이언트 자신에게도 그대로 전달되어 병이나 장애에 대한 절망적인 인식을 갖게 만들고, 재발이나 입원에도 영향을 미치게 된다(엄윤경, 2005).

정신질환은 재발을 반복함으로써 만성화되는 경향을 보이며, 병의 특성상 가족은 환자에 대한 수치심, 죄의식, 분노와 치료 및 예후에 대한 불확실함, 치료비에 따른 경제적 부담, 사회의 부정적 태도 등으로 여러 가지 고통과 정서적 반응을 경험한다. 더욱이 비장애인들은 정신장애인이 경험하는 환청, 망상, 분노의 감정을 이해할 수 없기 때문에 가족은 두렵고 동시에 불안하다. 비정상적인 행동, 불규칙한 행동, 공격적이고 파괴적인 행동, 끊임없는 논쟁, 기대에 미치지 못하는 과업수행 및 청결관리 기능 등은 가족을 끊임없는 긴장과 계속되는 대기 상태에 몰아넣는다. 24시간 정신장애인을 옆에서 지키고 보호해야 한다는 것은 가족의 정서와 행동에 제약을 가하는 커다란 부담이 된다(양옥경, 1996, 2006).

이런 맥락에서 정신장애는 환자 개인의 것이 아닌 가족 전체의 문제라 볼 수 있다. 그래서 정신장애인 가족에 대한 관심과 돌봄, 치료와 교육 등과 같은 실천개입은 정신건강사회복지에서 매우 중요하다. 여기서는 가족교육의 등장 배경, 가족교육의 개념과 모델, 주요 가족교육 프로그램에 대해 살펴본다(이준우 · 손덕순, 2007: 218-227; 임은희, 2014: 157-169).

1) 가족교육의 등장 배경

제2차 세계대전 이후 전쟁으로 말미암은 가족해체에서 비롯된 가족문제에 대한 쟁점과 가족상담에 대한 요구가 증대되면서 정신의학 영역에서 가족 개입이 시작되었다(Bowen, 1978: 286). 1950년대에는 항정신병 약물의 발전으로 증상이 통제되고 인도주의 치료의 영향, 1960년대에는 탈시설화 정책이 시작되면서 환자가 사회와 가정으로 복귀하였다.[1] 1970년대 중반부터 서구에서 정신사회재활치료가 강조되면서 재활 과정 동안 환자의 재발방지와 재발과 직접 연관이 있는 환자의 취약한 스트레스 체질과 이에 영향을 주는 약물치료 유지를 위해 다양한 정신교육적 기족 치료 모델이 개발되었다(이영호, 1998: 17).

가족을 정신질환의 원인으로만 인식하였던 기존의 관점은 탈시설화와 지역사회정신건강 운동으로 말미암아 (가족역할의 새로운 조명으로) 점차 약화되었다(양옥경, 1996, 2000). 우리나라는 1995년 「정신보건법」의 시행으로 지역사회정신건강정책이 강화됨으로 말미암아 정신장애인이 퇴원 후 지역사회로 돌아가 일상생활을 할 때, 가족이 일차적인 보호체계로서 재활과 생활을 영위하는 데 중요한 체계가 되었다. 이러한 상황에서 가족이 경험하는 부양 부담은 다양하며, 기대하는 서비스 또한 다르다. 그러므로 가족교육은 정신장애인 가족에 대한 부담을 줄이고, 정신장애인의 효과적인 사회복귀를 위한 정신사회 재활 프로그램 중 매우 중요한 치료 프로그램이다(이준우 · 손덕순, 2007: 219-220; 임은희, 2014: 157).

(1) 탈시설화

영국과 미국을 중심으로 한 서구에서는 이미 1960년대 후반부터 정신질환자를 가정과 지역사회로 통합시키려는 탈시설화 및 정신건강운동이 전개되었다. 특히 미국에서 1970년대 전반에 지역케어시스템의 강화를 도모함과 동시에, 거대한 주립병원에 장기간 입원하고 있던 사람들을 사회로 또는 요양소 등으로 이동시키는 시도가 행하여졌다. 당시 사람들은 전통적인 병원치료에서 제시되는 의료진의 권위주의와 관료체계가

1) 수용시설은 원래 장애인들에게 더욱 전문적이고 질적으로 우수한 서비스를 제공하여 지역사회로 복귀하는 것이 기본 취지였으나, 수용시설 대부분이 지역사회 주민과 접촉이 거의 없는 외곽지역에 위치하여 사회적으로 폐쇄적이어서 물리적 · 사회적인 환경이 장애인들의 재활에 부적절하다는 평가를 받아 왔다. 정상화의 원리가 강조되면서 탈시설화 운동이 전개되었다.

환자의 치료에 부정적 요소라고 주장하면서 전통적 치료방법의 변화를 요구하였다. 또한, 약물치료만으로 환자가 완전하게 낫지는 않더라도 굳이 병원에 입원하는 것이 바람직하지 않다고 주장하였다. 이러한 과정에서 병원의 많은 환자는 그들의 가정으로 돌아갈 수밖에 없었다. 그런데 체계적인 지역사회서비스가 없었던 관계로 가족은 그들의 일차적인 보호자로서의 도움을 주었지만, 동시에 더 많은 책임을 질 수밖에 없었다. 다시 말해, 가족은 정신질환자에 대한 일차적인 보호자로서의 역할이 기대되었지만, 보호자의 역할을 어떻게 제대로 해야 하는지에 대해서는 준비가 되어 있지 않았다(Simon, 1994). 그래서 가족들은 전문가들로부터 좀 더 실질적인 도움을 좀 더 받고자 하였다.

(2) 병적 체질과 스트레스의 상호작용으로 말미암은 발병 이론

이 이론은 정신의료 전문가들로부터 각광을 받고 있는 이론으로 심리교육 프로그램의 등장배경이 되었고, 가족교육의 주요 이론적 배경이 되었다. 이 이론의 주된 논리는 정신질환은 유전적·발달적 요인으로 결정된 뇌의 구조적 이상과 생화학적 기능의 취약성을 가진 상태에서 일상생활의 사건 및 가족 내의 부정적인 감정 표현 혹은 신체적 질환 등의 내부적 요인이 스트레스로 작용하여 발생한다는 것이다. 이러한 논리에 따르면, 생물학적 취약성이 증가하고 환자의 적응 능력을 넘어서는 생활사건이 발생하며, 환자에 대한 사회적 지지가 감소하면, 정신질환 증상은 악화된다. 다시 말하면, 정신질환의 절대적 발병 원인은 병리적 취약성과 스트레스라는 두 가지 상호작용의 결과이며, 가족 요소는 절대적 원인이 아니다. 가족은 정신질환 발병을 부추기는 요소이거나 재발에 영향을 주는 요소로 작용한다(양옥경, 1996, 2000).

이를 토대로 조현병을 예로 들어 설명해 보겠다. 조현병은 모든 스트레스가 병의 원인이라는 확실한 증거는 없지만, 가족의 긴장과 생활사건이 조현병의 과정에 영향을 끼치는 것은 확실하다. 특히 이러한 심리사회적 요인이 재발에 영향을 미친다. 따라서 환자의 가족에게 질병에 대해 효과적으로 적응할 수 있는 교육과 질병의 성질에 대한 정보를 제공하면 환자의 재발 가능성을 감소시키며, 동시에 재발 가능성 감소는 가족의 안녕감에 영향을 미친다.

2) 가족교육의 개념

가족교육의 일반적인 개념은 가족의 발달단계, 그 이행기에 생기기 쉬운 위기를 이해하고 그것에 대한 대처방식에 대해서 가족이 학습하고 위기관리 능력을 높여 주기 위해서 행하는 예방 위주의 교육을 뜻한다.[2] 그러나 정신건강 영역에서 가족교육이란 환자와 그 가족을 대상으로 질병에 대한 원인, 증상, 과정, 치료에 대한 정보를 제공하는 것으로서, 질병에 대한 교육적인 워크숍과 관리지침 및 다른 서비스를 제공하고자 하는 장기적인 접근이다. 이영호(2003)와 이영호 등(2006)은 가족교육의 개념을 다음과 같이 구체적으로 정의하고 있다. "가족교육이란 정신장애인과 그 가족에게 일정기간 체계적으로 병에 대한 정보와 지식, 구체적인 대처기술을 제공하며, 동시에 상담과 지지를 해 주고, 반드시 가족교육의 효과를 평가하는 변인이 분명하게 설정되어야 하는 하나의 치료기법이다." 이렇게 볼 때 정신건강 영역에서 가족교육이라는 용어는 가족정신교육, 가족심리교육, 정신교육적 가족치료, 행동적 가족치료 등을 포괄하는 개념으로 이해할 수 있다.

2) 가족상담과 가족교육의 공통점은 가족에 개입하여 건강하고 기능적인 가족을 만드는 데 있다. 가족상담이 문제발생 후 처리에 초점이 맞추어졌다면 가족교육은 문제예방의 성격이 강하다. 여기서 가족교육은 가정교육(home education)과는 완전히 다른 개념이다. 가정교육은 학교교육의 보완역할을 하는 것으로, 오늘날에도 초중등학교에서는 그에 맞는 가정교육을 위한 프로그램 등이 시행되고 있다.

3) 가족교육의 목적과 목표 및 효과

(1) 가족교육의 목적과 목표

가족교육의 목적을 몇 가지로 정리하면 다음과 같다. 첫째는 질병, 필요한 치료 자원, 지지적 서비스에 대한 이해를 증진하며 정보를 제공한다. 둘째는 질병에 대해 환자와 그 가족의 알 권리 및 능력을 인식시킨다. 셋째는 환자와 가족 및 정신건강사회복지사 사이의 생산적인 동맹관계를 창출한다. 넷째는 치료 환경과 가정에서 고도로 조직되고 예측 가능한 환경을 조성한다.

위의 목적을 바탕으로 한 가족교육의 목표는 다음과 같다. 첫째는 정신질환에 대한 현재까지의 정보를 참여자에게 제공한다. 여기에서는 생물학적 취약성과 스트레스 및 자극에 대한 과민성을 강조한다. 둘째는 참여자에게 증상 및 약물의 효과에 대한 교육을 통해 약물 순응을 향상시키고, 환자와 그 가족으로 하여금 재발의 초기 징후와 약물의 부작용에 대한 대비를 하게 한다. 셋째는 환경 내 스트레스와 이것의 재발과의 관계에 대한 참여자의 인식을 증진한다. 넷째는 환자와 가족, 치료자 사이에 치료적 동맹을 형성하여 질환의 유동적인 경과 중에 일어날 수 있는 절망이나 비난을 감소시키고, 단기 치료 목표를 수행하며, 지속적인 치료에 대한 기초를 확립한다. 다섯째는 환자와 가족 개개인의 강점을 찾아내고, 그들에게 일상생활, 양성과 음성 증상 및 다른 문제 행동을 다룰 수 있는 전략을 교육한다. 여섯째는 환자에게 적응기술을 실행하고 반복하며, 강화할 수 있는 기회를 제공하여 퇴원 후에도 이런 적응기술이 일반화되고 지속될 수 있도록 격려한다. 일곱째는 최근의 연구에 대한 정보를 환자와 가족에게 제공하여 그들이 실제적인 희망을 가지도록 한다. 여덟째는 사회적 고립과 낙인을 감소시키기 위해 가족 간의 연계를 격려한다. 아홉째는 환자와 가족이 지역사회에서 활동하는 정신건강사회복지사와 접촉하도록 격려한다(이준우 · 손덕순, 2007: 223-224).

(2) 가족교육의 기본 전제와 효과

어떻게 하면 효과적인 가족교육을 할 수 있을까? 다음과 같은 몇 가지 기본 전제를 각별히 유념하여 가족교육을 시행하면 효과적인 교육이 될 수 있다(김철권, 1996; 김철권 · 김길중, 1993; 김철권 외, 2000).

- 가족에 대한 더욱 적극적이고 지지적인 태도가 중요하다. 즉, 권위적인 자세보다는 정신장애인 자녀를 위해 함께 협력해 나간다는 동반자적 견해를 가져야 한다.
- 대상 가족의 병에 대한 지식, 고통, 어려운 상황에 대한 극복 방식, 교육받고 싶어 하는 내용, 사회에서 느끼는 낙인과 편견에 대한 기본 조사가 선행되어야 한다. 이러한 기본 조사가 없는 전문가의 일방적인 주입식 교육은 가족의 실제 생활에 아무런 도움이 되지 않는다. 오히려 병에 대한 좌절감과 전문가에 대한 거리감을 더욱 심화시킬 수 있다. 따라서 조사 결과를 바탕으로 가족의 입장에서서 그들의 실제 생활에서 가장 많이 부딪히는 문제나 가장 교육받기를 원하는 영역에 대해 실질적인 도움을 주어야 한다.
- 교육 시 가족이 잘 이해할 수 있도록 전문적인 용어보다는 쉬운 용어를 사용하여야 한다.
- 참여한 가족들이 감정적 교류를 통해 친밀감을 느낄 수 있도록 교육 중에 서로 경험에 대해 이야기를 나누고 도움을 받을 수 있는 시간을 가져야 한다.
- 가능하면 소책자, 팸플릿, 비디오 등의 활용 매체를 사용함으로써 교육 효과를 극대화하여야 한다.
- 교육 효과를 평가할 수 있는 평가체계가 갖추어져 있어야 한다.

위와 같은 가족교육의 기본 전제에 따른 교육을 시행함으로써 기대할 수 있는 효과는 다음과 같다(권진숙 외, 2017; 김철권, 1996; 김철권 외, 2000).

- 재발률의 감소다.
- 가족의 높은 감정 표현이 완화될 것이다. 즉, 다른 사람의 인격을 향한 비난, 공공연한 적대감, 지나친 간섭 등이 상당 부분 약화될 것으로 본다.
- 가족의 효과적인 대처 방식이 습득될 것이다.
- 정신질환에 대한 지식 습득, 주관적인 스트레스 감소, 환자에 대한 두려움 등이 감소될 것이다.
- 환자의 증상 및 기능 상태가 호전될 것으로 본다.
- 환자의 재활 과정에 안정된 지지체계로서 기능하게 될 것이다.

4) 교육적 · 지지적 가족교육 모델

교육적 · 지지적 가족교육 모델은 정신장애인을 가진 가족에게 치료적으로 접근하기보다는 필요한 정보, 기술 지지를 제공함으로써 효과적으로 그들의 욕구에 부응한다. 앤더슨(Anderson) 등이 체계화한 모델은 가족의 이해를 증진시키고, 스트레스를 감소시키며, 스트레스 요인이 되는 문제를 완화시켜서 사회적 지지망을 확대시키는 것을 목표로 한다. 이 모델은 다음과 같은 네 가지 접근방식으로 구분되는데, 이와 같은 개념적 분류로 개입의 중심 목표가 명확해진다(이준우 · 손덕순, 2007: 224-225).

(1) 정보제공적 접근

정보제공적 접근은 기술적 측면보다는 일차적으로 정신장애인에 대한 이해와 관리에 관한 지식과 정보를 제공하기 위해 고안되었다. 따라서 목표는 정신장애인에 대한 가족의 이해를 증진시키고, 이들의 보호에 기능적 역할을 할 수 있도록 돕는다. 가족들은 원인론, 증상, 정신장애의 과정을 배우는 한편 약물치료, 정신치료, 심리사회적 재활 프로그램 등에 관한 다양한 학습을 통해 지식과 정보를 제공받는다.

(2) 기술 훈련적 접근

기술 훈련적 접근은 보호제공자로서의 가족 능력을 향상시키기 위해 직접적이고 체계적으로 특정한 대처행동을 가르친다. 따라서 목표는 가족이 정신장애인에게 더욱 효과적으로 도움을 주고 관리할 수 있는 능력을 증진시키는 데 있다. 가족은 의사소통기술, 문제 해결 기술을 배울 뿐 아니라 보상을 사용하는 방법이나 약속 방법의 개발, 문제행동의 규정 등과 같은 기본적인 행동에 관한 훈련을 받는다.

(3) 지지적 접근

지지적 접근은 가족이 정신장애인을 보호함으로써 얻게 되는 스트레스를 극복하기 위해 가족의 감정적 능력을 증진시키도록 고안되었다. 따라서 목표는 가족의 감정 상태를 변화시키는 것이다. 즉, 가족은 보호에 따른 감정과 경험을 공유하는 과정에 참여하여 보호 제공이 힘들고, 자신들은 최선을 다하고 있으며, 더는 죄책감을 느낄 필요가 없다는 점을 확인한다.

(4) 포괄적 접근

소위 '사회적 개입'이라고 불리는 포괄적 접근은 구조화된 포괄적 개입으로써 장보제공, 기술훈련, 지지적 접근 모두를 포함하고 있다. 이 접근에서 가족은 다음과 같은 세 단계를 통해 도움을 얻는다. 즉, 첫 번째 단계는 기본적인 정보제공을 위해 정신장애의 원인론과 증상, 그리고 진단과 관련된 강좌에 참여하고, 두 번째 단계는 자신들의 경험, 문제점, 해결점을 공유할 수 있는 기회를 제공하도록 고안된 지지집단에 참여하며, 세 번째 단계는 정신건강사회복지사로부터 일정한 횟수의 개별지도를 받는다. 이러한 과정을 통해 가족은 역동적 통찰력을 조합하고 실질적 행동을 지도받는다.

5) 주요 가족교육 프로그램

가족에게 제공되는 많은 가족교육 프로그램 중에서 가장 일반적으로 제공되는 서비스는 다음과 같다(이준우 · 손덕순, 2007: 227).

(1) 가족 정신교육

가족에게 정신질환과 정신장애에 대한 교육을 시켜 그들의 불안을 경감시키고 환자에 대한 현실적인 기대를 갖게 하며, 환자로 말미암아 발생되는 가족 갈등을 감소시키는 역할을 하는 필수 프로그램이 가족 정신교육이다. 주로 정신질환이나 정신장애의 증상, 약물치료, 일상생활의 대처, 증상의 예후에 대한 교육적인 내용으로 이루어지고, 시청각 자료가 효과적이며, 가능하면 전문용어는 피한다.

(2) 월례 평가회

월례 평가회는 가족의 힘을 치료체계로 활용함과 동시에 '환자-가족' 간의 상호 이해와 수용을 증진시키는 것을 목적으로, 환자와 가족, 치료진이 참여해 '환자-가족-치료자' 간의 공통적인 치료계획을 정하는 시간이다. 정보를 교환하기 위해서 집에 전화나 전자메일로 편지 보내기, 주말 평가서 교환 등 '가족-치료자' 간의 빈번한 접촉이 필요하다.

(3) 가족지지모임

같은 사회적 낙인의 경험을 공유하는 사람들 간의 상호지지와 격려를 통해 정신질환자 가족을 원조하는 한 방법으로, 주로 가족들 간의 일상적인 관심사를 토로하며, 환자로 말미암아 겪는 정서적 · 심리적 부담을 완화시키는 프로그램이 가족지지모임이다.

(4) 가정방문

가족 내의 문제로 환자가 갈등을 겪을 때 이의 중재와 해결을 위해 정신건강사회복지사가 가정방문을 한다. 환자가 가정생활에 잘 적응하는지의 여부를 확인하고 주변 지지체계를 점검하여 병원과 가정 간의 상호 유대관계를 형성하여 협조적인 치료 분위기를 조성한다.

2. 사회기술훈련

1) 사회적응훈련의 등장배경

정신장애인은 정신질환으로 말미암아 사회 적응에 어려움이 있으며, 자기관리능력 및 대인관계에도 어려움이 있다. 또한, 직업도 유지하기 곤란하며, 지역사회에 통합되는 데도 어려움이 있다. 따라서 정신장애인은 사회적 활동에 어려움이 있으며, 문제해결을 위한 대처방안에도 한계가 있다. 즉, 자신이 처한 사회적 상황을 파악하고, 그 경과를 예측하는 데 어려움이 있을 수 있다. 또한, 정신장애인의 사회적 철회와 정서적 거리감은 학습 기회를 감소시키고, 잦은 증상 발생과 재입원으로 말미암아 지역사회로부터 소외당하는 결과를 가져온다. 이와 같은 여러 제한점으로 말미암아 다양한 사회적 상황에서 더욱 무능력하게 된다(임은희, 2014: 171).

이러한 사회적 기능상의 어려움은 대부분 정신질환의 영향이기도 하지만, 사회화와 학습의 경험이 제한되었기 때문이기도 하다. 그러므로 약물치료는 증상을 줄일 수는 있지만, 사회적 기능의 손상을 치료하지는 못하며, 효과적 대처기술을 증진시키지도 못한다(Liberman & Foy, 1983: 539-545). 따라서 정신질환자들에게 적절하고 효과적인 사회기술을 습득시키기 위해서는 사회기술훈련(social skill training)이 필요하다.

사회기술훈련은 대인관계 문제의 원인을 무의식의 갈등이나 인격장애 또는 질병의 원인 자체보다 사회기술의 부족으로 보고, 기술을 습득하면 문제가 해결될 것이라는 가정에서 이루어진다. 사회기술훈련의 근거가 되는 기본으로는, 사회적 상호작용에서 행동의 효과성이 가장 중요한 요인이다. 사회기술훈련의 목적은 훈련을 통해 문제가 된 행동을 수정하면 자존감이 향상되고, 다른 사람이 자신에게 호의적으로 반응할 가능성이 커진다는 데 있다. 또 다른 목적으로는 사회기술훈련이 일상의 사회적 상황에서 효율적으로 기능하는 개인의 능력을 향상시킨다는 것이다.

사회기술훈련은 1970년대 초부터 개발되어 왔는데, 이는 "인간의 모든 행동은 학습되는 것이며, 인간의 모든 주관적이고 생리적인 감정 역시 학습되는 것이다."라는 행동주의 학파의 사회학습이론의 원칙에 근거를 둔 재활치료의 중요한 전략 중의 한 형태로, 현대 정신의학적 재활 전략의 필수적인 요소로 보았다. 인간은 출생과 더불어 끊임없이 환경적 자극에 대해 반응하고 개체의 제 조건, 제 특성을 환경적 조건에 적응하면서 성장 · 발달하게 된다. 적응이란 개념은 생물학에서 비롯된 것으로 1850년대 다윈(C. R. Darwin)[3]의 이론이 기초가 되어 있는 순응이란 개념을 심리학자들이 적응이라

3) 찰스 다윈(Charles Robert Darwin)은 생물진화론을 정하여 뜻을 세운 영국의 생물학자이다. 해군측량선 비글호에 박물학자로서 승선하여, 남아메리카 · 남태평양의 여러 섬과 오스트레일리아 등을 항해 · 탐사했고 그 관찰기록을 『비글호 항해기』로 출판하여 진화론의 기초를 확립하였다. 1859년에 진화론에 관한 자료를 정리한 『종(種)의 기원(起原)』이라는

는 용어로 개정하여 사용하게 된 것이다(이철수 외, 2008).

2) 사회기술훈련의 개념 및 특성

사회기술이란 사회생활을 행하는 데 기본적으로 요구되는 기술로서, 대인관계에서 자신의 긍정적이고 부정적인 감정을 언어적·비언어적으로 전달하는 능력을 말한다. 사회기술이 결핍된 사람은 외로움, 우울, 결혼 관계의 역기능, 부모-자녀 문제, 가족의 해체, 고용문제, 다양한 정신건강 문제와 같은 일상을 힘들게 하는 어려움을 겪는다. 이러한 기술은 다양한 대인관계 맥락에서 표현되고, 적절한 언어적·비언어적 반응을 조정하여 전달하는 것까지 포함된다. 따라서 사회기술은 다양한 대인관계능력을 포함하는 집합적 용어이며, 이러한 능력은 학습을 통해 획득된다(Sherman & Farina, 1974: 327-330).

벨락과 헐슨(Ballack & Hersen, 1979)은 사회기술을 대인관계 상황에서 언어적·비언어적으로 긍정적 감정을 상황에 맞게 유효 적절하게 표현함으로써 사회적 강화를 받는 능력이라고 정의하였다. 또 리버만과 포이(Liberman & Foy, 1983)는 사회기술을 자신의 감정과 욕구를 상대에게 정확히 전달하거나 표현함으로써 대인관계에서 자신의 목표를 성취할 수 있게 해 주는 모든 기술이라고 정의하였다.

이렇게 볼 때 사회기술은 대인관계에서의 의사소통기술, 상호작용기술, 사회적 행동기술 등으로 부를 수 있겠다. 따라서 사회기술훈련은 의사소통을 통해 대인관계의 효율성을 향상시키는 훈련이다. 그러므로 사회기술훈련은 모든 정신장애 클라이언트에게 시행될 수 있으며, 교육이나 사회기술의 결핍으로부터 정서적 표현 방법이나 사회

저작을 통해 진화 사상을 공개 발표하였다. 계속해서 많은 저서를 통해 자신의 학설을 제창하고 커다란 반향을 불러일으켰다. 종교계를 필두로 한 각계(各界)의 격렬한 비난공세에 대해 그 자신은 적극적으로 대응하지 않았다. 그의 세계관은 유물론적이고 무신론적이었지만, 진화론과 종교의 관계에 대해서는 신중한 자세를 취하여 적극적인 발언은 삼갔다.

적응을 원하는 사람까지 광범위한 대상에게 효과적인 치료방법이다.

사회기술훈련은 대인관계에서 의사소통과정을 구성하며, 상대방의 정보를 정확히 인지하고, 가장 필요한 기술이 무엇인지 판단한 후 대인관계를 성공적으로 수행하기 위해 자신이 선택한 기술을 상대방에게 능숙하게 전해야 한다. 여기서 의사소통은 비언어적 기술과 준언어적 기술을 어떻게 사용하느냐에 따라 그 효과가 달라진다. 이러한 사회기술훈련의 효과는 자신감 회복, 질병의 자기관리, 치료팀과의 협력적 관계 구축, 가족 부담의 감소, 재발방지, 스트레스 극복, 사회적 역할 기능 향상, 낮은 약물 용량 유지 등이다.

지금까지 살펴본 바와 같이, 정신장애 클라이언트는 불충분한 학습, 강화의 결여, 자신감 결여, 환각, 망상과 같은 정신과적 증상, 뇌기능장애에서 오는 인지상의 왜곡된 지각, 스트레스에 대한 취약성, 부적절한 행동의 강화, 약물 부작용, 사회적 접촉 결여와 기회 부족 등으로 말미암아 사회에서 독립적으로 살아가는 데 불리하다. 따라서 그들에게 결핍된 기술을 다양하게 가르치는 것이 바로 사회기술훈련이다(임은희, 2014: 172-173). 사회기술훈련은 문제 상황에 대한 일련의 역할극을 통해 효과적 상호작용기술을 가르친다. 주요 기법은 행동연습, 모델링, 강화, 코칭 등이다.

3) 사회기술훈련의 이론적 접근 방법

사회기술훈련은 인본주의 접근 방법, 행동주의 접근 방법, 그리고 사회학습이론 등에 그 기초를 두고 있다. 사회기술훈련의 기본 가치는 인본주의 접근에 기초를 두고 있으며, 사용방법은 행동주의 학습이론과 훈련기법을 활용하고 있다(이윤로 외, 2008; 이준우 외, 2006; 임은희, 2014: 173-174).

(1) 인본주의 접근 방법

인본주의 접근 방법에 따르면, 인간은 자율적이고 선하며 존경받을 만하고, 만약 조건만 적당하면 자신의 잠재력을 실현하고자 하는 경향이 있는 독특하고 창조적인 유기체이다. 장기간 정신질환을 앓아 왔고, 또 그 증상의 일부가 조금 남아 정신장애인이라 할지라도 자신의 능력을 스스로 개발하고자 하는 동기가 있고, 일반인과 같이 사회적 역할을 수행할 능력이 있다고 보는 것이 사회기술훈련에 내재된 가치이다.

(2) 행동주의 접근 방법

행동주의 접근 방법에서는 장애된 행동을 학습이론에 따라서 체계적으로 교정하여 증상의 해소나 건설적 행동으로 바꾸는 것을 목표로 한다. 즉, 정신장애 클라이언트의 비정상적 행동을 체계적으로 교정하여 건설적 행동으로 변화시켜 증상을 제거하는 것이 사회기술훈련이다. 세분화된 행동은 분리되어 학습될 수 있고, 이는 다시 복합적 행동으로 재결합될 수 있다. 자동차 운전을 예로 들어 보자. 처음에는 운전을 조종, 기아의 변속, 제동 등의 작은 부분으로 따로 배우지만, 결국은 이러한 기술이 결합되어서 자동차를 운전할 수 있게 되는 원리와 같다.

(3) 사회학습이론

사회학습은 대리학습(vicarious learning)이라고도 하는데, 사회학습이론은 개인의 행동은 그 행동이 학습된 배후조건을 고려할 때 가장 잘 이해할 수 있고, 이는 사람들이 다른 사람이나 어떤 사건을 통해 새로운 행동을 배울 수 있다는 가정을 하고 있다. 이 이론에 따르면, 인간은 대인 간의 상호작용, 동일시, 모델링을 통해서 사회적 기능을 학습할 수 있다. 학습은 어린아이가 부모나 형제, 친구, 교사의 행동을 모방하고 모델링하는 과정에서 일어난다. 아이는 처벌되거나 무시되는 행동보다는 보상받는 행동을 학습하고 사용하려는 경향이 있다. 사회학습이론의 대표적 학자인 반두라(A. Bandura)[4]는 직접 강화보다는 본보기나 관찰학습(observational learning)을 강조하였다.

4) 사회기술훈련가로서의 정신건강사회복지사

정신건강사회복지사가 사회기술훈련가로서의 역할을 수행하는 데 있어서 몇 가지 논점은 다음과 같다(이윤로 외, 2008: 91-92).

- 정신건강사회복지사는 일방적으로 지시적이어서는 안 되며, 클라이언트 중심적이고, 클라이언트 입장에서 시작하라는 점을 존중해야 한다. 클라이언트의 개인적 상황과 욕구를 중요시해야 한다.
- 정신건강사회복지사가 클라이언트에게 기술을 교수할 수 있을 정도로 훈련에 노력과 비용을 투자해야 한다.
- 사회기술훈련은 준전문가(자원봉사자)도 할 수 있는 것이므로, 정신건강사회복지사는 준전문가들과 협력관계를 맺어야 한다. 정신건강사회복지사는 준전문가를 훈련시키며, 슈퍼비전을 수행하는 역할에도 비중을 두어야 한다.
- 공동지도자를 두어 집단으로 진행하는 것이 좋다. 한 명은 기술을 진행하고, 한 명은 코멘트나 코치, 촉진자 역할을 수행한다.

4) 캐나다 출신의 미국 심리학자 반두라(Albert Bandura)는 1977년 출간한 『사회학습이론』을 통해 사회학습이론의 학문적 발판을 마련한 심리학자로, 초기에는 행동주의 학습이론에서 출발해 나중에는 인지적 측면을 중시하는 사회학습이론을 발전시켰다. 사회학습이론에서는 다른 사람의 행동, 인지구조 등을 중시하는 것 외에 대중매체를 통해 제시되는 모델, 여러 환경의 상호작용 등도 중요한 학습 요인으로 다룬다. 그의 업적은 1960년대 후반에 시작된 심리학의 인지적 혁명의 일부라는 평가를 받고 있다. 그의 이론은 성격심리학, 인지심리학, 교육학, 심리치료 등에 헤아릴 수 없는 영향을 미치고 있다.

- 사회기술훈련이 효과를 내지 못하는 경우도 있다. 장애물이 발견된다면 기술훈련을 미루거나 내용을 조절한다.
- 행동주의 기술이 위주가 되나, 사회복지사업은 생물심리사회적 관점을 중시하고 절충주의적 접근을 중시하므로 다양한 개입 기술이 포함될 수 있다.
- 사회기술훈련은 세 참여자, 즉 기관, 정신건강사회복지사, 클라이언트의 열망과 능력이 모두 조화를 이루어야 가능하다.

3. 직업재활

1) 직업재활의 등장배경

미국은 1943년 직업재활과 관련된 법에서 대상 범위를 확장시켜 정신장애인도 직업재활서비스를 받도록 규정하였으며, 1950년대에는 항정신병 약물이 개발되어 지역사회정신보건이 가능하게 됨으로써, 1963년 「지역사회정신보건센터법(The Community Mental Center Act)」이 제정되었다. 또한, 의료비를 절감해 보려는 사회경제적 흐름이 지역사회정신건강으로 확산되면서 정신장애인의 탈시설화와 정신질환에 대한 포괄적 치료가 중요하다는 인식이 팽배해짐으로써, 정신장애인을 위한 치료적 작업이 각광받기 시작하였다.

그리하여 단순히 시간을 보내는 수준을 넘어 병원 내에서 프로그램, 보호작업장, 그리고 중간집 형태의 직업재활이 생겨나면서 일부 환자는 적극적 재활서비스를 받게 되었다(임은희, 2014: 179). 이처럼 미국을 비롯한 서구에서는 정신장애인의 재활을 위한 노력이 1950년대부터 시작되었으며, 세계보건기구(WHO)의 「개발도상국의 정신보건에 대한 권고」에서도 탈시설화를 위한 재활치료를 강조하는 등 정신장애인을 위한 서비스는 점차 재활을 통한 사회복귀 방향으로 진행되었다.

1970년대 이후 전문적 노력의 부재에 대응하기 위하여 정신장애인이 중심이 되어 최초의 정신사회재활센터인 파운튼하우스(Fountain House)를 설립하여 전환 고용(혹은 임시 취업, transitional employment)[5] 프로그램이 개발되어 정신장애인의 직업재활서비스 발전에 중요한 계기를 마련하게 되었다. 1970년대 말에는 지역사회정신보건센터에서 직업재활서비스의 중요성을 인식하게 되면서, 지역사회지지 프로그램의 한 구성요소로 임시취업을 포함시켰다(황정우, 1999: 15). 1980년대 후반의 지원 고용(支援雇用, supported employment)[6] 운동은 정신장애인의 직업재활에 새로운 전환점을 제시하였으며, 이때 선(先) 배치 후(後) 훈련 모델이 등장하였다. 우리나라에서도 1992년에 지원 고용이 소개되었으며, 마침내 1993년 이후에는 지원 고용 모델이나 지원 고용을 중심으로 한 재활 프로그램이 시행되었다(임은희, 2014: 179-180).

2) 직업재활의 개념 및 특성

직업재활이란 장애인에게 직업지도, 직업훈련, 직업소개 등을 제공함으로써 장애인

5) 경쟁 고용을 장기적인 목표로 하여 보호 작업장에 일시적으로 고용하는 비교적 중증 장애인을 위한 고용 방법이다. 전환 고용의 단계에서는 일반적으로 확대 평가(extended evaluation), 직업 적응(work adjustment), 특정 직업기술의 훈련(specific vocational training), 기술의 숙련(refinement of skills) 등을 위한 프로그램이 계획적으로 제공된다.

6) 직무 수행이 어려운 중증 장애인의 고용 촉진을 위하여 중증 장애인을 고용한 사업장에 직무 지도원을 지원해 주고 사업주에게 보조금을 지원해 주는 고용 형태를 말한다. 지원 고용의 실천 모형으로는 자영업(entrepreneur), 기업 내 개별배치(individual placement), 기업 내 집단배치(enclave), 이동작업대(mobile rew) 등이 있다. 기업 내 개별배치만을 지원 고용이라고 보는 견해도 있으나 일반적으로 비장애 고용인들과의 접촉 정도에 따른 통합의 연속선상에서 다른 모형도 지원 고용에 포함한다. 즉, 일반 작업 조건하에서 노동이 어려운 장애인들에게 분리된 작업 환경을 마련하는 보호 고용(sheltered employment)과 아무런 도움 없이 비장애인과 작업을 하는 경쟁 고용과의 중간 형태를 통틀어 일컫는 말이다.

이 직업생활을 통하여 자립할 수 있도록 하는 것을 의미한다. 즉, 장애인이 신체적, 정신적, 직업적, 사회적, 경제적 가용능력을 최대한으로 찾고 키울 수 있도록 도와줌으로써, 소득이 있는 직업을 가질 수 있게 하여 일할 권리와 일할 의무를 비장애인과 똑같이 갖게 하는 것이다. 정신장애인의 직업재활이란 일반인이 수행하는 사회적 역할을 충족시킬 수 없는 불리를 지닌 정신장애인에게 구체적이고 체계적인 직업을 갖게 하여 사회적 역할을 계속해서 수행할 수 있도록 돕는 치료적 접근을 의미한다(Anthony & Liberman, 1986: 542).

직업재활은 포괄적 재활 과정의 일부가 되며, 직업재활의 궁극적 목적은 장기간 증상의 향상, 독립적 생활 기술의 확립, 그리고 만족스러운 생활의 질이다(서진환, 1998: 2). 다시 말하면, 직업재활이란 재활에 관계하는 여러 전문분야 중에서 장애인이 직업을 확보하고 유지할 수 있도록 직업 능력의 회복지도, 직업지도, 직업훈련, 직업알선 등 직업적 서비스를 제공하며, 직업 정착에 관련하는 지속적이고 종합적인 원조를 함으로써 정신장애인이 사회에 복귀하여 정상적 생활을 영위하고 사회에 통합하도록 서비스를 제공하는 것을 의미한다.

직업재활에는 직업상담, 직업평가, 직업재활 계획서 작성, 직업 적응훈련, 직업훈련, 직종 개발, 직업 배치, 보호고용, 지원고용, 사후지도 등이 포함된다. 먼저 장애인의 직업 욕구와 개인적 사회적 상황에 대한 상담이 이루어지며, 장애인의 직업 능력과 사업장 환경 등에 대한 직업 평가를 실시하고, 개인의 욕구와 필요에 적절한 서비스를 제공하기 위한 개별화된 직업 재활 계획서 또는 고용 계획서를 작성하게 된다. 이 개별화된 계획서에 따라 직업 적응을 위한 훈련을 시행하거나 직업을 준비하기 위한 훈련을 시행하게 되며, 보호고용이나 지원고용과 같은 고용서비스를 제공하게 된다. 아울러 장애인의 고용을 위한 직종 개발과 직업 배치도 하게 되며, 고용이 이루어진 후에는 사후지도를 시행하여 직업을 유지할 수 있도록 지원한다(국립특수교육원, 2009).

정신장애인에게 재활이란 친구관계, 정신건강 상태, 일의 종류와 분량, 대인관계, 사회생활, 하루 활용, 저녁과 주말을 보내는 방법, 행복감과 자율성 및 자기개념 향상 등과 같은 삶의 질 향상, 경제적 복지감, 자아존중감 향상 등을 의미한다. 또한, 직업재활은 건강해졌다는 의미도 될 수 있으며, 스스로 살아갈 수 있는 능력의 지표가 되기도 하고, 재발방지도 의미한다(이영호 외, 2015: 258-259; 임은희, 2014: 180-182). 이처럼 직업재활을 통해서 장애인 개개인의 존엄성이 제고됨은 물론 사회적 부담을 줄여 주는 효과도 함께 기대할 수 있다.

직업재활은 개인의 욕구와 능력에 따른 개별성, 장애로 말미암은 한계를 인식하는 현실성, 각 분야의 전문가에 의해 서비스가 제공되는 전문성, 각 분야의 전문적인 서비스가 종합적으로 조정되어 제공되어야 하는 포괄성, 그리고 장애인의 욕구에 따라 프로그램이 조정되어야 하는 신축성, 장애인에게 서비스가 필요할 때까지 제공되어야 하는 계속성의 원칙을 특징으로 한다(국립특수교육원, 2009).

그런데 정신장애인의 직업재활을 실행하는 데에는 어려움이 많다. 왜냐하면, 직업재활에는 정신장애인 본인 및 주변 환경에서 다음과 같은 저해 요인이 있기 때문이다(임은희, 2014: 181-182).

- 정신장애인의 개인적 특성과 관련된 정신질환 증상 및 인지 기능의 손상이다. 특히 인지 기능의 손상은 자신에 대한 정확한 지각을 방해하여 왜곡된 자아인식을 하게 되고, 현실적 직업 선택을 하기 위한 의사결정과정에 어려움을 초래한다. 또한, 인지 기능 손상은 다양한 구직활동 기술의 학습이나 재학습을 어렵게 하며, 대인관계에서 문제 해결 능력의 부족에서 비롯된 사회기술 결핍은 직장을 유지하는 데 심각한 문제를 가져온다(서진환, 1998: 24-30).
- 정신장애인은 생활 속에서 스트레스에 취약하다. 정신장애인이 지역사회에서 생활하다 보면 스트레스를 경험하게 되고, 이로 말미암아 지역사회생활에 대한 동기가 쉽게 감소되어 스스로 고립시키고 증상을 계속 유지하려고 한다.

그래서 취업을 하더라도 쉽게 그만둔다거나 직업재활을 하려는 동기마저 감소되어 직업재활에 어려움을 초래한다. 또한, 정신장애인 가족은 만성적인 병의 특성으로 심리적 불안과 사회적 고립으로 사회복귀를 위한 직업재활의 어려움을 느껴 노력을 포기한 채 시설에 재수용하려는 경향이 많아진다.

- 사회의 부정적 인식이다. 우리 사회에서 장애인 문제를 해결해 나가는 데 가장 근본적인 문제가 되어 온 것은 장애인의 능력이나 일상생활 전반에 대한 잘못된 인식과 장애 원인에 대한 비과학적이고 미신적인 선입견이다. 사회에서 정신장애인에 대한 평가는 질병의 특성상 보이는 바람직하지 못하다고 평가받는 행동에 기인하며, 이것은 바로 일탈행위로 연결하고, 차별적 태도를 갖게 하는 이유가 된다(양옥경, 1996).

3) 직업재활 프로그램

정신장애인의 재활을 위한 직업재활 프로그램의 중요한 구성요소는 정신장애인이 작업환경에서 성공적으로 기능하는 데 필요한 기술의 개발과 지지에 초점을 둔다(Anthony, 1982: 61-65). 직업재활 프로그램은 정신장애인의 강점을 확장시키고, 특별한 직업적 과업을 수행하는 데 요구되는 능력을 개발하도록 필요한 경험을 제공하는 서비스를 말한다. 다시 말해서, 각 개인에게 독특한 직업의 욕구를 확인하고, 그 욕구를 지지하며, 기술을 개발하도록 기회를 제공하고, 개입하는 것을 말한다. 또한, 직업의 알선, 사후지도 서비스 제공을 통하여 정신장애인이 직업을 선택하고 획득하며, 만족할 수 있는 작업환경을 유지할 수 있도록 돕는 것을 뜻한다.

앤서니(Anthony, 1982: 61-65)는 정신장애인의 직업재활 과정의 구성요소를 직업적응훈련(work adjustment training), 직업상담(career counseling), 직업알선(career placement)의 세 단계로 나누고, 직장 환경과 관련하여 단계마다 적절한 개입이 필요한 전형적 결핍 영역을 다음과 같이 제시하였다(이윤로 외, 2008: 95-99 재인용).

- **직업적응훈련과 관련된 정신장애인의 결핍 영역:** 직업에 적합한 의상 착용하기, 공공 교통수단 이용하기, 시간 엄수하기, 직장에서의 기분(temper) 통제하기, 직장에서 친구 사귀기, 비판 수용하기, 지시에 따르기, 지시하기, 연장근무하기, 자신의 업무 수행 평가하기
- **직업상담과 관련된 정신장애인의 결핍 영역:** 클라이언트 자신의 관심과 능력 확인하기, 자신의 관심과 관련 있는 직업이 무엇인지 확인하기, 어떤 직업이 자신의 능력과 관련이 있는지 확인하기, 자신의 가치를 기반으로 직업적 대안 평가하기(의사결정기술), 적절한 직업 목표 세우기, 직업 계획에 방해가 되는 것 확인하기
- **직업알선과 관련된 정신장애인의 결핍 영역:** 다양한 직업의 이점을 평가하기, 고용에 활용될 수 있는 자원을 확인하고 그 자원 활용하기, 직업 찾기, 이력서 작성하기, 자신이 가진 기술 설명하기, 면접관에게 낙인을 감소시키는 기술 사용하기, 면접관에게 주목하여 반응하기, 면접에 적절한 의상을 착용하기, 면접관에게 질문하기, 면접관에게 자신의 경력 설명하기

직업적응훈련은 직업을 유지하는 데 필요한 기본적 직업기술과 사회적 기술이 부족한 클라이언트를 위해 계획되었다. 직업적응훈련은 작업 환경에서 적절히 자신의 기능을 발휘하도록 정신장애인의 태도와 행동을 재구성하여야 하며, 점진적으로 일에 대한 요구와 과제를 늘리고, 새로운 기술을 습득하도록 해야 한다. 직업상담을 통해 클라이언트의 직업 목표를 확인하고, 그 목표를 성취하기 위해 계획을 세우는 과정이 필요하다. 직업상담의 목적은 정신장애인이 자신의 독특한 가치와 관심체계를 탐색하도록

원조하기 위한 것으로, 직업 목표를 선택하고 직업 계획을 개발하는 데 요구되는 기술과 지식을 갖추도록 하는 데 있다. 직업알선은 궁극적으로 유용한 최상의 가능한 직업을 클라이언트 자신이 획득하도록 재활전문가가 원조하는 과정이다. 직업알선 과정에서는 정신장애인이 그 직종에 취업하는 데 실제적으로 필요한 구직기술훈련과 취업면접훈련이 행해진다.

4. 지역사회 자원 발굴과 연계

지역사회는 대단히 복잡하고, 이런 복잡한 지역사회는 개인과 집단, 그리고 여러 계층 간의 이해와 욕구에 따라 움직인다. 그러므로 정신장애 클라이언트의 문제를 해결해야 할 업무를 지닌 정신건강사회복지사는 클라이언트 개인의 문제뿐만 아니라, 클라이언트를 문제로 만드는 사회적 상황에도 관심을 가져야 한다. 특히 정신건강 영역에서는 개인이나 집단을 대상으로 정신건강사회복지 실천 개입을 해 나갈 때에도 지역사회복지 실천과 병행하지 않으면 큰 효과를 얻지 못한다.

정신건강사회복지사는 클라이언트의 대변자로서, 프로그램 개발가로서, 그리고 조직의 개혁가 역할을 통합적으로 하지 않으면, 일대일 서비스의 효과도 기대할 수 없게 될 것이다. 가령 정신장애인들을 위한 정신보건 시설에서 일하는 사회복지사들은 지역사회에 위치한 그룹홈(group home)을 운영하기 위해서는 지역사회의 지원과 지지를 얻어야 한다. 이는 기금을 조성하고, 로비 활동(lobbying)을 하고, 지역사회 자원을 활용하고, 집단기술과 정치적 기술, 그리고 그 이상의 다양한 활동을 사회복지사가 소화하고 있어야 함을 의미한다(Zastrow, 1992, 1995, 1999, 이준우 · 손덕순, 2007: 257 재인용).

실제 정신장애인들은 질병의 특성상 욕구 충족에 필요한 자원을 적극적으로 찾는 동기가 매우 낮으며, 가족 역시 대체로 지역의 공식적 · 비공식적인 서비스 및 자원에 대한 인지도뿐만 아니라, 그것을 실제로 이용하는 비율도 매우 낮다. 혹 자원을 이용하고자 하는 동기가 있다 할지라도 구체적이고 정확한 정보를 모르거나, 이용방법을 몰라 포기하거나 쉽게 체념해 버리는 경우가 많다. 따라서 정신건강사회복지사들은 이들이 지역의 자원에 쉽게 접근하고, 필요한 자원을 획득하도록 도와야 한다(박미은, 1996; 이준우 · 손덕순, 2007: 257-265).

1) 지역사회 자원 활용의 필요성

지역사회에 거주하는 정신장애인 및 일차적인 보호 부담자인 그들의 가족에게 자원 활용은 무엇보다도 중요하다. 즉, 정신장애인에게 적절한 서비스와 지지가 전달되도록 하는 지역사회 내 자원의 네트워크가 형성되는 것은 그들의 재활과 치료에 필수적인 요소가 될 수 있다. 정신장애인 가족을 위한 자원 활용의 목적은 자원망을 개발하고 강화하는 것이며, 자원을 획득하거나 자원망을 활용하려는 정신장애인 및 그 가족의 능력을 강화시키는 데 있다.

지역사회 자원과 클라이언트의 욕구를 연결시키는 데 있어서 자원 활용의 의미는 정신장애인의 재활과 사회복귀를 위한 적극적인 치료활동이다. 정신장애인을 위한 정신건강사회복지 실천 개입의 과정에서 자원 활용을 검토하는 경우 지역사회 자원의 요소와 범위를 어디까지 설정하는가는 중요하며, 동시에 실천 개입의 기반으로서 큰 관심 영역이다.

2) 지역사회 자원의 유형과 접근성

(1) 지역사회 자원의 유형

지역사회 자원의 유형에는 크게, 의료 서비스, 사회적 서비스, 지역사회 재활 서비스로 분류할 수 있다. 여기서 지역사회 재활 서비스란 정신장애인들이 입원치료 후에도 계속해서 재활 서비스를 받도록 일상생활기술, 직업능력기술, 여가활용기술 등을 훈련하는 것을 말한다(박미은, 1996). 이러한 정신건강사회복지 실천 개입에 대한 욕구는 지역의 사회복귀시설, 사회복지관, 정신보건센터, 보건소 내 정신건강사업, 정신요양원, 장애인 직업재활기관 등과 같은 공식적인 자원을 통해서 활용될 수 있다. 이러한 자원을 활용하여 정신건강사회복지 서비스를 충족시킬 수 있게 된다.

(2) 지역사회 자원의 접근성

접근성(接近性, Accessibility)이란 디자인 · 시스템공학 · 인간공학 등의 분야에서 주로 쓰이는 말로, 교통 · 시설 · 제품 · 서비스 · 디자인 · 권리 · 정보통신 등의 환경을 가능한 한 많은 사용자가 불편함 없이 이용할 수 있는 정도를 말한다. 접근성이 높다는 것은 이들이 어떠한 것을 이용하는 데 있어서 편리하다는 것을 뜻한다. 주로 장애인, 노인, 임산부 등의 취약 계층이 어떤 시스템과 사물의 기능 및 혜택에 접근할 수 있는 가능성으로 인식된다. 예를 들면, 장애인도 차별 없이 웹페이지에 접근할 수 있도록 하는 웹접근성을 비롯해 이동의 접근성, 금융자산의 접근성 등이 있으며, 접근권과도 일맥상통한다.

여러 법률에서 장애인 등이 편의 제공(편의 시설과 보조공학)을 통해 대중적으로 공개되는 대상에 대한 접근성을 가질 권리를 명시하고 있다. 「장애인 등에 대한 특수교육법(약칭: 특수교육법)」에서는 특히 정보 접근에 대한 규정이 특수교육 관련 서비스에 포함되어 있다. 「장애인차별금지 및 권리 구제 등에 관한 법률(약칭: 장애인차별금지법)」에서는 장애인이 고용, 교육, 재화와 용역의 제공 및 이용, 사법 · 행정 절차 및 서비스와 참정권 등에서 접근성을 보장받지 못하는 것을 차별로 규정하고 있다. 「장애인 · 노인 · 임산부 등의 편의증진 보장에 관한 법률(약칭: 장애인등편의법)」은 장애인 등이 다른 사람들이 이용하는 시설, 설비, 정보에 자유롭게 접근할 권리를 가진다고 하였다.[7)]

3) 지역사회 자원 연계와 동원 전략

정신건강사회복지 실천 개입에서 가장 우선적으로 중요한 것이 있다면 바로 지역사회 상황을 있는 그대로 파악하는 일이며, 이를 토대로 하여 구체적인 지역사회 자원 연계와 동원 전략을 수립하는 것이다(이준우 · 손덕순, 2007: 260-261). 이를 단계적으로, 구체적으로 살펴보면 다음과 같다.

(1) 제1단계: 지역사회 파악하기

정신건강사회복지 실천 개입을 준비할 때 가장 먼저 해야 할 일은 지역사회 문제와 어려움을 사정하는 데 집중해야 한다. 지역 내 관련 정신보건기관과 시설, 병원, 그리고 종교기관 특히 성당이나 교회를 살펴보고, 필요하면 방문해서 구체적으로 조사해야 한다. 기관의 핵심적인 직원들을 만나야 하고, 인구조사 자료를 수집할 필요도 있다. 지역 내에 대학교를 비롯한 학교가 있다면 방문하는 것도 좋다. 그리고 가능하다면 지방자치단체장이나 시 · 구 의원 등과도 만날 수 있다.

여러 만남을 통하여 기본적으로 해야 할 질문은 '귀하의 기관에서는 어떤 유형의

7) 최근에는 장애인 등의 접근성을 고려하여 별도의 편의 제공이 없이도 모든 사람이 함께 사용 가능한 제품, 서비스, 환경 등을 기획, 설계, 개발, 제조, 건축하는 보편적 설계에 대한 연구가 활발하며 점차 현실화되어 가는 추세이다.

정신건강사회복지 실천 개입을 하고 있으십니까?' '귀하의 기관 또는 프로그램을 돕기 위해 저희 기관이 무슨 일을 할 수 있겠습니까?' '귀하가 정신건강사회복지 실천 개입을 하도록 자격을 부여하는 건 누구입니까?' '이 지역에 가장 시급히 해결해야 할 어려움은 어떤 것입니까?' 등이다.

이러한 조사와 파악을 통해서 기존의 정신건강사회복지 실천 개입과 새롭게 실행하고자 계획 중인 정신건강사회복지 실천 개입 간의 차이를 찾을 수 있으며, 계획의 현실성을 담보하는 타당성을 파악할 수 있다. 효과적인 정신건강사회복지 실천 개입은 현재의 상황과 개입 대상이 되는 어려움을 얼마나 정확하게 알고 있느냐에 따라 결정된다.

(2) 제2단계: 자료분석과 문제 판별

자료를 분석하고 문제를 판별하는 일은 시간이 많이 걸리며, 어떤 기관이라도 감당하기 어려운 많은 문제를 노출시킨다. 지역사회 문제의 우선순위를 매기는 일은 고통스러울 수 있다. 똑같이 절박한 어려움 중에서 선택을 해야 할 경우가 흔하기 때문이다. 지역의 어려운 일에 관한 정보는 세미나, 워크숍, 초청연사, 뉴스레터, 그리고 사회복지단체들을 위한 설명회 등을 통하여 공유될 수 있다.

(3) 제3단계: 현실 가능한 정신건강사회복지 실천 개입의 방안 모색

지역사회 문제에 대해서 어떻게 응답할 수 있는지에 대한 가능성이 주의 깊게 연구되어야 한다. '그 문제가 정신건강사회복지사의 사명으로 정하고 있는 영역에 속해 있는가? 얼마의 경비가 들 것인가? 정신건강 영역에서 일하는 다른 전문가들이 자신들의 시간과 재원을 들여 가며 응하여 주겠는가?' 등의 질문이 진지하게 제기될 수 있다.

(4) 제4단계: 프로그램 설계

정신건강사회복지 실천 개입 프로그램 설계는 지역사회 문제 해결을 위한 활동에 합리적인 기술을 제공해 주며, 정신건강사회복지에 대한 책임성을 높여 준다. 나아가 정신건강사회복지의 효율적인 실천을 가능하게 해 준다. 최소의 비용과 노력으로 서비스 목표를 달성하기 위해서는 사전에 치밀한 계획을 세워야 한다. 또한, 효과성을 증진시켜 주며, 책임성의 이행을 돕는 데에도 프로그램 설계는 매우 중요하다.

(5) 제5단계: 실행

프로그램이 설계되면 설계에 따른 구체적인 실행이 이루어진다. 특히 정신건강사회복지 실천은 정신건강사회복지사와 관련 정신보건 기관 혹은 시설의 강점을 지역의 가장 절박한 어려움을 해결하는 데에 초점을 모은다.

(6) 제6단계: 평가

지역사회 내에 존재하는 문제와 어려운 일의 사정, 계획과 평가는 정신건강사회복지 실천 개입에서 기본적으로 해야 할 중요한 업무이다. 한 가지 흔한 잘못은 정신건강사회복지 활동 그 자체에 너무 관심을 쏟은 결과 이를 위한 준비를 시간낭비로 여긴다는 점이다. 평가는 계획과 설계를 통하여 사용 가능한 자원을 더욱 능률적으로 사용할 수 있게 한다. 따라서 평가는 정신건강사회복지 실천 개입에 필수적이어야 한다.

4) 자원 연계와 동원을 위한 정신건강사회복지사의 자질

정신건강사회복지사는 문제를 가진 클라이언트가 스스로 그 문제를 분명하게 이해하고, 그 자신의 능력을 계발하여 자신의 힘으로 해결해 나가도록 돕는 역할을 해야 하며, 지역사회의 자원과 도구를 사용하여 문제를 해결할 수 있는 범위를 더욱 넓혀 주는 일을 해야 한다. 정신건강사회복지사가 더는 해결사 역할을 해서는 안 된다. 이제 정신건강사회복지사는 조정자(調整者, coordinator)이며, 조력자(助力者, helper, assistant) 역할을 하여야 한다(이준우 · 손덕순, 2007: 261-265).

(1) 거시적 실천전문가

일대일 또는 집단보다 훨씬 넓은 범위의 일을 하는 것은 여러 사람과 함께 일하는 것이다. 다른 사람들과의 효과적인 의사소통을 할 수 있는 기술은 이 분야에서는 필수적이다. 정신건강사회복지사가 자신 또는 지역사회 내의 인적 자원을 활용하는 능력은 정신건강사회복지 실천을 효과적으로 수행하는 데 매우 중요하다. 이는 모든 사람의 노력이 헛되이 낭비되지 않도록 효율적으로 통합하는 능력을 뜻한다(박주현 외, 2014; 배은숙 외, 2013; 이준우 외, 2006).

정신건강사회복지사는 지역사회 내의 정신장애인들을 도와 무엇이 문제인가를 명확히 해 주고, 문제 해결을 위한 중요한 방안을 생각해 낸다. 나아가 가능성 있는 목표를 정하고, 활동을 위한 선택을 평가하고, 실제적으로 수행하는 능력은 개인적인 과업만큼이나 중요하다. 사람들을 도와서 자조집단을 형성하는 일에도 정신건강사회복지사는 촉진자와 일을 가능하게 하는 자로서의 기술을 가져야 한다. 그러므로 정신건강사회복지사는 한 개인에 대한 사회복지실천기술을 가지고 있어야 하고, 집단에 대한 능력뿐만 아니라 거시적 실천에 유용한 다양하고도 특수한 기술과 지식을 갖추어야 한다. 즉, 정신건강사회복지사는 다재다능한 능력을 개발하고 훈련해야 하며, 이러한 능력이 거시적인 실천까지 연결되어야 한다(이준우, 2001; 이준우 외, 2006).

(2) 지역사회에 관한 지식

지역사회의 특징에 대해 아는 것은 정신건강사회복지사에게 매우 중요한 일이다. 지역사회 인구의 특징이 무엇인지(예: 치매노인 숫자, 정신장애인과 이주노동자 숫자 등), 지역사회의 가장 주된 경제적인 특징은 무엇인지, 고용의 주된 형태는 어떠한지, 실업률은 어느 정도인지, 주택 유형은 어떠한지 등을 알아야 한다. 또한, 지역사회 생활 상황에 대해서도 알아야 한다. 가령 얼마나 많은 신문이 있으며, 라디오와 텔레비전 방송국이 있는지, 자발적인 복지조직은 있는지, 주된 공공 서비스 조직은 무엇이며 민간 복지기관은 얼마나 있는지 등을 알아야 한다. 그리고 지역사회 내에 공공복지와 사회복지서비스는 제대로 이루어지고 있는지, 소외된 사람들을 위한 프로그램과 편의 시설이 잘 구비되어 있는지 등을 알아야 한다(이준우, 1997, 2001).

(3) 조직에 관한 지식

거시적인 사회복지실천과 관련하여 정신건강사회복지사는 조직의 기능에 관한 정보를 알아야 한다. 또한, 정신건강사회복지사는 조직을 만들 때 조직에 대한 특별한 지식이 있어야 한다. 정신건강사회복지사가 알아야 할 조직에 관한 지식은 다음과 같다(이준우, 1998). 첫째, 모든 조직은 변한다. 둘째, 기회가 주어지면 조직의 정책 영향에 대한 조사를 시도해 볼 수 있어야 한다. 셋째, 조직에서의 변화는 급작스러운 것이 아니라 점진적으로 일어난다.

(4) 대중매체의 활용

정신건강사회복지사는 다양한 매체를 사용함으로 사회복지실천에 효율성을 가질 수 있다. 그러므로 정신건강사회복지사는 매체를 사용하는 기술을 터득해야 한다. 왜냐하면, 매체 사용은 정신건강사회복지 실천 업무의 중요한 영역이기 때문이다(이준우,

2002).

정신건강사회복지사가 정신건강사회복지 실천 프로그램을 홍보할 때, 첫 단계는 지역사회에 뉴스를 보도하는 사람들과 개인적으로 친분이 있어야 한다는 점이다. 정신건강사회복지사는 자신이 원하는 내용을 실어 줄 수 있는 그 지역 주간지 편집장이나 신문기자에게 본인을 소개하여야 한다. 지역 라디오나 텔레비전 방송국, 인터넷 방송국 등에서 책임 있는 일을 담당하는 사람들을 아는 것도 중요하다. 또한, 대중매체의 규칙과 친숙해지는 것은 방송을 타는 한 방법이다. 대중매체와 함께 일할 때 정신건강사회복지사는 다음과 같은 기본 규칙을 염두에 두어야 한다(Zastrow, 1992, 1995, 1999). 첫째, 항상 정직하라. 둘째, 신문과 라디오, 텔레비전 뉴스의 마감시간을 알라. 셋째, 뉴스의 방향성을 알라. 넷째, 누구에게 이야기할 지를 정하라. 다섯째, 항상 '감사합니다.'라고 말하는 것을 잊지 말라. 여섯째, 신문사와 방송국의 성격이 다름을 알라.

(5) 기금 마련과 운영에 관한 지식

정신건강사회복지사는 사회복지실천을 효과적으로 수행하기 위해서 기금을 마련해야 하고, 이를 잘 사용할 수 있어야 한다. 정신건강사회복지사는 기금을 마련하기 위해서 우선 기금의 출처를 생각해야 한다. 그리고 어디서 기금을 효과적으로 끌어낼 수 있는가를 알고, 일을 체계적으로 수행해야 한다(Zastrow, 1992, 1995, 1999).

정신건강사회복지사는 다른 사람들을 돕는 일에 사용될 정부 지원금의 한계에 대해서 잘 알아야 한다. 정신건강사회복지사는 기금을 모아야 하고, 일을 수행하기 위한 경비는 가능한 한 기금으로 충당하여야 한다. 그러기 위해서는 정신보건시설이나 실천 서비스 집단이 정말로 유용하다는 것을 사람들에게 인식시키고, 올바른 공익성을 창조해야 한다. 기금 모금을 잘하기 위해 정신건강사회복지사가 염두에 두어야 할 몇 가지 원칙은 다음과 같다(Zastrow, 1992, 1995, 1999). 첫째, 창조적인 정신건강사회복지사가 되어야 한다. 둘째, 돈을 모을 수 없을 것이라는 두려움을 없애야 한다. 셋째, 기금

모금 활동이 정말 지역사회에 필요하고 적합하도록 해야 한다. 넷째, 즐겁게 일해야 한다.

(6) 정치적 활동과 로비

정신건강사회복지사는 때로 정치적인 활동을 해야 하고, 적극적인 로비 활동도 해야 한다(Zastrow, 1992, 1995, 1999). 특히 정신장애인의 문제 중 상당 부분은 인권이나 사회적 차별, 편견, 낙인 등에 관련될 경우가 많다. 그래서 정치적 활동과 로비 활동을 통해 이와 같은 왜곡된 사회적 인식과 반응에 대처해 나가야 한다.

(7) 문제 해결을 위한 지역사회 계획

지역사회에는 여러 가지 문제가 많다. 이러한 다양한 문제를 해결하기 위해서, 전문적 지식을 갖춘 정신건강사회복지사에 의한 문제 해결이 시도된다. 지역사회 계획이란 정신건강사회복지사를 통해 문제 해결을 도모하는 활동 전반을 일컫는다. 이러한 지역사회 계획은 다음과 같은 단계를 통해 수립된다(Zastrow, 1992, 1995, 1999).

- 사전계획(요청할 질문): 계획을 세우기에 앞서서 면밀한 검토를 하여야 한다. 문제에 대한 정확한 인식을 위해 문제가 무엇인가를 물어보아야 한다.
- 계획(계획의 진행): 1단계는 문제를 사정하는 일이다. 2단계는 문제를 명확히 하는 일이다. 3단계는 목적을 정하는 일이다. 4단계는 목적에 따른 구체적인 목표를 세우는 일이다. 5단계는 목표를 위한 전략을 정하는 일이다.
- 효과(계획의 평가): 계획 과정의 마지막 단계는 목적 달성을 위한 전략을 이행하고 모니터하며, 평가하는 일이다.

CHAPTER 08

생애주기별 정신건강 이해와 실천

1. 아동 · 청소년의 정신건강

아동 · 청소년은 건강한 성인이 되기 위한 준비기간으로서 어린 시절의 경험이 인격 성숙과 정신건강 유지에 결정적으로 중요하다. 특히 성장기 어린이의 정신질환은 성인이 된 후에도 이어질 가능성이 높고, 이는 가정과 공동체의 부담을 가중시키는 결과를 초래한다. 따라서 지원대상과 예산을 확대하고, 맞벌이 부부를 위한 맞춤형 프로그램을 개발하는 등 어린이 건강증진을 위한 실효성 있는 대책이 필요하다.

1) 아동 · 청소년기의 정신질환

정신적으로 건강한 아동은 학습, 학교생활 등을 자신의 능력 안에서 해낼 수 있고, 적절하게 놀이를 즐기며, 가족 및 친구와의 관계를 원만하게 맺을 수 있다. 반대로 정신적으로 건강하지 않은 아동은 자신의 성(sex)과 나이에 맞지 않는 생각과 행동, 감정을 보이고, 정신적 발달이 정지 혹은 지연, 퇴행, 왜곡되어 있다.

초 · 중 · 고등학교 과정에서 다양한 정서적 문제, 학습과 관련해서 발생하는 어려움, 청소년 비행과 같은 품행에 대한 우려가 많다. 이 시기에 흔하게 발생하는 정신건강상의 문제는 주의력결핍 과잉행동장애(ADHD), 틱(Tic)장애, 특정 학습장애, 기분장애, 분리불안과 학교 공포증, 우울증과 강박증, 품행장애, 자해 등이 있다. 아동 · 청소년기에 나타나는 정신의학적 평가가 필요한 정신건강 문제의 신호는 다음과 같다(이영호 외, 2006; 이준우 · 손덕순, 2007).

- **우울의 신호**: 무표정하며 사람과 어울리기를 싫어하는 경향을 드러낸다.
- **학업의 어려움**: 학교 성적의 뚜렷한 저하, 나름 열심히 하는데도 불구하고 성적이 좋게 나오지 않을 때 등을 말할 수 있다.
- **심한 걱정과 불안**: 학교에 가는 것, 잠을 자는 것, 아이에 맞는 활동 참여에 지장을 주는 정도의 불안이 나타난다.
- **행동 조절의 어려움**: 과다활동, 꼼지락 거리기, 보통 놀이 시간을 넘어선 지속적 움직임이 계속된다.
- **지나친 공격성**: 6개월 이상 지속적 반항 혹은 공격성, 권위자에 대한 도발적 반항, 설명할 수 없는 잦은 떼쓰기 등이 반복적으로 나타난다.
- **수면 문제**: 과다수면, 불면증, 지속적 악몽, 야뇨증 등이 발생한다.
- **입맛의 급격한 변화**: 식욕 상실과 증가, 체중 저하와 증가, 이물질을 먹는 행동

등이 나타난다.

- **성적인 행동의 변화**: 지나친 자위행위, 과다노출 등을 한다.

(1) 주의력결핍 과잉행동장애

"우리 아이가 수업 시간에 너무 산만하고 집중을 못 합니다." 이러한 주의력결핍 과잉행동장애(Attention Deficit Hyperactivity Disorder: ADHD)는 소아정신과 영역에서 가장 흔한 질환 중 하나이다. 주로 주의산만, 과잉행동, 충동성이 보이며 7세 이전 아동 초기에 발병하고, 성인이 되어서도 영향을 주게 되어 가정, 학교, 사회생활 등에 지장을 초래하는 중요한 질환이다. 아이가 만약 산만하고, 참을성이 부족하고, 행동이 앞서는 모습을 보인다면, ADHD를 의심해 볼 수 있다. 대체로 유치원이나 학교와 같이 질서를 잘 지켜야 하는 환경과 수업 시간에 가만히 있어야 하는 상황에서 증상이 더 잘 드러나게 되므로, 담임교사로부터 "수업 시간에 아이가 집중을 잘 못한다, 장난이 심하다, 말을 잘 듣지 않는다."라는 의견을 흔하게 받게 되고, 병원 상담과 진료를 권유받기도 한다.

그렇다면 이 증상은 부모가 아이를 잘못 양육해서 생기는 걸까? 부모 중에는 아이가 ADHD를 진단받으면 본인 탓이 아닌지 걱정하는 사람이 많다. 이렇듯 ADHD의 원인으로 가장 많이 오해하는 것이 양육이나 교육환경의 문제가 원인이라는 생각이다. 하지만 이런 흔한 오해와는 달리 ADHD는 오히려 유전적인 요인을 포함한 다음과 같은 뇌의 신경생물학적 요인이 더 결정적인 것으로 알려져 있다(http://www. mentalhealth. go.kr).

- **유전적인 요인**: ADHD 가계도 연구에서 가족력이 있는 경우가 많다. ADHD 아동의 형제는 약 30%에서 발생하고, 부모가 ADHD인 경우에는 57%에서 발생하는 것을 볼 수 있다.

- **신경학적인 요인**: 전두엽의 기능은 충동을 조절하고 주의력에 중요한 역할을 하는데, 이는 각성, 주의 집중, 정보처리 및 충동 억제 등과 관련된 인지 조절 네트워크, 집중하지 않을 때 활성화되는 디폴트 모드 네트워크, 보상, 동기, 실행 기능 등과 관련된 도파민 회로와 연관이 된다. ADHD 환자의 경우 전두엽과 연결된 인지 조절 네트워크의 기능이 떨어져 있고, 인지 조절 네트워크가 활성화될 때에 정상적으로 약해져야 하는 디폴트 모드 네트워크가 과활성화되어 있거나, 도파민 신경회로의 기능이 떨어져 있는 것으로 추정한다. ADHD 치료제는 대개 도파민의 기능을 강화하는 역할을 한다.
- **환경적 요인**: 임신 및 출산 중 합병증, 독성물질에의 노출, 기타 신경학적 손상으로 뇌의 전두엽과 관련된 신경 네트워크의 기능이 떨어지거나 구조적 위축 등을 유발 혹은 악화될 수 있다.
- **정신 사회학적 요인**: 사회심리학적인 요인, 환경적인 요인보다는 유전적 · 생물학적인 요인이 더 중요한 것으로 알려져 있지만, 심한 학대, 방임은 ADHD의 증상 중 주의산만, 충동성 조절의 어려움 등과 관련이 있는 것으로 추정한다.

(2) 틱(Tic)장애

틱(Tic)은 아이들이 특별한 이유 없이 자신도 모르게 몸을 움직이거나 소리를 내는 것을 말한다. 눈을 계속 깜박거리거나, 머리를 흔들거나 어깨를 실룩거리는 것처럼 신체의 한 부분에서 틱이 발생하는 것을 운동틱이라고 한다. 킁킁거리는 소리, 기침 소리처럼 소리를 내는 것을 음성틱이라고 한다. 심한 음성틱은 욕설이나 야한 이야기를 반복적으로 하는 경우도 있다. 틱 증상은 파도가 밀려오듯이 갑자기 심해졌다가 며칠 뒤에는 잠잠해지는 양상으로 나타난다. 이처럼 증상의 정도에 변화가 많고, 발생하는 위치도 자주 변한다.

틱은 학령기 아동에게 매우 흔하게 나타난다. 전체 아동의 10~20%는 일시적으로 틱 증상을 보인다. 틱 증상이 1개월 이상 지속되는 일과성 틱 장애는 5~15%의 아동에게서, 1년 이상 틱 증상이 지속되는 만성 틱 장애는 1%의 아동에게서 나타난다. 운동틱과 음성틱을 모두 경험하는 것을 뚜렛병(Tourette's Disorder)이라고 한다. 뚜렛병 아동은 ADHD, 학습장애, 강박증 등을 동시에 갖고 있는 경우도 있다.

초등학생의 5~24% 정도가 틱이 있었거나 과거에 틱이 있었다고 보고되고 있다. 틱 장애로 말미암은 증상은 보통 12세 전후에 가장 악화되고, 30세 이전에 대부분 호전되는 것으로 알려져 있다. 틱 아동의 증상은 스트레스가 많은 진학 초기에 악화되기 쉽다. 선생님이나 친구들이 틱 증상을 지적하면 그 증상이 더욱 악화되어 악순환이 일어날 수 있다.

틱장애는 뇌 신경 전달 체계의 이상, 유전적인 요인, 출산 과정 중 뇌 손상이나 세균 감염과 관련된 면역 반응 이상 등과 관련이 있는 것으로 알려져 있다. 그 밖에도 학습 요인, 심리적 요인 등이 틱 발생 및 악화와 관련이 있다. 예를 들어, 가족의 일원이 틱 증상을 오해하고 창피를 주거나 벌을 주어서 증상을 제지하고자 하면 아동이 정서적으로 불안해져 증상이 악화될 수 있다. 그러나 심리적인 원인이나 잘못된 양육 방법이 틱장애의 발생 원인은 아니다(http://www.amc.seoul.kr/asan).

(3) 특정 학습장애

아이가 공부를 힘들어하고 못한다고 해서 모두 학습장애는 아니다. 공부를 힘들어하는 아이 중에는 지능이 떨어지거나 청각 혹은 시각에 문제가 있거나, 사회 경제적인 여건의 문제로 말미암아 학습에 어려움이 있는 아이의 경우는 학습장애에 해당하지 않는다. 학습장애는 평균 이상의 지능을 가지고도 읽기, 쓰기, 산술연산 같은 특정기술의 학습에 심각한 장애를 보이는 경우에 의심할 수 있다. 특정 학습장애는 보통 아이가 초등학교 들어가면서 정규교육이 시작된 후 기초학습 기술을 배우기 시작할 때 또래보다 뒤쳐지면서 처음 발견된다. 학습장애는 한 영역에서만 어려움을 가질 수도 있고,

여러 영역에 걸쳐서 문제가 있는 경우도 있다. 특정 학습장애는 크게 읽기장애, 쓰기장애, 수학장애로 나눈다(http://www.mentalhealth.go.kr).

읽기장애는 학습장애의 범주 중 가장 잘 알려져 있으며, 학령기 아동의 2~8% 정도로 보고되고 있다. 보통 읽기장애로 진단받은 아이들의 60~80%가 남아로 알려져 있고, 대개 아이가 초등학교에 입학한 후 파악된다. 읽기장애는 아이의 나이, 지능, 그리고 교육 수준에 기대되는 정도보다 현저하게 읽기 능력이 부진하고, 이런 기능장애로 말미암아 학업이나 일상생활에서 장애가 동반되는 경우를 말한다. 기본적으로 글자-소리 연결이 되어야 이후에 철자, 쓰기, 단어 명명 등 다양한 언어 능력이 발달할 수 있다. 그런데 읽기 능력에 문제가 있으면 글자와 해당하는 소리를 연결하는 데 어려움을 느낀다. 또한, 읽기장애를 가진 아이들은 글자를 읽는 것이 느리고, 읽어도 내용을 이해하는 것이 어려워 재미를 잘 느끼지 못한다. 따라서 읽기장애 아동들은 누가 읽어주면 잘 이해하는데 스스로 읽으려고 하면 내용을 잘 이해하지 못하는 경우가 많다 보니, 글을 읽는 것을 더 피하게 된다. 그리하여 결국 시간이 가면서 독서량이 적어지게 된다. 그리고 독서량이 부족하면 향후에는 또래보다 어휘력, 독해력이 떨어지게 된다.

쓰기는 언어를 이해하고, 생각을 표현하는 복잡한 기술로 대체로 읽기와 밀접한 관련성을 보인다. 한글의 경우 읽기보다는 쓰기 어려움을 가진 학생이 더 자주 발견된다. 글로 자기 생각을 표현하기 위해서는 글씨 쓰기, 철자, 작문 등의 기술이 기본적으로 동시에 사용된다. 이런 세 가지 기초기술이 자동으로 잘 이루어지면, 이후 자기 생각을 조직적으로 명료하게 표현할 수 있게 된다. 그런데 이런 것이 자동으로 잘 안 되면, 생각의 흐름이 자주 끊기다 보니 효과적으로 자기 생각을 표현하기가 어렵게 된다. 글씨 쓰기의 문제와 동반하여 자주 나타나는 것이 철자 문제이다. 말소리를 종이 위 글자로 쓰는 것은 읽기 과정과 반대의 과정이 필요하다. 즉, 읽으면서 자연스럽게 말소리를 인식하는 것을 반대로 하게 되는 과정인데, 이때 쓰기장애가 있다면, 소리 나는 대로 단어의 철자를 쓸 수 있으나 겹받침, 이중모음이 들어 있거나 음운의 변동이 발생하는 불규칙 단어의 철자는 정확하게 쓰지 못하게 된다. 또한, 쓰기에 어려움이 있는 아이는 대체로 어휘력이 부족하고 구두점을 언제 사용하는지, 문법적으로 어느 부분이 어색한지에 대한 감각이 부족하다. 그래서 전체 글이 어설프고 때로는 무엇을 전달하려는 것인지 모호하다. 쓰기장애 아동은 반복적인 학습에도 불구하고 이런 철자의 혼란이 교정되지 않으며, 글에 문법적인 오류가 많이 있다.

수학장애를 가진 아이는 처음 수학을 배울 때 숫자 이름을 잘 기억하지 못하고 수 세기, 숫자 쓰기를 어려워한다. 또한, 덧셈, 뺄셈, 곱셈, 나눗셈 등의 사칙 연산기호의 의미를 이해하지 못한다. 학년이 올라가면 큰 수의 연산을 하거나 분수, 소수의 연산을 해야 한다. 이때는 암기만으로는 해결이 안 되고, 여러 단계의 계산 절차를 차례대로 수행해야 하는데, 아이가 수학장애가 있다면 이런 계산 절차를 수행할 때 속도가 느리고 잦은 실수를 범하게 된다. 간혹 주의력이 부족한 경우에도 비슷한 모습을 보일 수 있기 때문에, 먼저 아이가 숫자 개념, 계산을 하는 절차에 대한 개념이 부족한 것은 아닌지 살펴보아야 한다. 또한, 문제 해결형 문제를 풀 때는 숫자 감각뿐 아니라 연산 능력, 문제를 읽고 이해하는 능력도 함께 필요하므로, 이 과정에서 어떤 부분을 힘들어하는지 살펴보아야 한다.

그렇다면 학습장애는 지능에 문제가 있어서 생기는 것일까? 특정 학습장애는 지능에 문제가 있어서 생기는 것은 아니다. 특정 학습장애는 신경발달장애로 분류될 정도로 생물학적 원인에 대한 연구 결과가 많으며, 뇌 손상, 선천적 발달지연, 인지, 정서, 교육 등의 다양한 요인이 복합적으로 작용한다고 알려져 있다. 또한, 뇌성마비, 간질에 이환되었거나 미숙아와 저체중 등 출산 후유증의 병력을 가진 아동의 경우에 정상 지능을 가졌어도 읽기장애, 수학장애를 포함하여 특정 학습장애와 관련될 수 있다. 특정 학습장애는 가족력이 있을 때 더 위험이 높아지는 것으로 보이며, 1차 친족에서 읽기장애는 4~8배, 수학장애는 5~10배 발병률이 높다. 특히 해독과 철자의 문제가 주 특징인 난독증에 대한 뇌 연구 결과에서는 왼쪽 뇌의 언어 및 읽기와 관련된 영역에서 구조적 혹은 기능적 이상이 관련된 것으로 보인다.

특정 학습장애의 경우 보통 초등학교 입학한 후 처음으로 진단된다. 읽기장애는 증상이 심하지 않은 경우 치료를 조기에 받게 되면 초기에 치료될 수 있다. 그러나 증상이 심한 경우 중·고등학교까지 문제가 이어질 수 있다. 주의력이 부족한 초등학교 저학년의 아동은 향후 기초학습을 익히는 데 어려움을 겪을 가능성이 높으며, 치료 반응도 나쁜 편이다. 특정 학습장애를 가진 아동이 적절한 치료를 받지 않는 경우 학업 성취도가 낮고, 중간에 학업을 포기하여 학력이 낮은 경향이 있다. 추후에는 아동의 정서적인 문제, 즉 수치심, 좌절감, 우울과 같은 문제로 이어질 가능성이 있다. 특정 학습장애는 일생 동안 지속되며 충분한 지지와 편의가 제공되지 않는다면 성인기 다양한 정신건강 문제로 발전할 가능성이 높다.

특정 학습장애의 유병률은 학령기 아동에서 다양한 문화권에 걸쳐 5~15% 정도로 나타난다. 성인의 유병률은 아직 연구되지 않았지만 4% 정도로 추정된다. 읽기장애의 경우 우리나라 초등학교 3~4학년 학생을 대상으로 한 예비조사에서 3.8%의 유병률을 보였다. 학령기 아동에서 쓰기장애는 읽기 문제와 흔히 동반되며, 남아에서 좀 더 흔한 것으로 보인다. 학령기 아동에서 수학 문제가 단독으로 존재하는 경우는 약 1%이고, 수학 문제의 어려움을 보이는 경우는 여아에서 더 흔하게 나타난다.

(4) 기분장애

아동 기분장애는 기분 조절이 어렵고 비정상적인 기분이 장시간 지속되는 장애로 대표적인 질환에는 우울증과 조울증이 있다. 부모 중 한 명에서 우울장애가 있을 때, 그 자녀에게서 우울장애가 나타날 위험도는 2배, 양쪽 부모가 다 우울장애일 때 18세 이전에 기분장애가 나타날 위험도는 4배 정도 증가한다. 기분장애가 어린 나이에 발현하면 만성화되는 경향으로, 불면증, 슬픈 감정, 과거에 대한 집착, 짜증, 주의산만, 절망감, 피곤, 식욕감퇴 등으로 나타난다. 대부분 스트레스가 있을 때 나타나며, 학업성취,

친구관계 등 아이의 정신사회 분야에 지장을 초래한다.

주요 우울장애가 있는 아동에게는 2주 이상 지속되는 우울증 에피소드가 있다. 일반적으로 아동은 감당할 수 없는 비애, 성마름, 자기 상실감 및 죄의식을 느낀다. 운동을 하고, 텔레비전을 보며, 비디오 게임을 하고, 친구와 노는 것과 같은 일반적으로 즐거움을 주는 활동에 흥미를 잃어버린다. 심한 지루함을 털어 놓는다. 많은 이러한 아동은 복통이나 두통 같은 신체적 문제를 하소한다.

아동에게 파괴적 기분조절부전장애가 있다면 오랫동안 대부분의 시간에 짜증을 내고, 통제를 벗어나는 행동을 하는 경우가 빈번하다. 기분을 자주, 극심하게 분출하며 그러한 상황이 가져다주는 이익에 비교할 때 그 강도가 훨씬 심하고 훨씬 오랫동안 기분을 분출한다. 이와 같이 분노가 폭발하는 동안 재산을 파괴하거나 다른 사람의 신체에 상해를 입할 수 있다. 분노를 분출하지 않을 때 아동은 거의 매일 하루 중 대부분의 시간에 짜증을 내거나 화를 낸다. 이 장애는 보통 6~10세에 시작된다.

(5) 수면장애

아동 수면장애는 대상이 어린만큼 자기표현에 서툴기 때문에 적극적으로 병을 호소하지 못한다. 아울러 부모가 이와 같은 증상을 인지하고 있다고 하더라도 '시간이 지나면 괜찮아지겠지….'라는 안일한 생각으로 방치하는 경우가 많다. 수면은 우리가 생각하는 것보다 중요한 역할을 하는 요소로 낮 시간 동안 쏟았던 에너지를 충전시켜 주거나 손상되었던 중추신경계를 회복시켜 힘들고 불쾌했던 감정을 정화시켜 준다. 아동이 건강한 수면을 취하지 못하면 발육 성장이 늦어지거나 비만한 체질이 되기 싶다. 따라서 밤늦게까지 잠들지 못하거나 중간중간 계속 깨어나는 아동 수면장애를 겪는 자녀가 있다면 부모는 관련 병원에 내원하여 적극적인 검사와 치료를 받아야 한다. 성인, 아동 구분 없이 질 높은 수면을 취하지 못하는 환자들은 우울증 증상을 겪는 경우가 발생될 수 있다. 환자들은 우울해하거나 불안한 마음으로 잠들기 어려워할 뿐만 아니라, 이러한 패턴이 계속 반복되어 심각한 문제를 발생시킬 수 있다.

(6) 강박장애

강박장애(Obsessive-Compulsive Disorder: OCD)는 신경증의 일종으로, 본인의 의지와 무관하게 어떤 생각이나 장면이 떠올라 불안해지고, 그 불안을 없애기 위해서 어떤 행동을 반복하게 되는 질환이다. 반복적이고 원하지 않는 강박적 사고(obsession)와 강박적 행동(compulsion)을 특징으로 한다.[1)] 강박장애는 아동의 약 5%에서 몇 년 후에 해결되고, 약 40%는 성인 초기에 낫는다. 다른 아동 및 청소년들에서 이 장애는 만성적인 경향을 보이지만, 치료를 계속하면 아동 및 청소년 대부분은 정상적으로 활동한다. 아동 및 청소년의 약 5%는 치료에 반응하지 않고 큰 장애를 가진 상태로 살아간다.

강박장애는 재발성의 원하지 않는 침입성 의심, 아이디어, 이미지, 또는 충동(강박적 사고) 및 충동으로 말미암은 불안을 완화시키기 위해 조치를 취하고자 하는 끊임없는 욕구(강박)를 특징으로 한다. 강박적 사고와 강박은 큰 고민을 유발하여 학교생활과 사회관계를 방해한다. 강박은 종종 자신이 해를 입거나 사랑하는 사람이 해를 입는 것(예를 들어, 질병, 오염 또는 사망으로 말미암은)에 대한 걱정 또는 두려움을 수반한다. 강박은 아동 및 청소년이 의심을 관리하거나(예를 들어, 문이 잠겨 있는지 확인하기 위해 반복적으로 점검), 나쁜 일이 발생하지 않도록 방지하거나, 강박으로 말미암은 불안을 완화하기 위해 해야 한다고 생각하는 과도하고 반복적이며 목적 있는 행동이다.

일반적으로 강박장애의 증상은 점진적으로 나타나며, 아동 대부분은 처음에는 자신의 증상을 숨길 수 있다. 예를 들어, 아동은 치명적인 병에 걸리거나 자신 또는 다른 사람이 부상당하는 것과 같은 피해에 대한 걱정이나 두려움에 사로잡힌다. 자신의 걱

1) 강박장애는 강박성 성격장애(Obsessive-Compulsive Personality Disorder)와는 다르다. 강박장애가 자기 외부에서 떠오르는 강박적인 사고 때문에 환자 본인이 불편감과 이상행동을 보이는 것이라면, 강박성 성격장애는 그 사람 본인의 성격이 매우 빡빡해서 환자의 주변인들에게 피해를 끼친다.

정과 두려움을 조절하거나 완화하는 무엇을 해야 한다고 느끼게 된다. 예를 들어, 다음과 같은 행동을 반복적으로 한다. 자명종을 끄거나 문을 잠갔는지 확인하기 위해 점검한다. 손을 과도하게 씻어 손이 벗겨지고 거칠어진다. 여러 가지 물건의 수를 셈한다(예컨대, 계단의 수 같은). 의자에 앉고 일어선다. 특정 물건을 계속 청소하고 정렬한다. 학교 공부를 할 때 자주 수정한다. 음식을 특정 횟수까지 씹는다. 특정 물건에 손대는 것을 기피한다. 때로는 하루에도 수십 번 또는 수백 번씩이나 빈번하게 재확인을 요구한다.

몇몇 강박적 사고와 강박은 논리적으로 연결되어 있다. 예를 들어, 병이 나지 않는 것에 집착하는 아동은 매우 자주 손을 씻을 수 있다. 그러나 어떤 경우는 전혀 연관성이 없다. 예를 들어, 조부모가 심장마비에 걸리는 것을 방지하기 위해 50까지 반복하여 셈한다. 강박에 대항하거나 실행하는 것이 방해당하면 아동은 극히 불안해져 걱정하기 시작한다. 아동 대부분은 자신의 강박적 사고와 강박이 비정상적임을 알고 종종 당황하기도 하며, 이를 숨기려 노력한다. 그러나 일부 아동은 자신의 강박적 사고와 강박이 정당하다고 확신한다.

(7) 자폐 스펙트럼장애

자폐 스펙트럼장애(Autism Spectrum Disorder)는 초기 아동기부터 상호 교환적인 사회적 의사소통과 사회적 상호작용에 지속적인 손상을 보이는 한편 행동 패턴, 관심사 및 활동의 범위가 한정되고 반복적인 것이 특징인 신경 발달장애의 한 범주이다. 『정신질환의 진단 및 통계편람(DSM-IV)』과 『국제질병표준분류기준(ICD-10)』에서는 광범위성 발달장애 범주하에 자폐성장애, 아스퍼거장애, 레트장애, 소아기 붕괴성장애, 달리 분류되지 않은 광범위성 발달장애 등으로 구분했다. 하지만 『DSM-5』에서는 이들을 각기 독립된 장애가 아닌 동일한 연속선상에서 자폐 상태의 심각도나 지능 및 심리 사회적 발달의 정도에 따라 발현되는 임상 양상에 차이가 있다고 보아 자폐 스펙트럼장애로 개정했다.

자폐 스펙트럼장애는 발병 나이와 패턴이 중요하다. 이에 해당하는 증상은 일반적으로 12~24개월 무렵에 나타나며, 지능을 비롯한 발달이 매우 더딘 경우라면 12개월 이전에도 알아차릴 수 있다. 하지만 영유아기 때 나타나는 증상은 만 2세 이후 나타나는 증상보다 더 미묘하고 알아차리기 어려우며, 막연히 걱정이 되더라도 아직 어리기 때문이라고 여기며 두고 보는 경우가 많다. 초기 아동기 또래와의 상호작용 기회가 늘면서부터 증상은 더 명백하게 드러난다. 대개는 언어 발달의 지연이 가장 먼저 눈에 띄며, 이후 사회적 관심이 부족하다거나 특이하게 노는 등 독특한 의사소통 패턴을 보이는 상호작용의 문제가 드러난다.

독특하고 반복적인 행동도 만 2세경부터 눈에 띄기 시작해 연령이 증가할수록 점점 더 분명해지는데, 특정 활동을 지나치게 선호한다거나 같은 행동을 반복하는 것(같은 음식, 같은 놀이, 같은 TV 프로그램 등)을 즐긴다. 초기 아동기에서부터 초등학교 저학년 무렵까지는 이와 같은 증상이 점점 더 심해지기도 하지만, 일정 수준의 학습, 보상 전략 습득이 이루어지면서 대개는 발달적 향상을 보인다. 다만, 나이에 비례해 발달하는 속도가 더디다 보니 청소년기를 지나 성인기에 이르러서도 연령에 기대되는 사회적 행동이나 직업 역할 수행은 어리고 미숙하다.

지적 능력 및 언어 능력은 예후에 매우 중요하다. 지능을 비롯해 여타 발달 상태가 양호한 경우에는 학령기 동안 습득한 지식, 보상 전략을 바탕으로 학교 장면과 같이 구조화된 상황에서 어느 정도 적응해 나가기 때문에 성인기가 되어서야 비로소 적응상의 문제가 두드러지고 뒤늦게 치료 장면을 찾기도 한다. 그런데 지적 장애나 언어 장애가 동반된 경우에는 이로 말미암아 사회적 기술이나 보상 전략 습득에 더 큰 어려움이 초래되어 예후가 좋지 않다.

자폐 스펙트럼장애로 폭넓게 진단할 경우, 여러 국가에서 유병률이 1% 정도로 보고되며, 남성이 여성보다 4배 이상 많다. 임상 장면에서는 자폐 스펙트럼 여아에서 남아보다 지적 장애가 동반되는 경우가 많이 발견된다. 다만, 이와 관련해서는 지적 장애나 언어 문제가 동반되지 않는 자폐 스펙트럼 여아의 경우 남아보다 사회적 상호작용의 문제나 상호 교환적 의사소통의 문제가 상대적으로 덜 드러나 치료 장면을 적게 찾을 가능성을 고려해 볼 수 있겠다.

자폐 스펙트럼장애의 병인이 명확히 확인되지는 않았지만, 의학적 상태(예를 들면, 간질) 또는 유전적 상태(예를 들면, 레트 증후군, 취약성 X 증후군, 다운 증후군), 환경적 요인(예를 들면, 태내 알코올 증후군, 출생 시 저체중 등) 등의 취약성이 확인되었으며, 『DSM-5』에서는 이에 따라 자폐 스펙트럼장애의 진단을 세분화하도록 했다. 최근의 신경생물학적 연구를 통해 지속적인 원시적 반사 반응, 거두증(macrocephaly), 뇌 형태 및 세포 구조의 변화, 얼굴 지각을 담당한다고 알려진 방추상 안면 영역(fusiform face region)의 반응성 감소 등이 보고되었다.

자폐 스펙트럼장애에 대해 약물치료를 포함해 행동 수정 기법, 교육적 개입, 정신치료, 식이 요법 등 다양한 영역의 개입이 이루어지고 있으나, 이와 같은 개입 기법의 효과에 대해 체계적인 검증이 이루어지지는 못했다. 다만, 기본적인 사회적 의사소통 및 대인관계 기술을 습득하기 위한 교육 프로그램, 부적절한 행동 문제를 감소시키고 적응 행동을 증가시키는 데에는 행동수정기법이 유용하다. 특히 이와 같은 프로그램은 매우 구체적이고 행동적 수준에서 이루어져야 하며, 주(主) 양육자가 조력자로 참여하여 장기간 유지할 때 효과적이다.

(8) 자해

자해란 자신의 신체에 의식적으로 직접적인 상해를 입히는 행위로, 벽에 머리 부딪치기, 물어뜯기, 자르기, 할퀴기, 때리기 등으로 나타난다. 자해행동 형태는 한 가지 형태에서 갖가지 결합된 형태 등 다양하며, 자해행동의 미스터리 중 하나는 자해행동이 주는 상처와 고통에도 불구하고 계속해서 자신을 상해한다는 점이다. 흔히 어떤 증후의 고통도 없이 발생하며, 중도 이상의 지적장애인으로서 언어 결함, 시각장애 등을 수반했을 때 자해행동이 심한 것으로 보고된 경우도 있다.

자해행동은 언제나 심각한 안전문제를 일으키고 상처부위의 감염이나 2차적 병을 일으키기 때문에 자해행동을 보이는 아동뿐만 아니라 가족이나 교사, 주위 사람들에게 불안감, 좌절감, 무력감을 갖게 하는 등 큰 문제로 부각된다. 따라서 치료 및 교정교육이 절실한 부분이며, 자해의 이유는 다음과 같다.

- 자신의 힘든 현재 상황을 가족, 친구, 주변인들에게 알리기 위한 수단
- 자신의 스트레스 상태, 고통스러운 감정에서 벗어나기 위해
- 멍하거나 마비된 느낌이 들 때 자신이 살아 있음을 느끼기 위해
- 죄책감으로 말미암아 스스로 벌주기 위해
- 조현병, 발달장애, 우울증 등 정신질환의 영향

2) 치료

아동·청소년 환자의 정신과적 치료를 결정하기 전에 전문가들은 환자의 정신과적 문제 및 가족 병리를 철저하게 조사·분석하여야 한다. 이로써 환자나 가족 배경을 포괄적으로 이해하고 나서 치료방침을 세워야 최대한의 치료 효과를 낼 수 있다. 아동의 발달 수준과 발달과제의 성취 여부를 결정하고 학교, 사회, 가정 내에서 아동의 역할이나 상호 관계, 그리고 이들의 영향을 체계적으로 평가해야 한다. 또한, 선천적인 요인과 생리·심리 사회적 측면에서 통합적 접근을 하여야 한다. 아울러 의사, 정신건강사회복지사, 임상심리사, 특수교사, 언어치료사, 작업치료사 등의 다학제 간 협력이 아동·청소년의 정신건강 치료에 효과적이다. 아동·청소년을 둘러싼 1차적 관계망인

가족에 대한 치료적 접근은 매우 중요하다. 부모를 포함한 가족이 치료 협력자로서 적극적으로 참여할 수 있도록 해야 한다(이준우 · 손덕순, 2007: 331-333).

(1) 정신치료

대화가 가능한 아동 · 청소년에게는 정신 치료가 가능하다. 아동의 정신 치료는 정서장애에 대한 정신분석학이론, 사회적 · 행동적 학습이론, 정신병리와 치료에 대한 이론, 가족구조 간의 상호작용이론 및 발달학적 이론 등에 근거를 둔다. 어떤 이론에 근거하든지 치료자는 아동 및 청소년의 나이에 해당하는 정상적 행동양식, 감정, 지적 능력, 사회적 · 성적 기능, 도덕 수준 등에 관하여 풍부한 지식이 있어야 한다.

(2) 치료 레크리에이션

대체로 10세 미만의 아동과 대화의 한계가 있을 경우에는 정신치료가 어렵기 때문에 놀이나 레크리에이션(recreation)을 통하여 치료를 수행한다. 왜냐하면, 아동은 놀이나 레크리에이션 등을 통해 간접적으로 자기를 표현할 수 있기 때문이다. 따라서 진단에도 도움이 된다. 놀이나 레크리에이션을 통하여 관계 형성이 촉진되고, 감정적 혹은 의식적 갈등의 표현, 생각, 행동, 불안에 대한 방어기제를 관찰할 수 있다. 놀이나 레크리에이션은 성인의 정화와 같은 치료 효과를 갖는다.

(3) 가족치료

인간이 고립된 존재가 아니라 사회적 집단 내에서 활동하고 반응하는 구성원이기 때문에 가족치료는 개인상담처럼 인간의 내면세계에 초점을 맞추기보다는 다른 사람과의 관계 방식에 일차적으로 초점을 맞춘다. 가족은 그 자체로서 하나의 체제를 형성하기 때문에 체제적 관점을 통하여 가족을 이해하고자 하는 입장을 취한다. 가족 구성원 중 한 사람의 병리적 증상은 곧 가족 구성원의 형태와 조직이라는 면에서 이해되고 해석된다. 즉, 내담자는 가족의 병리적 구조 아래 가족 구성원의 체계적인 병리적 상호작용의 결과로 병리적 증상을 나타내는 것이다. 그러므로 가족치료는 이러한 체계적인 병리적 상호작용을 변화시킴으로써 내담자와 그 가족을 도우려고 노력하는 것이다.

따라서 아동의 치료에는 가족이 대단히 중요하다. 아동이 어릴수록 아동을 치료하기보다 부모를 치료하게 된다. 학령기 전의 치료는 거의 부모를 대상으로 이루어진다. 대체로 남근기 나이의 아동으로서 스스로 정신 치료를 받을 수 있는 경우는 매우 드물기 때문이다. 치료는 부모 또는 부모–자식(환자) 간의 상호작용 혹은 가족과 환자와의 상호 관계에 대해 행해진다. 치료 대상은 아동이 아니라 가족집단이다. 아동은 치료자에게 가족 전체를 대표한다.

(4) 집단치료

소수 아동을 함께 치료하는 방법이다. 같이하는 놀이, 예술활동 등을 통하여 아동 각자의 문제 해결을 도모할 때 이를 집단치료라고 부른다. 과거에는 이들 집단은 가족처럼 취급되고, 치료자는 대리부모 같은 역할을 하며, 집단 내 현상은 과거 가족 내 행동양식이 재현된다고 보았다. 그러나 최근 집단치료의 집단은 친구들 간의 집단으로 여겨지고, 여기서 사회화 과정이 촉진된다고 보고 있다. 대인관계 경험이 부족한 환자는 개인 정신 치료를 받게 하는 것이 좋다. 사춘기 아동에게는 개인치료와 집단치료를 겸하는 치료가 효과가 있기도 하다. 부모의 이해와 협조를 위해, 아동과 관련된 자신들의 적응 문제를 해결하기 위해 부모의 집단치료가 크게 도움이 된다.

(5) 입원, 거주치료 및 낮 치료

장애가 급성이거나 응급인 경우 우선 병원에 입원하여야 한다. 입원하여 급성 상태가 회복되면 이어서 교육, 치료 레크리에이션, 재활치료 등이 시행될 수 있다. 그러나 장기치료가 필요하면 거주치료나 낮 치료로 옮겨서 치료한다.[2] 장애가 심하거나 체계적 약물치료를 요하는 장애라면 장기 입원치료가 바람직하다.

(6) 생물학적 치료

아무리 최선이라고 하더라도 약물 자체만으로는 치료의 전부가 될 수 없다. 즉, 약물치료를 할 때도 아동에게 간단한 정신적 측면의 치료와 더불어 부모상담 등의 치료를 겸하여야 더 높은 효과를 얻을 수 있다. 약물을 처방하려 할 때 정확한 진단과 증상에 대한 평가는 물론 위험과 이익을 고려하여야 한다. 아동 자신뿐만 아니라 가족과 학교에서 반대가 있을 가능성을 잘 고려하여야 한다. 약물 역학적으로 아동은 성인보다 대개의 정신 활성 약물에 빨리 반응하며, 비교적 높은 용량을 투여해도 잘 견딘다. 부작용은 대개 성인의 사례와 비슷하다.

2. 성인의 정신건강

1) 코로나 블루

2021년 2월 서울에 있는 한 대학원 경영학과를 졸업한 김○영 씨(26)는 작년 말 처음으로 정신과 병원을 찾았다. 취업에 실패하고, 결혼까지 생각했던 남자 친구와도 헤어

2) 거주치료란 아동이 정신과적 치료 원칙에 입각하여 체계화된 거주 환경 내에 입원 거주하면서 치료받는 것을 의미한다. 낮 치료는 아동을 가정에서 격리시키지 않은 채 매일 낮 동안만 병원에 와서 통합적 치료를 하는 것이며, 낮 병원과 같은 개념으로 볼 수 있다(이준우 · 손덕순, 2007: 332).

져 우울감을 견딜 수 없었기 때문이다. '용돈 벌이나 해 보자'는 생각으로 주식 투자에 뛰어들었지만 투자 종목은 반 토막 났다. 김○영 씨는 "가뜩이나 좁았던 취업문이 코로나 때문에 아예 닫혔다."라며 "남들은 주식으로 돈을 벌었다고 하는데 나는 얼마 되지 않는 돈도 다 날려 희망이 사라졌다."라고 말했다(조선일보, 2021. 5. 7.).

코로나 사태가 1년 넘게 장기화하면서 우울감을 호소하고 극단적 선택까지 생각하는 사람이 늘어난 것으로 나타났다. 특히 다른 연령대보다 20~30대에서 이런 현상이 두드러졌다. 젊은 연령대일수록 코로나 블루[3]를 심하게 앓고 있는 것이다. 보건복지부는 2021년 5월, 이 같은 내용이 담긴 '코로나 19 국민 정신건강 실태조사' 결과를 발표했다. 이번 조사는 한국트라우마스트레스학회가 전국 19~71세 성인 2,110명을 대상으로 3월 29일부터 4월 12일까지 온라인을 통해 진행했다.

'희망이 없다.' '피곤하고 기운이 없다.' '죽는 게 낫다고 생각한다.' 등의 설문을 통해 파악한 우울감 지수(총점 27점)는 전체 평균 5.7점으로, 2018년 시행된 지역사회 건강조사 결과인 2.3점의 2배 이상이었다. 특히 20대와 30대는 모두 평균 6.7점으로 전 연령대에서 가장 높았다. 30대는 코로나 사태 초기인 2020년 3월 조사 때에도 우울감 지수가 가장 높았다. 하지만 우울감이 가장 낮은 것으로 조사됐던 20대는 지난 1년간 우울감 지수가 급등했다.

전 연령대에서 우울감 지수가 10점 이상인 '우울 위험군' 비율은 22.8%로 2020년 이후 꾸준히 증가하는 추세다. 2018년(3.8%)보다 6배가량으로 증가했다. 우울 위험군 비율 역시 20대(30%)와 30대(30.5%)가 가장 높았다. 60대(14.4%)의 2배 이상이었다. 20대의 경우 이 비율이 작년 3월 13.3%로 가장 낮았지만 1년 만에 2배 이상이 됐다.

우울감이 심해지면서 자살을 고려해 본 사람도 급증하는 추세다. 조사에 참여한 사

3) '코로나19'와 '우울감(blue)'이 합쳐진 신조어로, 코로나19 확산으로 일상에 큰 변화가 닥치면서 생긴 우울감이나 무기력증을 뜻한다. 즉, 코로나19 사태가 장기화되면서 사람들이 자신도 언제 감염될지 모른다는 두려움을 느끼고, 무기력과 불안에 시달리는 감정을 의미한다. 문화체육관광부와 국립국어원은 2020년 7월 31일부터 8월 2일까지 열린 새말모임을 통해 제안된 의견을 바탕으로 의미의 적절성과 활용성 등을 다각도로 검토해 '코로나 블루'의 대체어로 '코로나 우울'을 선정했다고 밝혔다.

람 중 16.3%는 '자살을 생각한 적이 있다.'고 답했다. 2018년 4.7%의 약 3.5배 수준이며, 2020년 3월(9.7%)과 비교해도 2배 가까이로 증가한 것이다. 이 비율 역시 젊은 세대일수록 높게 나타났다. 20대와 30대는 각각 22.5%, 21.9%로 높았고, 50대는 12.5%, 60대는 10%였다.

전문가들은 젊은 세대들의 코로나 우울감이 높은 이유로 '미래에 대한 불확실성'을 꼽는다. 신영철 강북삼성병원 정신과 전문의는 "언제까지 지속될지 모르는 코로나로 말미암아 불확실성이 극대화돼 젊은 세대일수록 큰 고통을 겪고 있다."라고 말했다. 이동우 대한신경정신의학회 정책연구소장은 "가장 움직임이 많고 활동적인 세대일수록 거리 두기 등 방역 조치로 말미암아 스트레스를 많이 받는다."라면서 "정부가 조속히 젊은 세대들을 지원하기 위한 방안을 마련해야 한다."라고 말했다.

한편, 정은경 질병관리청장은 이날 브리핑에서 "코로나는 몇 번의 예방접종으로 근절 가능한 감염병이 아니라 관리하기 어렵다."라며 "변이 바이러스 유행으로 발생이 지속될 수 있는 상황"이라고 말했다(조선일보, 2021. 5. 7.).

2) 성인기의 정신질환

우리 인간은 일이 있기 때문에 자기 공간, 자기 시간, 자기 존재 등을 확인하게 된다. 일은 성인들에게 정신건강을 가져다주는 최대 원천이다. 정신적 안정과 정신적 힘의 원천은 가정의 건강과 직결된다. 그리고 인간은 관계 속의 존재다. 인간은 관계를 떠나서는 살 수 없다. 그러나 대인관계에서는 때로 갈등과 좌절, 증오, 분노, 실패와 절망 등도 있다.

(1) 우울증

우울증은 흔한 정신질환으로 '마음의 감기'라고도 부르며, 심한 경우 자살이라는 심각한 결과에 이를 수 있는 뇌질환이다. 우울한 기분은 누구나 일상생활에서 흔히 느낄 수 있다. 성인 10명 중 1명은 일평생 한 번은 경험하는 질환이기도 하다. 평생 여자 10~25%, 남자 5~12%가 적어도 한 번은 우울증에 걸린다고 한다. 성격적 특성, 스트레스, 유전적 요소, 뇌 신경전달물질 이상 등 다양한 원인으로 발생할 수 있다.

정신의학에서 말하는 우울증이란 일시적으로 기분만 저하된 상태를 뜻하는 것이 아니라 생각의 내용, 사고과정, 동기, 의욕, 관심, 행동, 수면, 신체활동 등 전반적인 정신기능이 저하된 상태를 말한다. 이러한 증상이 거의 매일, 거의 하루 종일 나타나는 경우 우울증이라 하고, 이 경우에는 단순한 기분 전환이 아닌 전문적인 치료를 해야 한다. 의지의 부족 때문에 생긴다는 잘못된 오해로 말미암아 치료가 지연될 경우 직업적, 대인관계적 일상생활에 큰 지장을 초래할 수 있다.

(2) 공황장애

공황장애란 심한 불안 발작과 이에 동반되는 다양한 신체 증상이 아무런 예고 없이 갑작스럽게 발생하는 불안장애의 하나이다. 예전에는 일반인들에게 공황장애가 많이 알려지지 않았지만, 요즘은 연예인이나 유명인들이 공황장애를 겪고 있는 것을 밝히면서 알려지기 시작했다. 하지만 이 병이 정확히 어떤 병인지는 제대로 모르는 사람들이 많다. 공황은 공포와 유사한 의미를 갖는데, 영어로는 'panic'이다. 공황의 어원은 그리스의 신화에서 시작되었다. 그리스 신화의 판(Pan)은 반인반수의 목신인데, 그 성격이 어찌나 포악한지 대낮에 낮잠 방해를 받으면 크게 노하여 인간과 가축에게 공포와 공황을 불어넣었다고 하여 'panic'이라는 단어가 만들어졌다(http://health.kdca.go.kr).

의학적인 상태가 아니더라도 갑자기 놀라거나 극심한 불안상태가 되었을 때, 우리는 흔히 "공황 상태에 빠졌다."라고 한다. 하지만 우리가 이제부터 이야기할 '공황발작'은 급작스럽게 놀라는 상태라는 것은 같지만 이와는 조금 다른 개념이라고 할 수 있다. 공황이란 쉽게 말하면 생명에 위협을 느낄 정도의 상황에서 오는 갑작스러운 공포감을 말한다. 따라서 공황 상태는 실제로 생명에 위협을 받는 상황이라면 누구에게서나 정상적으로 나타날 수 있는 우리 몸의 반응이다.

그런데 공황발작은 특별히 위협을 느낄 만한 상황이 아닌데도 불구하고 신체의 경보체계가 오작동을 일으키며 위협을 느끼는 상황에서와 같은 반응을 일으키는 병적인 증상이다. 예를 들어, 밤에 혼자 외진 길을 가다가 칼을 든 강도를 보았다고 상상해 보자. 누구나 머리카락이 쭈뼛쭈뼛 서거나, 눈동자가 왕방울만 하게 커지고, 입이 쫙 벌어지며, 심장이 급격하게 두근거리고, 숨이 턱턱 막히며, 손발 등 온몸이 떨리는 등의 반응을 보이면서 '나는 죽었구나!' 하는 엄청난 공포감을 맛보게 될 것이다.

실제 위험한 상황에서 나타나는 불안은 우리가 스스로를 보호할 수 있게 도와주는 중요한 기능을 가지고 있다. 극한 상황에서 아무런 불안을 느끼지 않는다면 우리는 생명을 유지하기 어렵거나 크게 다치기 쉬울 것이다. 따라서 불안의 일차적인 목적은 자신을 위험으로부터 보호하는 것이다. 하지만 위험한 상황이나 불안을 느껴야만 하는 상황이 아닌 평상시에 이런 경험을 시도 때도 없이 하게 된다면 일상적인 생활을 제대로 이어 가기 어려워질 수밖에 없다. 바로 이러한 상태가 공황장애이다!

그렇다면 이런 공황장애는 왜 생기는 것일까? 공황장애를 정신과에서 치료하다 보면 많은 사람이 공황장애가 마음이 약하고 겁이 많아서 생기는 것이라고 생각하는 경우가 많다. 그래서 '나는 그렇게 심약한 사람이 아닌데 내가 공황장애에 걸릴 수는 없다.'라고 생각하는 경우도 많다. 때문에 검사를 해 보면 몸에 아무런 이상이 없어 신경성 증상 같다는 말을 흔히 듣기도 한다. 그러나 현재까지 공황장애는 신경생물학적 원인으로 설명을 하는 것이 가장 적절한 것으로 알려져 있다. 이 외에도 유전적, 심리사회적 요인이 같이 작용을 하고 있다.

공황발작을 일으킬 수 있는 물질은 중추신경계의 노르에피네프린, 세로토닌, GABA

수용체에 작용하는 신경화학적 물질과 과호흡, 생체 내의 산-염기 균형을 깨뜨리는 호흡 관련 물질로 나누어진다. 사람은 불안해야 하는 상황에서 불안을 느끼는 것이 당연한데, 이때에는 뇌의 편도핵이라는 기관이 불안을 느끼게 해 주는 여러 기관을 중개한다. 불안하지 않을 상황을 잘못 인지해서 공포스럽게 받아들이는 데에는 대뇌 피질이, 공포에 대해 도망가거나 얼어 버리게 하는 반응을 일으키는 데에는 뇌의 회색질이 이 기능을 담당한다. 땀이 나거나 가슴이 뛰는 등의 교감신경계와 호르몬의 분비를 자극하는 것은 시상하부가, 중추신경계에서의 노르에피네프린 분비를 자극하는 것은 청반이 역할을 하며, 이들은 편도핵과 함께 중추신경기관에서 불안을 종합적으로 조정하는 역할을 하게 된다.

공황장애를 가진 환자의 경우 그 가까운 친척들이 공황장애를 앓게 되는 경우가 일반 인구와 비교할 때 10배 정도 더 많은 것으로 알려져 있다. 일란성 쌍둥이의 경우 한 쪽이 공황장애를 앓을 때 다른 쪽이 역시 공황장애에 걸릴 확률이 45% 정도나 된다. 그리고 최근 들어 유전적 원인에 대한 연구가 많이 이루어졌지만, 아직 공황장애와 관련이 있다는 특정한 유전자나 염색체 부위가 밝혀지지는 않았다.

정신분석가들은 공황발작이 개인이 받아들이기 힘든 생각이나 소망, 충동이 억압되어 의식하지 못하고 있다가 어느 순간 무의식적 내용이 의식 속으로 터져 나오려 할 때 나타나는 것이라고 했다. 또한, 어릴 때 부모를 상실하거나 분리 불안의 경험이 있던 것이 중요한 역할을 하고, 실제로 가까운 사람을 상실하는 경험을 하거나 심각한 정신적 스트레스를 겪은 이후 처음으로 공황발작을 경험하는 경우도 많다.

인지행동주의이론에 따르면, 불안은 학습에 의한 것이거나 조건화 반응으로 나타나는 것으로 보고 있다. 예를 들어, 갑수 씨의 경우 공황발작이 처음 운전 중에 나타났기 때문에 운전을 하게 되면 이전에 겪었던 공황발작을 떠올리게 되고 쉽게 불안해지게 되는 것이다. 또한, 공황장애 환자들은 사소한 신체 감각의 변화에도 지나치게 민감한 반응을 보여서 더 불안해하는 경우가 많다. 예를 들어, 심장의 박동이 빨라지거나 가슴이 답답한 증상이 조금이라도 생기면 심장마비로 죽을지도 모른다는 생각에 빠져들게 된다.

(3) 번아웃 증후군

번아웃 증후군(Burnout Syndrome, 소진증후군)이란 한 가지 일에만 몰두하던 사람이 신체적 · 정신적인 극도의 피로감으로 말미암아 무기력증, 자기혐오, 직무 거부 등에 빠지는 증상을 말한다. 어떤 일에 지나치게 집중하다 보면 어느 시점에서 갑자기 모두 불타버린 연료와 같이 무기력해지면서 업무에 적응하지 못하는 증상으로, 일이 실현되지 않을 때나 육체적 피로와 정신적 피로가 극도로 쌓였을 때 나타난다.[4)]

세계보건기구(WHO)는 2019년 5월 27일, 제11차 『국제질병표준분류기준(ICD-11)』에서 번아웃 증후군을 직업 관련 증상의 하나로 기술했다. 『ICD』는 진단과 건강보험에서 하나의 기준으로 널리 사용되는 지표로, 『ICD-11』은 1990년 『ICD-10』이 나온 지 30년 만에 개정된 기준이다. 세계보건기구는 번아웃 증후군을 "제대로 관리되지 않은, 만성적 직장 스트레스로 개념화한 증후군"으로 정의하면서 건강 상태에 영향을 미칠 수 있는 인자로 판단했다. 세계보건기구는 번아웃 증후군의 특징으로, ① 에너지 고갈 및 소진(탈진), ② 일에 대한 심리적 거리감, 업무에 관한 부정적, 냉소적 감정 등의 증가, ③ 직무 효율 저하 등을 제시했다.

(4) 불면증

수면은 우리 삶의 큰 비중을 차지하는 건강의 중요한 영역이다. 불면증(수면장애)은 잠들기가 어려운 입면장애와 잠은 들지만 자는 도중 자주 깨거나 너무 일찍 잠에서

4) 미국의 정신분석가 프로이덴버거(Herbert Freudenberger)가 「상담가들의 소진(Burnout of Staffs)」이라는 논문에서 약물 중독자들을 상담하는 전문가들의 무기력함을 설명하기 위해 '소진'이라는 용어를 사용한 것에서 유래했다. 번아웃 증후군은 다 불타서 없어진다(burn out)고 해서 소진(消盡) 증후군, 연소(燃燒) 증후군, 탈진(脫盡) 증후군이라고도 한다.

깨어나는 수면유지 장애를 뜻한다. 밤에 충분히 잠을 자지 못하면 수면 부족 상태가 되어 낮 동안 졸음, 피로감, 의욕 상실 등을 초래해 일상생활에 지장을 주고, 삶의 질을 떨어뜨린다. 우리나라 20세 이상 성인 500명을 대상으로 한 한국보건사회연구원의 연구 결과에 의하면, 지난 한 달간 불면증을 경험한 적이 있다고 응답한 비율이 73.4%로 매우 높게 조사되었다(http://health.kdca.go.kr).

불면증은 평소 잠자는 시간이나 습관이 불규칙한 사람에게 생기며, 환경 변화와 심리적인 스트레스를 겪으면서 증상이 악화된다. 불면증 자체에 대해 지나치게 걱정하는 경우에도 신경계가 긴장하여 불면증이 지속되고 심해질 수 있다. 불면증의 원인은 다양하지만, 일시적으로 겪는 불면증의 흔한 원인은 여행으로 말미암은 시차, 새로운 직장(일), 이사, 입원 등으로 규칙적인 생활 리듬이 바뀌는 것이다. 이때는 대부분 며칠이 지나면 좋아진다.

만성적인 신체 질환이 있는 경우 통증, 관절염, 두통, 호흡곤란 등의 증상이 불면증과 동반될 수 있다. 기분이 우울하거나 불안한 심리적인 문제도 불면증에 영향을 준다. 수면제 복용 기간이 너무 오래 되어도 수면 단계의 변화로 불면증이 심해질 수 있다. 각성제, 스테로이드제, 항우울제, 교감신경 차단제 등의 약물이나 카페인이 많이 함유된 커피와 지나친 음주도 불면증의 원인이다. 소량의 술은 수면 유도에 도움을 줄 수 있지만, 음주로 말미암아 잠이 자주 깨고 숙면이 어려워 수면의 질을 떨어뜨린다. 그 밖에도 코골이(수면무호흡증), 하지불안 증후군(잠들기 전에 다리에 불편한 감각 증상이 생기는 질환), 주기적 사지운동증(수면 중에 다리나 팔에 경련이 생기는 질환)에 불면증이 동반될 수 있다.

관절염, 두통과 같은 통증 질환, 호흡곤란이 있는 심폐질환, 전립선비대증 등이 있는 경우 잠들기 어렵거나 잠을 자다가 자주 깨기 때문에 해당 질환을 먼저 치료해야 한다. 불안증이나 우울증도 불면증의 중요한 원인이므로 잘 평가하고 치료해야 한다. 좋은 수면 위생의 훈련과 함께 취침 시간의 제한, 이완 요법, 바이오피드백, 광선치료가 불면증치료에 도움이 될 수 있다.

수면제는 비약물 치료에 반응이 없고, 낮 동안 일상생활에 지장이 있거나, 잠을 못 자지 않을까 하는 불안감이 증가해 불면증이 장기화될 가능성이 있는 경우에 복용할 수 있다. 가능하면 소량, 단기간 복용해야 한다. 수면제 종류별로 복용 시작 시간, 수면을 지속시킬 수 있는 시간, 낮 동안의 진정 효과, 이상 반응 등이 다양하므로 불면증의 원인, 유형과 수면제의 약리학적 특성을 동시에 고려한 후 복용해야 한다.[5)]

(5) 성인 ADHD

성인 ADHD의 경우, 성인이 되고 나서 ADHD 증상이 갑자기 생기는 것은 아니다. 어린 시절부터 ADHD의 증상은 있었으나 지능이 높아 주의력 결핍, 충동성 등의 증상이 보완되어 학업 및 일상생활에 기능장애가 뚜렷이 나타나지 않았을 가능성이 있다. 또한, ADHD에 대한 인식 부족으로 말미암아 질환으로 여기지 못해 적절한 치료를 받지 못했을 가능성이 높다. 이러한 경우 우울증, 불안장애 등 다른 정신과적 질환으로 진료를 받으러 왔다가 동반된 ADHD를 추후에 진단받게 된다. 앞에서 말했지만, ADHD는 주로 아동에서 많이 알려져 있으나 제대로 치료가 안될 경우 50~65% 이상 성인이 되어서도 삶의 질을 하락시키는 질환으로 나타난다. 성인이 되면 ADHD의 대표적 증상인 과잉행동은 상당 부분 사라지고, 집중력 부족만 남는 경우가 많다.

ADHD가 계속되면 조직적이고 체계적인 계획을 세워 처리해야 하는 업무를 수행하는 데 어려움을 겪고, 중요한 약속을 잊어버리거나 물건을 자주 잃어버리는 건망증이 흔한 문제가 된다. 또한, 충동적 성향으로 말미암은 알코올 남용, 반사회적 인격장애, 폭발성 인격장애, 부부 관계의 불화, 계획성 없는 무분별한 돈 관리, 범법행위, 잦은 직장 바꾸기, 직업 상실 등이 있을 수 있으며, 이는 일상생활 수행과 결혼 생활, 사회적

5) 수면제는 항우울제, 항불안제(수면유도제, 벤조다이아제핀)와 같은 전문 의약품과 항히스타민제, 멜라토닌(melatonin)과 같은 일반 의약품이 있다. 코골이, 하지불안증후군, 주기적 사지운동증이 불면증과 동반되어 있다면 이에 대한 치료도 함께 해야 한다. 복용하던 수면제를 갑자기 중단할 때 오히려 불면증이 더 심해지는 반동성 불면증이 나타날 수도 있다.

적응을 어렵게 한다.

성인 ADHD 치료는 약물치료 등으로 조절이 가능하지만 진단의 체계화가 완전히 이루어져 있지 않다. 따라서 증상도 매우 다양한 형태로 나타날 수 있으므로 진단과 치료가 더욱 신중하게 이루어져야 한다. 그러므로 '내가 성인 ADHD가 아닐까?' 하는 생각이 든다면, 혼자서 판단하지 말고(특히 인터넷이나 책 등을 통해 지식을 습득하려고 하지 말고) 꼭 전문가와 상담을 받고 치료 시작 여부를 결정해야 한다.

일단 성인 ADHD로 진단이 된다면 약물치료를 통해 집중력이 좋아지고 생활이 안정될 수 있다. 또한, 인지행동요법을 통해 생각을 정리하고 체계적으로 관리하는 방법을 배울 수 있고, 감정 조절 훈련을 통해 감정 조절이 안되고 분노가 생길 때 자신의 감정을 말로 표현하고 분노를 조절하는 방법을 배울 수 있다. 자가치료법으로는 다이어리나 전자수첩을 통해 '일정관리'하는 버릇을 갖는 것이 좋고, 에너지를 발산할 수 있는 취미활동을 갖는 것이 도움이 된다. 질병에 대한 가족의 이해와 배려심도 매우 중요하다.

(6) 식이장애/비만

식이장애(Eating disorder)는 말 그대로 식사 행동에 이상이 생기는 장애이지만, 이 외에도 체중이나 체형에 대한 인식에 장애가 같이 오게 된다. 식이장애는 식사행동과 체중 및 체형에 대해 이상을 보이는 장애로 굶기, 폭식, 구토, 체중감소를 위한 지나친 운동 등과 같은 증상과 행동을 보이게 된다. 다이어트 등 외모에 대해 중시하는 현대 사회에서 더 큰 문제가 되고 있다.

식이장애는 신경성 식욕부진증(거식증, anorexia nervosa)과 신경성 대식증(폭식증, bulimia nervosa), 비특이성 폭식장애로 나눈다. 아동이 음식이 아닌 것(예를 들면, 흙과 같이)을 집어먹는 이식증(pica)이나 먹은 음식을 자꾸 게워 내는 반추장애도 넓은 의미에서 식이장애에 포함될 수 있다. 식이장애 환자는 체형이나 체중에 지나친 집착을 보여 살이 찌는 것을 병적으로 두려워하며, 자신을 평가하는 데 있어 체중이나 체형이 중요한 부분을 차지한다. 따라서 음식의 섭취나 흡수에 변화를 일으켜 최종적으로 신체적 건강과 정신 사회적 기능에도 심각한 손상을 입게 된다. 그러나 이러한 증상은 다른 신체질환이나 정신장애에 의해 이차적으로 유발되는 것이 아니어야 한다.

식이장애는 특징적으로 사회 경제적으로 어려운 계층보다 중상류층의 젊은 여성에게 흔히 발생한다. 식이장애는 문화적으로 최근 20년 사이에 급격히 발병자가 늘어났고, 주로 선진국을 중심으로 발생하였다. 미국을 비롯한 서구사회의 청소년과 젊은 여성의 약 0.5~1%에서 신경성 식욕부진증을 보이고 있고, 신경성 대식증은 약 1~3%에서 나타나고 있다(http://health.kdca.go.kr).

일시적으로 평소보다 많은 양을 폭식하는 폭식장애는 일반인구의 2~3% 정도에서 발견되고 비만과 관련이 있다. 식이장애는 90~95% 정도가 여성에서 나타나는 것으로, 여성에게 더욱 흔한 질병이다. 체형이나 체중에 대한 관심이 높은 직업을 가진 전문모델, 무용수, 운동선수, 기수 등에서 일반 인구군보다 많이 발생한다고 알려져 있다.

우리나라에서도 경제적인 발전에 뒤이은 서구문화의 빠른 도입과 그와 더불어 나타난 다이어트, 각종 체중조절 방법의 대중화, 여성다움이나 아름다움에 대한 기준의 변화, 비만에 대한 인식의 변화 및 기존의 가족체계의 변화 등 전반적인 사회 문화적 변화가 식사장애의 유병률을 높이고 있는 실정이다.

신경성 식욕부진증이든 신경성 대식증이든 모든 문제의 핵심은 음식과 체중에 대한 왜곡된 인식이라고 할 수 있다. 음식을 먹는 행위의 가장 중요한 기능은 신체에 에너지를 제공하고 그로 말미암아 신체가 건강하게 기능할 수 있도록 해 주는 것이다. 또한, 인간에게 있어 먹는 행위는 사랑, 관계, 편안함, 즐거움 및 오락 등을 의미할 수도 있다. 식이장애의 경우 먹는 행위가 가지는 가장 중요한 기능이 무시되고 왜곡된 다른 의미로 사용된다는 것이 문제다.

낮은 자존감이나 자신감의 부족, 자신에 대한 불확실성의 문제를 음식과 체중이라는 외적인 방법으로 해결하려 하는 것이 식이장애의 원인인 셈이다. 한편, 신경전달물질의 변화, 식욕과 포만감에 관여하는 다양한 물질과 경로의 문제, 에너지 대사과정의 변화, 신경 내분비적 변화 등과 같은 다양한 생물학적 변화가 식이장애의 원인과 경과에 작용한다고 보는 면도 있다.

식이장애는 특히 가족의 원인론적 역할이 크다는, 가족 문제의 표현 방식으로 보기도 한다. 하지만 어떤 가족은 이런 특징이 나타나지 않고 실제로는 식이장애 환자 가족의 문제가 식이장애 환자 때문에 발생한 이차적인 문제라는 주장도 있다. 신경성 식욕부진증의 가족 특징은 가족 간의 지나친 밀착, 경직성, 과잉 간섭, 문제를 해결하지 않고 뒤로 미루는 것, 부모의 문제에 아이들이 개입하는 것 등이다. 반면, 신경성 대식증의 가족 특징은 양육에 원칙이 쉽게 바뀌고, 감정적이며, 충동적이고, 안정감이 없는 혼돈 상태를 보인다.

신경성 식욕부진증은 청소년기 후반이나 초기 성인기에 발생하여 다양한 경과를 보이는 만성적인 질병이다. 치료를 하면 약 50%가 회복을 보이고 약 30%가 호전이 되나, 재발과 호전을 반복하고 나머지 약 20%가 장기적인 장애로 진행한다. 환자의 약 5%, 입원환자의 약 10%가 사망할 정도로 사망률이 높다. 연극적 성격 경향, 부모와 자녀 사이의 갈등이 없으며, 증상 발병과 치료 시작 사이가 짧은 경우 위험 회피 경향을 보이며, 감정 표현에 있어 제한적이고, 권위에 대한 복종 경향 등을 보이는 경우 상대적으로 예후가 좋다. 이와는 반대로 구토 행위를 보이는 경우 대식증적 증상이 있으며, 질환이 만성화되어 있고, 병전의 발달력에서 이상 소견이 보이고 다른 정신과적 장애가 있는 경우 상대적으로 예후가 좋지 않다.

신경성 대식증의 경우도 대개 만성적 경과를 밟게 된다. 약 50%의 환자가 2~10년 안에 회복된다. 그러나 20%는 지속적으로 만성화되며, 나머지 30%는 호전이 되나 재발과 호전을 반복하거나 준임상적인 대식증 증상을 보인다. 신경성 대식증의 사망률은 아직 불명확하지만, 일반 인구보다는 확실히 높은 것으로 알려져 있다. 대개 병의 기간이 짧을수록, 인격장애를 동반하지 않았을수록, 알코올 중독의 가족력이 없을수록 예후가 좋다.

(7) 조울증

조울증(양극성장애)은 기분장애의 대표적인 질환으로 기분이 들뜨는 조증이 나타나기도 하고, 기분이 가라앉은 우울증이 나타나기도 하는 질환이다. 일반적으로 조울증이라고 알려져 있는 마음의 병을 정신과에서는 양극성장애라는 병명으로 부른다. 양극성장애는 기분, 에너지, 생각과 행동에 극단적인 변화가 일어나는 것이 특징으로, 치료가 가능한 질환이다.[6)]

우울증처럼 흔하지는 않지만, 전체 인구의 1% 정도는 평생에 한 번 양극성장애를 앓는 것으로 알려져 있다. 조울증은 대개 청소년기 말에 병이 생겨 우울증의 모습으로 나타나는 경우가 많은데, 아동기나 노년기에도 나타날 수 있다. 남자와 여자의 조울증 발생률은 차이가 거의 없지만, 남자는 주로 조증의 형태로, 여자는 주로 우울증의 형태로 나타나는 경우가 많다.

양극성장애는 증상의 특징이나 심각성 등에 따라 몇 가지 유형으로 분류한다. 그중 가장 흔한 두 가지 유형은 제I형 및 제II형 양극성장애이다. 제I형 양극성장애는 평생에 한 번 이상의 조증 삽화(manic episode)를 경험할 때 진단할 수 있다. 우울 삽화나 경조증 삽화(hypomanic episode)도 흔히 동반되지만, 진단에 필수적이지는 않다. 제II형 양극성장애는 경조증 삽화와 주요 우울증 삽화(depressive episode)를 각각 한 번 이상 경험할 때 진단할 수 있다. 경조증 삽화는 조증 상태보다는 경미하나 뚜렷하게 고통스럽거나 사회적 · 직업적 또는 다른 중요한 기능영역에서 변화를 일으키는 상태를 의미한다. 그러나 제II형 양극성장애는 이후라도 조증 삽화가 나타난다면, 제I형 양극성장

6) 양극성장애를 조울증이라고 하는 이유는 조증과 우울증의 양 극단 사이에서 기분이 변화하는 특징적인 증상 때문이다. 이러한 기분 변화는 수시간, 수주 또는 수개월간 지속되기도 한다.

애로 진단이 변경될 수 있다.

일반적으로 병의 경과상 주요 우울증 삽화가 독립적으로 또는 혼합되어 나타날 수 있다. 우울증 삽화에서 단극성 우울장애보다 양극성장애를 더 시사하는 소견으로는 다음과 같다. 젊은 나이에 발병, 급성 발병, 수면 과다, 항우울제 치료에 효과가 없는 경우, 정신병적 증상을 동반하는 우울삽화, 산후 우울증의 과거력 등이 있을 경우에는 우울장애가 아닌 양극성장애는 아닌지 고려해 보아야 한다. 양극성장애의 명확한 원인은 아직까지 밝혀지지 않았다. 현재 유전적 요소, 신경생물학, 정신약물학, 내분비 기능, 두뇌 영상학 등의 영역에 대한 연구가 진행되고 있다.

조증 삽화기의 환자는 과대한 계획을 세우고 자신만만하고 야심 찬 계획이 좌절될 경우 쉽게 과민하게 변하기도 한다. 대체로 기분이 고양되어 있으나 사소한 일에 분노를 일으키고 과격한 행동을 일으킬 수도 있다. 환자 대부분은 초기에 행복감에 도취되었다가 경과가 진행될수록 과민한 기분으로 변화한다. 병적인 도박을 하기도 하고 공공장소에서 부적절하게 밝은 옷이나 장신구를 하는 일탈된 행동을 하기도 한다. 충동조절에 문제가 있어 본인이나 다른 사람에게 해를 끼치기도 하며 종교적, 정치적, 경제적, 성적 및 피해 사고에 과도하게 집착하기도 하고, 이는 복잡한 망상으로 발전할 수 있다.

조증 삽화기의 증상은 거짓말을 하는 등 환자 자신의 신뢰성을 떨어뜨리는 행동을 하거나, 적절한 판단 능력이 떨어져 경제적 문제 등 다양한 직업적 사회적 문제를 일으키기도 한다. 말할 때 목소리가 크고 상대방의 이야기에 정상적인 소통이 어려울 정도로 끼어든다. 비정상적인 사고의 흐름으로 심한 경우 말하는 내용을 이해하기 어렵다. 환각이 나타나기도 한다. 대개 흥분되어 있고 이야기가 많으며 과잉 행동을 보이고, 심한 경우 행동 문제가 심해지면, 자신의 질환에 대한 병식이 거의 없으므로 강제적인 입원이 필요한 경우도 있다.

우울 삽화기에 접어들면 우울한 기분, 불안, 초조함, 무기력감, 절망감 등을 호소한다. 미래를 비관적으로 느끼며 잔걱정이 많아진다. 매사에 자신감이 없고, 이전에 해왔던 일들이 힘들게 느껴지면서 아무 일도 할 수 없는 것처럼 느낀다. 자신을 쓸모없는 사람이라고 생각하며, 자살을 생각하기도 한다. 주변 사람들이 자신을 비웃거나 놀린다는 피해사고가 발생하기도 하여 이것이 심해지면 피해망상이 될 수 있다. 사고의 속도도 느려지고, 이해력과 판단력이 감소한다. 글을 읽을 때 집중하지 못하여 앞에서 읽은 것을 기억하지 못해 다시 읽기를 반복하여 다 읽어도 이해가 안 되기도 하고, 대화에 집중하지 못하게 된다.

외부에 대한 관심이 줄어들고 아무 일에도 흥미를 느끼지 못한다. 내가 아닌 것 같다는 이인증(depersonalization)과 주변 환경이 이전과 다르게 느껴지는 비현실감(derealization)도 흔하게 나타난다. 몸에 기운이 없으며 항상 피곤하고, 몸이 천근만근 무겁다고 느낀다. 상당수의 환자는 우울한 기분을 느끼거나 호소하지 않고, 자율신경계 증상이나 두통, 소화불량, 근육통 등의 신체증상만을 호소하는 경우도 있다. 수면과 식욕이 감소하거나 증가할 수 있다.

양극성장애의 치료방법에는 약물치료, 면담치료, 교육 및 사회적 지지 등 여러 가지가 있다. 치료를 할 때에는 환자의 안전이 우선적으로 고려되어야 하며, 철저한 진단적 평가, 그리고 현재의 증상뿐 아니라 앞으로의 건강에 대한 계획 등이 목표로 세워져야 한다. 따라서 치료과정 중에는 약물치료와 정신치료뿐 아니라 재발에 관여하는 스트레스 요인에도 관심을 가져야 한다. 양극성장애는 만성적인 질환이므로 일시적으로 증상이 호전되어도 계속적인 치료가 필요하다는 점을 인식하여야 한다.

3. 노인의 정신건강

오늘날 우리는 장수혁명(長壽革命)의 시대에 살고 있다. 산업화 사회에서 의학과 과학의 눈부신 발전은 인간을 많은 병마로부터 해방시켰다. 덕분에 최근에 와서 인간의 수명은 급격하게 연장되고 있다. 우리나라의 인구 고령화 속도는 세계 어느 나라에서도 찾기 어려운 빠른 속도이다. 전통사회에서는 노인들이 대가족을 이끄는 가장 역할을 했다. 그러나 현대사회에서는 가족 구성원이 핵가족화되고, 부모를 부양하던 여성들의 직장생활이 증가하고, 은퇴 후 경제적으로 자녀들에게 의존하는 등의 변화로 노인들은 점점 가족 내에서 중심적인 위치에서 벗어나 주변적 역할을 하게 되고, 사회에서도 점차 소외되는 등 역할과 위치의 변화도 오게 되었다. 이렇듯 평균수명의 증가와 가족구조의 변화에 따른 노년인구의 증가는 '건강한 노년기'에 대한 새로운 관심사를 불러일으키고 있다(김도관 · 윤세창, 2005: 3-5).

노년기는 다음과 같은 여러 가지 이유로 말미암아 정신건강을 잃을 수 있는 가장 취약한 시기이다. ① 신체적 기능의 저하, ② 성인병 등 많은 질병 유발(고혈압, 당뇨, 관절염 등), ③ 직업과 사회적 지위를 상실, ④ 가족과 친구들이 세상을 떠남, ⑤ 경제적인 어려움에 직면, ⑥ 사회적 고립, 노인차별이나 학대 등을 경험, ⑦ 뇌의 퇴행성 변화가 일어나는 것 등이 바로 그것이다.

증상으로만 보면 적어도 절반 이상의 노인이 여러 가지 정신건강상의 문제를 겪고 있다. 이 중 상당수는 치료가 필요한 정신질환을 앓고 있다. 노년기에 흔히 나타날 수 있는 정신건강 질환에는 다음과 같은 것이 있다. ① 노년기 우울증, ② 치매(원발성 · 퇴행성 치매, 혈관성 치매), ③ 망상성장애, ④ 불안장애, ⑤ 수면장애(불면증), ⑥ 노년기 정신병 등이 바로 그것이다. 이러한 노년기 정신질환은 정상적인 노화 현상으로 받아들일 것이 아니다. 치료가 필요한 질병이며 적극적이고 적절한 치료를 통해서

건강한 정신건강을 되찾을 수 있다. 우리나라의 노인 약 100만 명 이상이 각종 정신질환으로 고통받고 있는 것으로 추정하고 있으나, 이들 중 적절한 치료를 통해 건강을 회복하는 노인은 10%에 지나지 않는다.

1) 노년기 정신질환

(1) 노년기 우울증

김○수 씨(67)는 3년 전 부인이 폐암으로 사망하기 전까지는 아주 건강하고 쾌활한 성격의 소유자였다. 젊어서 은행에서 일을 해 왔고 간부로 재직하다가 정년퇴직을 하게 된 후로는 은행 일의 경험을 바탕으로 증권투자를 하여 재산을 상당히 불리기도 하였다. 등산과 여행을 좋아하고 시간이 나면 시를 쓰기도 하는 등 여유 있는 생활을 즐겨 왔다. 김○수 씨에게 아내는 없어서는 안 될 삶의 동반자였다고 한다.

그런데 3년 전 부인을 잃은 후부터는 한없는 슬픔과 절망에 1년 가까이 우울하게 보냈고, 식욕을 상실하여 체중이 63kg에서 57kg으로 감소하였다. 바로 이 무렵 뚜렷한 직장 없이 놀면서 지내던 맏아들과 큰 다툼이 일게 되었는데, 화를 못 이겨 흥분한 상태에서 다리를 헛디뎌 골절상을 입게 되었다. 그 후로는 점차 건강에 대한 염려가 늘어나서 병원 응급실 등을 찾아다니면서 검사를 받는 일이 반복되었고, 검사상 아무런 이상 소견도 발견할 수 없었다.

음식섭취를 거의 하지 못하여 피골이 상접하게 되었고, 잠을 제대로 이룰 수 없었다. 큰며느리가 옆에서 수발을 드는데 한시도 벗어나지 못하게 하고, 음식을 먹기 전에는 이것이 소화가 되겠느냐고 자꾸 되묻고, 먹고 나서는 목에 무엇이 걸렸다면서 죽는 게 아니냐면서 불안해하였으며, 쓸 데 없는 걱정이 극도로 늘고 항상 초초해하였다.

결국 보호자들에 의하여 병원을 방문하여 입원하였다. 환자는 4주간의 입원치료를 통하여 우울증상이 회복되었으며, 그 후 11개월간의 항우울제 등의 유지요법으로 현재 완전히 회복된 상태이다.

역학 조사 결과에 따르면, 우리나라 노인에서의 우울증 유병률은 약 10%에 달하는 것으로 알려져 있다. 그러나 아직까지 의사들도 노인에게 발생하는 우울증의 진단을 내리는 데에 몹시 인색하다. 우울증 환자들에서 보이는 의욕저하나 피로감, 느려지는 운동기능, 건강에 대한 염려, 잦은 신체증상의 호소, 그리고 슬픈 감정들이 노인에게 발생할 때 흔히 "나이가 들만큼 들었으니까 그렇지"하고 간주하곤 하기 때문이다. 하지만, 나이가 든다고 해서 풀이 죽어 지내야 하고 사기가 떨어져서 살아야 한다고 생각하는 것은 잘못된 생각이다. 나이가 들었다고 만족의 기대치가 떨어지는 것은 아니다. 노인도 젊은 사람들과 마찬가지로 희망과 기대를 하며, 젊은 사람들처럼 만족을 한다.

노년기에서 우울증이 발생할 경우에는 자살 기도율이 매우 높다. 볼티모어 지역의 요양소에 거주하는 454명의 노인환자들을 대상으로 한 1년간의 추적연구에 따르면, 우울한 증상이 없는 노인들과 비교했을 때 우울한 증상이 있는 노인환자들에서의 자살 기도율은 두 배가 넘었다. 노인성 우울증 환자는 젊은 연령의 우울증 환자보다 자살 기도율이 훨씬 높으며, 자살의 성공률 또한 어떤 질병에 비교할 수 없을 만큼 높다(김도관 · 윤세창, 2005: 6).

누구든지 질병에 걸리는 것은 아니듯이, 노년기 우울증이 발생될 가능성을 높이는 위험요소가 있다. 뜻밖에도 이 위험요소는 우리가 성인병이라고 알고 있는 생활습관병의 위험을 높이는 인자와 비슷하다. 스트레스, 비만, 음주, 흡연, 당뇨, 고혈압, 동맥경화, 고지혈증, 뇌혈관질환, 관상동맥질환 등이 바로 그것이다. 가족 중에 우울증에 걸린 사람이 있는 경우에는 더 위험성이 높은 것으로 되어 있다. 한편으로는 이러한 위험요소를 관리하는 것이 바로 노년기 우울증의 예방책이 된다는 것을 알 수 있다.

우울증 증상이 있는 경우에는 초기에 병원을 찾아 노년기 우울증이 아닌지 여부의 진찰을 받아야 한다. 우울증에 걸린 기간이 오래될수록 병이 깊어지고 치료가 어려워질 수 있으므로 빨리 병원에 가는 것이 중요하다. 우울증은 그대로 방치할 경우 고통이 심하고, 점점 심해지며, 자살률이 높은 질환이지만, 다행히 약물 및 상담치료를 통하면 치료율이 매우 높은 질병에 속한다. 최근에는 신체질환이 있는 사람이나 노인에게 사용해도 비교적 안전한 좋은 우울증 치료제가 많이 나와 있어 치료의 선택 폭이 넓어졌다(김도관 · 윤세창, 2005: 5-8).

(2) 노인성 치매

가정주부 최○애 씨(59)는 두 아이의 어머니이다. 대학을 다닐 때 영문학을 전공하였고 결혼 후 전공을 살리지는 못하였지만 가끔씩 혼자 습작을 발표하기도 하였다. 그녀는 언제부터인가 "기억력이 예전 같지 않다."라고 느껴 왔는데, 1년 전부터는 그 정도가 심해져서 방금 들은 이야기를 기억하지 못하게 되었다. 본인이 말을 할 때 하고 싶은 말이 제대로 제때 떠오르지 않고 속도가 느려졌다.

그동안 가까이 어울려 지내던 친구들과 친목 모임을 갖는 것도 그 대화 내용을 따라가기가 어려워서 부담을 느끼게 되어 자리를 피하게 되었다. 그녀는 친구가 방금 이야기한 내용도 번번이 깜박깜박 잊어버리게 되곤 하였는데, 도중에 주위사람들에게 묻고 싶었지만 그러고 싶지는 않아서 묻지도 못하고, 그대로 지나치다가 중요한 약속을 지키지 못하게 되어서 낭패를 당하곤 하였다. 집 안에서도 건망증으로 인한 실수는 반복되었고, 점차 식구들에게 신경질이 늘어 갔다. 최근 들어서 외출했다가 집을 제대로 찾지 못하는 일이 생기게 되자 가족에 이끌리어 정신과 외래에 방문하게 되었다.

할머니 장○숙 씨(68)는 다소 급한 성격이긴 하지만 시 부녀회장 일을 20여 년간 할 정도로 적극적인 사회활동을 해 왔다. 4년 전부터는 방금 들은 이야기를 다시 돌아서서 물어보고 시장에 가서는 집에 가득 있는 물건을 또 사 오는 일이 잦아지게 되었다. 이때 할머니는 다소 행동이 느려지고, 말수도 줄어들고 침울해 보였었는데, 가족은

'나이가 드시는구나!'라고 하며 대수롭지 않게 생각했었다고 한다. 그 후 자식들이 보기에 '어머니가 건망증이 심해지신 것' 이외에는 별 문제 없이 잘 지내는 것 같았다.

1년 전부터는 운전을 하다가 길을 헤매는 일이 자주 나타났는데, 항상 다니던 절에 가는 길을 차로 10분이면 가는 거리인데도 1시간씩 늦어지기도 하였다. 3개월 전부터는 전에 없이 화를 내는 일이 잦아졌는데, 파출부 아주머니가 자기 물건을 훔쳐 간다고 의심하고 물건을 장롱 깊숙이 감추고 스스로도 찾지 못하는 일이 생겼다. 어느 날부터는 남편을 의심하기 시작하여 "남편이 바람피우는 여자가 집에 있다."라고 주장하고, 마당에 여자 발자국이 있는 것을 보고서 확실히 여자가 같은 집에 산다고 생각하게 되었다. 외출에서 돌아와서는 집에 두었던 자신의 물건이 없어진 것이 그 여자가 가져간 것이라면서 화를 내곤 하였다.

결국 자식들의 권유로 환자를 아들 집으로 모시고 부부가 따로 살게 되었다. 지난주에 남편이 동창회에 간다고 지방에 갔다가 환자가 있는 아들 집으로 돌아오게 되었는데, 그 여자를 다시 데리고 왔다면서 남편에게 화를 내고 폭행하였다. 아무도 없는데 여자가 있는 것처럼 소리를 지르고 점점 행동이 거칠어지기만 하였다. 가족에 따르면, 환자는 시장보기나 쇼핑, 교통수단 이용하기, 돈 관리가 어려워져서 가족이 도와주어야 할 수 있다고 한다. 예전에는 음식을 참 맛있게 만들었는데, 요즘은 만든 음식의 맛이 달라졌다고 하며, 그나마 거의 요리하는 일이 없다고 한다(김도관 · 윤세창, 2005: 9-10).

노인성 치매란 정상적으로 생활해 오던 사람이 65세 이후 다양한 원인으로 뇌기능이 손상되면서 이전보다 인지 기능이 지속적이고 전반적으로 저하되어 일상생활에 상당한 지장이 나타나고 있는 상태를 가리킨다. 즉, 노인성 치매란 65세 이후 노년기에 발병한 치매를 총칭한다. 반면에, 65세 이전에 발병하는 치매는 초로기 치매(pre-senile dementia)라고 부른다.

과거에는 노인성 치매를 망령, 노망이라고 부르면서 노인이면 당연히 겪게 되는 노화 현상이라고 생각했으나 최근 많은 연구를 통해 분명한 뇌질환으로 인식되고 있다. 치매는 전 세계적으로 65세 이상 노인에서 5~10% 정도의 유병률을 보이고, 우리나라에서도 약 8.2~10.8% 정도로 보고되고 있다. 치매 유병률은 연령 증가에 따라 함께 증가하여 65세 기준으로 나이가 5세 많아질 때마다 2배씩 증가하여 65~69세의 연령층에서 약 2~3% 정도지만, 기하급수적으로 증가하여 70~74세에서 4~6%, 75~80세에서 약 8~12%, 80세 이상에서는 20%가 넘는 노인이 치매에 걸리게 된다(http://www.snuh.org/).

노인성 치매의 증상은 크게 인지기능 저하 증상, 정신행동 증상, 신경학적 증상 및 신체적 증상으로 나눌 수 있다. 인지기능 저하 증상에는 기억력 감퇴, 언어 능력 저하, 시공간 파악 능력의 저하, 판단력 및 일상생활 수행 능력의 저하 등이 포함된다. 정신행동 증상에는 성격변화, 무감동, 우울, 불안, 망상, 환각, 배회, 공격성, 자극 과민성, 이상 행동, 식이 변화, 수면 장애 등의 성격이나 정서 혹은 행동 문제가 포함된다. 신경학적 증상으로 편측 운동마비, 편측 감각저하, 시야장애, 안면 마비, 발음 이상, 삼키기 곤란, 보행장애, 사지 경직 등이 있으며, 대소변 실금, 낙상, 욕창, 폐렴, 요도감염, 패혈증 등의 신체적 증상이 합병증으로 나타나기도 한다.

노인성 치매는 원인 질환의 종류에 따라 동반되는 증상의 종류나 출현 시기, 경과 등에서 차이를 보인다. 알츠하이머병(alzheimer's disease)의 경우 초기에 주로 최근 기억 감퇴가 나타나고 점진적으로 진행하면서 다른 기억력 이외 다른 인지기능 저하 증상 및 정신행동 증상이 빈번해지며, 말기에 이르면 사지경직, 보행장애, 실금 등의 신경학적 증상이나 신체적 증상이 출현하는 비교적 일정한 진행 패턴을 보인다. 또한, 낙상, 욕창, 호흡곤란, 폐렴, 요로감염, 패혈증 등의 신체적 합병증이 빈번해지며, 이러한 합병증으로 말미암아 사망할 수 있다(http://www.snuh.org).

혈관성 치매는 원인이 되는 뇌혈관 질환 위치나 침범 정도에 따라 나타나는 증상의 종류나 정도, 출현 시기 등이 매우 다양할 수 있으며, 보행장애나 운동 마비, 발음 이상 등 다양한 신경학적 증상이 비교적 치매 초기 단계에서부터 동반되는 경우가 흔하다.

알츠하이머병과는 다른 뇌 병리로 발생하는 루이체 치매의 경우 환자가 자세히 묘사할 수 있을 정도의 생생한 환시, 인지기능의 악화와 호전 반복, 파킨슨병과 비슷한 운동기능의 저하 등이 특징적으로 나타나며, 그 외에도 혼돈이나 실신 증상의 반복, 수면 도중에 꿈 내용을 그대로 행동으로 옮기게 되는 렘수면 행동장애 등이 자주 동반된다.

전측두엽 퇴행은 40~50대 중년기에 주로 발병하지만, 노인성 치매로 나타나기도 한다. 이 병에서는 초기부터 주변에 무관심해지거나 충동적인 행동을 보이고, 다른 사람들과의 관계에서 이전과 달리 부적절하거나 기이한 행동을 보이는 경우가 많다. 그래서 주변 사람들은 기억력은 별로 나빠지지 않았는데 "사람 성격이 너무 변했다."라고 느끼게 된다. 또한, 초기부터 언어장애가 두드러지게 나타나는 경우도 많은데 말수가 줄거나 말뜻을 잘 이해하지 못하는 경우가 생긴다.

전측두엽 퇴행은 어떤 증상이 특징적으로 나타나느냐에 따라 전측두엽 치매, 진행성 비유창성 실어증, 의미 치매 등 세 가지 증후군으로 구분된다. 즉, 성격이나 행동변화가 주된 임상 증상으로 나타나는 경우를 전측두엽 치매, 언어 표현 장애가 두드러질 경우 진행성 비유창성 실어증, 언어나 물건의 의미가 무엇인지 모르는 증상이 심한 경우를 의미 치매라고 부른다.

진단 과정을 통해 노인성 치매의 원인이 정확히 밝혀지면 그 원인에 따라 다른 치료 및 관리가 적용된다. 치매 원인 질환 가운데 10~15% 정도는 적절한 치료를 통해 완치가 가능하다. 그러나 완치 가능한 치매라 하더라도 방치할 경우 완치를 기대하기 어렵게 된다. 따라서 노년기에 치매가 의심되는 증상을 보일 경우 빨리 전문 병원을 찾아 정확한 진단을 받는 것이 중요하다.

노인성 치매의 가장 흔한 원인 질환으로 알려져 있는 알츠하이머병(50~60%)과 혈관성 치매(20~30%)의 경우 현재 사용되고 있는 치료법으로 완치를 기대하기는 어렵지만 조기 진단과 치료를 통해 진행의 지연이나 증상 호전을 기대할 수 있다. 노인성 치매는 원인 질환의 종류에 따라 다양한 경과를 보인다. 알츠하이머병이 원인인 경우 보통 매우 서서히 발병하여 8~10년에 걸쳐 서서히 진행이 된다. 건망증과 비슷한 정도의 경미한 기억장애만을 보이는 초기 단계에서부터 의미 있는 대화가 불가능해지고, 여러 가지 신체적인 증상이 나타나는 말기에 이르기까지 매우 다양하면서도 심각한 증상이 나타난다.

초기에는 기억력 저하가 주로 나타나며 정신행동 증상(무관심, 우울, 불안 등)이 동반되어 나타날 수 있다. 이후 기억력을 포함한 인지 기능의 현저한 저하가 나타나며, 일반적으로 정신행동 증상이 심해지는 경향을 보인다. 이러한 정신행동 증상은 보호자에게 많은 고통과 부담을 주어 시설 입소를 하게 되는 중요한 원인이 되기도 한다. 말기 치매의 경우 신경학적 증상과 기타 신체적 합병증이 되어 독립적인 생활이 불가능하며 대소변 실금, 욕창, 폐렴, 요로 감염 등의 합병증으로 사망에 이르게 된다.

서서히 시작하여 점진적인 진행 경과를 보이는 알츠하이머병과 달리, 혈관성 치매는 그 증상이 비교적 급격하게 시작되고 진행 경과에 있어서도 계단식 악화 또는 기복을 보이는 경우가 많다. 이러한 발병 및 진행 경과는 원인이 되는 뇌혈관 질환 발생 및 추가 발생과 관계가 있다. 그러나 뇌의 실핏줄이라 할 수 있는 미세혈관이 점진적으로 좁아지거나 막히는 형태의 뇌혈관 질환이 원인이 되는 경우에는 알츠하이머병과 비슷하게 점진적 경과 양상을 보일 수도 있다.

초기 단계에서부터 편측운동마비, 보행장애, 사지 경직 등의 신경학적 이상 증상이 자주 동반되기 때문에 인지기능 저하 정도가 비슷한 알츠하이머병과 비교할 때 낙상의 위험이 높고, 거동의 불편과 관련하여 개인위생 관리에 도움이 필요한 경우가 많다. 루이체 치매[7]는 인지기능 증상의 기복이 있고 비교적 이른 단계부터 경직 증상이나

7) 루이체 치매의 '루이체'는 독일의 학자 루이(Lewy)가 치매환자의 뇌를 현미경으로 관찰하다가 이상이 있는 단백질 덩어리를 발견하여 이 단백질 덩어리를 '루이체'라고 부르면서 붙여진 이름이다. 루이체 치매는 보통 70대에 증상이 처음 나타나며, 호산성 세포질 내 봉입체(루이체)가 대뇌에 광범위하게 발생하는 것을 특징으로 하는 치매이다. 퇴행성 치매의 원인 중 알츠하이머병 다음으로 흔한 치매의 원인 질환으로 전체 치매 환자의 10~25%를 차지하는 것으로 알려져 있다.

환시가 빈번하게 나타난다는 점, 전두측두엽 퇴행의 경우에는 초기부터 성격 변화나 언어장애가 두드러진다는 점이 경과의 특징이라고 할 수 있다(http://www.snuh.org).

2) 노인을 위한 회상치료 프로그램

회상치료는 우울증 또는 상실감이 있는 노인 환자에게 과거의 의미 있는 일을 회상하게 함으로써 치료에 도움을 주는 지지정신치료로 자아를 증진시킬 수 있다. 회상치료는 감각·지각의 변화, 사회적 고립, 우울, 부적절한 개인적 대응, 두려움, 슬픔, 자아개념장애, 자가 관리 결핍, 기억 결손 등의 다양한 심리적 측면에 이용할 수 있는 프로그램이다. 또한, 회상치료는 자신에게 의미 있는 과거를 되돌려 생각하는 정신 과정과 이를 다른 사람과 의사소통하는 대인관계 과정을 통하여 내적 성찰을 가능하게 한다(엄명용, 2000: 21-35; 이준우·손덕순, 2007: 345-348).

(1) 회상치료의 개념과 목적

회상(回想)이란 지난 일을 돌이켜 생각하거나 그런 생각을 의미한다. 즉, 회상은 특별히 개인적으로 의미 있는 과거 경험을 생각하거나 연관시키는 것을 말한다. 회상은 구술적·서술적 혹은 조용한 명상으로서 최고의 안녕 수준을 성취하기 위해 상대방에게 과거 경험을 이야기하는 것이다. 여기에는 인지과정, 정서과정, 언어를 통한 사회적 상호작용이 포함된다. 회상은 과거 경험을 근거로 자아정체감을 확보하는 것으로, 이러한 현상은 회상하는 내용을 들어주는 사람이 있을 때 성취된다. 회상하는 사람은 그의 이야기를 들어주는 사람이 있을 때 자신의 사고와 느낌을 표현할 수 있다. 이를 통하여 자신의 떨쳐 버릴 수 없는 고통스러운 문제를 재통합하고 재조직하려는 의도를 가지고 생을 되돌아볼 수 있다.

회상치료는 노인 본인의 과거 경험, 문화, 생활양식을 생각하거나 되짚어 봄으로써 노인성 치매의 진행속도를 완화시키는 치료법의 한 가지이다. 노인이 자신의 의미 있는 과거 경험을 고찰하면서 역사적으로 자신을 성찰하는 것이다. 즉, 노인에게 과거를 돌이켜 보게 함으로써 시간의 흐름에 따른 자신의 발달과정을 이해할 수 있게 한다. 회상치료는 추억, 감정에 대한 자아성찰, 함께 이야기 나누기를 통해 내적인 연속적 자원을 제공한다. 그리하여 노인은 자신의 독자성과 가치를 발견할 수 있다.

회상치료의 목적은 여가활동의 환경적 결여, 장기입원, 우울, 비활동의 증상을 나타내는 동기의 결여, 기술 부족, 감각기능의 장애, 사회적 고립 등과 같은 요인을 지닌 환자에게 자존감의 유지, 사고의 자극과 자연치유 과정의 강화 및 지지, 의사소통 기술의 증진, 사회참여의 용이, 일상생활의 흥미 유발 등을 통하여 삶의 의미와 가치를 깨닫고 수용하도록 한다. 또한, 최고의 안녕 수준을 성취하기 위해서 걱정, 두려움, 의심을 표현하게 하고 질병이 주는 의미와 새로운 희망을 발견하도록 대상자에게 계속 추억을 불러일으키며 회상 현상을 활용하는 것으로서 노인의 우울 감소, 자아존중감 증진, 죽음에의 접근 수용, 인지적 기능 증진, 삶의 만족도 증가, 자아통합에 효과적이며, 고립으로 말미암은 고통과 외로움을 잘 극복하도록 돕는다.

(2) 회상치료의 적용 대상

상실을 경험한 사람, 시설 수용자, 죽음에 가까운 사람, 노인 환자에게 가치 있는 접근법으로, 치매노인이라면 인지능력이 상대적으로 남아 있는 초기에 적용할 수 있다. 인생 회고가 고통스럽거나 절망적인 사람은 제외한다. 교육수준과 연령, 증상과 심각성을 고려하여 선정한다. 적용 대상을 구체적으로 살펴보면 다음과 같다.

- 치매, 우울 이외에 다른 정신질환이 없는 자
- 시청각장애나 언어장애가 없는 자

- 향정신성 약물[8]이나 콜린계 약물(bethanechol, aclatonium napadisilate 등)을 복용하지 않는 자

(3) 회상치료의 방법

개인 또는 집단으로 수행할 수 있으며, 장기 건강관리 집단이나 노인시설 등에서는 집단 회상치료가 효과적이다. 회상치료를 수행하는 면담자의 자세는 개방적이고 친근한 태도를 가져 회상이 자연스럽게 이루어지도록 하여야 하며, 대상자에게 민감한 내용의 회상을 나누는 데 도움이 될 수 있도록 관계 형성을 잘 하여야 한다. 구체적인 시행 절차와 방법은 다음과 같다.

- 시행 주체는 시행 목표와 환경, 집단의 크기, 대상 집단의 성격, 시행 보조자를 둘 것인가에 대한 계획을 세워야 한다.
- 시행 주체는 대상자 개개인의 기초정보(취미, 운동, 습관, 직업 등)를 가지고 있어야 한다.
- 시행 장소 선정 시 목적에 맞도록 환경 설정을 해야 한다.
- 시행은 일주일에 1, 2회로 하며, 시간은 1시간 정도로 한다.
- 회상에 필요한 시청각 자료를 준비하여야 한다.
- 대상자의 중도 탈락을 막기 위해 시행 주체는 대상자에 대한 관심과 주의를 소홀히 하지 않아야 한다.
- 시행 주체는 대상자가 자연스럽고 화기애애한 분위기에서 회상하고 토론할 수 있는 환경을 조성해야 한다.

8) 인간의 중추신경계에 작용하는 약물의 총칭으로, 오용 또는 남용을 할 경우 인체의 건강에 심각한 위해를 가할 수 있는 약물류를 일컫는 말이다. 향정신성 약물은 성분이나 인체에서의 약리작용에 따라 중추신경 흥분제(stimulants drug), 중추신경 억제제(depressants drug), 환각제로 구분한다.

(4) 회상 촉진을 위한 의사소통 방법

- **경청**: 우선 노인의 이야기를 경청한다. 회상을 유도하기 위한 질문의 예는 다음과 같다.
  "당신의 생활 중에서 생각나는 추억을 말씀해 주시겠어요?"
  "가장 행복하게 느끼는 추억은 어떤 것인가요?"
  "어린 시절에 살던 고장에 대해서 말씀해 주시겠어요?"
  "어린 시절에 같이 지낸 가족에 대해서 말씀해 주시겠어요?"
- **강화**: 다음과 같은 언어적 논평을 통해 회고 행위를 격려 또는 지지한다. 그리고 이와 동시에 비언어적 행동(접촉, 손잡기, 가까이 앉기, 미소 짓기 등)을 통해 대상자와의 관계를 더욱 강화할 수 있다.
  "당신의 과거를 저와 나누게 된 것에 대하여 감사드립니다."
  "지금까지 회상한 것은 현재를 더욱 편히 느끼도록 도울 것입니다."
- **수용**: 회고를 통해서 표현된 부정적 · 긍정적 감정을 인지하고 수용한다.
  "고통스러운 사건을 회상하는 것은 매우 힘들 것입니다."
  "멋진 추억을 가지신 당신은 정말 행복하시군요."
  "어려운 시절에도 당신은 인생에 대하여 긍정적으로 생각하셨군요."

PART 4

정신건강사회복지 실천 이슈

CHAPTER 09

인권보장과 실천 윤리

1. 정신질환자의 인권

1) 인권의 개념

인권(人權, Human Rights)이란 무엇인가? 이 질문에 대한 명확한 답을 얻을 때라야 인권에 관한 더욱 깊은 이해에 도달할 수 있을 것이다. 불행하게도 많은 사람(특히 정치가 집단)이 인권에 대한 깊은 이해 없이 마치 그것이 저절로 이해되기라도 하는 것처럼 경솔하게 사용한다. 일례로 미국 정치가들은 중국에서의 '인권침해'의 본질에 대해서는 거의 설명하지 않은 채 중국이 인권침해 국가라고 비난한다. 그렇다면 미국에는 인권침해가 전혀 발생하지 않는다는 말인가?

그런데 사람들은 다음과 같은 사항을 궁금해 할 것이다. 인권침해란 무엇인가? 중국이 행한 어떤 구체적인 행동이 인권과 충돌하는가? 왜 그런 행위가 인권침해에 해당하는가? 과연 누가 정의한 인권인가? (미국을 제외한) 중국 등 다른 국가에서만 인권침해가 발생하는가? 어떤 나라가 인권을 침해하고 있다고 일반적으로 단정하는 것은 많은 혼란을 일으킨다. 왜냐하면, 섣부른 일반화는 인권의 진정한 의미를 호도할 우려가 있기 때문이다. 이는 중국을 제외한 다른 국가에서는 인권침해가 전혀 발생하지 않는다는 의미는 아니다. 정치가, 사회복지사 혹은 어떤 개인들이 다른 개인이나 집단이 인권을 침해하고 있다고 비난하기 위해서는 적어도 인권에 관한 기본적인 개념을 이해하고 있어야 한다. 하지만 불행하게도 많은 경우 그렇지 못한 것 같다(Reichert, 2003, 권혁일 외 역, 2008: 13-14).

인권은 보통 자연법적이고 천부적인 권리로 이해된다. 쉽게 표현하자면, 우리는 인권을 '너무나 당연한 권리'로 받아들인다. 이것은 인권이 인정되어야 하는 다른 근거에 대해서 더는 논의할 필요가 없다는 뜻이다. 물론 이러한 이해가 전적으로 잘못된 것은 아니다. 적어도 인권은 어떠한 공동체에서도 보편적으로 인정되어야 할 당위적 권리다. 따라서 인권이 실정법 이전에 존재하는 권리(自然法的 權利)라는 사실은 틀림없다. 그리고 심지어 하늘이 내려 준 권리(天賦的 權利)라고 생각할 수도 있다. 하지만 인권의 보편적 당위성을 선험적이고 형이상학적인 것만으로 이해하는 것은 곤란하다.[1] 인권의 보편적 당위성은 이성적 논증이 가능한 것으로 이해되어야 한다(이준일, 2019: 1).

인권은 인간이 인간답게 존재하기 위한 보편적인 인간의 모든 정치 · 경제 · 사회 · 문화적 권리 및 지위와 자격을 총칭하는 개념이다. 즉, 인권은 사람은 사람답게 살 수

1) 인권에 대한 선험적이고 형이상학적 이해에 따르면, 인권의 '존재'는 처음부터 당연하다. 그리고 인권의 '내용'은 의심할 여지없이 자명하다. 따라서 인권에 대한 선험적이고 형이상학적인 이해는 자칫 인권에 관한 논의에서 논증이 필요 없는 자명한 영역을 확대시킨다. 그리고 인권에 관한 논의에서 이성이나 합리성을 제거시킬 수 있다. 이러한 이해는 인권을 절대화되게 할 것이다. 특히 인권이 서로 충돌할 때 전혀 합리적인 해결책을 제시하지 못할 수도 있다. 제한될 수 없다는 의미를 가지는 절대적인 인권이 서로 충돌한다고 가정하자. 각각의 인권은 제한될 수 없기 때문에 충돌의 문제는 결코 해결될 수 없게 된다(이준일, 2019: 1).

있는 권리가 있다는 생각이며, 법의 담당 지역(jurisdiction)이나 그 밖의 지역적인 변수(민족이나 국적 등)에 관계없이 적용되는 것으로 정의된다. 인권의 본질과 정당성, 그리고 그 내용 자체는 오늘날 철학과 정치학에서 열띤 논쟁의 대상이 되었다. 그러나 인권은 보편적으로 국제법과 국제규약에 정의되어 있으며 수많은 국가의 국내법에도 규정되어 있다. 그러나 많은 인간 사회의 특수한 배경 속에서 인권이 정의되는 구체적 표현은 다양하며 문명권에 따라 다르게 나타날 수 있다.

주권 국가에서 인권은 정부의 일방적 권력 남용과 억압에 대항하여 인간이 요구할 수 있고 보호, 보장을 받을 수 있는 보편적 권리를 일컫는다. 이는 사람이 사람답게 존엄한 생활을 영위할 수 있는 권리, 개인의 자유와 평등, 독립성의 보장, 그리고 인류의 이익에 정부의 권한 행사가 들어맞을 책무 등을 뜻한다. 이러한 보편적인 권리는 일반적으로 생명 권리, 적절한 삶의 수준을 보장받을 권리, 고문을 비롯한 부당한 처우에 대한 보호, 사상과 언론 및 표현의 자유, 이동의 자유, 자기 결정의 권리, 교육에 관한 권리, 그리고 정치, 문화에 참여하고 누릴 권리 등을 포함한다. 이러한 규칙들은 유엔 회원국들의 국제법적, 정치적 결정에 근거하고 있으며 국제인권기구에 의해서 보장되고 발효된다. 전시와 같은 특수한 때는 이른바 타협 불가능한 인권(네 가지 핵심 인권은 생명, 포로 지위에서 해방될 권리, 고문으로부터의 보호와 신규 범죄 법을 소급 적용받지 않을 권리가 있다)은 제한받거나 축소될 수도 있다. 전시에 권리는 대부분 국제 인도주의 법을 따른다.

인권은 출생과 동시에 지니게 되며, 자기가 태어난 국가에서뿐만 아니라 다른 나라에서도 보장받는다는 점에서 보편성을 가진다고 말할 수 있다(설동훈, 2005). 인권의 개념과 범주는 고정되고 정태적인 것이 아니라 계속 변화, 발전해 오고 있다. 인간이 출생 신분과 무관하게 누구나 존엄성을 가진 존재로 인정받기 시작한 것은 근대 이후이다. 신분제 사회가 폐지되고, 인종과 계급에 관계없이 모든 인간이 동등한 인격을 갖춘 평등한 독립적인 존재라고 인정되기 시작한 근대사회에 들어서부터이다.

인권의 범위도 점차 확대했다. 마샬(Marshall)은 인권을 자유와 평등과 같은 공민적 요소, 참정권과 같은 정치적 요소, 복지권과 같은 사회적 요소로 구분하며, 인권의 변천을 진화론적으로 설명하고 있다. 영국의 공민권은 18~19세기에 걸쳐 확립되었고, 정치권은 19~20세기 사이에, 그리고 사회권의 기반은 20세기 중반까지 조성된 것으로 보고 있다(Marshall, 1963, 김상균, 1987 재인용). 아이프(Ife)는 인권의 개념을 제1세대, 제2세대, 제3세대 인권으로 구분하고 인권 범주의 확대과정을 설명한다(Ife, 2000, 김형식 · 여지영 역, 2001).

제1세대 인권은 18세기 자유주의적 정치철학의 발달과 계몽주의에 지적 기원을 둔 것으로 마샬의 공민적 요소와 정치적 요소를 지칭하는데, 투표권, 언론과 집회, 사상, 종교의 자유, 법 앞의 평등, 사생활의 보장 등을 말한다. 제2세대 인권은 경제적 · 사회적 · 문화적 권리로 마샬의 사회권 요소를 말하며, 취업권리, 적정임금을 받을 권리, 사회보장에 관한 권리 등을 포함하며, 19세기와 20세기 사회민주주의와 사회주의, 여타 집단주의 운동에 지적 기원을 두고 있다. 제3세대 인권은 경제개발에 대한 권리, 경제성장으로부터의 혜택을 받을 권리, 환경권 등을 지칭하는 것으로, 개개인에 적용되기보다는 지역사회, 전체 국민 등 집단적 수준에서만 의미가 있고, 이러한 집단적 권리는 20세기에 들어서서 인권으로 인식되기 시작하였다.

마샬(1963)과 아이프(2000)는 인권 개념의 확대과정은 같게 설명하면서도, 인권의 범주에서는 차이가 있다. 아이프는 마샬의 인권 범주에서 더 나아가 환경권과 같은 집단적 권리마저 인권의 범주에 포함하고 있다. 이러한 사실은 인권 개념의 변화가 발전하고 동태적이며, 관점에 따라 좁게 혹은 넓게 정의하기도 한다는 것을 보여 준다. 아이프에 따르면, 인권의 개념에 다음의 요소가 중요한 요건으로 포함되어야 한다(Ife, 2000, 김형식 · 여지영 역, 2001). 첫째, 인권의 실현은 개인 혹은 집단이 다른 사람과 마찬가지로 자신들의 완전한 인간성을 구현하는 데 필수이다. 둘째, 인권은 모든 인간에게 적용되는, 따라서 그 권리를 요구하는 개인 혹은 집단이 그 밖의 다른 모든 사람에게도 적용되기를 원하는 것으로 간주한다. 셋째, 인권의 정당성에 대해서는 실질적인 보편적 합의가 존재한다. 즉, 문화적 경계와 기타 경계를 넘어서는 광범위한 지지가 없다면 그것은 인권으로 볼 수 없다. 넷째, 인권을 모든 정당한 요구자들에게 실제로 실현하는 것이 가능하다. 다섯째, 인권은 다른 인권과 충돌하지 않는다(박주현 · 최덕경, 2016: 93-95).

2) 인권의 보편성과 불가분성

인권에 관한 연구를 시작할 때 인권의 보편성(universality)과 불가분성(indivisibility)이라는 두 가지 기본 개념을 이해하여야 한다. 보편성은 인권의 버팀목이 되는 개념이다. 모든 사람은 그가 사는 지역과 상관없이 인권을 누릴 권리를 가지고 있다. 예를 들어, 인권에는 모든 사람이 충분한 의료서비스와 식량을 공급받아야 한다는 항목이 포함되어 있다. 아마 어떤 국가에서는 자원이 부족하여 모든 사람에게 충분한 의료서비스와 식량을 공급하지 못할 수도 있을 것이다. 하지만, 의료서비스와 식량은 인권의 필수 구성 요소이기 때문에 정부는 그 권리를 보장하기 위한 뼈대(framework)를 제공해야 할 의무가 있다. 어떤 경우에는 자원부족이라는 것이 실제로는 이러한 권리를 무시하기 위한 핑계에 불과한 예도 있을 것이다. 어떤 권리와 자유를 인권으로 정의함으로써 정부는 그것들을 보장하기 위한 여건을 조성하기 위해 노력할 것이다(Ife, 2000, 김형식 · 여지영 역, 2001: 16-18).

모든 인권이 앞에 예시한 것처럼 명확하게 인권으로 분류되는 것은 아니며 그 때문에 어떤 인권을 증진하기 위한 노력을 주저하게 할 수 있다. 보편성 개념은 문제가 된 인권과 배치되는 특정한 문화, 법률, 정책, 도덕과 기타 제도 등과 충돌할 수 있다. 어떤 국가에서는 문화적 혹은 종교적 규범에 따라 동성애자에 대한 차별을 인정한다.

그러나 인권이 문화나 종교에 대한 민감성을 요구한다 하더라도 그러한 차별은 인권침해에 해당한다.

문화적, 종교적 규범과 인권 중에 어느 것을 우선으로 고려해야 할까? 만약 인권이 모든 사람에게 적용되는 것이라면 인권의 이념이 우선되어야 한다. 물론 이 문제는 그리 간단한 문제는 아니다. 누가 인권을 정의하는가? 누가 그 정의로부터 이익을 보고 누가 손해를 보는가? 인권을 실천할 때 누구의 목소리가 크게 반영되고 있는가? 누가 문화를 정의하는가? 어떤 정부가 다른 나라 정부의 정책이 인권을 침해하는 것이라고 주장할 수 있는가? 인권에 관한 해석에 이견이 있을 때 누가 결정하는가? 이처럼 보편성과 관련한 이슈들은 인권을 실천에 옮기는 데 있어 많은 논란을 일으킬 수 있다.

보편성의 원리는 인권에 관한 법체계나 지침에 독특한 특성을 부여한다. 인권에 관한 이념은 매우 강력하지만, 인권이 보편적으로 인정되어야 한다는 주장은 오랫동안 제국주의적이라는 비판을 받아 왔다. 이러한 비판은 다음과 같은 중요한 질문을 던져 왔다(Ignatieff, 2001). 인권규범은 과연 그것이 가지고 있는 권위에 합당한 가치를 가지고 있는가? 혹시 서구의 도덕적 제국주의의, 또 다른 교묘한 술책은 아닌가? 보편성이란 모든 이가 비슷해져야 한다거나 모두 똑같은 방식으로 발전해야 한다는 것을 의미하는 것은 아니다. 보편성은 개인과 집단 간의 모든 형태의 다양성과 차이를 인정한다. 보편성 이해의 핵심은 그것의 목표가 다른 문화를 똑같은 것으로 만드는 것이 아니라는 사실을 받아들이는 것이다. 보편성은 모든 개인과 집단이 그들의 존재에 합당한 기본적인 권리를 보장하고자 하는 것이며, 모든 사람이 같은 형태로 존재해야 한다는 것을 의미하는 것은 아니다(Ife, 2000, 김형식 · 여지영 역, 2001: 17).

불가분성 원칙은 정부와 개인이 개개의 인권을 인정하되 선별적으로 어떤 인권을 더 중요하게 취급해서는 안 된다는 것이다. 미국의 의료정책이 모든 국민에게 권리를 보장하고 있지 않은 것은 인권의 불가분성과 관련하여 많은 논란을 일으킨다. 의료에 대한 권리가 적절하게 보장되지 않으면 개인은 생명을 위협받거나 건강을 해치는 질병에 노출될 수 있다. 사람이 건강을 잃으면 가정이나 직장에서 누릴 수 있는 또 다른 인권을 누리는 데도 어려움이 있을 수 있다. 또한, 선거라든가 기타 인권으로 여겨지는 다른 활동에 참여할 수 있는 개인의 의지나 능력에 영향을 미칠 수도 있다. 결과적으로 어떤 인권을 부인하는 것은 다른 인권의 향유에 쉽게 영향을 미칠 수 있으며 직·간접적으로 다른 인권을 부인하는 결과를 낳는다. 따라서 인권의 불가분성 개념은 인권의 실천에서 매우 중요한 역할을 하고 있다.

하지만 인권의 불가분성 원칙은 어느 정도 논란의 소지가 있다. 쉽게 인정할 수 있는 바와 같이 모든 국가가 인권으로 승인된 모든 경제적 권리를 충족시켜 줄 수는 없다. 이러한 상황을 절대로 용인하지 않는 것이 인권의 원칙적 실천인가? 어느 국가가 국민에게 특정한 인권이 적절치 않다고 하면서 그 인권 자체의 승인을 거부할 수 있을까? 인권 담론에서 불가분성 원칙이 핵심적 위치를 차지하고 있지만, 이 기본적 개념을 둘러싸고 있는 쟁점에 답하는 것은 그리 간단한 문제가 아니다. 이처럼 인권에 관한 많은 개념은 실용적이지 않고 낯설고 심지어 단지 이상적인 관념으로만 보일 수 있다(Ife, 2000, 김형식·여지영 역, 2001: 16-17; 박주현·최덕경, 2016: 95-97).

3) 논증과 토론을 통한 기본적 인권의 균형과 조화

사회적 이슈를 인권과 기본권의 관점에서 접근하면서 가장 합리적인 해결책은 문제가 되는 권리나 이익의 '균형'과 '조화'에서 찾을 수 있다. 왜냐하면, 인권과 기본권이 문제가 되는 사회적 이슈에는 반드시 그와 충돌하는 다른 사람의 기본적 인권이나 공동체의 이익 또는 헌법적 법익이 등장하기 때문이다. 따라서 사회적 이슈에서 문제가 되는 인권과 기본권이 합리적 근거를 갖는지 혹은 「헌법」에 보장되어 있는지를 확인하는 것만으로 충분하지 않다. 극단적으로 표현하면, 합리적 근거가 없는 혹은 「헌법」에 보장되어 있지 않은 인권과 기본권이란 존재하지 않는다고 해도 지나치지 않다. 이것은 문제가 된 사회적 이슈에서 일정한 합리적 또는 헌법적 근거를 가지고 인권과 기본권을 주장할 수 있는지가 중요하지 않은 것은 아니지만, 문제 해결의 본질적인 요소는 아니라는 뜻이다. 결국 가장 중요한 것은 어떤 식으로든 그 근거를 찾을 수 있는 인권과 기본권이 문제가 될 때 그와 함께 주장될 수 있는 다른 사람의 기본적 인권이나 공동체의 이익 또는 헌법적 법익과 조화롭고 균형이 잡힌 방식으로 실현될 수 있는지 여부이다.

이러한 '균형'과 '조화'는 협상이나 타협의 과정을 통해서도 달성될 수 있다. 그러나 협상이나 타협의 과정은 합리성과 정당성을 확보할 수 없다. 사회적 이슈에서 등장하는 권리나 이익의 균형과 조화는 논증과 토론의 절차를 통해서만 그 합리성과 정당성을 획득할 수 있다. 문제가 되는 각각의 권리와 이익에 찬성하는 주장과 반대하는 주장을 정당화하기 위해서는 어떻게 해야 할까? 합리적인 논거를 제시하고 비판하는 논증게임 안에서, 목적지에 도달한 사회적 합의만이 공동체의 균형과 조화를 만들어 낼 수 있다. 결국 인권과 기본권의 관점에서 사회적 이슈를 논의하면서 얻을 수 있는 결론은, 사회적 이슈에 대한 합리적 해결은 무엇보다도 공동체 전체의 합리성의 수준을 전제한다는 사실이다. 사회적 이슈에 대한 해결책의 합리성은 그러한 이슈가 발생한 전체 사회의 합리성 수준에 의존하는 것이다(이준일, 2019: 10).

4) 광기의 시대에 정신장애인의 인권

흉악한 범죄의 발생을 보도하는 언론은 확인되지도 않은 토를 단다. 피의자가 정신이상으로 추정된다는, 차라리 모든 범죄의 원인을 '정신이상'이라고 말하자. 제정신으로는 범죄를 저지를 수 없을 테니까. 범죄의 원인을 정신이상으로 치부하는 것은 동물보다 우등하다고 믿는 인간의 자기합리화가 아닐까? 정신이상이란 인간이 동물의 상태로 잠시 이동한 것을 의미하는 것이므로…(이준일, 2019: 619-636).

인간은, 우리 모두는 무엇인가에 미쳐 산다. 그 무엇인가는 종교나 신념일 수도 있고, 비전이나 열정일 수도 있다. 그러면서도 우리는 자신을 결단코 미친 사람이라고 생각하지 않는다. 오히려 무언가에 미쳐 사는 사람을 미친 사람이라고 폄하하기 일쑤다. 우리는 '모두' 미친 사람이거나 '아무도' 미친 사람이 아닐 수 있다. 미친 사람과 미치지 않은 사람의 경계가 있는 것이 아니라, 미친 정도의 차이일 것이므로….

정신장애인에 대해서는 장애를 이유로 한 차별에 정신장애를 이유로 한 차별이 가중된다. 심지어 정신장애인은 악마(악령)로부터 정신을 지배당하는 사람으로 취급되기도 한다. 하지만 현대의학은 정신장애나 정신질환의 범위를 무한대로 확대해 놓았다. 명확한 경계설정도 없이 정신장애인을 한 통 속으로 몰아넣는 행위가 얼마나 무지한 것인지, 심지어 얼마나 야만적인 것인지 생각해 보자. 비록 정도가 심한 정신장애인의 경우라도 인간으로 대접받아야 한다는 사실을….

정신장애인의 인권에 대한 분류는 여러 가지 관점에서 가능하다. 그런데 여기서는 일반적으로 인권을 자유권, 평등권, 사회권의 세 가지 범주로 분류하는 견해에 따라 정신장애인에게 보장되어야 하는 인권을 정리하면 〈표 9-1〉과 같다.

〈표 9-1〉 정신장애인의 인권

구분	세부 권리
자유권	입·퇴원에 관한 자기결정권, 치료에 관한 자기결정권, 치료내용에 관한 알 권리, 가혹행위를 당하지 않을 권리, 행동의 자유를 침해당하지 않을 권리, 사생활의 비밀에 관한 권리
평등권	차별받지 않을 권리, 정당한 편의를 제공받을 권리, 권리구제절차
사회권	국민기초생활 수급권, 건강보험 수급권, 사회복지서비스 수급권

5) 정신장애인의 인권침해 사례

정신장애인의 인권에는 「헌법」이 보장하는 기본권 모두를 포함한다. 그리고 국제연합(UN) 「장애인권리협약(Convention on the Rights of Persons with Disabilities)」은 국제사회가 마련한 국제인권협약으로, 모든 장애가 있는 이들의 존엄성과 권리를 보장하기 위해 평등과 비차별의 원칙하에 장애인의 권리 보장 등 모두 50개 조항으로 구성되어 있으며, 자유권 규약과 사회권 규약을 비롯한 장애인 권리 보호와 증진을 위한 국제적 장전으로서의 역할을 하고 있다.

그럼에도 지역사회에서는 정신장애인의 인권침해 사례가 우리를 슬프게 만든다. 장애인 거주시설에서 매년 끊임없이 인권침해 사건이 벌어진다. 보건복지부가 인권침해 전수조사를 시행하기로 결정하면서 시설 내 인권침해를 막겠다는 의지를 밝히기는 했지만, 사건에 대한 경찰의 지지부진한 수사, 지자체의 솜방망이 처벌은 물론 신고 후에도 가해자와 피해자의 분리가 이루어지지 않는 등 처리 과정의 심각한 문제가 연달아 나오면서 거주시설 인권침해를 막을 의지가 보이지 않는다는 비판이 나온다.

경기도 여주의 중증장애인 거주시설인 '라파엘의 집'에서 발생한 장애인 폭행 및 학대 사례를 살펴보자(https://www.beminor.com). 2021년 3월 라파엘의 집에서 직원 15명이 장애인(거주인) 7명에게 지속적이고 일상적인 폭행, 학대를 자행했다는 소식이 언론을 통해 전해졌다. 이들은 밥을 안 먹는다는 이유 등으로 거주인을 때리고 시설 직원이 거주인의 목을 잡고 강제로 물을 먹이며, 발로 공을 차 장애인의 몸에 맞췄으며, 재활치료를 위해 '기립기'를 만들면서 실제로는 거주인을 30분 이상 묶어 두는 학대 도구로 사용하는 등 폭행과 학대를 지속해 온 것으로 확인됐다.

문제가 불거지자 '라파엘의 집'은 문제의 기립기를 철거했고 일부 직원들의 학대를 인정해 2명의 직원을 권고사직 처리했다. 하지만 거주인의 팔과 다리에 폭행의 흔적으로 보이는 커다란 멍 자국이 있는 것에 대해서는 '자해 흔적'이라며 강하게 부정했다.

특히 이 시설은 외부인이 출입하기 어려운 산 중턱에 자리를 잡고 있고, 2020년 10월에는 거주인과 종사자가 코로나19에 집단으로 감염되며 외부 접촉이 사실상 차단되면서 학대 사실이 뒤늦게 알려졌다. 서울장애인차별철폐연대는 "이미 (코로나19 집단 감염 전인) 2020년 8월 공익제보자로부터 관할 구청인 강남구청(운영법인인 사회복지법인 하상복지재단이 서울 강남구 소재)에 폭행 및 학대에 대한 제보가 있었다. 같은 해 9월 강남구청이 현장조사를 진행했고, 서울장애인권익옹호기관에서도 9월에 이틀에 걸친 조사를 진행한 후 여주경찰서에 고발조치를 진행했다."라고 전했다.

하지만 2020년 8월 신고가 들어왔음에도 불구하고 그 후 두 달이 지난 10월에야 가해자들과 피해자들이 분리 조치됐다. 그마저도 서울시 장애인권익옹호센터가 가해자로 지목한 5명을 같은 시설 내 다른 생활실로 이동시킨 것이며, 이후 조사 과정에서 확인된 추가 가해자들은 2020년 2월까지 피해자들과 함께 생활한 것으로 전해졌다. 또 가해자들이 경찰에 입건됐고 폭행이 사실로 드러났음에도, 강남구청은 솜방망이 처벌인 '개선명령'만 내렸다.

이처럼 장애인 거주시설의 인권침해는 매년 빠지지 않고 불거졌다. 지난 2018년에는 울산 울주군에 위치한 '동향원'이 갑자기 장애인들을 정신병원에 입원시키고, 남성 교사가 여성 거주 장애인을 성폭행하는 등의 인권침해가 이루어졌음이 밝혀졌다. 2019년에는 경기 '성심동원'에서 학대와 성폭력 사건 등이 발생하고 장수 '벧엘의 집'은 장애인 폭행, 추행은 물론 횡령과 강제노역 등이 이루어졌음이 드러났다. 2020년에도 미신고시설과 개인운영시설이 함께 있던 경기도 '평강타운'에서 활동지원사의 폭행으로 거주인이 사망하는 사건이 발생했고, 무주 '하은의 집'에서 거주인에 대한 상습적인 폭행이 있었음이 밝혀지기도 했다. 그리고 인권침해가 반복됐던 서울시 장애인 거주시설 '루디아의 집'이 법인설립허가 취소 및 시설폐쇄 명령을 받았다.

최근 보건복지부는 '라파엘의 집'을 비롯한 전국 100인 이상 대형 거주시설 37곳을 대상으로 인권침해 전수조사를 시행하겠다는 입장을 밝혔다. 하지만 복지부의 전수조사와 더불어 경찰의 엄중하고 신속한 수사가 절실히 필요하며 매년 반복되는 악순환을 막기 위해 경찰 내에 '거주시설 인권침해 특별수사본부'를 꾸려 거주시설 인권침해를 전담 수사해야 한다는 것이 장애인단체들의 주장이다.

서울장애인차별철폐연대는 "라파엘의 집에서 생활하는 거주인은 발달, 시각장애를 중복으로 겪는 중증장애인이 많기 때문에 피해 사실의 진술 과정에서 더욱 섬세한 접근이 필요하다. 발달장애인과 의사소통의 경험이 많은 발달장애인 전담 경찰관이 조사를 진행해야 하고, 피해자 진술 과정에서 당사자와 신뢰 관계에 있는 조력인의 지원이 절대적으로 보장되어야 한다. 경찰청이 특별수사본부를 꾸려 전격적으로 대응할 때 거주시설 내 인권침해 사건은 줄어들 수 있다. 대한민국 장애인 거주시설에 존재하는 국민의 생명과 안전을 위해 경찰이 적극적으로 나서야 한다."라고 밝혔다.

2. 차별과 낙인

1) 정신장애와 차별

(1) 차별의 개념

원래 차별(差別, discrimination)은 '차등을 두는 구별'을 의미하는 용어이지만, 실제는 비판적 의미가 가미되어 어떤 집단(인종, 민족, 생활양식, 국적, 성별, 언어, 종교, 사상 등)을 희생으로 하면서 사회생활 속에서 이루어지는 차별대우를 가리킨다. 구체적으로는 차별받는 측이 차별하는 측으로부터 멸시나 가학(加虐) 등에 의해 불평등,

불이익한 취급을 받고 인권을 침해당하는 것을 말한다. 본래 대등한 인간으로서 당연히 가질 수 있는 사회적인 권리를 다수파 집단이나 권력집단이 비합법적으로, 때로는 합법적인 근거로 박탈함으로써 차별이 이루어진다.

분야에 따라 차별을 이해하는 방법에는 차이가 있다. 사회학적으로는 차별을 제도적 행위로 받아들이고 봉건제도의 신분제도에서 시작하여 그것에 기초한 신분질서나 법적 차별, 인종차별 등을 차별이라고 한다. 사회심리학에서는 편견을 기초로 한 민족, 집단 또는 그것에 속하는 개인에 대한 차별적 개념이나 행위를 차별이라고 한다.

차별은 다음과 같은 과정을 거쳐 발생한다. 교통이나 통신수단의 발달로 인간이 이질적인 문화에 직면하는 기회가 증가하면 '동료'와 '비동료'의 차이를 인식하는 기회도 늘어난다. 이질적인 집단이 접촉하면 거기에는 당연히 언어나 종교, 습관의 차이에 의한 커뮤니케이션의 곤란함, 방해, 긴장 등이 발생하게 될 것이다. 인간은 대부분의 경우 이러한 곤란이나 고통의 원인을 자신들이 아닌 다른 사람 때문이라고 생각하는 경향이 있다. 이것이 이른바 이문화(異文化) 커뮤니케이션의 책임전가이며 차별이나 편견의 원인이 된다.

차별의 기준은 사회와 시대에 따라 변화한다. 봉건제도하에서는 사회가 신분에 따른 서열로 구성되어 있기 때문에 서열 간의 상호관계가 매우 차별적이었다. 그러나 근대 민주국가가 성립된 후에도 이질적인 소수집단에 대한 차별은 여전히 존재한다. 단, 차별당하고 있는 집단이 동일하다고 해도 근대 이전과 현대는 사회적 의미가 다르다고 할 수 있을 것이다. 예를 들면, 근대 인도에는 카스트제도가 법적으로 폐지되어 있다. 그러나 현실적으로 구(舊)불가촉(不可觸) 천민은 종래의 풍속이나 질서하에 차별받고 있다. 다른 문화적 배경을 갖는 사람들이 생활하는 장에서는 구체적인 경제적 격차나 사회적 차별이 발생한다. 그러한 이해를 수반한 차별은 대립을 낳는다. 문화인류학에서는 인간이 문화를 갖는 이상 그 주변에 부정적 가치를 갖는 것을 만드는 것은 필연적이며, 그것에 대한 차별도 사라지지 않는다는 설도 있다.

구체적인 차별에는 인종차별, 민족적 차별, 부락차별, 장애자에 대한 차별 등을 들 수 있지만, 이러한 차별화는 사회의 규범과 법적인 평등 원칙에 어긋나기 때문에 아무리 몇 개의 하위집단에 의해 정당화되어도 다수파로부터 수용되기는 대단히 어렵다고 판단되어 왔다.

그러나 차별이 법률이나 규정에 의해 합리화되어 있는 경우도 있다. 미국에서는 1960년대에 공민권 운동이 활발하게 일기 전까지 흑인에 대한 법적인 차별이 존재하였다. 남아프리카공화국에도 아파르트헤이트에 의한 인종차별이 정책으로서 실행되었다. 일본에서도 근대까지 성별이나 수입에 따라 참정권이 제한되는 등의 차별이 있었지만, 전후 보통선거의 실현으로 이러한 차별은 사라지게 되었다. 이러한 경향은 1948년의 「세계인권선언」이나 「국제인권규약」, 「여성차별철폐조약」 등으로 사라지게 되었지만, 여전히 각종 차별은 다양한 사회에 남아 있다(정치학대사전편찬위원회, 2002).

(2) 국가인권위원회와 차별

브라이언 버드킨(B. Burdekin) 전 호주 인권위원과 국가인권위원회의 인연은 남다르다. 그는 1995년부터 2003년까지 UN인권고등판무관실 국가인권기구 담당 특별자문관으로 일했는데, 이 시기에 한국에서 국가인권위원회가 설립됐다. 법무부와 인권시민단체가 국가인권기구의 위상과 성격을 놓고 치열한 논쟁을 벌이던 시절, 버드킨 위원은 한국을 방문해 뼈 있는 일성을 남겼다. "법무부 시안은 국가인권위원회의 독립성을 보장하기 힘들다." 그의 권고는 독립적 국가인권기구를 만들기 위한 인권시민단체에 힘을 실어주었고, 국가인권위원회는 마침내 입법 · 행정 · 사법 3부 어디에도 속하지 않는 독립기구로 출범했다.

이런 이유로 버드킨 위원에게 한국 국가인권위원회는 빛나는 성과이자 듬직한 본보기다. 그는 2006년 11월 국가인권위원회 설립 5주년 기념식에 참석해 국가인권위원회가 걸어온 길을 회고하며 변함없는 애정을 밝히기도 했다. "국가인권위원회의 업적은 세계적으로 자랑할 만한 것입니다. 국가인권위원회 설립 과정에서 많은 어려움을 겪었지만, 현재 여러 국가가 한국 국가인권위원회를 우러러보고 있습니다."

한국에서는 널리 알려지지 않았지만, 그는 세계적으로 주목받는 정신장애인 인권 전문가이기도 하다. 그는 호주 인권위원회에서 인권위원으로 일하던 1980년대 후반부터 정신장애인 인권문제에 관심을 기울였고, 수년간의 실태조사와 청문회를 거쳐 1993년 호주 정신장애인 국가보고서를 완성했다. 이것이 이른바 '버드킨 보고서'로 지금까지도 정신장애인 인권문제를 바라보는 바로미터 구실을 하고 있다. '버드킨 보고서'를 작성하면서 심층 인터뷰를 진행한 사람만 무려 1,300명에 달했다는 사실로 미루어 이 보고서에 쏟은 그의 열정을 짐작할 수 있다.

2008년 5월 13일 버드킨 위원이 다시 한국을 찾았다. 나라 밖에서 「국제장애인권리협약」이 발효되고, 나라 안에서는 「장애인차별금지 및 권리구제 등에 관한 법률(장애인차별금지법)」이 시행된 직후라서 그의 방문이 더욱 반가웠다. 더구나 2008년은 국가인권위원회가 한국판 '버드킨 보고서'라 할 '정신장애인 국가보고서' 발간을 목표로 세운 의미 있는 해이기도 하다. 버드킨 위원은 이처럼 중요한 순간, 한국의 정신장애인 전문가들과 머리를 맞대고 토론하기 위해 국가인권위원회 초청으로 한국을 방문한 것이다.

버드킨 위원은 호주 사례를 거론하며 일반 시민들이 갖고 있는 정신장애인에 대한 편견을 깨트리는 것이 중요하다고 말했다. 그에 따르면 '정신장애인이 극소수'라는 생각은 무지의 소산이고, '정신장애인이 위험하다.'라는 의견은 오해에서 비롯된 것이며, '정신장애인은 회복할 수 없다.'라는 주장은 사실에 근거하지 않고 있다.

누구나 정신장애인이 될 수 있고, 아무리 심각한 정신장애인이라 해도 대개는 적절한 치료를 통해 정상적으로 생활할 수 있다는 게 그의 진단이다. 그럼에도 많은 사람이 두려움과 미신에 사로잡혀 정신장애인을 경계하게 되고, 이것이 시설입소에 따른 인권침해로 이어진다는 설명이다.

호주에서 총리와 부총리를 지낸 베테랑 관료답게 그는 정책이 성공하기 위한 요건을 세심하게 되짚었다. 처음에는 관심도 없었던 호주의 '버드킨 보고서'가 여성 정신장애인을 현장에서 직접 대하는 젊은 여성 경찰관 사이에서 주목받기 시작했고, 정신장애인 가족들의 적극적인 활동을 통해 긍정적 여론이 의사, 변호사, 미디어, 일반 시민, 정치인으로 확산됐던 사례를 강조했다.

국내외를 막론하고 인권문제를 법의 논리로 풀고자 하는 사람들이 적지 않다. 정신장애인 인권보호에 대해 법이 부실해서 효과를 보지 못한다는 논리도 있다. 그러나 버드킨 위원은 정신장애인 인권문제에서 법이 차지하는 비중은 10% 정도에 불과하다고 강조했다. 궁극적으로 사람들의 생각을 바꾸는 것만이 정신장애인의 인권을 실질적으로 개선할 수 있다는 얘기다. 그는 "미디어가 정신장애인에 대한 사회적 차별을 지속적으로 보도하고, 정부가 시민들의 머리에 박혀 있는 잘못된 편견을 걷어낼 수 있도록 관심을 갖고 지원하는 것이 필수적"이라고 말했다. 결국 버드킨 위원이 밝힌 정신장애인 인권향상의 '비법'은 '교육'과 '홍보'인 셈이다(http://www.humanrights.go.kr/hrletter/08051/pop01.htm).

(3) 정신장애인에 대한 대중의 편견과 차별

정신장애인에 대한 사회적 편견과 차별에 대한 조사는 1950년대 스타(Star)의 연구에서 시작되어 지금까지 심리학, 정신의학, 사회학, 사회복지학, 간호학 등에서 계속해서 이루어지고 있다. 스타의 연구에서 미국인 대부분은 편집성 조현병을 제외한 단순 조현병, 알코올 중독, 불안장애, 강박장애 등을 정신장애로 인정하는 경향을 보였다. 그러나 1990년대 이루어진 연구에서는 훨씬 더 포괄적으로 정신장애를 수용하는 것으로 나타났다(Link et al., 1999). 2000년대 들어오면서 정신장애의 범주뿐 아니라 원인에 대한 이해 역시 뇌장애나 유전적 원인과 같은 생물학적 원인을 수용하는 경향이 나타나고 있다(Angermeyer & Matschinger, 2005).

그런데 정신장애에 대한 과학적 이해가 증가됨에도 불구하고 정신장애인의 폭력성,

위험성에 대한 인식은 변함이 없고(Corrigan et al., 2007; Phelan et al., 2000), 사회적 거리감은 오히려 증가하였다(Corrigan et al., 2007; Lauber et al., 2004). 다시 말하면, 대중은 과거와 비교할 때 정신장애를 과학적으로 이해하고, 정신장애인을 불쌍하다고 인식하며, 사회가 그들을 적극적으로 지원해야 한다고 생각한다. 그러면서도 이웃이나 동료로서 개인적 관계는 맺고 싶어 하지 않는 뚜렷한 이중적 태도를 보인다(Borinstein, 1997).

최근의 연구(Angermeyer et al., 2004; Jorm & Griffiths, 2008)는 대중이 보이는 편견과 차별이 정신장애 진단유형이나 행동적 속성에 따라 상당히 다르다는 결과를 제시하고 있다. 즉, 대중은 정신장애의 행동적 특성에 따라 정신장애라는 라벨(label)을 부여하고 원인을 이해하는 방식이 다르고, 그들의 무능력과 위험성을 인식하는 정도도 다르다는 것이다. 따라서 이들은 사회적 편견과 차별을 논의하는 과정에서 '정신장애' 혹은 '정신질환'이라는 포괄적 개념을 사용하는 것은 대중이 어떤 행동이나 증상을 정신장애라 규정하는지, 그리고 구체적으로 어떠한 행동적 속성 때문에 편견과 차별이 일어나는지 알 수 없으므로 부적절하다고 주장한다. 이러한 연구는 대부분 정신장애 유형에 해당되는 특정적인 행동적 속성을 가진 사례들을 제시하고, 그 사례를 어느 정도 정신장애 혹은 정신질환으로 라벨을 부여하는지, 그리고 그들에 대한 편견과 사회적 거리감이 어떻게 다른지 비교하는 연구방법을 사용하고 있다(김재훈 · 서미경, 2011: 35-64; 서미경, 2015: 195-196).

2) 정신장애와 낙인

(1) 낙인의 개념

낙인찍기(Stigmatization)는 어떠한 개인이 특정 사회 맥락에서 가치가 낮은 사회적 정체성을 내포하는 속성이나 특성을 가지고 있을 때, 또는 가지고 있다고 여겨질 때 일어난다(Crocker et al., 1998). 낙인찍히는 속성은 가시적일 수도 있고 비가시적일 수도 있으며, 통제 가능할 수도 있고 그렇지 않을 수도 있다. 외모와 관련될 수도 있고(예: 신체 기형), 행동, 소속 집단(예: 유색인종)과 관련될 수도 있다. 낙인은 개인 안에 내재한다기보다는 사회적 맥락 안에 존재한다고 볼 수 있다. 많은 학자는 시간과 공간에 따라 낙인의 대상이 되는 속성, 행동, 집단이 다름을 들어 낙인을 사회적 구성물(social construction)로 보지만, 진화적 관점의 학자들은 낙인이 특정 집단을 배제해 종의 생존을 도모하려는 메커니즘으로 보고 낙인의 종류에 문화 간 공통점이 존재한다고 주장한다.

정신장애를 가진 사람은 두 종류의 고충을 겪는다. 하나는 정신장애로 말미암은 증상과 이를 다루는 과정에서 겪는 고충이고, 다른 하나는 정신장애에 대한 사회의 낙인과 차별로 말미암은 고충이다. 사람들은 신체적 병을 가진 사람보다 정신질환을 가진 사람을 더 승인하지 않는 경향이 있다. 사람들은 신체적 장애보다 정신장애의 경우에 당사자가 그러한 장애에 더 책임이 있는 것으로 보며, 이는 조현병(schizophrenia)보다 약물 중독이나 섭식장애에서 더욱 그러하다(Angermeyer & Matschinger, 2004). 사람들은 정신장애를 가진 사람을 덜 고용하려는 경향이 있으며, 주거 시설 계약을 하지 않으려는 경향이 있다.

미디어, 영화, 인쇄물 등에서 정신장애에 대한 낙인의 내용을 요인 분석한 연구에서는 크게 세 가지 요인이 드러났다. 첫 번째 요인은 '두려움과 배제'로, 정신장애를 가진 사람은 두려움의 대상이고 지역사회로부터 격리시켜야 한다는 내용이다. 두 번째 요인은 '권위주의(authoritarianism)'로, 정신 장애를 가진 사람은 삶에 책임을 질 수 없으며, 다른 사람이 대신 결정해 주어야 한다는 내용이다. 세 번째 요인은 '자비심(benevolence)'으로, 심한 정신장애를 가진 사람은 아이와 같아서 돌봄이 필요하다는 생각이다(Angermeyer et al., 2003).

정신장애에 대한 낙인은 미디어나 일상에서 대인관계 등을 통해 정신장애인의 일상 곳곳에 차별을 낳는다. 또한, 낙인은 제도를 만드는 데에도 영향을 미쳐, 정신장애를 가진 사람들의 기회를 의도적으로 또는 비의도적으로 제한하는 구조적 차별(structural discrimination)을 발생시킨다. 정신장애인은 이러한 대중적 낙인(public stigma)을 내면화하여 자기 낙인(self stigma)을 가질 수 있는데, 이는 정신장애인 자신이 무능하고 위험하다는 편견에 동의하고, 그에 따라 행동하는 것을 말한다. 또한, 그들은 낙인에 대한 두려움으로 말미암아 치료나 심리사회적 서비스를 기피할 수 있는데, 이는 병의 치료를 지연시키고 재발률을 높이며 회복에 악영향을 미친다(https://www.koreanpsychology.or.kr).

(2) 낙인으로 말미암은 정신장애인의 불행

정신장애인은 낙인으로 말미암아 이중불행(double misfortune)을 경험하게 된다(Corrigan & Watson, 2002). 첫 번째 불행은 정신장애의 원인, 경과, 결과를 잘못 이해하고 있는 대중의 낙인으로 말미암아 다양한 사회적 기회를 잃는 것이다. 두 번째 불행은 정신장애인이 그들에 대한 문화적, 사회적 이미지를 수용하여 자존감이 저하되고, 차별이 두려워 사회적 기회를 찾는 노력을 하지 않는 것이다.

정신장애에 대한 대중의 부정적 견해는 사회화 과정에서 학습되어(김정남 · 서미경, 2004) 오랜 시간 변화되지 않는 특성을 가지고 있다. 이러한 편견은 정신장애인의 주거, 고용, 사회적 지지의 접근성을 떨어뜨려 개인의 불안과 스트레스를 가중시킨다. 이것이 정신장애인이 낙인으로 말미암아 경험하는 첫 번째 불행이다. 여기에 더해 정신장애인 스스로도 사회화되는 동안 사람들이 정신장애인을 어떻게 대하는지에 대한 일련의 신념을 가지게 되고, 이러한 신념이 내면화되어 위축되고 고립되는 경험을 하게 된다. 이것이 정신장애인이 낙인으로 말미암아 경험하는 두 번째 불행이다. 이 두 불행은 서로 강화시키는 특성을 가지고 있다. 즉, 정신장애인의 사회적 고립과 위축이 정신병리의 위험성을 증가시켜 대중의 부정적 견해를 더 공고히 하고, 대중의 낙인이 강할수록 정신장애인은 더욱 고립되어 정신병리가 심각해지는 악순환을 반복하게 된다(서미경, 2015: 213-214).

(3) 낙인 경험의 결과

정신장애인이 경험하는 내면화된 낙인과 차별 경험은 그들의 자존감을 손상시키고, 사회적 관계를 위축시키며, 궁극적으로 삶의 질을 저하시킨다. 이러한 자기낙인(self-stigma) 혹은 내면화된 낙인(internalized stigma)의 결과를 코리건 등(Corrigan et al., 2009)은 '왜 내가(why try)' 효과로 설명하였다. 즉, 자기낙인으로 말미암아 정신장애인은 '왜 내가 직업을 구해야 하느냐?' 혹은 '왜 내가 독립적 삶을 살기 위한 노력을 해야 하느냐?' 등과 같은 반응을 보인다는 것이다. 자기낙인이 이러한 반응을 가져오는 과정에 자기존중감과 자기효율성이 매개된다. 즉, 자기낙인은 고정관념을 자신에게 적용시키면서 자기존중감과 자기효율성이 저하되어 목표 추구 행위를 하지 않게 된다.

일반적으로 학업성취 혹은 경제적 성취활동은 자존감(혹은 자신감)과 밀접히 관련된다. 여기에는 삶의 질과 관련된 다양한 사회적 활동을 포함할 뿐 아니라 증상 조절, 전문적 도움 요청과 같은 질병관리 활동도 포함된다. 따라서 낮은 자기존중감과 자기효율성은 이러한 활동을 회피하는 것을 넘어 스스로 그러한 능력과 기술이 없다는 패배의식을 갖게 한다. 그러나 이와 같은 부정적 효과만 예상되는 것은 아니다. 같은 낙인을 경험해도 적극적으로 반응하는 사람들이 있다. 이들은 적극적으로 삶의 목표를 추구하며, 자신의 강점과 약점, 욕구를 정확히 인식하고 적합한 치료를 찾아 참여한다. 즉, 낙인으로 오히려 권한부여가 되어 적극적 치료 참여를 통해 삶의 목표를 추구하는 것이다(서미경, 2015: 227-228).

3. 정신건강사회복지의 윤리적 이슈

1) 정신건강사회복지 실천과정에서의 윤리 갈등

정신건강사회복지사 대부분은 클라이언트의 문제를 해결하는 데 있어서 다양한 가치 갈등을 겪게 되고, 거의 매일 윤리적 결정을 해야 하는 상황에 직면하게 된다. 실천현장의 많은 부분은 정신건강사회복지사의 전문적 판단에 의존하고 있다. 시설(혹은 기관)의 장들은 "가장 훌륭한 사회복지사란 상식에 의존하고, '자신의 배짱을 신뢰(느낌, 배짱, 인지에 대한 신뢰)'하는 사람이다."라는 견해를 강조하고 있다(Sheafor et al., 1997).

이는 실천현장에서 가치의 중요성을 말해 주는 부분이다. 정신건강사회복지 실천과정에서 발생하는 윤리 갈등으로, 가치의 상충, 의무의 상충, 클라이언트 체계의 다중성, 결과의 모호성, 힘 또는 권력의 불균형, 비밀보장에 대해 살펴보면 다음과 같다(유수현 외, 2018: 137-140).

(1) 가치의 상충

정신건강사회복지사가 정신장애인을 대상으로 사회복지실천을 하는 과정에서 다양한 윤리 문제에 직면할 수 있다. 특히 2개 이상의 가치와 직면했을 때 서비스 방향을 결정하기는 대단히 어렵다. 예를 들어, 아직 증상이 많이 남은 환자가 당장의 독립 주거를 주장할 때 환자의 자기결정권을 존중하는 것과 인간의 생활을 보호하는 것 중에서 어느 쪽에 우선 가치를 두어야 할지 혼란스러울 수 있다. 또한, 공격적인 증상을 지닌 클라이언트의 경우 클라이언트의 비밀보장과 그의 가족에게 잠재적인 위험이 있음을 고지하여야 하는 두 가지의 가치 안에서 정신건강사회복지사는 혼란을 겪을 수 있다.

(2) 의무의 상충

정신건강사회복지사는 기관(혹은 시설)에 대한 의무와 클라이언트에 대한 의무 사이에서 갈등을 겪을 수 있다. 정신건강사회복지사는 자신이 속한 기관의 정책을 따라야 하지만, 기관의 목표가 클라이언트의 이익과 위배될 때에는 윤리적인 딜레마에 직면하게 된다. 예를 들어, 노숙자쉼터에서 생활 중인 철수 씨가 경미한 정신적 이상으로 더는 쉼터에서 생활할 수 없도록 기관에서 결정하였을 경우를 생각해 보자. 이때 철수 씨도 계속 있기를 원하고, 정신건강사회복지사도 이를 도와주고 싶을 때 정신건강사회복지사와 기관 사이에는 의무의 상충이라는 갈등 상황이 일어날 수 있다.

(3) 클라이언트 체계의 다중성

정신건강사회복지사로 활동하다 보면, 다양한 사례에 접근할 수밖에 없다. 예컨대, 심각한 부부갈등, 구타, 아동학대 등의 복합적인 문제를 가진 이혼부부의 자녀 문제를 다룰 수 있다. 이때 정신건강사회복지사는 누가 클라이언트인가를 결정하는 데 어려움을 겪는다. 누구의 이익을 최우선적으로 고려하고, 어떤 문제에 먼저 개입해야 하는가를 결정하는 것은 어려운 일이다. 다양한 관점에 따라 문제에 접근할 때 다양한 윤리적 딜레마를 겪게 된다. 즉, 판사의 관점, 사회의 관점, 아동의 관점, 어머니의 관점에 따라 정신건강사회복지사의 판단은 달라질 수 있다.

(4) 결과의 모호성

정신건강사회복지사가 내린 윤리적 결정의 효과가 모호할 때 정신건강사회복지사는 종종 선택의 딜레마에 봉착하게 된다. 특히 클라이언트가 아동일 때 어떻게 결정하는 것이 아동을 위해 최선인지, 앞으로 5~10년 후에도 최선일 수 있는지, 무슨 권리로 정신건강사회복지사가 아동에 대한 결정을 해야 하며, 과연 어느 것이 바른 윤리적 결정인지 등의 모호한 상황이 바로 그것이다. 예를 들면, 국외입양을 할 때 이것이 아동을 위한 최선의 선택인지를 확신할 수 없기 때문에 정신건강사회복지사는 자주 갈등을 겪게 된다.

(5) 힘 또는 권력의 불균형

현실적으로 클라이언트와 정신건강사회복지사의 관계가 권력적으로 평등하지 않은 것은 지극히 사실이며, 따라서 이로 말미암아 기본적으로 윤리적 딜레마를 일으킨다. 정신건강사회복지사가 클라이언트의 자기결정권, 클라이언트 이익의 최우선성, 의사결정에서 클라이언트 참여 우선성 등의 요인에 높은 가치를 두고 있다고 하더라도, 사회복지실천 과정에서 이를 충분히 반영하지 못하는 경우가 생길 수 있다. 왜냐하면, 클라이언트가 정신건강사회복지사에게 도움을 청하는 위치에 있기 때문이다. 예컨대, 미성년자나 지적장애 등의 요인으로 클라이언트의 능력이 제한되어 있을 때 클라이언트의 알 권리와 자기결정권의 포기가 생길 수 있다.

(6) 비밀보장

클라이언트가 정신건강사회복지사에게 말한 내용 및 다른 사람이 클라이언트에 대하여 제공한 내용은 결코 공개되지 않아야 한다. 그러나 다른 사람의 생명을 해칠 위험이 있을 때, 학대가 일어날 때, 위험한 질병에 걸렸을 때, 사법체계에서 클라이언트에 관한 정보를 요청할 때에는 정보를 공개할 수 있다. 하지만 이러한 극단적 상황에 대해 합리적으로 분명한 모든 사람의 일치된 견해가 없을 때 정신건강사회복지사는 윤리적 딜레마를 겪게 된다.

2) 가치 갈등에 대응하는 지침

지금까지 정신건강사회복지 실천과정에서 일어날 수 있는 다양한 윤리 갈등에 관해 살펴보았다. 그런데 이러한 윤리적 딜레마에 정신건강사회복지사가 적절하게 대응하는 것은 대단히 어려운 일이다. 따라서 정신건강사회복지사는 다음과 같은 노력을 통해 윤리 갈등에 적절하게 대처하여야 한다(유수현 외, 2018: 140-141).

- 평소 사회의 법이나 도덕, 사회규범 등의 지식을 갖추어 갈등이나 모순에 대해 올바른 가치판단을 내릴 수 있어야 한다.
- 정신건강사회복지사가 클라이언트를 위하여 자신의 가치를 분명하게 밝혀야만 하고, 클라이언트도 정신건강사회복지사와 평등한 위치에서 자신의 가치를 밝힐 수 있도록 하여야 한다.
- 클라이언트는 자신의 가치관이 무엇인지 분명하게 알 수 있도록 도움을 받아야 하고, 아울러 자신의 가치에 합당한 해결책을 모색할 수 있도록 도움을 받아야 한다.
- 정신건강사회복지사는 클라이언트가 다른 사람의 요구를 침해하지 않는 한 자신의 요구를 충족시키고, 그들이 원하는 것을 허용해야 한다.
- 실천현장에서 정신건강사회복지사는 자신이 담당한 사례에 대해 지나치게 정서적으로 개입하지 않아야 한다.

쉐퍼 등(Sheafor et al.)은 정신건강사회복지사의 윤리적 딜레마 해결을 위하여, 그들이 다음 질문에 대한 답을 찾도록 권고하고 있다(Sheafor et al., 1997, 유수현 외, 2018: 141 재인용).

- 이 상황에서 적용되는 윤리적 원칙과 의무는 무엇인가?
- 이 상황에서 어떤 윤리적 원칙이 서로 충돌하며, 윤리적 딜레마를 가져오는가?
- 윤리적 딜레마를 해결할 때 어떤 윤리적 의무가 다른 어떤 윤리적 의무보다 중요한가?

10 CHAPTER 정신건강과 중독

1. 중독의 개념

한참 분위기 좋은 닭살 커플들은 주로 어떤 대화를 할까? "하루라도 널 보지 않으면 견딜 수 없어. 하루 종일 네 생각만 해. 어떻게 하지? 너에게 중독된 것 같아. 네가 없인 아무것도 할 수가 없어. 네가 책임져." 술도 마약도 아닌 사람에게 중독되었다고? 그것이 가능할까? 도대체 무엇이 그리 좋아서 몇 번만에 중독이 될까? 어떤 행동이 즐거움을 주면 그 행동을 반복하고 싶은 욕구가 강화된다(https://www.stdict.korean.go.kr).

사전적으로 중독이란 생체가 음식물이나 약물의 독성에 의하여 기능 장애를 일으키는 일, 어떤 사상이나 사물에 젖어 버려 정상적으로 사물을 판단할 수 없는 상태를 뜻한다. 중독이란 원래 의학용어이지만, 지금은 흔히 사용하는 일상용어가 되었다. 명확하게 정의하기 어려운 사회 현상이 벌어졌을 때 사용하는 신드롬(syndrome)이라는 용어도 원래 질병(disorder)으로 정확히 진단하거나 원인을 규명하기 전에 증상, 징후, 다양한 특징을 뭉뚱그려 부르는 의학용어다. 쇼핑 중독, 초콜릿 중독, 게임 중독 등 중독이라는 말도 자주 사용한다. 그런데 곰곰이 생각해 보면 흔히 사용하는 단어라도 의미와 개념을 정확히 알고 사용하는 경우는 드물다(하지현, 2012).

중독이라고 하면 크게 독으로 지칭되는 유해 물질에 의한 신체 증상인 중독(intoxication, 약물 중독)과 알코올, 마약과 같은 약물 남용에 의한 정신적인 중독이 주로 문제되는 중독(addiction, 의존증)을 동시에 일컫는다(http://www.snuh.org). 하위질병으로는 약물 중독, 농약 중독, 중금속 중독, 메탄올 중독, 벤젠 중독, 살충제 · 제초제 · 염화비닐 중독, 인 중독, 유기염소 중독, 식중독, 세균 중독, 일산화탄소 중독, 이황화탄소 중독, 알코올 중독, 니코틴 중독, 카페인(커피, 차 등) 중독, 마약(마리화나, 코카인, 암페타민, 아편류 등) 중독, 흡입제(시너 등) 중독, 일부 의약품(항불안제, 수면제) 중독, 인터넷 중독, 쇼핑 중독, 도박 중독 등이 있다.

1) 신체 증상으로서 중독

신체 증상으로서 중독(Intoxication)이란 생물체의 기능에 해로운 영향을 주는 화학 물질에 생물체가 노출될 경우 발생되는 문제로 정의된다. 급성 중독과 만성 중독으로 나눌 수 있으며 급성 중독(acute poisoning)은 신체 외부나 내부의 유해 물질이 신체에서 일으키는 급성 반응으로 말미암은 상태를 일컬으며, 만성 중독(chronic intoxication)은 유해 물질에 오랫동안 지속해서 노출되어 발생하는 상태로, 주로 직업적으로 많이 발생되며 유기용제나 중금속 중독이 대부분이다.

중독의 원인으로는 의약품, 농약, 공업용 약품, 가정용 약품 등 약물에 의한 중독이 흔하며, 특히 문제가 되는 약물은 알코올, 수면제, 진통제, 항응고제 등이다. 그 밖에 복어독, 버섯독 등 동물 및 식물, 산과 알칼리 등 부식성 물질, 일산화탄소, 이산화황 등의 가스 중독과 세균 중독이 있다.

급성 중독 시 치료로는 위세척, 희석액 투여, 하제 투여, 흡착제(활성탄) 투여 등의 방법이 있으며 가정에서는 즉시 기도를 확보하고 부식제가 아닌 경우 토하게 하고 응급실을 방문하도록 한다.

2) 정신적 의존증으로서 중독

정신적 의존증으로서 중독(Addiction)이란 일종의 습관성 중독(갈망, 탐닉)으로, 심리적 의존이 있어 계속 물질을 찾는 행동을 하고, 신체적 의존이 있어 복용을 중단하지 못하며, 신체적 · 정신적 건강을 해치게 되는 상태를 말한다. 여기서 심리적 의존(psychological dependence)이란 습관성과 비슷한 개념으로 약물을 계속 사용함으로써 긴장과 감정적 불편을 없애려는 것을 말한다. 흡연을 예로 생각해 보면 이해가 쉬울 것이다. 이와 비슷한 의미로 남용이란 사회적 또는 직업상의 기능 장애를 초래하는 물질의 병적 사용 또는 의학적 목적과는 상관없이 약물을 지속해서 빈번히 사용하는 것을 말한다. 남용은 내성이 생겨 더욱 심각해지는데, 내성이란 약물을 사용했을 때 효과가 점차로 감소하거나 같은 효과를 얻기 위해 점차 용량을 증가시켜야 하는 상태를 말한다.

남용 물질로는 알코올, 니코틴(담배), 카페인(커피, 차 등), 마약류(마리화나, 코카인, 암페타민, 아편류 등), 환각제, 흡입제(시너 등) 및 일부 의약품(항불안제, 수면제) 등이 있다. 특정 남용 물질 외에도 특정 행동이나 조건에 중독된 상태까지 범위를 확장하면 인터넷 중독, 쇼핑 중독 등도 포함시킬 수 있다.

2. 중독의 실태와 원인

1) 인터넷 중독

인터넷 중독이란 인터넷을 과하게 사용하여 인터넷 사용에 대한 금단과 내성이 생겨, 이로 말미암아 일상생활의 장애가 유발되는 상태를 말한다. 다르게 표현하면, 지나치게 많이 인터넷을 사용하거나 게임에 몰두하여 일상생활 및 대인관계 문제, 사회직업적 기능의 저하가 유발되는 등 심각한 장애가 발생하는 경우를 말한다.[1)]

1980년대 이후 컴퓨터가 보급되면서 컴퓨터 중독이라는 용어가 새로이 등장하게 되었고, 1990년대를 넘어서자 인터넷의 사용이 널리 퍼졌다. 1996년에 들어서는 인터넷 사용이 증가함에 따라 인터넷 중독이 나타나게 되었다. 과도하게 PC 게임을 하면서 발생하는 게임 중독도 통칭하여 인터넷 중독이라고 불린다. 유병률은 전체 인구의 2~15% 정도로 파악되며, 남성이 여성보다 많다고 보고되고 있는데, 이는 인터넷 사용을 남자가 여자보다 더 많이 하기 때문으로 이해할 수 있다.

인터넷 중독 질환(Internet Addiction Disorder: IAD)이라는 용어를 처음으로 사용한 사람은 1996년 정신과 의사인 이반 골드버그(I. K. Goldberg)이다. 그는 인터넷 중독

1) 인터넷 중독은 사이버 중독, 인터넷 중독 질환(Internet Addiction Disorder: IAD), 병적 인터넷 사용(Pathological Internet Use: PIU)이라고 불리며, 인터넷 증후군(internet syndrome), 웨버홀리즘(webaholism)이라 불리기도 한다.

질환을 “인터넷 사용을 중단하거나 감소하면 정신 운동성 초조와 불안 혹은 인터넷에 대한 강박적 사고나 환상(또는 백일몽) 등의 증상이 일어나는 금단과 인터넷을 더 많이 사용해야 만족을 느끼는 내성을 가지며, 인터넷 사용을 위하여 중요한 사회적 · 직업적 활동이 손상될 때”라고 정의했다.

인터넷 중독은 미국 피츠버그대학의 킴벌리 영(K. S. Young) 박사 등에 의해 체계화 되었는데, 킴벌리 영은 인터넷 중독 자가진단을 고안하기도 했다. 그는 인터넷 중독 유형을 다음의 5가지로 분류하였다(http://www.koreanpsychology.or.kr).

- **사이버 섹스 중독**: 섹스나 포르노 등의 내용물을 담고 있는 인터넷 사이트(음란 채팅, 음란물 공유, 성인 방송 등)를 강박적으로 계속 드나드는 경우다.
- **사이버 관계 중독**: 온라인을 통한 인간관계에 과도하게 몰두해 있는 경우다. 이런 경우 실제 인간관계를 등한시하게 되기도 한다.
- **네트워크 강박증**: 강박적으로 온라인 게임, 쇼핑, 주식 매매 등을 하는 경우다.
- **정보 과부하**: 강박적으로 웹사이트나 자료를 검색한다. 이 경우 자신에게 필요한 정보보다는 정보 수집 자체에 집착하게 되기도 한다.
- **컴퓨터 중독**: 강박적으로 온라인 게임에 몰두한다. 우리나라 청소년들과 젊은 성인들에게서 자주 관찰되는 유형이다.

인터넷 중독은 통신 중독, 게임 중독, 음란물 중독 등으로 분류되기도 한다. 이런 인터넷 중독은 가상세계와 현실세계의 혼동, 언어파괴, 폭력성 및 성충동 유발 등의 문제점을 일으키기도 한다. 그러나 인터넷 중독은 현재 정신과 진단체계 내의 한 장애로서 정식으로 인정받고 있지는 못한 상태이다. 일부에서는 이러한 현상을 독립적인 장애로 보는 것을 반대하고 다른 질환, 즉 충동조절장애, 강박장애, 우울증의 한 증상으로 보기도 한다.

한편, 우리나라에서도 인터넷 인구가 늘어나면서 인터넷 중독이 사회문제화 되자 정보통신부(현 방송통신위원회)에서 2000년 10월에 인터넷중독정보센터 홈페이지(http://www.cyadic.or.kr)를 개설했으며, 2002년 4월에 인터넷중독예방상담센터를 열었다.

2) 스마트폰 중독

스마트폰의 하드웨어 및 소프트웨어는 비약적으로 발전하고 있으며, 각종 애플리케이션을 활용함으로써 우리의 생활은 상상하기 어려운 수준으로 다양화되고 있다. 스마트폰은 단순히 핸드폰 이외에도 컴퓨터, mp3, 동영상 플레이어 등 많은 기능을 가지고 있으며, 원하는 정보를 언제, 어디서든 쉽게 얻을 수 있다는 장점과 오락성을 포함한 여러 가지 이점 때문에 현대인들의 전폭적인 사랑을 받고 있다.

지난 2018년 7월, 우리나라 스마트폰 가입자 수는 5,000만 명을 넘어섰다. 사실상 국민 1인당 1스마트폰 시대가 되었다. 모든 국민이 스마트폰을 사용하는, 드디어(?) 이른바 '스마트 시대'에 살고 있다. 지하철이나 버스, 커피숍과 식당, 심지어는 길거리를 걸어가면서도, 차 안에서 운전을 하는 중에도 우리는 손에서 스마트폰을 때지 못한다(매일경제, 2018. 8. 26.). 마치 우리들의 손에서 스마트폰이 떨어지기라도 하면 큰일이라도 날 듯이….

그러나 많은 연구진이 보고서에서 밝히고 있듯이, 스마트폰이 휴대폰과 인터넷의 기능을 모두 가지고 있다는 점에서 이 역시 내성, 금단증상이나 일상생활의 어려움 및 충동 조절장애 등과 같은 중독의 특성을 내포하고 있어 사회적인 문제가 될 가능성이 높다. 스마트폰의 급격한 확산은 기기 사용에 있어서 편리함 이외에도 여러 가지 부작용을 함께 일으키고 있으며, 이에 따라 최근 스마트폰 중독이라는 개념으로 문제의 심각성이 드러나고 있다.

특히 간혹 젊은 주부들의 경우, 어린 영유아 자녀들이 보챌 때 이를 달래기 위한 수단으로 스마트폰을 쥐어 주는 경우가 있는데, 이것은 젖 뗀 아이에게 길거리에서 파는 불량식품을 던져 주는 것과 무엇이 다른가! 무엇보다도 사람과 사람의 직접적인 교류, 일상적인 관계를 통해 나누는 대화의 소중함을 잃어버릴까 염려스럽다. 감정도 없고 온기도 없는 차가운 기계가 매개하는 세상을 걱정해야 한다.

그러나 지금의 스마트폰은 현대인에게 편리를 주는 매우 중요한 기기의 하나로, 그 사용을 단순히 억제할 수만은 없다. 스마트폰 보급 증가는 게임 중독과 몰래카메라 등 부작용도 낳았지만, 금융과 유통 산업의 성장을 견인하는 등 새로운 성장 동력 역할을 톡톡히 했다는 평가를 받는다.[2] 따라서 스마트폰을 사용하는 시간과 공간을 계획적으로 제한하도록 하고, 반복적이거나 강박적인 사용으로 말미암아 신체에 위해가 발생하지 않는지 항상 확인하도록 하는 것이 좋다.

3) 게임 중독

게임 중독에서 벗어나기 위한 아이들은 고백한다. 일어나자마자 밥은 간단하게 라면 등으로 때우고, 컴퓨터 주변에 편의를 위한 물건을 갖춰 놓고, 더욱 편한 자세를 위해 누워서 하고, 게임을 하면 시간은 순식간에 지나간다고…. 버지니아 공대 총기 난사 사건의 청년은 게임과 현실을 구분하지 못했다. 그리고 우리 아이들은 "나는 분명 그 사람과 다르다."라고 말한다. 게임을 모르면 왕따가 되는 미디어 세대, 진짜처럼 변해

2) 한국은행에 따르면, 2018년 1분기 하루 평균 모바일뱅킹 이용금액은 5조 3천 946억 원으로 전 분기보다 20% 급증했다. 최근 1년간 모바일뱅킹을 실제로 이용한 고객은 6천 267만 명으로 전체 인터넷뱅킹 실제 이용 고객 중 92.4%를 차지했다. 금융 서비스 중 조회 서비스의 85.1%가 모바일뱅킹 등 인터넷뱅킹을 이용했지만, 금융기관 창구 이용은 9.8%에 그쳤다. 인터넷 전문은행인 카카오은행은 출범 1년 만에 고객 수가 633만 명에 달했고, 수신액과 여신액이 지방은행 수준인 8조 6천 300억 원, 7조 원으로 커졌다(매일경제, 2018. 8. 26.).

버리는 다양한 종류의 게임 속에 방치된 아이들을 보면서 부모들은 불안에 떨고 있다.

지난 2019년 5월 25일, 세계보건기구(WHO)는 '게임이용장애'를 질병으로 분류하였다. 게임이용장애란 게임 중독 상태를 일컫는 말로 세계보건기구는 "일상생활보다 게임을 우선시해 부정적인 결과가 발생해도 게임을 지속하거나 확대하는 게임 행위의 패턴"이라고 정의한다. 다시 말해, 게임에 대한 통제 기능이 손상되고 삶의 다른 관심사 및 일상생활보다 게임을 우선시하며 부정적인 결과가 발생해도 게임을 중단하지 못하는 것으로, 이런 현상이 12개월 이상 지속되면 게임이용장애로 판단하며, 증상이 심각하다면 12개월 전이라도 게임이용장애 판정을 내릴 수 있다.

이에 따라 게임이용장애는 질병코드를 부여받고, 2022년부터 194개 세계보건기구 회원국에 적용 · 도입된다. 그렇다면 과연 게임 중독은 정말 질병일까? 여러분은 어떻게 생각하는가? 게임 중독이 질병이라고 생각하는 사람들의 의견은 다음과 같다. 게임 중독에 걸린 사람들의 뇌의 구조가 약물 중독에 빠진 사람들과 비슷하여 의학적 소견 및 진단이 가능하다는 점, 이를 통하여 현재 게임 중독 증상이 심한 사람들을 게임 중독 병명으로 분류하여 도움을 줄 수 있다는 점, 게임 중독이 범죄로 이어질 수도 있다는 점 등이 있다.

게임 그래픽이 발달하고 가상현실(virtual reality: VR) 게임이 생겨나면서, 지금의 게임은 실제 현실과 상당히 유사한 느낌을 주게 됨에 따라 점점 가상과 현실의 경계가 모호해지고 있다. 이를 통해 상대적으로 분별력이 떨어지는 사람은 게임 중독으로 말미암아 가상과 현실을 구분 못하고 범죄를 저지를 수 있다. 따라서 이런 사람들을 더욱 효과적으로 치료하기 위하여 게임 중독을 질병으로 구분하자는 의견은 상당히 일리가 있다. 그러나 질병 분류로, 게임에 대한 부정적인 인식으로 말미암아 통제와 진단을 통한 치료가 과연 게임 중독에 대한 올바른 해답일까?

게임 중독에 이르게 되는 현상 중 하나는 일부분의 사람들 중 자제력과 분별력이 다른 사람들과 비교할 때 부족하여 스스로 통제를 하지 못하여 중독되는 것이다. 또한,

게임에 대한 흥미로 말미암아 과하게 몰입하다가 중독되는 일, 과금(게임에 돈을 쓰게 하는 행위)을 통해 소비되는 비용이 아까워 계속해서 게임을 하다 중독되는 일 등이 있다. 다시 말해, 우리가 해야 하는 일은 게임 중독을 질병으로 정하고 중독을 치료하는 것과 게임 자체에 대해 부정적으로 보는 인식이 아닌 중독되는 상황과 원인에 집중하여 이것을 예방하고 올바른 방향으로 고쳐 나가야 한다. 즉, 결과가 아닌 원인에 초점을 두어야 한다.

4) 알코올 중독

세계보건기구는 2010년 보고서를 통해 해로운 음주를 건강에 악영향을 미치는 중요 요소로 규정하고, 이에 대한 세계 전략을 세운 바 있다(http://www.health.kdca.go.kr). 이 보고서를 통해 세계보건기구는 해로운 알코올 사용이 "전 인류의 조기 사망과 장애를 초래하는 위험요인 중 세 번째"이며, 저개발국에서는 첫 번째 문제라고 강조했다. 이는 흡연에 의한 사망자 수보다도 더 큰 것으로 전 세계적으로 사망과 장애의 2.7%가 흡연에 의한 것이지만, 3.5%가 음주로 발생하는 것으로 보고되고 있어 음주의 해악이 전 세계적으로 계속해서 강조되고 있는 추세이다. 이러한 추세를 반영하듯 최근 경제협력개발기구 국가들의 알코올 섭취량은 전반적으로 감소 추세에 있다.

음주자 중 반 수 이상의 사람들이 과음 후 '필름이 끊김'이라고 하는 현상을 경험한 바 있다고 한다. 블랙아웃(Black-out)이라고 하는 이 현상은 알코올성 치매의 초기 증상으로 알려져 있다. 과음 자체가 뇌신경 세포에 독성 영향을 주게 되는데, 이러한 독성 영향이 많아지면 신경세포가 손상되어 블랙아웃이 나타나고, 장기간 반복되면 알코올성 치매로 이어지게 된다.

알코올 중독 환자는 흔히 술 이외의 안주나 음식을 골고루 챙겨 먹지 못한다. 또한,

알코올이 위에서 비타민이 흡수되는 것을 방해한다. 이에 알코올 중독 환자에서 영양 결핍이 흔히 발생한다. 비타민 결핍과 같은 영양 부족은 알코올성 치매 발생에 악영향을 준다.

알코올 사용 장애는 다른 정신질환과 마찬가지로 다양한 요소가 원인적 역할을 한다. 유전적, 그리고 발달 과정, 심리 사회적 요소가 복합적으로 작용하여 생기게 된다. 알코올 사용 장애의 유전적 원인은 매우 잘 알려져 있다. 심한 알코올 남용의 가족력이 있는 경우 3~4배 위험도가 증가하는 것으로 되어 있고, 쌍생아 연구나 입양 연구 결과도 이러한 유전적 요인을 지지하고 있다. 부모의 알코올 문제가 자녀에게 역할 모델을 제공해서 심리적 접근성을 높게 하거나, 반사회적 성격 등이 위험 요인으로 작용하기도 한다. 취약한 개인과 술이 쉽게 접촉할 수 있는 기회를 제공하는 환경적 요소도 중요하다.

5) 도박 중독

도박이란 불확실한 결과에 대해 돈을 걸고 하는 내기를 말한다. 이런 의미에서는 승부를 걸고 하는 모든 내기는 비록 가볍다 해도 모두 도박에 속한다. 물론 도박 자체가 문제가 아니고, 일부의 사람들이 지나치게 몰입하는 것이 문제가 된다. 우리나라에서는 도박 자체를 불법으로 규정하고 있지만, 합법적인 도박도 있는데 카지노(내국인은 강원랜드)를 비롯해서 경마, 경륜, 경정, 로또를 비롯한 복권, 스포츠 토토 등이 정부의 허가하에 운영되고 있다.

그러나 지금 우리사회는 합법적인 도박은 물론이고 불법적인 도박이 크게 성행하고 있는데, 한동안 큰 사회문제를 일으켰던 바다이야기, 스크린 경마를 비롯한 성인오락실, 오래 전부터 암암리에 성행하고 있던 각종 하우스, 그리고 최근에는 카지노바, 인터넷을 이용한 각종 도박이 주변에 널려 있는 것이 현실이다. 과거 성인 남성 위주의 도박에서 최근에는 여성 중독자의 비율이 늘고 있고 심지어는 청소년들도 무방비로 도박의 유혹에 노출되어 있어 큰 문제가 되고 있다.

정신분석학자 에드먼드 버글러(E. Bergler, 1985)에 따르면, 도박 중독자는 다음 여섯 가지 특성을 보인다. ① 도박 중독자는 정기적으로 도박을 한다. 여기서 양적 요소가 중요하긴 하지만, 그 규모 역시 무시할 수 없다. 알코올 중독과 마찬가지로 문제는 도박자가 과도하게 도박을 하는 시점을 아는 것이 중요하다. ② 도박이 모든 다른 흥미들 가운데 우위를 점한다. ③ 도박 중독자는 연이은 패배 경험에도 변치 않는 낙관주의를 보인다. ④ 도박 중독자는 자신이 돈을 따는 한 결코 도박판을 떠나지 않는다. ⑤ 도박 중독자는 신중하겠노라고 처음에 약속했음에도 불구하고 종국에는 지나친 위험을 감수한다. ⑥ 도박 중독자는 도박의 단계에서 스릴(전율, 흥분, 고통과 쾌감을 동시에 느끼게 하는 긴장감 같은 감각)에 대한 주관적 경험을 가지고 있다. 도박자가 계속해서 열광적으로 추구하는 것은 바로 이 감각, 즉 스릴에 대한 갈망이다(http://www.koreanpsychology.or.kr).

도박자에게 나타나는 심리적 특징은 미성숙함과 성격의 황폐화이다. 이들 중에는 중독되기 전부터 기본적으로 미성숙한 사람도 있고, 도박에 중독된 후에 이러한 특징이 더욱 두드러지게 나타나는 사람도 있다. 도박 문제가 심해질수록 도박자는 자신이 도박을 하고 있다는 사실을 철저히 감추고, 빚을 갚거나 잃어버린 돈을 찾을 생각에만 집착한다. 마음이 급해지기 때문에 점차 성급해지고 화를 잘 내며, 별다른 이유 없이 사람을 의심하거나 비난하기도 한다. 또한, 이들은 기분 변화가 심하다.

도박자는 도박 문제를 일부 인정하면서도 한편으로는 부정하거나 합리화하며 끊임없이 핑계를 댄다. 이들이 흔히 하는 변명은 다음과 같다. ① 잃은 돈을 복구하려는 소망 때문에 도박을 끊을 수가 없다. ② 나는 언제든 혼자서 도박을 끊을 수 있다. ③ 한 번만 크게 따면 그만둘 것이다. ④ 나는 습관성 도박자가 아닌 프로 도박사다.

⑤ 나는 즐기면서 도박을 하고 있다. 도박은 나의 취미 생활이다(http://www.koreanpsychology.or.kr).

6) 쇼핑 중독

강박적 구매로도 불리는 쇼핑 중독은 쇼핑, 구매에 대한 부적합하고 과도한 충동이나 집착이 있어, 분별없이 필요하지 않은 물건을 구매하거나, 자신의 경제력보다 더 많은 금액의 물건을 구매하는 경우가 빈번히 나타나는 질환이다. 단순히 쇼핑을 많이 하는 병이라기보다는 쇼핑의 충동을 스스로 조절하지 못해 자신이나 다른 사람에게 해가 되는 병이라고 할 수 있다. 쇼핑 중독은 우울증, 불안장애, 알코올 및 약물 남용이 동반될 수 있다.[3)]

우리의 많은 행동은 특정 욕구가 발생했을 때 그것을 해결하려는 목적을 가진다. 예컨대, 배가 고프면 밥을 먹는 것이다. 이런 욕구 추구는 우리가 건강하게 살 수 있도록 해 주는 기본적이면서도 합리적인 행동이며, 이 과정에서 우리는 부수적으로 욕구(부족함)에서 벗어나는 쾌감을 느끼게 된다(http://www.snuh.org).

복잡한 문화환경 속에서 사는 현대인은 매우 다양한 욕구에 부딪치며, 이를 해결하는 행위를 하게 된다. 이럴 경우 때로는 부족함을 해결한다는 합리적인 동기와 쾌감을 추구한다는 부수적 동기 사이에 괴리가 생길 수가 있다. 쇼핑에 대한 집착도 이런 현상의 일종으로 볼 수 있다. 쇼핑이 필요한 재화를 획득하기 위한 행동이 아니라 그 자체의 쾌감을 추구하는 행동으로 바뀌는 것이다.

쇼핑 중독 환자들은 "이번에는 이것만 사야지!"라고 결심하고 쇼핑을 시작한다. 물론

3) 쇼핑 중독의 미국 유병률은 2~8%이며, 그들의 80~95%가 여성이다. 쇼핑 중독 환자에서의 강박장애 유병률은 12.5~30.0%이다. 한편, 조울증의 조증기에 필요 없는 물건을 지나치게 많이 구매하는 경우가 있는데, 이는 쇼핑 중독과는 구분되는 현상이다.

'이것이 필요하니까'라는 생각 자체가 쇼핑몰(실제 및 온라인)에 가기 위한 핑계인 경우도 있다. 어쨌건 일단 구매 행동을 시작하면 애초에 마음먹었던 것보다 더 오랫동안 더 많은 것을 꼭 필요하지도 않으면서 사게 된다.

중요한 것은 처음에 이것만 사고 자제하겠다는 결심이 일단 쇼핑 행동을 시작하면 무너질 수밖에 없다는 사실이다. 사고 싶은 물건을 접하게 되면 심한 갈망감과 사서는 안 된다는 생각 사이에서 갈등을 겪다가 '이것은 이래저래 필요할 거야'라는 자기합리화를 하게 되어 결국은 사게 되는데, 구입한 후에야 비로소 마음의 평정이 온다.

쇼핑 중독 환자들은 일반적으로 자신의 쇼핑 행동이 문제가 있다는 것을 알고 있으며, 자신의 빚 때문에 고통을 받고 있다. 집에는 쌓아 놓은 물건이 넘쳐나고 결국은 다른 사람에게 나누어 주기도 한다. 자제가 불가능하다는 것을 스스로 알고 있지만, '이번만은 자제할 수 있어'라고 믿으면서 다시 시작하고, 똑같은 자제 불가능을 반복 경험하는 것은 모든 중독에 공통적인 현상이다(http://www.snuh.org).

7) 성 중독

보통 '성 중독' 혹은 '섹스 중독'이라고 하면 섹스를 너무 좋아하는 사람 정도로 생각하기 쉽다. 개념이 명확하게 알려지지 않은 탓에, 섹스 중독자를 정력이 엄청 강한 사람이나 변태 등으로 오인하기도 한다. 또 간혹 "자위를 너무 많이 하면 성 중독인가요?"라고 물으며 걱정하는 청소년들도 있다. 의외로 성 중독이라는 질병을 진단할 때 성관계의 횟수나 빈도는 크게 상관이 없다. 부부 금슬이 좋아 결혼 생활 10여 년이 넘도록 여전히 정열적인 부부생활을 즐기고 있는 사람들도 주변에서 종종 볼 수 있으니 말이다(https://www.hidoc.co.kr).

정신건강의학적으로 성 중독이라고 진단할 때는 성을 지나치게 탐닉하고 과도하게 몰두해서 일상생활에 문제가 일어날 경우, 하지만 그럼에도 조절이 안 되는 경우를 말한다. 즉, 섹스의 빈도가 잦고 섹스의 횟수가 많다고 하더라도, 일상생활에 문제가 없고 자신이 조절할 수 있다면 섹스 중독 혹은 성 중독이라고 단정할 수 없다. 반대로 섹스의 빈도가 많지 않다고 하더라도 일상생활에 문제가 되고, 자신이 그것을 제어할 수 없다면 성 중독(섹스 중독)이라고 할 수 있다.

스트레스를 받는 일이 생기거나 기분이 안 좋으면 나도 모르게 성에 관련된 생각이 떠오르고, 음란물을 검색하고 자위를 하거나, 섹스 상대를 찾는 등 성적인 충동을 해소할 수 있는 방법을 찾는 일에 골몰하면서 시간을 보낸다. 그러다가 결국 어떤 형태로든 성적인 충동에서 벗어나고 나면 자책과 수치심이 들고 기분이 우울하고 불안해지며 허무한 느낌을 받는다. 하지만 다시 현실을 직시하게 되면 더욱 답답해지고 무섭고 회피하고 싶어서 또 다시 성적인 자극을 찾게 된다. 이런 악순환이 반복되면서 나도 모르는 사이에 성 중독은 더욱 심각하게 진행된다.

성 중독은 중독 중에서도 마약이나 알코올 중독 같은 물질 중독이 아니라 도박 중독이나 게임 중독 같은 행위 중독에 포함이 되는데, 이들 중독 질환은 다음과 같은 몇 가지 공통적인 특징을 가지고 있다(https://www.hidoc.co.kr).

첫째, 스스로 조절이 되지 않는다. 중독자들은 조절할 수 있는 능력이 고장 났다고 할 수 있다. 많은 알코올 중독자가 마음만 먹으면 술을 끊을 수 있다고 큰소리치지만, 조용히 자신을 돌아보게 되면 그동안 얼마나 많은 금주 실패를 반복해 왔는지, 또 자신의 인생과 주변 사람들에게 얼마나 많은 피해를 끼쳤는지 깨닫게 된다. 그래서 중독에서 회복하는 12단계 중 첫 단계를, 자신의 상태에 대해 인정하는 것부터 설정하고 있다. 즉, 자신이 더는 수습할 수 없는 상태가 되었고, 중독에 무력하다는 것을 인정하는 것부터 중독치료가 시작되는 것이다. 성 중독 역시 마찬가지다. 만약 성적인 충동이나 행동이 스스로 조절되지 않고 오히려 휘둘리거나 끌려다닌다고 느낀다면 성 중독의 위험이 높으므로 스스로 사태의 심각성을 깨달아야 한다.

둘째, 부정적인 결과에도 불구하고 지속한다. 성 중독의 경우에는 불면증이나 우울증 등의 정신건강에도 문제가 발생하는 등 여러 가지 어려움이 발생한다. 일이나 학업의 능률이 떨어지고, 이 때문에 직장에서 쫓겨나는 경우도 있으며, 무분별한 성관계로 말미암아 성병에 걸릴 위험이 높아지고, 심지어 그 때문에 부부관계가 파탄 나는 경우도 있다. 그럼에도 불구하고 성 중독자들은 자신의 문제를 외면한 채 계속해서 다른 핑곗거리를 찾아 합리화하려는 경향이 있다. 이는 성 중독뿐만 아니라 다른 중독자 역시 마찬가지다.

셋째, 강박적인 집착이 생긴다. 성적인 주제에 대한 강박적인 집착이 심해져서 거의 하루 종일 성적인 문제로 고민하게 된다. 단순하게 섹스를 하고 싶다가 아니다. 오히려 섹스를 해도 괴롭고, 하지 않아도 괴로운 상태가 되는 것이다. 때로는 성관계 자체보다 누군가와 함께 있고 관계를 맺고 싶은 욕망이 성 중독의 형태로 표현되기도 한다.

8) 고(高)카페인 음료 중독

우리나라는 커피공화국이라고 한다. 경기가 나쁘다고 이야기하지만 여전히 길거리에 늘어 가는 것은 커피전문점이다. 카페인은 우리의 삶을 깨어 있도록 도와주고 활기차게 해 주는 활력소다. 하지만 지나치면 고통을 불러일으킨다. 카페인이 있어 행복할 수 있는 것은 생활에 맛을 더하는 양념으로 활용할 때까지만이다. 아무리 좋은 음식도 양념이 지나치면 그 고유의 맛을 잃어버리는 것처럼, 카페인도 지나치게 되면 우리의 삶을 망가뜨릴 수 있다.

2011년 전국의 커피전문점 수는 1만 2천여 개였으나, 2020년에는 서울에만 커피점과 카페가 약 1만 5천여 개가 있고, 전국적으로는 10만여 개를 넘는다고 한다. 2011년 약 2조 원이던 시장규모는 2020년 11조 7천억 원, 연간 소비량 265억 잔, 1인 기준 일주일

소비량이 9.3잔이라고 하는 엄청난 숫자놀음이다(https://www.hidoc.co.kr).

이렇게 급격히 커피 시장이 성장하고 있는 것을 보면 커피는 분명히 매력을 지니고 있는 것 같아 보인다. 프랑스의 위대한 영웅 나폴레옹(Napoléon)도 "커피는 내게 온기를 주고, 힘과 기쁨과 쾌락이 동반된 고통을 불러일으킨다."라고 하지 않았나! 확실히 커피는 우리에게 힘과 에너지를 주어 피로를 잊게 해 주고, 집중력도 높여 주며, 경우에 따라서는 편안한 느낌도 선사하는 훌륭한 기호품인 것은 사실이다.

이러한 커피의 주성분은 카페인이다. 최근에는 커피와 같은 식물 열매 혹은 잎에 함유되어 있는 카페인을 다양한 음료에도 첨가하여 피로감을 줄이고, 졸음을 쫓으며, 신진대사를 촉진하고자 하는 기능성 음료나 식품이 개발되고 있다. 문제는 이러한 커피나 기능성 음료 혹은 식품에 포함된 카페인을 지나치게 많이, 그리고 자주 복용하는 경우이다.

우리가 흔히 마시는 인스턴트커피 1봉에는 약 30~80mg의 카페인이 들어 있다. 또한, 커피전문점의 아메리카노 커피에는 약 160~300mg의 카페인이 포함되어 있다. 커피 이외의 에너지드링크 중에는 60~200mg 정도의 카페인이 포함되어 있으며, 흔히 마시는 콜라에도 약 50mg의 카페인이 포함되어 있다. 우리나라 성인 1인당 일일 카페인 섭취 허용량이 400mg 정도이므로, 커피전문점 커피 2~3잔이면 하루 허용량을 훌쩍 넘는다.

특히 성장기에 있는 청소년의 경우에는 125mg의 카페인을 일일 섭취 허용량으로 규정하고 있는데, 에너지드링크 1~2캔이면 허용 기준을 초과하게 된다. 우리나라 청소년들이 특히 시험기간에 이러한 허용 기준을 넘겨 에너지드링크를 복용하는 것은 이제 드물지 않은 일이 됐다.

카페인을 과다하게 섭취하면 손떨림이 발생하기도 하고, 심장이 빨리 뛰는 등의 심혈관계 기능에 이상을 초래한다. 실제로 심장 질환이 있는 청소년이 고카페인 음료를 과다 복용했다가 사망한 사례도 있다. 또한, 위장이나 식도의 질환 등을 초래할 수 있다. 과도한 카페인은 칼슘의 흡수를 방해하여 원활한 뼈 생성을 억제하여 청소년의 성장을 저해한다. 초조불안증이나 불면증은 너무도 자주 경험할 수 있는 카페인 과잉에 따른 증상이다. 또한, 반복적으로 과도한 용량을 복용할 경우 내성이 발생하고 카페인 중독으로 이어지기도 한다. 이러한 부작용은 나이가 어릴수록, 그리고 섭취하는 카페인의 용량이 많을수록 흔히 발생한다.

다른 중독성 물질과는 달리 카페인에 대한 관대한 사회적 분위기, 부작용에 대한 무관심, 긍정적 측면에 대한 지나친 강조 등으로 말미암아 카페인 중독에 대한 경각심은 비교적 낮은 편이다. 하지만 사소해 보이는 카페인 중독이지만, 점차 심각한 개인적 혹은 사회적 문제로 비화될 가능성은 충분하다. 과도한 카페인으로 말미암은 중요한 문제는 다음과 같다(https://www.hidoc.co.kr).

(1) 카페인 중독 그 자체

카페인은 습관성을 유발하는 중독성 물질이라는 사실은 과학적으로 입증되어 있고, 실제로 많은 사람이 경험을 통해 알고 있다. 이미 중독이 된 이후에는 커피나 에너지드링크를 적게 마시려고 하면 오히려 집중력이 떨어지거나 피곤하다고 느낀다. 이럴 때, 한 잔의 커피 혹은 에너지드링크는 일거에 불편한 증상을 날려 버린다. 이것이 바로 금단이며, 카페인 중독의 대표적인 증상이다. 카페인 중독은 결국 심각한 금단으로 인한 불편감을 발생시키거나 신체적인 질환을 유발하게 된다.

(2) 몸을 상하게 하는 술과 카페인의 결합

에너지드링크가 유행하게 되면서 새롭게 등장한 문제가 술과 에너지드링크를 섞어서 마시는 사람들이다. 에너지드링크의 맛과 향, 그리고 술과 상반되게 뇌를 자극하는 카페인의 작용으로 말미암아 술, 특히 독한 술을 평소보다 많이 마시고도 마치 술에 덜 취한 것처럼 느끼게 해 준다. 그러나 실제로는 훨씬 과다한 양의 알코올과 카페인에 노출되어 알코올에 의한 혹은 카페인에 의한 신체적 정신적 부작용이 일어나거나, 다치거나 사고가 발생한다.

(3) 다른 중독으로의 전환

카페인의 과다한 섭취는 우울증이나 불안증과 같은 다양한 정신 증상을 유발한다. 그 외에도 다른 중독으로 이어지는 경우도 흔하다. 일반 인구보다 카페인 중독자에서 흡연자(니코틴 중독자)가 훨씬 더 많다는 연구를 참고해 보자. 미국에서의 한 연구에 따르면, 특히 에너지드링크에 중독된 대학생들이 이후 마약 중독으로 이어지는 비율이 높다고도 한다.

3. 중독 문제의 해결책 및 대안

정부는 전국에 중독관리통합지원센터(구, 알코올상담센터) 50개소를 설치 · 운영하여 통합적인 문제 음주자 및 알코올 등 중독자 관리체계를 구축하고, 중독자 조기 발견 · 상담 · 치료 · 재활 및 사회로의 복귀를 지원하고 있다. 지원 내용은 알코올 등 중독자 관리, 중독자 가족 지원, 중독 폐해 예방 및 교육, 지역사회 사회안전망 조성, 지역진단 및 기획 등이다.

중독 문제에 대해 우리나라 보건복지부(2019)에서는 기본적으로 다음과 같은 여섯 가지 차원으로 구분하여 개입 방향을 제시하고 있다. 첫째는 중독 조기 발견 및 개입 서비스이다. 이는 중독에 대한 고위험군 발굴 및 의뢰체계를 구축하여 조기 발견하고, 단기 개입 서비스를 시행하는 것이다. 둘째는 중독 관리 사업으로, 전문적인 사례관리

서비스, 위기관리 서비스, 재활 및 직업재활 서비스를 시행하는 것이다. 셋째는 가족 지원 사업으로, 중독자 가족을 위한 이용체계 구축, 사례관리 서비스, 가족교육 및 프로그램, 그리고 가족모임 지원 서비스 등이다. 넷째는 중독 예방교육 사업으로, 아동·청소년 예방교육 사업, 직장인 중독 예방 지원 사업, 지역주민 예방교육 사업 등이다. 다섯째는 지역사회 사회안전망 조성 사업으로, 보건복지 네트워크 구축, 지역 법무 연계·협력체계 구축, 자원봉사 관리·운영체계 구축, 경찰 및 응급 지원 네트워크 구축 등이다. 여섯째는 지역사회를 진단하고, 자원을 조정하며, 중재하는 것이다.

세부적으로 알코올 중독 예방을 위하여 음주 폐해의 심각성에 대한 사회적 분위기 전환, 건강증진 생활습관 실천율 향상으로 음주 폐해의 최소화, 알코올 관련 질환 치료 및 재활 강화 등의 기본 목표를 수립하여 실천하고 있다. 마약류 중독자 치료를 위해 종래 범죄자로 인식하던 격리 위주의 형사 처벌정책에서 치료해야 할 환자로 인식하는 치료재활 보호정책으로 전환하고, 사회복귀 지원에 대한 내실화를 위해 노력하고 있다. 또한, 인터넷 중독은 다른 약물 중독의 문제와 원인 및 대상, 그리고 대처방법에서 차이가 있지만, 일상생활의 심각한 문제를 해결하기 위해 노력하고 있다. 예컨대, 청소년의 경우 학교와 지역사회 연계를 적극적으로 시행하면서 학교 대상으로 하는 중독 예방교육, 부모교육 등 관련 프로그램을 개발하고 있다(김지미 외, 2020: 374-377).

CHAPTER 11

정신건강과 자살

1. 자살의 개념

자살의 영어 단어인 suiside의 어원은 라틴어의 sui(자기 자신을)와 caedo(죽이다)의 두 낱말의 합성어이다. 여기서 알 수 있듯이, 자살이란 그 원인이 개인적이든 사회적이든, 당사자가 자유의사(自由意思)에 의하여 자신의 목숨을 끊는 행위를 말한다. 이 정의는 일견 명백하기는 하나 실제로는 여러 문제가 있다. 예컨대, 음독(飮毒)은 일반적으로는 자살의 한 형태인 것으로 되어 있지만, 그것이 처벌(處罰)의 형식으로서 이루어졌을 때[1] 과연 자살이라 할 수 있는지, 그리고 전쟁에 의한 사망은 일반적으로 자살이

1) 예를 들어, 왕족 또는 사대부가 죄를 지었을 때 임금이 내렸던 사약(賜藥) 같은 경우다. 사약은 옛날부터 사용되어 왔으나 형전(刑典)에 인정된 제도는 아니다. 형전에는 교수(絞首)・참수(斬首)만을 사형제도로 명시하고 있었다. 왕족 또는

라고 하지 않으나 과거 일본 군대의 '가미카제(神風) 특공대'나 이른바 '육탄용사(肉彈勇士)'처럼 스스로 자진해서 죽음으로 뛰어드는 경우를 자살적 행위라고 할 수 있는지 그 한계는 모호하다(http://www.doopedia.co.kr).

자살의 시비(是非)에 관한 윤리관과 종교관에 대해서는 예로부터 여러 제의가 제기되어 왔다. 자살긍정론자(自殺肯定論者)는, 인간은 누구든지 자기의 생명에 관해서 절대적인 권리를 가진다는 윤리적 입장에서 긍정해 왔다. 종교적 관습으로서도 인도의 사티(satī) 등에서 볼 수 있듯이 배우자를 잃은 사람이 배우자의 극락왕생(極樂往生)을 기원하여 뒤따라 자살하는 경우가 있었다. 우리나라에도 옛날에는 임금의 죽음에 대하여 신하가 순사(殉死)하는 관습이 있었으며, 근세 이후의 문예작품이나 연극 중에는 자살을 동정하고 정사(情死)를 미화하는 사상이 드러나는 작품이 있다.

자살부정론자는, 자살은 신과 국왕에 대한 의무를 포기하는 행위로서 비난하였는데, 특히 그리스도교에서 자살은 신을 모독하는 행위라 하여 이를 죄악시하고, 종교적 제재를 가하였다. 로마 가톨릭에서는 오늘날에도 자살을 죄악시하는 사상이 강하다. 불교에서는 열반사상(涅槃思想)의 입장에서 자살을 경계하고 있지만, 현실적으로 종교자살이 없지는 않다.

프랑스의 사회학자 뒤르켐(E. Durkheim)에 따르면, 자살에는 이기적 자살(利己的 自殺) · 애타적 자살(愛他的 自殺) · 아노미(anomie: 無規制 狀態)적 자살의 세 가지가 있다. 이기적 자살은 개인이 사회에 결합하는 양식(樣式)에서 과도한 개인화를 보일 경우, 즉 개인과 사회의 결합력이 약할 때의 자살이다. 애타적 자살은 그 반대로 과도한 집단화를 보일 경우, 즉 사회적 의무감이 지나치게 강할 때의 자살이다. 아노미적 자살은 사회정세의 변화라든가 사회환경의 차이 또는 도덕적 통제의 결여(缺如)에 의한 자살이다.

사대부는 그들의 신분을 참작하여 교살시키는 대신에 사약을 내렸던 것이다. 조선 전기에 단종은 강원도 영월에서 귀양살이를 하다가 사약을 받았으며, 성종의 비이며 연산군의 생모인 윤씨(尹氏)는 친정에서 근신 중에 사약을 받았다.

2. 자살 관련 이론 및 법률

1) 자살을 설명하는 이론

프랑스의 사회학자 에밀 뒤르켐이 1897년에 출간한 『자살론(Le suicide)』은 사회학의 고전으로 평가받고 있다. 사회학자 김종엽은 이 책은 "사회학 저작인 동시에 사회학이 무엇일 수 있는지를 보여 주는, 다시 말해 사회학 자체를 설립하는 저작"이라고 평가했다(강준만, 2005).

이 책에서 뒤르켐은 "자살은 엄연히 사회 현상이며, 자살의 원인 역시 사회적이다."라고 했다. 뒤르켐은 자살이 사회적 현상이라는 것을 보이기 위하여 여러 가지 통계 자료를 조사했다. 그 결과 사람들이 생각하던 것과는 달리, 정신병이나 신경쇠약증 같은 것이 자살과 확정적인 관계가 없다는 것을 밝혔다. 또한, 유전적 요소, 개인의 체질, 밤낮의 길이, 계절에 따른 온도의 영향 등 다양한 신체적 물질적 조건이 자살 현상을 설명하기에는 부적합하다는 것을 밝혔다.

또한, 뒤르켐은 자살을 '문명에 대한 반성 수단'으로 보면서, ① 이기적 자살[개인이 사회에 덜 통합되어 있기 때문에 나타나는 자살로 독신자의 자살률이 기혼자보다 높은 것이나, 개신교(교회) 신자들의 자살률이 로마 가톨릭(성당) 신자들보다 높은 경우가 그 대표적 예다], ② 이타적 자살(개인이 집단이나 공동체에 지나치게 통합이 잘 되어 있어서 나타나는 자살로 군대 조직과 같은 곳에서 가미카제와 같은 행동이 그 대표적 예다), ③ 아노미적 자살(사회적 규제가 적을 때 나타나는 자살 유형으로 사회적 혼란, 특히 경제적 위기의 상황에서 일어나는 자살이 그 대표적 예다), ④ 숙명적 자살(사회적 규제가 너무 심하기 때문에 일어나는 자살로 자녀가 없는 기혼여성이나 노예들의 자살이 그 대표적 예다) 등 네 가지로 분류하였다.

자살률과 사회통합 간의 관계에 주목했던 뒤르켐은 지나친 개인화나 지나친 규제력 모두 높은 자살률을 낳는다고 보았다. 이는 최근 들어 급격히 치솟고 있는 한국의 자살 신드롬을 설명하는 데에 한 시사점을 던져 주고 있다(강준만, 2005).

버트런드 러셀(B. Russell)은 1932년에 쓴 '자살이 위법인가?'라는 글에서 "자살이란 주제를 다룰 때 그 장단점을 따지기보다는, 이른바 인간 생명의 신성함과 연결해 바라보는 경향이 있다."라며 다음과 같이 주장했다. "그러나 나는 그 어구를 심각하게 받아들이는 것이 오히려 불법이라고 본다. 그것을 받아들이는 사람이라면 전쟁에 대해서도 비난해야 마땅하기 때문이다(당시 전쟁을 비난하는 것은 불법으로 간주되었음). 너무나 비참한 나머지 자살을 시도하게 되는 저 불행한 사람들 앞에서 인명의 신성함을 호소하는 것은, 전쟁이 인류의 제도의 일부로 존재하는 한 철저하게 위선이다."

자살을 시도하는 사람의 90%가 우울증을 앓는다는 통계에 근거해 자살을 일종의 병(病)으로 보는 시각도 있다. 우울증은 인류를 괴롭히는 열 가지 질병 가운데 네 번째로 평생 동안 5명 중 1명이 걸릴 수 있을 정도로 발병률도 높다. 우울증 환자의 15%는 자살로 생을 마감한다고 한다(강준만, 2005).

2) 자살 위험에 대한 개입

자살은 해당 분야 전문가만이 당면하는 과제가 아니다. 자살은 사회복지사와 보건, 학교를 포함한 모든 인간생활영역에서 만날 수 있는 상황이다. 따라서 자살상담전문가를 양성하는 일 이외에 보편적인 대인서비스 전문가들이 자살 위험에 대해 대처할 수 있는 방법을 교육하고 보급하는 노력을 하여야 한다.

자살 위험 수준별 행동지침은 자살위험자를 만나서 위험성의 수준에 대해 사정(assessment)을 하고, 단계별 개입방법을 신속하게 활용할 수 있도록 하고 있다. 클라이언트의 위험성이 어느 단계인지 애매한 상황에서는 대체로 높은 쪽으로 평가하는 것이 위기개입에서 민감하고 적극적인 대처를 이끌어 낼 수 있다.

한국자살예방협회에서는 대인서비스 전문가들을 대상으로 한국형 표준자살예방 교육프로그램으로 '듣고 보고 말하기'를 개발하여 교육 · 보급하고 있다. 한국형 표준자살예방 교육프로그램은 '보기'를 통해 자살 고위험군을 빨리 알아차리고, '듣기'를 통해 자살위험성에 대해 적극적이고 공감적으로 경청하며, 그리고 '말하기'를 통해 안전을 위한 계획을 세우고 연계하는 자살 예방의 전 과정을 포괄하고 있다(유수현 외, 2018: 463-465).

3) 「자살예방 및 생명존중문화 조성을 위한 법률」

「자살예방 및 생명존중문화 조성을 위한 법률(약칭: 자살예방법)」은 자살에 대한 국가적 차원의 책무와 예방정책에 관하여 필요한 사항을 규정함으로써 국민의 소중한 생명을 보호하고 생명존중문화를 조성함을 목적으로 한다(법 제1조). 법률 제17213호(2020. 4. 7.)로 시행(2020. 10. 18.)되는 이 법은 제26조의 본칙과 부칙으로 구성되어 있으며, 주요 내용은 다음과 같다.

(1) 기본정책

자살예방정책은 자살 위험에 노출된 개인이 처한 특수한 환경을 고려하여 성별 · 연령별 · 계층별 · 동기별 등 다각적이고 범정부적인 차원의 사전예방대책에 중점을 두고 수립되어야 한다(법 제2조 제1항). 자살예방정책은 생명윤리의식 및 생명존중문화의 확산, 건강한 정신과 가치관의 함양 등 사회문화적 인식개선에 중점을 두고 수립되어야 한다(법 제2조 제2항).

(2) 국민의 권리와 의무

국민은 자살위험에 노출되거나 스스로 노출되었다고 판단될 경우 국가 및 지방자치단체에 도움을 요청할 권리가 있다(법 제3조 제1항). 국민은 국가 및 지방자치단체가 자살예방정책을 수립·시행함에 있어 적극 협조하여야 하며, 자살을 할 위험성이 높은 자를 발견한 경우에는 구조되도록 조치를 취하여야 한다(법 제3조 제2항).

(3) 국가 및 지방자치단체의 책무

국가 및 지방자치단체는 자살위험자를 위험으로부터 적극 구조하기 위하여 필요한 정책을 수립하여야 한다(법 제4조 제1항). 국가 및 지방자치단체는 자살의 사전예방, 자살 발생 위기에 대한 대응 및 자살이 발생한 후 또는 자살이 미수에 그친 후 사후대응의 각 단계에 따른 정책을 수립·시행하여야 한다. 이 경우 자살시도자 및 그 가족 또는 자살자의 유족을 보호하기 위한 방안을 포함하여야 한다(법 제4조 제2항).

(4) 사업주의 책무

사업주는 국가 및 지방자치단체가 실시하는 자살예방정책에 적극 협조하여야 한다(법 제5조 제1항). 사업주는 고용하고 있는 근로자의 정신적인 건강 유지를 위하여 필요한 조치를 강구하도록 노력하여야 한다(법 제5조 제2항).

(5) 자살예방기본계획의 수립

국가는 자살예방정책을 효과적으로 추진하기 위하여 자살예방기본계획(이하 "기본계획"이라 한다)을 5년마다 수립하여야 한다(법 제7조 제1항). 기본계획에는 다음 각 호의 사항이 포함되어야 한다(법 제7조 제2항).

- 생명존중문화의 조성
- 자살상담매뉴얼 개발 및 보급
- 아동 · 청소년 · 중년층 · 노인 등 생애주기별 자살예방대책
- 우울증 및 약물 중독관리 등 정신건강증진
- 정보통신 등 다양한 매체를 이용한 자살예방체계 구축
- 자살위험자 및 자살시도자의 발견 · 치료 및 사후관리
- 자살자의 유족에 대한 지원 및 사후관리
- 자살 감시체계의 구축
- 자살 수단에 대한 통제
- 자살예방 교육 및 훈련
- 자살예방에 대한 연구지원
- 중앙 및 지역 협력기관의 지정 및 운영 방안
- 언론의 자살보도에 대한 권고기준 수립 및 이행확보 방안
- 그 밖에 자살예방대책과 관련하여 필요한 사항

보건복지부장관은 관계 중앙행정기관의 장과 협의하여 기본계획안을 작성하고, 제10조의2에 따른 자살예방정책위원회의 심의를 거쳐 이를 확정한다(법 제7조 제3항). 보건복지부장관은 확정된 기본계획을 지체 없이 관계 중앙행정기관의 장 및 특별시장 · 광역시장 · 도지사 · 특별자치도지사(이하 "시 · 도지사"라 한다)에게 통보하여야 한다(법 제7조 제4항).

(6) 연도별 시행계획의 수립 · 시행

보건복지부장관, 관계 중앙행정기관의 장 및 시 · 도지사는 매년 기본계획에 따라 자살예방시행계획(이하 "시행계획"이라 한다)을 수립 · 시행하여야 한다(법 제8조 제1항).

관계 중앙행정기관의 장 및 시 · 도지사는 다음 해의 시행계획 및 지난해의 시행계획에 따른 추진실적을 대통령령으로 정하는 바에 따라 매년 보건복지부장관에게 제출하고, 보건복지부장관은 매년 시행계획에 따른 추진실적을 평가한 후 그 결과를 제10조의2에 따른 자살예방정책위원회의 심의를 거쳐 확정하여야 한다(법 제8조 제2항). 시행계획의 수립 · 시행 및 추진실적의 평가에 관하여 필요한 사항은 대통령령으로 정한다(법 제8조 제3항).

(7) 계획수립의 협조

보건복지부장관, 관계 중앙행정기관의 장 및 시 · 도지사는 기본계획 또는 시행계획의 수립 · 시행과 평가를 위하여 필요한 경우에는 관계 중앙행정기관, 지방자치단체, 관계 공공기관, 그 밖에 자살예방활동 관련 단체의 장에게 관련 자료의 제출 등 필요한 협조를 요청할 수 있다(법 제10조 제1항). 제1항에 따라 협조요청을 받은 자는 정당한 사유가 없는 한 이에 따라야 한다(법 제10조 제2항).

(8) 자살예방정책위원회

자살예방정책에 관한 중요 사항을 심의하기 위하여 국무총리 소속으로 자살예방정책위원회(이하 이 조에서 "위원회"라 한다)를 둔다(법 제10조2 제1항). 위원회는 다음 각 호의 사항을 심의한다(법 제10조2 제2항).

- 자살예방정책의 중장기 정책목표와 추진방향에 관한 사항
- 기본계획의 수립에 관한 사항
- 시행계획에 따른 추진실적의 평가에 관한 사항
- 자살예방정책의 관계 부처 간 협조 · 조정에 관한 사항
- 자살예방정책과 관련한 민관협력에 관한 사항

- 그 밖에 자살예방정책에 관한 사항으로서 위원장이 회의에 부치는 사항

위원회는 위원장 1명을 포함한 25명 이내의 위원으로 구성한다(법 제10조2 제3항). 위원장은 국무총리가 되고, 위원은 다음 각 호의 사람이 된다(법 제10조2 제4항).

- 대통령령으로 정하는 관계 중앙행정기관의 장
- 자살예방에 관하여 학식과 경험이 풍부한 사람 중에서 국무총리가 위촉하는 사람

위원회는 자살예방정책을 심의하기 위하여 필요한 경우 관계 행정기관에 자료를 요청할 수 있다. 이 경우 관계 행정기관의 장은 특별한 사정이 없으면 협조하여야 한다(법 제10조2 제5항). 위원회의 업무를 효율적으로 수행하기 위하여 위원회에 실무위원회를 둔다(법 제10조2 제6항). 위원회와 실무위원회의 구성 및 운영 등에 필요한 사항은 대통령령으로 정한다(법 제10조2 제7항).

(9) 자살실태조사

국가 및 지방자치단체는 자살실태를 파악하고, 자살예방을 위한 서비스의 욕구와 수요를 파악하기 위하여 5년마다 자살실태조사를 실시하고 그 결과를 발표하여야 한다(법 제11조 제1항). 제1항에 따른 자살실태조사에는 다음 각 호의 사항이 포함되어야 한다(법 제11조 제2항).

- 성별 · 나이 · 학력, 혼인 및 취업 상태 등 조사대상자의 일반적 특성에 관한 사항
- 자살에 관한 생각, 자살을 시도한 횟수 등 조사대상자의 자살 위험요인에 관한

사항

- 신문 · 방송 및 인터넷 등 언론의 자살보도가 자살에 미치는 영향에 관한 사항
- 그 밖에 자살실태 및 자살예방을 위한 서비스의 욕구와 수요를 파악하기 위하여 필요한 사항

국가 및 지방자치단체는 제1항에 따른 자살실태조사를 위하여 관계 기관 · 법인 · 단체의 장에게 필요한 자료의 제출 또는 의견의 진술을 요청할 수 있다. 이 경우 요청을 받은 자는 정당한 사유가 없으면 이에 협조하여야 한다(법 제11조 제3항). 제1항 및 제2항에 따른 자살실태조사의 실시, 결과발표, 조사내용 등에 관하여 필요한 사항은 대통령령으로 정한다(법 제11조 제4항).

(10) 자살통계 분석 및 정보관리체계 구축

국가 및 지방자치단체는 자살통계를 수집 · 분석 및 관리하기 위하여 전문 조사 · 연구 기관을 지정하여 운영할 수 있다(법 제12조 제1항). 제1항에 따른 전문 조사 · 연구 기관의 지정 등에 필요한 사항은 보건복지부령으로 정한다(법 제12조 제2항).

(11) 자살시도자 등의 사후관리

다음 각 호의 어느 하나에 해당하는 사람은 직무상 자살시도자 등을 알게 된 경우 그 자살시도자 등에게 관할 구역 안에 있는 관계 지원기관에 관한 정보를 제공하여야 한다(법 제12조의2 제1항).

- 「국가공무원법」 제2조 제2항 제2호에 따른 경찰공무원
- 「지방공무원법」 제2조 제2항 제2호에 따른 자치경찰공무원
- 「119구조 · 구급에 관한 법률」 제10조에 따른 119구급대의 구급대원

경찰관서의 장과 소방관서의 장은 자살시도자 또는 자살자가 발생한 경우 자살시도자 등의 정보를 관할 구역 내 다음 각 호의 기관에 제공할 수 있다(법 제12조의2 제2항).

- 제13조에 따른 자살예방센터
- 「정신건강증진 및 정신질환자 복지서비스 지원에 관한 법률」 제3조 제3호에 따른 정신건강복지센터
- 그 밖에 대통령령으로 정하는 자살예방업무 수행기관

제2항 각 호의 기관의 장은 자살시도자 사후관리 등 자살예방업무의 원활한 수행을 위하여 경찰관서의 장, 소방관서의 장, 지방자치단체의 장, 의료기관의 장 및 그 밖의 관련 기관의 장에게 자살시도자 등의 정보의 제공을 요청할 수 있다. 이 경우 요청을 받은 기관의 장은 정당한 사유가 없으면 이에 따라야 한다(법 제12조의2 제3항). 제2항 및 제3항에 따라 자살시도자 등의 정보를 제공하는 경우 당사자의 동의를 받아야 한다(법 제12조의2 제4항). 제2항 각 호의 기관의 장은 정보를 제공받은 자살시도자 등에 대하여 상담 등 지원을 제공하고 지원내용을 매년 보건복지부장관에게 보고하여야 한다(법 제12조의2 제5항). 제2항 각 호의 기관의 장은 제5항에 따라 자살시도자 등에게 필요한 지원을 하기 위한 담당자를 소속 직원 중에서 지정하여야 한다. 다만, 둘 이상의 기관에서 동일한 자살시도자 등의 정보를 제공받은 경우 관계 기관의 장이 서로 협의하여 지정할 수 있다(법 제12조의2 제6항). 제1항부터 제3항까지에 따른 정보제공의 범위, 절차·방법, 제4항에 따른 동의, 제5항에 따른 보고 및 제6항에 따른 담당자의 지정 등에 필요한 사항은 대통령령으로 정한다(법 제12조의2 제7항).

(12) 자살예방센터의 설치

다음 각 호의 업무를 수행하기 위하여 보건복지부장관은 중앙자살예방센터를, 시·도지사 및 시장·군수·구청장(자치구의 구청장을 말한다)은 지방자살예방센터(이하 "자살예방센터"라 한다)를 설치·운영할 수 있다(법 제13조 제1항).

- 자살 관련 상담
- 자살위기 상시현장출동 및 대응
- 자살시도자 사후관리
- 자살자의 유족 지원 및 관리
- 자살예방 홍보 및 교육
- 자살예방 전문 인력 양성
- 그 밖에 자살예방 및 자살자의 유족 지원을 위하여 보건복지부장관이 필요하다고 인정하는 업무

국가 및 지방자치단체는 제1항에 따른 자살예방센터를 「정신건강증진 및 정신질환자 복지서비스 지원에 관한 법률」 제3조 제3호에 따른 정신건강복지센터에 둘 수 있다(법 제13조 제2항). 국가 및 지방자치단체는 제1항에 따른 자살예방센터를 대통령령으로 정하는 바에 따라 민간에 위탁할 수 있다. 이 경우 국가 및 지방자치단체는 위탁업무의 수행에 드는 비용을 보조할 수 있다(법 제13조 제3항). 국가 및 지방자치단체는 수시로 신고를 받을 수 있는 자살예방용 긴급전화를 설치·운영하여야 한다(법 제13조 제4항). 제1항에 따른 자살예방센터 및 제4항에 따른 긴급전화의 설치·운영에 필요한 사항은 대통령령으로 정한다(법 제13조 제5항).

(13) 자살위험자 지원 및 정신건강 증진 대책

국가 및 지방자치단체는 정신건강에 이상이 생긴 것으로 인하여 자살 위험에 노출된 자에 대하여 필요한 의료적 조치가 적절히 제공될 수 있는 환경을 조성하여야 한다(법 제14조 제1항). 국가 및 지방자치단체는 자살위험자를 대상으로 한 정신건강 선별검사 도구를 개발하고 보급하여야 한다(법 제14조 제2항). 국가 및 지방자치단체는 자살위험자의 조기 발견, 상담 및 치료를 위하여 필요한 조치를 하도록 노력하여야 한다(법 제14조 제3항). 제2항에 따른 선별검사 및 제3항에 따른 상담 · 치료에 필요한 사항은 보건복지부령으로 정한다(법 제14조 제4항).

(14) 생명존중문화 조성

국가 및 지방자치단체는 생명을 존중하는 사회문화 환경을 조성하기 위하여 자살예방을 위하여 활동하는 민간단체 등과 협조하여 범국민적 생명존중문화 사업을 추진할 수 있다(법 제15조).

(15) 자살예방의 날

자살의 위해성을 일깨우고 자살예방을 위한 적극적인 사회 분위기를 조성하기 위하여 매년 9월 10일을 자살예방의 날로 하고, 자살예방의 날부터 1주일을 자살예방주간으로 한다(법 제16조 제1항). 국가 및 지방자치단체는 자살예방의 날 취지에 적합한 행사와 교육 · 홍보사업을 실시하도록 노력하여야 한다(법 제16조 제2항).

(16) 자살예방 상담 · 교육

다음 각 호에 해당하는 기관 · 단체 및 시설의 장은 자살방지 및 생명존중문화 조성을 위하여 자살예방 상담 · 교육을 실시할 수 있도록 노력하여야 한다(법 제17조 제1항).

- 국가기관, 지방자치단체 및 대통령령으로 정하는 공공기관
- 「노인복지법」에 따른 노인복지시설
- 「사회복지사업법」에 따른 사회복지시설
- 그 밖에 자살예방 상담 · 교육이 필요하다고 인정하여 대통령령으로 정하는 기관이나 단체

보건복지부장관은 관계 중앙행정기관의 장 및 지방자치단체의 장에게 자살위험자 등과 관련된 업무를 수행하는 사람으로서 다음 각 호의 어느 하나에 해당하는 사람에 대하여 제1항에 따른 자살예방 상담 · 교육을 실시할 것을 요청할 수 있다(법 제17조 제2항).

- 「119구조 · 구급에 관한 법률」 제8조에 따른 119구조대의 구조대원 및 같은 법 제10조에 따른 119구급대의 구급대원
- 「국가공무원법」 제2조 제2항 제2호에 따른 경찰공무원
- 「지방공무원법」 제2조 제2항 제2호에 따른 자치경찰공무원
- 「사회보장급여의 이용 · 제공 및 수급권자 발굴에 관한 법률」 제43조에 따른 사회복지전담공무원
- 그 밖에 자살예방 상담 · 교육이 필요하다고 인정하여 대통령령으로 정하는 사람

국가와 지방자치단체는 자살시도자 및 자살자 유족의 의견을 반영하여 제1항 및 제2항에 따른 자살예방 상담 · 교육에 필요한 프로그램을 개발 · 보급하고, 자살예방 상담 · 교육에 필요한 비용의 전부 또는 일부를 예산의 범위에서 해당 기관 · 단체 및 시설에 지원할 수 있다(법 제17조 제3항). 제1항 및 제2항에 따른 자살예방 상담 · 교육,

방법 및 내용과 제3항에 따른 프로그램의 개발 · 보급 및 지원 등에 필요한 사항은 보건복지부령으로 정한다(법 제17조 제4항).

(17) 자살유발정보예방체계의 구축

누구든지 「정보통신망 이용촉진 및 정보보호 등에 관한 법률」 제2조 제1호에 따른 정보통신망을 통하여 자살유발정보를 유통하여서는 아니 된다(법 제19조 제1항). 보건복지부장관은 교육부, 문화체육관광부, 과학기술정보통신부, 여성가족부, 방송통신위원회 및 경찰청 등 관계 기관과 자살유발정보예방협의회를 구성하여 자살유발정보의 차단을 위하여 협력하여야 한다(법 제19조 제2항). 제2항에 따른 자살유발정보예방협의회의 구성 · 기능 및 운영 등에 관하여 필요한 사항은 보건복지부령으로 정한다(법 제19조 제3항).

(18) 자살보도 권고기준 준수 협조요청

보건복지부장관은 자살사건 보도로 인한 자살의 확산을 방지하기 위하여 방송 · 신문 · 잡지 및 인터넷신문 등 언론에 대하여 제7조 제2항 제13호에 따른 자살보도에 대한 권고기준을 준수하도록 협조를 요청할 수 있다(법 제19조의2 제1항). 언론은 제1항에 따른 협조요청을 적극 이행하도록 노력하여야 한다(법 제19조의2 제2항).

(19) 긴급구조대상자 구조를 위한 정보제공요청

경찰관서 · 해양경찰관서 및 소방관서의 장(이하 이 조에서 "긴급구조기관"이라 한다)은 자살위험자 중 다음 각 호에 해당하는 사람(이하 이 조에서 "긴급구조대상자"라 한다)의 생명 · 신체를 보호하기 위하여 긴급한 경우로서 다른 방법으로는 긴급구조대상자의 위치 등을 파악하여 구조할 수 없는 경우에 「정보통신망 이용촉진 및 정보보호 등에 관한 법률」 제2조 제1항 제3호의 정보통신서비스 제공자에게 자료의 열람이나 제출을 요청(이하 “자료제공요청”이라 한다)할 수 있다(법 제19조의3 제1항).

- 자살 의사 또는 계획을 표현한 사람
- 자살동반자를 모집한 사람
- 자살위해물건을 구매하거나 구매의사를 표현하는 등 자살을 실행할 것이 명백하다고 판단되는 사람

자료제공요청의 대상이 되는 자료는 긴급구조대상자의 성명, 주민등록번호(주민등록번호가 없는 경우에는 생년월일을 말한다), 주소, 전화번호, 아이디(컴퓨터시스템이나 통신망의 정당한 이용자임을 알아보기 위한 이용자 식별부호를 말한다), 전자우편주소 및 「위치정보의 보호 및 이용 등에 관한 법률」 제2조 제2호에 따른 개인위치정보를 말한다(법 제19조의3 제2항). 자료제공요청은 요청사유, 긴급구조대상자와의 연관성, 필요한 자료의 범위를 기재한 서면(이하 “자료제공요청서”라 한다)으로 하여야 한다. 다만, 서면으로 요청할 수 없는 긴급한 사유가 있을 때에는 서면에 의하지 아니하는 방법으로 요청할 수 있으며, 그 사유가 해소되면 지체 없이 정보통신서비스 제공자에게 자료제공요청서를 제출하여야 한다(법 제19조의3 제3항). 정보통신서비스 제공자는 제1항의 자료제공요청을 받았을 경우 지체 없이 협조하여야 한다(법 제19조의3 제4항). 긴급구조기관 및 정보통신서비스 제공자는 제1항 및 제2항에 따라 인적사항 및 위치를 특정할 수 있는 정보를 요청하거나 제공하는 경우 그 사실을 해당 개인정보주체(제2항에 따른 정보에 의하여 식별되는 자를 말한다)에게 즉시 통보하여야 한다. 다만, 즉시 통보가 개인정보주체의 생명·신체에 대한 뚜렷한 위험을 초래할 우려가 있는 경우에는 그 사유가 소멸한 후 지체 없이 통보하여야 한다(법 제19조의3 제5항). 긴급구조기관 및 긴급구조업무에 종사하거나 종사하였던 사람은 긴급구조 목적으로

제공받은 개인정보를 긴급구조 외의 목적에 사용하여서는 아니 된다(법 제19조의3 제6항). 긴급구조기관은 제1항에 따라 개인정보의 제공을 요청한 때에는 다음 각 호의 사항을 대통령령으로 정하는 바에 따라 보관하여야 하며, 해당 개인정보주체가 수집된 개인정보에 대한 확인, 열람, 복사 등을 요청하는 경우에는 지체 없이 그 요청에 따라야 한다(법 제19조의3 제7항).

- 요청자
- 요청 일시 및 목적
- 정보통신서비스 제공자로부터 제공받은 내용

긴급구조기관은 제1항 및 제2항에 따라 제공받은 인적사항 및 위치를 특정할 수 있는 정보를 제3자에게 알려서는 아니 된다. 다만, 다음 각 호의 경우에는 그러하지 아니하다(법 제19조의3 제8항).

- 개인정보주체의 동의가 있는 경우
- 긴급구조 활동을 위하여 불가피한 상황에서 다른 긴급구조기관에 제공하는 경우

보건복지부장관은 대통령령으로 정하는 방법에 따라 제12조에 따른 자살통계 수집·분석 및 관리를 위하여 필요한 범위 내에서 긴급구조기관에게 제1항에 따라 자료를 제공받은 횟수, 유형 등 현황에 관한 통계자료의 제공을 요청할 수 있으며, 긴급구조기관은 특별한 사정이 없는 한 그 요청에 따라야 한다(법 제19조의3 제9항).

(20) 자살시도자 등에 대한 지원

국가 및 지방자치단체는 자살시도자 및 그 가족 또는 자살자의 유족 등에 미치는 심각한 심리적 영향의 완화와 이들의 생활안정을 위하여 자살시도자 등에게 심리상담 · 상담치료 · 법률구조 및 생계비 등을 지원할 수 있다(법 제20조 제1항). 국가 및 지방자치단체는 자살자의 유족 등이 참여하는 자조(自助) 모임의 운영에 필요한 인력과 비용을 지원할 수 있다(법 제20조 제2항). 국가 및 지방자치단체는 자살자의 유족이 자살자의 유족 지원 대책을 적극적으로 이용할 수 있도록 지원 대책과 그 이용 절차를 안내하여야 한다(법 제20조 제3항). 국가 및 지방자치단체는 자살자의 유족이 지원 대책을 직접 신청하지 않는 경우 자살자의 유족에 대한 지원이 즉시 제공될 수 있도록 대통령령으로 정하는 바에 따라 직권으로 신청하여야 한다. 이 경우 지원대상자의 동의를 받아야 하며, 동의를 받은 경우에는 지원대상자가 신청한 것으로 본다(법 제20조 제4항).

3. 자살의 실태와 원인

자살은 지역적 · 시대적으로 다양한 발생 상황을 보여 주고 있다. 자살률이 높은 나라는 리투아니아 · 러시아 · 벨라루스 등이며, 반대로 낮은 나라는 이탈리아 · 영국 · 스페인 등이다. 이것만으로는 나라별 자살 경향을 판단하기는 어려우나, 서유럽의 경우 전반적으로 자살 경향이 북부일수록 높고, 남부로 올수록 낮아진다. 남녀별 · 연령별 자살 경향을 보면, 남녀별로는 어느 나라에서나 여자의 자살률이 남자보다도 훨씬 낮다. 연령별로는 어느 나라에서나 자살률은 연령이 높아짐에 따라 점차 높아지고 있다.

자살의 원인은 매우 복잡하고 파악하기 어렵다. 신경쇠약 · 실연 · 병고(病苦) · 생활고 · 가정불화 · 장래에 대한 고민 · 사업 실패 · 염세(厭世) 등 여러 가지가 있으며, 그중에서도 염세 · 병고 · 신경쇠약 · 실연 · 가정 불화가 두드러지게 많다. 이것을 남녀별로 보면 남자에게는 신경쇠약과 병고가 많고, 여자에게는 가정불화와 실연이 많다. 그리고 연령별로는 청소년에서는 실연과 염세가 많고, 노인에서는 병고가 특징적으로 많다. 가정불화는 20~30대에 많다. 어느 경우이든 자살의 원인은 자살 기수자(旣遂者)의 유서나 가족의 증언, 또는 미수자(未遂者)의 진술 등으로 파악하게 되는데, 여러 조건이 서로 얽혀 있다(http://www.doopedia.co.kr).

우리나라에서 요즘 자살이 너무 흔하다. 툭하면 터져 나오는 게 누군가의 자살 소식이다. 한국이 경제협력개발기구(OECD)에서 자살률이 1위라는 얘기는 그간 쭉 나온 것이었고, 언론인뿐만 아니라, 우리 모두가 그 문제에 익숙해져 있다. 그런데 과거 언론의 자살 사건 및 자살자에 대한 전통적인 보도 관행이 어쩌면 자살을 미화하는 것 아닌가 하는 생각도 든다. 그냥 자살하면 당사자로선 모든 문제가 다 끝나는 분위기, 그래서 자살이 하나의 선택지처럼 여겨지는 인식이 만연해 있다. 남은 가족이나 친지, 주변 사람들, 즉 자살 생존자는 더욱 고통을 받고 또 다른 자살 위험군이 된다.

자살 시도 환자의 대략 80% 이상은 우울증이나 양극성장애와 같은 기분장애를 앓고 있는 것으로 나타나 우울증의 조기 발견 및 적극적 치료가 필요하다. 또 자살 시도 환자의 약 70%는 정신과 외래를 다시 방문하여 치료를 받지 않는다고 한다. 이런 환자들일수록 충동적이고 반복적으로 자살을 시도하기 때문에, 추가 자살 시도를 예방하기 위해서는 가족들이나 주위에서 정신과 외래로 치료를 이끄는 것이 매우 중요하다.

신문이나 TV 등의 매체를 통해 유명인들의 자살 소식을 접했을 때 우리 국민들은 누구나 놀라기도 하고 안타깝기도 했을 것이다. 과거엔 유명인은 물론이고 평범한 사람의 자살 사건 기사에도 언제 어디서 어떻게 자살을 시도했는지 상세하게 나왔다.

이제는 자살이 너무나 가볍고도(?) 선정적으로 보도되어 사람들도 무디어지는 듯한 느낌을 받는다. 어쩌면 여러분들도 주변인으로부터 "유명인들도 죽음을 선택하는데, 나도 따라 죽고 싶다."라는 이야기를 들었을 수도 있다. 사람들이 쉽게 자살 방법을 알게 됐고, 그 피해는 더 커졌다.

언론이 정작 자살하는 방법은 잘 알 수 있게 안내하면서, 자살자들에게 자살 이후 남은 사람들이 어떻게 될지 생각해 보게 하지는 않았다. 그렇다고 자살 보도를 아예 안 할 수는 없다. 하지만 사생활을 포함해 죽은 이유까지 우리가 속속들이 알 필요도 없다. 그나마 최근에 자살을 바라보는 사회적인 시각이 조금은 달라졌다고 느껴진다. 한 언론에서 박지선 씨 어머니의 유서 내용을 단독이라고 보도했지만, 오히려 대중으로부터 지탄을 받고 다른 언론 역시 경쟁적인 취재에 나서지 않았던 점 때문이었다. 이젠 그런 기사를 쓰면 욕먹는다는 걸 기자들도 알고 있다(경향신문, 2010. 11. 21.).

2019년 우리나라 자살 사망자는 1만 3,799명으로 2018년보다 0.9%(129명) 증가했다. 인구 10만 명당 자살 사망자 수인 자살률은 26.9명으로 이 역시 2018년보다 0.9% 증가했다. 이는 경제협력개발기구 국가 중 1위다. 특히 40대 이상부터 자살률은 30명 이상, 70대 이상은 45명을 넘었다. 자살공화국이란 오명이 붙은 이유를 고스란히 보여 준다. 매일 38명이 자살로 삶을 마감했다. 현대인은 하루 중 신문을 읽는 데 약 39분을 보낸다고 하니, 이 신문 지면을 살펴보는 중에도 어디선가 목숨을 끊는 선택을 하는 셈이다. 이처럼 자살이 너무 익숙해진 세상이 됐다(서울경제, 2020. 11. 12.).

특히 청소년의 극단적 선택이 문제이다. 보건복지부 · 중앙자살예방센터의 '2020 자살예방백서'에 따르면, 지난 2018년 극단적 선택으로 세상을 등진 청소년은 2017년 대비 18% 늘어난 10만 명당 9.1명으로 집계됐다. 우리나라 청소년(9~24세)의 사망 원인 1위는 2011년 이후 8년 연속 자살이 차지하고 있다. 더욱이 코로나19 장기화에 따른 우울증과 유명인들의 잇따른 자살 여파로 2020년 청소년 자살률이 최고조에 달할 수 있다(www.spckorea.or.kr).[2] 실제로 한국청소년상담복지개발원 등에 따르면, 2020년

3~9월 청소년사이버상담센터에 접수된 '우울 · 불안 · 충동 · 분노조절 문제' 상담은 2019년 같은 기간 대비 85.7%나 급증했다. 또 자해 · 자살 문제 관련 상담도 같은 기간 69.7% 증가했다. 특히 자살 문제 관련 상담은 2019년 1,660건에서 2020년 같은 기간 3,292건으로 두 배 가까이 늘어났다(서울경제, 2020. 11. 12.).

자살을 시도한 우울증 환자는 '죽으면 모든 것이 해결되고 편해질 것 같다'는 말을 하곤 한다. 과연 그럴까? 죽은 뒤에는 편안함 · 후련함 등의 감정을 느낄 수 없다. 오히려 남은 사람들은 '대체 왜?' 하는, 답이 나오지 않는 질문을 되풀이하며 고통스러운 시간을 보낸다. 때론 자살한 사람을 원망하기도 한다. 그런데도 많은 이가 자살을 고통 해소와 문제 해결 방안으로 생각하는 듯하여 안타깝다.

앞에서 뒤르켐도 말했듯이, 자살을 사회학적 관점에서 보면 여러 부류가 있다. 개인주의적 성향이 강한 사람이 사회에 통합되지 못하고 소속감을 잃어버리면서 시도하는 자살은 이기적인 자살이다. 학력과 지위가 높은 사람 또는 이혼 · 독거자 등의 자살이 여기에 속한다. 이타적 자살은 사회와 자기 자신을 동일시할 때 발생한다. 민주나 정의, 종교적 신념을 외치며 분신 · 투신하는 경우가 이 범주에 속한다. 가치관의 붕괴와 혼돈에서 오는 아노미적 자살도 있는데, 이는 대개 파산이나 실직을 경험하고 나서 하게 된다.

문제는 이 모든 것이 사회와 연결돼 있다는 점이다. 즉, 사회 통합 기능의 부실에서 온다는 것이다. 자살의 원인을 경제적 어려움, 학업 · 직업 · 결혼생활의 실패, 대인 관계의 갈등, 신체 질병 등에서 찾지만 과거에도 그런 어려움은 언제나 존재했다.

2) 이렇게 주장하는 데는 모방 자살(copycat suicide), 자살 전염(suicide contagion)이라고도 하는 베르테르 효과(werther effect)를 기반으로 한다. 베르테르 효과란 유명인 또는 평소 존경하거나 선망하던 인물이 자살할 경우, 그 인물과 자신을 동일시해서 자살을 시도하는 현상을 말한다.

4. 자살 문제의 해결책 및 대안

우리는 다방면에서 점점 풍족해지고 있다. 그런데 왜 예전보다 자살이 증가하는가? 결국 사회가 다원화하고 복잡해졌지만 사회가 개인을 적절하게 아우르고 자살하지 못하게 하는 제어 장치를 제대로 두지 않은 탓이다. 따라서 사고의 변화가 필요하다. 자살을 생각하거나 시도한 사람, 실제로 자살한 사람을 나약하고 의지가 부족하다며 몰아붙이고 뭔가 부족한 사람 취급을 하는 시각을 바꿔야 한다. 자살 책임을 그 가족이나 배우자에게 전가하는 분위기 역시 변해야 한다.

이제 자살은 개인이나 가족만의 문제가 아니라, 사회 전체에 깊은 상처를 남기는 사회적 문제이다. 따라서 사회 통합과 안전망 문제로 보아야 한다. 자살은 어려운 상황으로부터 빠져나가는 대응 방안이 아니라, 주변 사람과 자기 자신에게 더 괴롭고 힘든 결과를 남기는 극단적 선택일 뿐이다. 그러나 자살 충동 또는 시도 문제가 있을 때 어떻게 해야 할지 몰라, 환자 본인도 보호자도 당황해하며, 상황이 악화되도록 방치한 경우가 부지기수이다. 이런 사람들을 적절한 평가와 치료를 통해 지금보다 나은 상태가 될 수 있도록 정신과 전문의의 도움을 받도록 해야 한다. 혹시 아직도 정신과 치료는 조현병(調絃病)[3] 환자만 하는 것으로 생각하는가!

자살 충동을 느끼는 친구나 가족을 곁에서 보고 있는 것도 참 괴로운 일일 것이다. 그러나 자살을 결정하는 원인이나 결정 과정은 개인마다 다양하고, 때로는 당사자를 잘 안다고 생각하더라도 적절한 도움을 줄 수 없는 경우가 많다. 또한, 앞서 얘기했듯 이런 사람들은 대부분 우울증 등의 정신질환을 가지고 있기 때문에, 곧 나아질 것이라

3) 「약사법」 개정 때 슈퍼 판매 일반약 확대와 함께 변경하기로 한 정신분열병의 새 병명이다. 정신분열이란 마음이 나눠진다는 뜻인데 이는 실제 의학적인 증상과도 차이가 있을 뿐 아니라 환자를 낙인찍는 인격 모독의 병명으로 비판받아 왔다. 이처럼 증상과 병명에 차이가 나는 것은 영어 'schizophrenia'를 일본에서 정신분열병이라고 번역했기 때문이다. 새로 명명된 조현은 '현악기의 줄을 고르다.'라는 뜻으로 '뇌의 신경망을 튜닝(조절)한다는 의미'에서 정해졌다.

는 선부른 위로나 일시적 대책이 도움이 되지 않으며, 때로는 오히려 당사자들의 절망감을 악화시킬 수도 있다. 따라서 따뜻한 말로 정신과 진료를 권유하고, 주위 사람들에게 위험성을 알려서 함께 대처하는 것이 필요하다.

최근에는 노령화 사회로 접어들면서 노인 인구의 정신건강에 대한 관심이 점점 증가하고 있다. 노인 자살 시도 환자들의 경우는 더욱 심각하고 치명적인 방법으로 자살을 선택하고 있어 안타까움을 더한다. 정신건강 의학계에서는 자살 가능성이 큰 환자를 선별하고 적극적인 치료를 통해 자살을 예방하는 데 힘써 왔다. 하지만 그것으로는 한계가 있다. 정부 · 사회단체 · 지역사회의 역할이 중요하다. 사회복지 시스템과 실업대책이 자살 예방과 연계되어야 한다.

학교의 정신보건 교육, 알코올과 약물 관련 법안 개선, 정신 상담제도 활성화, 건물 · 교각의 자살 예방 기준 강화, 자살에 쓰일 위험성이 높은 도구의 접근 제한 등 세세한 것을 모두 논의해야 한다. 이제 언론도 유명인의 자살을 선정적으로 다루지 말고 자살 예방 활동이나 자살 위기를 극복한 사례를 자주 소개하는 방향으로 나아가야 한다.

우리 사회는 어느덧 예전보다 크게 나아진 경제적 · 문화적 풍요로움을 누리고 있다. 그런데도 자살이 늘어나는 것은 물질적 · 외형적 가치만으로 인간을 행복하게 할 수 없다는 방증이다. 이제 생명의 소중함과 내적 가치의 귀중함을 돌아봐야 한다. 삶이 언제나 살 만한 것이 아니라는 점은 모두 알고 있다. 그렇다고 언제나 우울함과 고통만 있지 않다는 것도 느끼며 산다. 하지만 우울하고 고통스러운 그 순간에 주위의 누군가에게 '나 지금 많이 힘들다. 괴롭다.'라고 하면서 손을 내밀 수 있고, 그 손을 따뜻하게 잡아 주는 누군가가 있어야 한다. 그 손은 당신이어야 하고, 사회이어야 하고, 국가이어야 한다.

정책을 만드는 사람들은 예산을 투입한 만큼 티가 나고 결과가 당장 팍팍 나오길 바랄 것이다. 그런데 한 개인이 스스로 목숨을 끊을 때는 엄청난 고민을 거치고 거쳐 그런 행동을 하는 것이라, 그 사람이 계속 살아가기로 한다고 해서 결과가 수치로 '뿅' 하고 나타나기 어렵다. 그리고 구체적으로 말하면, 서울시에서 청년들의 정신과 상담 진료비를 5회까지 지원한다거나, 외국처럼 응급실에 실려 온 자살 시도자에게 회복 이후 지원 기관과 즉각 연결을 해 주는 등 큰 예산이 들어가지 않는 정책만 있어도 효과는 나타난다. 정권과 상관없이 자살예방 예산은 아예 기본값으로 일정액을 고정해 두고 장기적으로 가야 한다. 생명이 달린 일이니 여야가 싸울 일도 아니다(경향신문, 2010. 11. 21.).

12

정신건강과 트라우마

CHAPTER

1. 트라우마의 개념

요즘 트라우마(trauma)라는 말이 너무 유행처럼 쓰이는 것 같다. 세월호 사건도 트라우마, 신종 코로나바이러스 감염증(COVID-19)도 트라우마, 과거의 크고 작은 상처도 트라우마라는 말을 써서 도대체 트라우마가 뭘 말하는지 알 듯 말 듯 하다. 트라우마는 '상처'라는 의미의 그리스어 '트라우마트(traumat)'에서 유래된 말이다. 사전에서는 트라우마를 "정신에 지속적인 영향을 주는 격렬한 감정적 충격으로, 여러 가지 정신장애의 원인이 될 수 있다."라고 기술하고 있다.

일반적인 의학용어로서의 트라우마는 외상(外傷)을 뜻하나, 심리학에서는 정신적 외상, (영구적인 정신 장애를 남기는) 충격을 말하며, 보통 후자의 경우에 한정되는 용례가 많다. 트라우마는 선명한 시각적 이미지를 동반하는 일이 극히 많으며, 이러한 이미지가 오랫동안 기억된다는 특징이 있다. 트라우마의 예로는 사고로 말미암은 외상이나 정신적인 충격 때문에 사고 당시와 비슷한 상황이 되었을 때 불안해지거나 심한 감정적 동요를 겪는 것을 들 수 있다. 과거 경험했던 위기나 공포와 비슷한 일이 발생했을 때, 당시의 감정을 다시 느끼면서 심리적 불안을 겪는 증상이다.

축구 한일전이 열리는 모습을 상상해 보자. 축구를 싫어하는 사람이라면 한국의 김연아와 일본의 아사다 마오(浅田真央)가 올림픽에서 금메달을 놓고 경쟁하는 장면을 생각해 보는 것도 좋다. 점점 감정이 흥분되기 시작하며, 에피네프린(adrenaline)이 치솟기 시작할 것이다. 내 가족의 일도 아니고, 대한민국이 이긴다고 해서 내가 부자가 되는 것도 아닌데, 왜 유독 일본과의 경쟁에 우리는 핏대를 올리는 것일까?

이런 현상은 우리나라만 그런 것도 아니다. 미국의 야구 구단을 예로 들어 보자. 보스턴 레드삭스(Boston Red Sox)의 야구용품 매장에 걸린 티셔츠에는 다음과 같은 문구가 적혀 있다고 한다(https://www.hidoc.co.kr). "우리는 양키 팬들과는 절대로 결혼하지 않는다." 여러분은 이런 뉴욕 양키스(NY Yankees)와 보스턴 레드삭스의 열혈팬들이 이해가 되는가?

소위 말하는 라이벌(rival)의 배경에는 '상처'가 존재한다. 일제 강점기의 36년이 우리 민족에게 주는 상처는 너무나 크다. 그래서 다른 나라에는 지는 한이 있더라도 일본에게만은 지기 싫은 것이다. 요즘은 그래도 이런 상처가 많이 치유되어서 스포츠 그 자체로 즐기는 사람들도 많아졌지만, 일본과 다시 국교를 회복한 1970년대에는 축구 한일전에서 패하는 것은 일제 36년의 아픔을 다시 경험하는 것과 거의 맞먹을 정도였다고 한다. 뉴욕과 보스턴 역시 이와 유사하게 이민 역사로 얽힌 상처를 가지고 있다.

우리 인간의 감정과 행동은 여러 가지 다양한 요인으로 영향을 받는다. 특히 과거의 크고 작은 정신적 상처는 우리의 감정과 행동에 영향을 줄 수 있다. 우리는 한 번쯤,

아니 여러 차례 주변의 친구나 동료들이 어떤 상황에서 예민해진 것을 경험한 적이 있을 것이다. 그럴 때 우리는 보통 '그 친구 왜 그래? 예전과 다른데….'라고 말하곤 하지 않는가?

간혹 우리 주변에는 모든 인간관계를 파탄으로 몰고 가는 사람이 있다. 아무도 그 사람을 좋아하거나 가까이하려고 하지 않는다. 그 사람과 쉽게 가까워지는가 싶더니 어느 순간 저 멀리 떨어져 나간다. 감정의 변화가 심하고 그때그때 행동이 다른 사람이다. 한 마디로 예측이 불가능한 사람이다. 그 사람이 왜 그럴까?

아니, 주변 사람이 아니어도 좋다. 나 자신은 어떠한지 돌이켜 보자. 특정한 상황에서 내가 감정적으로 행동하지 않았는가? 특별한 이유도 없이 충동적 언행을 한 적은 없었는가? 내가 가장 싫어하는 것은 무엇일까? 내가 왜 그 사람을 싫어했을까?

음식을 예로 들어 보자. 여러분이 못 먹는 음식은 없는가? 만약 있다면 왜 못 먹을까? 올해 대학교 2학년인 강○규 군은 고기를 안 먹는다. 아니, 못 먹는다. 초등학교 때 소가 도축되는 것을 목격한 이후부터라고 한다. 많은 채식주의자가 이와 비슷한 경험으로 말미암아 고기를 안 먹는 경우가 있다. 물론 현대사회에서 채식주의자로 살아가는 것은 나쁘지 않다. 그냥 조금 불편한 식습관일 뿐이다(그러나 서양의 경우보다 우리나라에서는 좀 더 많이 불편하겠지만). 결국 중요한 것은 그것이 불편하건 불편하지 않건 간에 현재 우리가 보이고 있는 행동은 과거로부터 영향을 받고 있다는 사실이다.

김○철 씨는 사회적으로 성공한 기업가이다. 가정생활도 잘 유지하고 있고 대인관계도 원만한 편이다. 그런데 김○철 씨는 건강에 대한 집착이 유독 심하다. 조금만 이상한 징후가 있으면 큰 병이 걸린 건 아닐까 걱정한다. 대체 과거에 무슨 일이 있었던 것일까? 초등학교 시절, 김○철 씨는 학교 신체검사에서 '망신'을 당한 적이 있다고 한다. 감기몸살에 걸려 있던 상황에서 신체검사를 하게 되었는데, 양호선생님이 어디 아프냐고 묻자, 왠지 아프다고 하면 안 될 것 같아서 '괜찮다.'라고 말했다. 양호선생님은

반 아이들이 듣는 데서 큰 목소리로 '허약체질'이라고 외쳤다. 양호선생님은 아프지 않은 상황에서(사실은 실제로 아픈 상황이었지만) 그 정도 몸 상태를 보이고 있으니까 허약체질이라고 판단한 것이다. 이 경험은 김○철 씨에게 큰 수치심을 불러왔다고 한다. 그는 반 아이들 앞에서 공개적으로 창피를 당했다고 생각한 것이다. 이후 학업이나 사회생활에서 성공적인 과정을 걸어왔지만, 그 기억은 계속되고 있었던 것이다(https://www.hidoc.co.kr).

오프라가 손 잡아 준 英해리 "20년간 다이애나 트라우마" 고백

전 세계에서 사랑을 받다가 파경 뒤 비극적인 죽음을 맞았던 고(故) 다이애나 영국 왕세자빈의 둘째 아들 해리(37) 왕자가 또 다른 폭탄을 터뜨렸다. 이번엔 어머니의 죽음과 관련한 오랜 트라우마에 대해 솔직한 고백을 하면서다. 어머니의 사망과 그 배경, 이후의 삶을 공개적으로 세상에 털어놓기로 한 것이다. 자신이 오프라 윈프리(67)와 공동 기획·제작하는 TV 다큐멘터리의 첫 출연자로 나섰다. 5월 17일(현지시간) 영국 가디언은 "해리 왕자가 애플TV+ 시리즈에서 방영되는 정신건강 다큐멘터리에서 어머니의 죽음에 대한 트라우마를 다시 직면할 것"이라고 보도했다. 5월 21일(현지시간) 처음 방영되는 이 프로그램의 이름은 '당신이 보지 못한 나(Me You Can't See)'로, 해리 왕자에 이어 가수 레이디 가가와 배우 글렌 클로즈, 농구선수 데마르 드로잔 등이 출연할 예정이다. 가디언에 따르면, 해리는 이번 다큐멘터리에서 어머니의 죽음 당시 큰 충격에 휩싸였고, 이후 20년 가까이 이를 일부러 외면했다고 털어놨다. 그는 "오랫동안 의도적으로 어머니의 죽음에 대해 생각하지 않았다."라며, "혼란의 시기가 완전히 지난 뒤에야 (정신 건강 측면에서) 도움을 받을 수 있었다."라고 회고했다. 그는 윈프리에게 "도움을 받기로 결정하는 것은 약하다고 인정하는 게 아니다."라며 "요즘은 오히려 (그렇게 도움을 구하는 것이) 강인한 것으로 받아들여진다."라고 말했다.

출처: 중앙일보(2021. 5. 18.).

2. 트라우마의 종류

정신의학적으로 트라우마는 생물학적, 심리적, 사회적, 그리고 더 나아가 영적인 요소가 복합적으로 작용하여 사람의 생각과 행동, 정신과적 질환에 영향을 미친다고 설명하고 있다. 어느 한 가지 원인으로 특정 질환을 설명하지 않는다. 그러나 예외가 있다. 바로 외상 후 스트레스 장애(Post Traumatic Stress Disorder: PTSD)이다.[1] 이는 전쟁, 재난, 성폭력 피해, 가까운 사람의 죽음을 목격하는 등의 큰 트라우마를 경험한 이후 공포·불안, 회피, 놀람과 각성 반응이 나타난다는 개념이다(https://www.hidoc.co.kr).

미국정신의학회(American Psychiatric Association: APA)[2]가 개정한 『정신질환의 진단 및 통계편람(DSM-5)』은 기존의 큰 트라우마로 말미암은 장애에 더하여 복합성 트라우마에 의한 '외상 후 스트레스 장애'의 개념을 추가하였다. 이것은 곧, 대형 사건이나 사고로 말미암은 트라우마 이외에도, 성장환경과 일상적 생활 상황에서 경험할 수 있는 크고 작은 트라우마로 말미암은 불안, 우울 및 회피 등의 정서적 문제도 '질환'으로 정의할 수 있다는 뜻이다.

사람들은 어느 누군가 경험해 왔던 과거의 일은 전혀 모르면서도, 불안해하거나 우울해하는 사람들에 대해서 은근히 마음이 심약한 사람, 또는 뭔가 부족한 사람으로

1) 외상 후 스트레스장애란 생명을 위협할 정도의 극심한 스트레스(정신적 외상)를 경험하고 나서 발생하는 심리적 반응이다. 이러한 외상은 대부분 갑작스럽게 일어나며, 경험하는 사람에게 심한 고통을 주고 일반적인 스트레스 대응 능력을 압도한다. 환자는 그런 외상이 지나갔음에 불구하고 계속해서 그 당시의 충격적인 기억이 떠오르고, 그 외상을 떠오르게 하는 활동이나 장소를 피하게 된다. 또한, 신경이 날카로워지거나 집중을 하지 못하고 수면에도 문제가 생긴다. 앞으로 닥칠 일에 대한 통제력을 상실하거나 상실할 것 같은 공포감을 느낄 수도 있다.

2) 현대사회의 사람들은 공황발작, 섬뜩한 망상, 자살 충동, 환청 같은 문제를 갑작스럽게 겪는다. 그뿐만 아니라 우울한 감정, 무능함, 모든 삶이 왜곡되고 제어할 수 없는 걱정스러운 마음과 같이 지속적인 문제도 겪는다. 이러한 정신적 혼란과 더불어 개인 및 그들의 가족을 위한 양질의 보살핌을 장려하고, 정신의학적 교육과 연구를 목적으로 1844년에 미국정신의학회(APA)가 설립되었다. APA는 세계 최대 규모의 정신과 단체로서, 전 세계 정신과 의사를 대표하는 의료 전문기관이다.

생각하는 경향이 있다. 그러나 그것은 또 다른 형태의 편견이 될 수 있다.

정신의학계에서도 이제는 기존의 외상 후 스트레스 장애처럼 확인이 가능하고 분명한 트라우마에 한해서만 질병으로 정의하는 것이 아니라, 누구나 경험할 수 있는 트라우마를 정신건강에 영향을 끼치는 중요한 요인으로 받아들이고 인정하고 있는 이유가 무엇일까? 그 이유는 정신건강의 문제가 특별한 사람에게만 나타나는 특수한 상황이 아니라, 누구나 경험할 수 있는 보편적 문제라는 점을 다시 한번 강조하는 것이기 때문이다. 사람들이 경험하는 이러한 정신적 상처를 '트라우마'라고 하는데, 그 종류는 다음과 같다(https://www.hidoc.co.kr).

1) 큰 트라우마

큰 트라우마(Big trauma)란 일상을 넘어서는 커다란 사건이 한 개인의 삶에 극적인 영향을 주는 경험을 말한다. 예를 들어, 전쟁, 지진, 재난, 강간(아동기 성폭행), 세월호나 천안함 사건 등과 같은 충격적 경험을 한 후에 일어나는 반응이다.

2) 작은 트라우마

작은 트라우마(Small trauma)란 개인의 삶에서 자신감 혹은 자존감을 잃게 만드는 일상에서의 경험, 사건을 말한다. 예를 들어, 어린 시절 친구로부터 반복적으로 놀림을 받은 경험, 너무 급한 나머지 교실에서 소변을 본 경험, 발표할 때 실수를 했거나 하는 경험, 아동학대 · 방치 · 가정폭력에 오래 노출된 사람의 경험 등이 여기에 속한다고 볼 수 있다.

3) 단일 트라우마

단일 트라우마란 일회성으로 일어난 경우를 말한다. 대개 충격의 강도가 큰 트라우마가 이에 해당하는 경우가 많다. 충격의 강도가 크기 때문에 단일한 경험이어도 감정과 행동에 영향을 크게 미치게 된다.

4) 복합성 트라우마

복합성 트라우마란 반복적인 트라우마로 말미암아 여러 가지 복잡한 심리적 문제를 가지게 되는 경우를 말한다. 어린 시절부터 학대를 지속적으로 경험했다던가, 학교에서 왕따를 경험하는 등 어떤 사건을 반복적으로 경험하게 되면 자신감은 없어지고 우울하게 될 것이다. 이러한 증상이 견고해지게 되면 마치 인격적 특성으로 비춰지기도 한다.

3. 트라우마 관점으로 보는 세상

1) 다른 사람의 문제를 이해하기

나를 비롯한 우리 주변을 한 번 돌아보자. 그렇지 않은 운 좋은 사람도 있겠지만, 사람 대부분은 생각만으로도 스트레스가 쌓이는 듯한 주변인을 한두 명씩은 알고 있을 것이다. 도대체가 이해가 안 되는, 진절머리 나는 인간성을 보이는 그 친구는 원래부터 그렇게 못된 사람이었을까? 아니면 어떤 이유가 있는 것일까? 그 외에도 우리는 살면서 크고 작은 정서적인 문제로 힘들어하는 사람들을 보게 된다. 소수라고 치부하기에는 너무나 많은 사람이 각자의 정서적인 문제를 지고 산다. 이것을 우리는 어떻게 이해할 수 있을까?

학교나 직장에서 조직에 적응을 하지 못하고 겉도는 이들은 어떤 정신적 상처를 가지고 있는 것일까? 정상적 범주에서 벗어나 보이는 '이상한' 말과 행동을 하는 사람들을 도대체 어떻게 이해해야 하는 걸까? 스스로 생명을 끊으려고 반복적으로 시도하는 사람들은 도대체 뭐가 그리 힘들어서 그런 것일까?

"현재의 문제 대부분은 과거에서 시작되었다."라고 이름 없는 누군가는 주장했다. 정서적 문제도 마찬가지다. 이런 여러 종류의 사회적 부적응 문제, 관계적 문제, 심리적·행동적 불안정성 등은 대개 그 사람이 경험했던 크고 작은 기억에 영향을 받고 있는 경우가 많다. 그것을 우리는 트라우마라고 부르고 있다(https://www.hidoc.co.kr).

영화 속 트라우마 이야기: 굿 윌 헌팅(Good Will Hunting, 1998)

아일랜드 이민 후손으로 어린 시절부터 양부의 학대를 받으며 성장한 주인공 윌은 수학에 천재적인 재능을 가지고 태어났지만, 그런 재능과는 하등의 상관이 없는 '쓰레기'같은 인생을 살고 있다. 동네의 건달들과 어울리며 아무런 꿈과 희망이 없이 살면서 상습적으로 사기, 도박, 폭력 전과로 감방을 제집 드나들 듯이 한다. 우연한 기회에 그의 천재성은 수학과의 램보 교수의 눈에 띄게 된다. 폭력사건으로 윌이 교도소에 가야 할 처지에 놓이자 교수는 교도소에 가는 대신 자기와 함께 수학공부를 하면서 상담치료를 받을 것을 권유한다. 그러나 윌은 자신에게 다가오는 치료자들 머리 위로 기어올라 오히려 그들을 비웃으며 조롱한다. 마음의 벽은 너무나 견고하여 누구도 쉽게 열지 못한다. 드디어 램보 교수의 학창시절 라이벌이자 친구이던 숀 맥과이어 교수(로빈 윌리엄스 분)에게 오게 된 윌은 전과 같이 행동을 하지만, 숀 교수는 다른 치료자들과는 달랐다. 이혼한 부인에 대해 윌이 자극하자 화를 내며 멱살을 잡기도 하고, 그렇게 분노를 했음에도 포기하지 않고 계속 윌을 치료하겠다고 한다. 마지막 상담시간이다. 숀 교수는 자신의 어린 시절 학대 경험을 먼저 이야기한다. 윌과 마찬가지로 숀 교수도 학대의 상처를 가지고 있었던 것이다. 어린 시절에 "망치와 허리띠 중 무엇을 선택하겠는가?"라는 양부의 질문에 허리띠를 선택했다고 숀 교수가 덤덤하게 말한다. 그러자 윌은 과거의 기억이 되살아나 흥분하여 소리친다. 그때 숀 교수는 윌에게 이야기 한다. "그건 네 잘못이 아니야!"

출처: 김준기(2009).

사람은 누구나 정신적 상처를 경험하게 된다. 어느 누구도 정신적 상처로부터 자유로운 사람은 없다. 만약 있다고 한다면 그것은 현재까지 살아오면서 한 번도 피부에 상처를 입거나 다친 적이 없다고 말하는 것과 같다. 피부에 난 가벼운 상처는 소독약을 바르고 밴드를 붙여 주면 금방 낫는다. 그리고 흔적도 남지 않는다. 그것은 우리 몸이 가지고 있는 자연스러운 회복력 덕분에 그렇다. 그렇지만 상처가 큰 경우, 예를 들어 수술이라도 하게 되면 수술 자국이 남게 마련이다.

정신적 상처도 마찬가지이다. 어린 시절 무수히 야단맞고 많이 혼나고 해도 대부분은 저절로 회복되어 마음에 영향을 끼치지 않는다. 그러나 가슴에 대못이 되어 박히는 경험은 마치 수술 자국처럼 마음에 자국을 남기게 된다. 그리고 그 자국은 현재의 행동에 알게 모르게 영향을 끼친다. 즉, 트라우마가 정서와 행동에 간섭을 하여 여러 문제를 보이게 되는 것이다.

2) 다른 사람의 트라우마를 어떻게 받아들일 것인가?

우리 주변에서 문제 행동을 보이는 사람 대부분은 분명 과거의 상처를 가지고 있다. 물론 그들의 행동으로 말미암아 나에게 피해가 돌아온다면 그들이 결코 좋게 보일 리는 없다. 지금의 행동은 확실히 그들의 문제인 것처럼 보이고, 그들은 잘못하고 있는 것 같다. 그렇지만 과거에 심리적 상처를 입은 것을 그들의 잘못으로 돌릴 수 없다. 그럼에도 문제는 그들의 잘못이 아님에도 자신들의 잘못이라고 생각하고 있다. 만약 과거의 상처가 자신들의 잘못 때문이 아니라고 지각할 수 있다면, 현재의 문제 행동은 줄어들 수 있을 것이다.

그렇지만 그들을 좋아해야 한다고 말하고 싶지는 않다. 왜냐하면, 그들과 같이 있는 것은 분명 편안한 시간이 아니니까! 그러나 싫어하기 전에 그들의 상처는 과연 무엇이었을지 관심을 가져 보는 건 어떨까? 굳이 물어볼 필요는 없다. 다만, 말 못 할 어떤 상처를 가진 이들의 고통의 몸부림으로 이해한다면, 지금 당장은 아닐지 몰라도 앞으로 좀 더 인간적으로 이해할 수 있는 기회가 있지 않을까?

3) 충격적인 일을 마주한 여러분 스스로를 위한 지침

정신적 충격에서 회복된다는 것은 단순히 그 사건을 망각하는 것이 아니다. 그 일을 떠올렸을 때 더 이상의 감정적 고통을 느끼지 않는 상태를 말하는 것도 아니다. 진짜 '회복'은 덜 괴로운 상태가 되는 것, 그리고 시간이 지날수록 여러분의 대처능력에 더 큰 자신감을 가지게 되는 것을 의미한다. 아직은 이런 상태가 아니라 하더라도, 다음과 같은 방법에 따라 노력을 해 보기를 권한다. 여러분이 이 끔찍한 일을 받아들이고, 그와 관련된 괴로움을 줄이는 데 도움이 될 것이다(https://www.hidoc.co.kr).

첫째, 극도의 스트레스를 받을 만한 사건이 발생했음을 그대로 받아들여라. 끔찍한 기분이 드는 것은 당연하다. 그러나 역경을 헤쳐 나갈 용기가 있음을 함께 기억하기 바란다.

둘째, 충분한 휴식, 일상적인 운동과 균형 잡힌 식사를 통해 여러분 스스로를 소중히 여겨라. 몸을 돌보면 마음도 함께 좋아질 수 있다.

셋째, 술과 커피를 줄이고 담배를 끊어라. 당장의 고통을 잊기 위해 술을 마시는 것은 특히 좋지 않다. 장기적으로 더 많은 문제를 일으킬 뿐이다.

넷째, 긴장을 풀 수 있는 시간을 가져라. 음악 듣기, 목욕, 심호흡, 명상, 가벼운 운동을 하는 것은 긴장을 완화하는 데 도움이 된다.

다섯째, 평범한 일상생활을 다시 시작하라. 고통스러운 생각을 잊기 위해 과도하게 일을 하거나, 몰입할 필요는 없다. 일상에 필요한 일을 조금씩 시작하기 바란다.

여섯째, 여러분의 감정을 억누르려 하지 마라. 물론 악몽, 사건에 대한 재경험은 괴로운 일이지만, 시간이 지나면 대부분 좋아진다.

일곱째, 충격적 사고를 겪은 직후라면, 이사나 이직 같은 큰 결정은 잠시 뒤로 미루어라. 큰 결정보다는 무엇을 먹을지, 무엇을 입을지와 같은 일상의 작은 결정을 통해 여전히 내가 내 삶의 주인임을 깨달을 수 있다.

여덟째, 주변의 친한 사람들과 함께 시간을 보내라. 혹 끔찍한 사건에 관한 이야기가 나올까 봐 두려울 수 있다. 때로는 그냥 혼자 있고 싶을 수도 있다. 그러나 그 마음을 충분히 이해하지만, 너무 고독해지지 않도록 노력하여야 한다.

아홉째, 여러분을 이해해 줄 수 있는 사람들과 이야기하라. 지금의 끔찍한 기분을 자연스레 토로하는 것도 치유의 한 과정이다.

열째, 신문과 방송, 인터넷을 통해 사고소식을 접하는 것은 정규 뉴스 시간을 통해 사고와 수습에 대한 정확한 정보를 얻는 것 정도로 충분하다. 지나치면 아니함만 못하다. 재난의 과정을 반복적으로 보는 일을 피하여야 한다. 필요하면 당분간 대중매체와 인터넷 사용을 중단하는 것도 도움이 될 수 있다.

4) 고통스러운 일을 겪은 친구와 가족을 위하여

정신적 충격을 받은 후, 많은 사람은 고통, 슬픔, 자책감, 분노를 느끼며 비탄에 빠진다. 이를 극복하는 것은 매우 어려워 보일 것이며, 도대체 무슨 일이 일어났는지 실감하고 받아들이는 데도 시간이 걸릴 것이다. 그러나 이런 감정은 보통 '몇 주에 걸쳐' 조금씩 나아진다. 이 시기에 가족과 친구들의 도움은 특히 중요하다. 다음의 방법을 통해 고통을 받고 있는 친구들과 가족을 도울 수 있을 것이다(https://www.hidoc.co.kr).

첫째, 친구 혹은 가족이 충격적인 사건을 경험했음을 명확히 인지하라. 그 고통을 해결하기 위해 시간과 공간이 필요하다는 것도 알아야 한다. 여러분이 그들의 일이나 육아를 돕는다면 문제 해결을 위한 시간을 갖는 데 있어 실질적인 도움을 줄 수 있을 것이다.

둘째, 사고 당사자들이 사고에 대한 매체의 보도를 접하는 일에 신중을 기할 수 있도록 도와주어라. 반복되는 뉴스 속보를 끊임없이 봐야 할 필요가 없도록, 여러분이 중요한 뉴스를 파악해 전달해 주는 것이 좋다.

셋째, 충분한 휴식, 긴장 이완, 규칙적 운동과 식사를 통해 그들 스스로를 돌볼 수 있도록 격려하라. 담배를 끊고 커피, 술을 줄이거나 끊는 것을 돕는 것도 괜찮다.

넷째, 그들이 즐길 만한 일을 할 수 있도록 도와주어라. 즐거운 활동을 최소한 하루에 한 번씩 할 수 있도록 함께 계획을 짜기 바란다. 사고를 겪기 전, 어떤 일을 좋아했는지 알 수 있으면 더욱 좋다.

다섯째, 회복을 위한 그들의 노력과 성과를 인정해 주라. 때로는 무엇이 나아졌는지 알기 힘들 수도 있다. 그러나 비록 사소한 것이라도 그들이 회복하기 위해 한 행동과 그 결과를 인정하고 응원해 줄 여러분이 필요하다.

여섯째, 대화를 통해 그들을 안심시켜 주고, 분명히 나아진다는 확신을 주는 것이 중요하다. 구체적으로 여전히 할 수 있는 것이 있다는 것, 긍정적으로 변화된 것이 있다는 것을 찾아 조심스럽게 이야기하기 바란다.

일곱째, 사고에 대해 이야기하는 것 자체로 화를 낼 수도 있다는 것을 이해해야 한다. 이러한 감정 표출은 그들이 사고를 받아들이는 과정에서 매우 자연스러운 일이다. 여러분이 반드시 그들의 고통을 해결해 주어야 한다고 생각하지 않아도 괜찮다.

여덟째, 잘 들어주는 것이 가장 중요하다. 피해야 할 말도 있다. '들어주는 것'은 그 자체로 매우 중요하다. 때로는 진심으로 들어주는 것이 가장 효과적인 상담이 되기도 한다. 그러나 때때로 어떤 말을 해 주어야 할지 막막할 때도 생길 수 있다. 대화 중에 '옳은 이야기'를 해 주어야 한다는 과도한 책임감을 가질 필요는 없다. 대화에 정답은 없지만, 다음과 같은 막연한 위로의 말이나 비관적인 말은 하지 않아야 한다.

"난 네가 어떤 느낌일지 알아!"

"괜찮을 거야!"

"이런 일을 견디어 내기란 정말 쉽지 않을 거야!"

"너 정말 힘들겠구나!"

"때로는 결국 어떤 희망도 없더군!"

아홉째, 아픔을 겪고 있는 이들의 이야기에 적절히 반응하고, 맞장구를 치며 그들을 이해하고 있음을 보여 주어라. 긍정과 인정은 상대방을 계속 이야기하게 만든다.

천안함 트라우마센터는 왜 안 되나

"2020년 5월 세운 '4 · 3 트라우마센터'를 관련 법률이 제정되는 대로 국립 트라우마센터로 승격하겠다." 문재인 대통령은 2021년 4월 3일 '제주 4 · 3 희생자 추념사'에서 이렇게 약속했다. 제주 4 · 3 사건은 1948년, 73년 전 일어났다. 대통령은 지난 2017년 5월 18일에도 광주를 찾아 '국립 트라우마치유센터'를 발표했다. 2012년 민간 주도로 세운 센터가 2023년에는 '국립 국가폭력 트라우마치유센터'로 이름을 바꾸고, 격도 올라간다. 건립 예산은 70억 원이다. 광주민주화운동은 1980년 일어났다. 기존의 광주, 제주 센터는 민주화 유공자와 그들 가족, 유가족을 주 대상으로 하고, 심리 상담, 사회 적응, 한방치료 등의 프로그램으로 운영된다. 침과 도수, 물리치료가 포함된 경우도 있다. 2014년 세월호 사건 생존자, 유가족을 위한 '국립 안산 트라우마센터' 건립 예산(약 130억 원)도 지난해 말 국회를 통과했다. 역사의 굴곡은 많은 주검을 남겼다. 그중 특별한 트라우마센터를 짓는 경우는 '지도자 관심 사안'일 때다.

'기타 트라우마 환자'가 어떤 대접을 받는지 문답으로 보자. 세월호 참사 4년 전인 2010년 3월 26일 21시 22분, 서해상 '천안함'에 타고 있던 전준영 예비역 병장(당시 상병) 이야기다. 동기 5명 중 홀로 살아남았다. 문: "외상 후 스트레스 장애(PTSD)를 앓고 있다고 들었다." 답: "그들을 살리지 못했다는 자괴감, '패잔병'이라는 비난과 조롱, 각종 음모론, 그런 것을 떠올릴 때마다 미칠 것 같다." 문: "신경정신과 치료를 받고 있나?" 답: "나 말고도 환자가 여럿이다. 지난 3월 '서해수호의 날' 행사에서 동료를 만났다. 손목에 칼로 그은 자국을 봤다. 같이 펑펑 울었다."

'살아 나와 다행'이 아니라 '살아 있어 고통'인 것은 '11년 전 기억' 때문만이 아니다. 천안함 재조사 '꼼수'가 좌절되자, 누군가 최원일 전 천안함 함장에게 "왜 자살하지 않느냐?"라는 메시지를 보냈다. 천안함 기사에는 조롱과 욕설이 달린다. 북한 공격으로 46명, 실종자 수색 중 한주호 준위까지 47명이 숨졌다. 그보다 많은 58명이 지금 '산 죄'로 고문을 당한다. 군인들만 괴로운 게 아니다. 생존자와 그 가족, 전사자 유가족이 겪는 고통은 '아픈 역사'가 아니라 '현재의 재앙'이다. 전준영 씨는 그사이 또 병원에 다녀왔다. 이 정부의 태도는 다음과 같이 말하고 있는 것 같다. '고통에도 진영이 있고, 유가족에도 계급이 있다.'라고….

출처: 조선일보(2021. 4. 10.).

참고문헌

강영희(2014). **생명과학대사전(개정판)**. 서울: 아카데미서적.

강준만(2005). **세계문화 사전**. 서울: 인물과사상사.

국립특수교육원(2009). **특수교육학 용어사전**. 서울: 하우.

권진숙 · 김상곤 · 김성천 · 유명이 · 이기연 · 조현순(2012). **사례관리 전문가교육: 실무자 기초과정**. 서울: 학지사.

권진숙 · 김정진 · 전석균 · 성준모(2017). **정신건강사회복지론**. 경기: 공동체.

권진숙 · 박지영(2015). **사례관리의 이론과 실제(3판)**. 서울: 학지사.

권진숙 · 정선영(2002). **한국사회복지 임상실천 연구경향**. 서울: 한국학술단체연합회.

김경호(2005). **정신보건사회복지론**. 서울: 청목출판사.

김기태(2006). **위기개입론**. 서울: 대왕사.

김기태 · 황성동 · 최송식 · 박봉길 · 최말옥(2016). **정신보건복지론(4판)**. 경기: 양서원.

김도관 · 윤세창(2005). 노년기 정신건강. 제106회 조선일보사-삼성서울병원 공동 건강교실 자료집.

김상규 · 윤옥 · 전재일(1983). **사회복지론**. 서울: 형설출판사.

김상균(1987). **현대사회와 사회정책**. 서울: 서울대학교 출판부.

김용득(1998). 사회복지기관에서의 팀 협력 평가 척도. **한국가족복지학, 2**, 9-30.

김재훈 · 서미경(2011). 정신장애 유형에 따른 편견과 차별: 사례를 활용한 대학생 조사결과. **정신보건과 사회사업, 37**, 35-64.

김정남 · 서미경(2004). 정신장애인에 대한 편견과 차별에 관한 연구. **한국심리학회지: 건강, 9**(3), 589-607.

김준기(2009). **영화로 만나는 치유의 심리학**. 서울: 시그마북스.

김지미 · 양영자 · 엄태완 · 유용식 · 유정욱 · 한규량(2020). **사회문제론(2판)**. 경기: 정민사.

김철권(1996). 병원에 기초한 정신분열병 환자의 정신사회재활치료. **정신보건, 1**(1), 5-11.

김철권 · 김길중(1993). 가족에게 있어서 정신분열병의 의미와 그 극복과정. **부산정신의학, 2**, 33-39.

김철권 · 김진원 · 서지민 · 이길자 · 김길중 · 변원탄(2000). 정신분열병 환자의 주 보호자와 형제자매에서의 부담에 대한 연구. **신경정신의학, 39**, 113-127.

김춘경 · 이수연 · 이윤주 · 정종진 · 최웅용(2016). **상담학 사전**. 서울: 학지사.

박미은(1996). 학대받는 아내의 심리사회적 대응과정과 사회사업적 임파워먼트. **정신보건과 사회사업, 3**, 14-22.

박미은(2015). 사회복지사를 위한 사례관리. 경기: 양서원.

박정임(2002). 정신장애인을 위한 강점관점 사례관리모델의 효과성에 관한 연구. 서울여자대학교 대학원 박사학위논문.

박주현 · 박연옥 · 김준환 · 배은숙 · 박서춘 · 박서영(2014). 사회복지실천론. 서울: 창지사.

박주현 · 최덕경(2016). 다문화사회의 이해와 실천(2판). 서울: 창지사.

배은숙 · 문혜숙 · 김준환 · 이금옥 · 박주현(2013). 사회복지실천기술론. 서울: 창지사.

보건복지부(2021). 2021년 정신건강사업안내. 세종: 보건복지부 정신건강정책관 정신건강정책과.

서미경(2015). 정신장애인의 인권: 자유와 평등을 향한 긴 여정. 서울: 집문당.

서울대학교 교육연구소(1995). 교육학 용어사전. 서울: 하우동설.

서울대학교 교육연구소(2011). 교육학 용어사전(전정판). 서울: 하우동설.

서진환(1998). 정신분열증 환자를 위한 직업재활 프로그램의 개발과 효과성 연구. 연세대학교 대학원 박사학위논문.

신창식 · 김도환 · 노병일(2007). 지역사회 정신보건정책 및 서비스. 서울: 다운샘.

양옥경(1996). 지역사회 정신건강. 서울: 나남.

양옥경(2000). 공중정신보건을 위한 지역사회정신건강 모형개발 연구. 정신보건사회사업, 9, 13-26.

양옥경(2006). 정신보건과 사회복지. 서울: 나남.

엄명용(2000). 뇌졸중 노인을 위한 회상그룹 운영과 평가 –노복지관을 중심으로–. 한국노년학, 20(1), 21-35.

엄윤경(2005). 가족교육이 정신장애인 가족의 태도에 미치는 영향에 관한 연구. 대구대학교 사회복지대학원 박사학위논문.

엄태완(2018). 정신건강사회복지론. 서울: 학지사.

유수현 · 서규동 · 유명이 · 이봉재 · 이종하(2014). 정신보건사회복지 총론. 서울: 신정.

유수현 · 서규동 · 유명이 · 이봉재 · 이종하(2018). 정신건강사회복지론(3판). 서울: 신정.

이구상(2010). 위기개입, 정신보건전문요원 이론교육 교재. 경기: 양서원.

이구상(2012). 정신보건사회복지의 이론과 실제, 정신보건전문요원 수련교재. 경기: 양서원.

이기연(2012). 정신보건사회복지의 이론과 실제. 경기: 양서원.

이영호(1998). 정신분열증환자 재활을 위한 정신교육적 가족치료모형개발에 관한 연구. 대구대학교 대학원 박사학위논문.

이영호(2003). 정신건강론. 서울: 현학사.

이영호 · 심경순 · 김태준(2006). 정신보건사회복지의 이해. 서울: 학지사.

이영호 · 심경순 · 김태준(2015). 정신보건사회복지론. 서울: 학지사.

이윤로 · 임옥빈 · 류아빈 · 김수진(2008). 정신보건사회복지론. 경기: 학현사.

이준우(1997). 장애인을 책임지는 사회. 서울: 여수룬.

이준우(1998). 더 이상 그들만의 아픔이 아니다. 서울: 한국밀알선교단출판부.

이준우(2001). 장애인과 지역사회. 서울: 한국밀알선교단출판부.

이준우(2002). **농민재활복지개론**. 서울: 농아사회정보원.

이준우 · 이화옥 · 임원선(2006). **사회복지실천론**(개정판). 서울: 인간과복지.

이준우 · 손덕순(2007). **정신보건사회복지론**. 경기: 서현사.

이준우 · 채준안(2007). **치료레크리에이션의 이해와 실천**. 서울: 파란마음.

이준우 · 최희철(2014). **사례관리론**. 서울: 신정.

이준일(2019). **인권법: 사회적 이슈와 인권**(8판). 서울: 홍문사.

이철수 · 김경 · 김인숙 · 김치영 · 박봉정 · 박영국 · 배외수 · 송노원 · 안병용 · 염일열 · 위홍복 · 이경남 · 이남순 · 이동춘 · 이승현 · 이은희 · 이재현 · 장인봉 · 최인수 · 최정규 · 황순형 · 황철수 · 홍봉수(2008). **사회복지학辭典**. 서울: 비상.

이채식 · 권신영 · 김준환 · 박주현 · 오영훈 · 전영록 · 간순옥 · 권명희(2020). **사회복지 사례관리**(개정판). 서울: 어가.

임은희(2014). **정신보건사회복지론**(2판). 경기: 양서원.

정원철(2007). **정신보건사회복지론**. 경기: 공동체.

정치학대사전편찬위원회(2002). **21세기 정치학대사전**. 서울: 아카데미아리서치.

최송식(2008). **지역사회정신보건과 사례관리실천**. 경기: 공동체.

최희철 · 천덕희(2019). **정신건강사회복지론**(2판). 경기: 양서원.

최영주 · 강순전 · 강영안 · 김동광 · 김성도 · 김정현 · 김호동 · 미야지마 히로시 · 박성관 · 박정수 · 박홍규 · 안광복 · 윤평중 · 이상훈 · 이창우, 이현복 · 주경철 · 홍성욱(2006). **서양의 고전을 읽는다**. 서울: 휴머니스트.

하지현(2012). **청소년을 위한 정신의학 에세이**. 서울: 해냄.

홍선미 · 하경희(2009). 지역사회네트워크 중심 통합사례관리에 대한 탐색적 연구. **한국사회복지행정학, 11**(1), 29-61.

황정우(1999). 취업한 정신장애인의 근로실태에 관한 연구. 숭실대학교 대학원 석사학위논문.

American Association of Social Workers(1954). ***Social Work Year Book 1954***. American Association of Social Workers.

Angermeyer, M. C., Heiss, S., Kirschenhofer, S., Ladinser, E., Loeffler, W., & Schulze B. (2003). Die deutsche Version des Community-Attitudestoward-the-Mentally-Ill(CAMI)-Inventars. ***Psychiatr Prax, 30***, 202–206.

Angermeyer, M. C., & Matschinger, H. (2004). The stereotype of schizophrenia and its impact on the discrimination against people with schizophrenia: Results from a representative survey in Germany. ***Schizophr Bull, 30***, 1049–1061.

Angermeyer, M. C., & Matschinger, H. (2005). Causal beliefs and attitudes to people with schizophrenia Trend analysis based on data from two population surveys in Germany. ***The British Journal of Psychiatry, 18***(4), 331-334.

Angermeyer, M. C., Matschinger, H., & Corrigan, P. W. (2004). Familiarity with mental illness and social distance from people with schizophrenia and major depression: testing a model using data from a representative population survey. *Schizophrenia research, 69*(2), 175-182.

Anthony, W. A. (1982). Explaining Psychiatric Rehabilitation. *Psychosocial Rehabilitation Journal, 5*(1), 61-65.

Anthony, W. A., & Liberman, R. P. (1986). The practice of Psychiatric rehabilitation: Historical, conceptual, and research base. *Schizophrenia Bulletin, 12*, 542-559.

APA (2013). *Desk Reference to the Diagnostic Criteria from DSM-5*. 권준수 역(2018). DSM-5 간편 정신질환진단통계편람. 서울: 학지사.

Ballack, A. C., & Hersen, H. (1979). *Research and Practice in Social Skills Training*. NY: Pleuum.

Bergler, E. M. (1985). *The psychology of gambling*. NY: International Universities Press.

Borinstein, A. B. (1997). Public attitudes toward persons with mental illness. In L. J. Spaniol, C. Gagne, & M. Koehler, *Psychological and Social Aspects of Psychiatric Disability*. Trustees of Boston University.

Bowen, M. (1978). *Family Therapy in Clinical Practice*. NY: Jason Aronson.

Brill, N. (1976). *Teamwork: Working Together in the Human Service*. Philadelphia: Lippincott.

Cockerham, W. C. (1999). *Sociology of mental disorder*(5th ed.). New Jersey: Prentice Hall Inc.

Compton, B. R., & Gallaway, B. (1999). *Social Work Processes*(6th ed.). Pacific Grove, CA: Brooks/Cole Publishing Co.

Corrigan, P. W., Green, A., Lundin, R., Kubiak, M. A., & Penn, D. L. (2001). Familiarity with and social distance from people who have serious mental illness. *Psychiatric Services, 52*(7), 953-958.

Corrigan, P. W., Larson, J. E., & Rusch, N. (2009). Self-stigma and the "why try" effect: impact on life goals and evidence-based practices. *World Psychiatry, 8*, 75-81.

Corrigan, P. W., Larson, J. E., Sells, M., Niessen, N., & Watson, A. C. (2007). Will filmed presentations of education and contact diminish mental illness stigma? *Community Mental Health Journal, 43*(2), 171-181.

Corrigan, P. W., & Watson, A. C. (2002). The paradox of self-stigma and mental illness. *Clinical; Psychological: Science and Practice, 9*(1), 35-53.

Crocker J., Major B., & Steele C. (1998). Social stigma. In S. Fiske, D. Gilbert, G. Lindzey, *Handbook of Social Psychology(Ed). 2*, 504-553. Boston, MA: McGraw-Hill.

DeLamerens-Pratt, M., & Golden, G. S. (1994). Teamwork in medical settings-hospitals, Clinics, and Communities. In H. G. Garner, & F. P. Orelove(Eds.), *Teamwork in human service: Models and Applications across the Life Span*. London: Butterworth-Heinemann.

Division 32 Committee on DSM-5 (2012). The open letter to DSM-5 Task Force (accessed October8,

2012). *http://dsm5-reform.com/the-open-letter-to-dsm-5-task-force.*

Emerson, E. (2004). Deinstitutionalization in england. *Journal of Intellectual and Developmental Disability, 29*(1), 79-84.

Falk, H. S. (1990). Social work in Health settings. In K. W. Davidsn, & S. S. Clarke(Eds.), *Social Work in Health Care: a Handbook for Practice Part I.* NY: The Haworth Press.

Fergusan, E. A. (1969). *Social Work an Introduction.* Philadelphia: J. B. Lippincott company.

Fink, A. E. (1949). *The Field of Social Work.* NY: Molt, Rinehart & Winston Inc.

Fink, A. E., Wilson, E. E., & Conover, V. (1963). *The Field of Social Work.* NY: Molt, Rinehart & Winston Inc.

Frances. A. (2009a). A warning sign on the road to DSM-5: Beware of its unintended consequences. *Psychiatric Times, 26*(8), 1-4.

Frances. A. (2009b). Whither DSM-5? *British Medical Journal, 340*, c1168.

Frances. A. (2010). The first draft of DSM-5. *British Journal of Psychiatry, 195*(5), 391-392.

Frances. A. (2013). *Essentials Psychiatric Diagnosis.* 박원명 · 민경준 · 전덕인 · 윤보현 · 김문두 · 우영섭 역(2014). 정신의학적 진단의 핵심. 서울: 시그마프레스.

French, L. M. (1940). *Psychiatric Social Work.* NY: Common Wealth Fund.

Garner, H. G. (1994). Multidisciplinary versus interdisciplinary teamwork. In H. G. Garner, & F. P. Orelove, *Teamwork in Human Services: Models and Applications across the Life Span.* London: Butterworth-Heinemann.

Germain, C. B. (1984). *Social Work Practice in Health Care.* NY: The Free Press.

Glover, J. (1979). *The DoorA Center of Alternatives.* NY: Personal Communication.

Goldberg, R. J., & Novack, D. H. (1992). The psychosocial review of systems. *Social Science & Medicine, 35*(3), 261-269.

Gursansky, D., Harvey, J., & Kennedy, R. (2003). *Case Management: Policy, Practice and Professional Business.* NY: Columbia University Press.

Heald, T. (1982). *Plymouth State College.* New Hampshire, Unpublished paper.

Jorm, A. F., & Griffiths, K. M. (2008). The public's stigmatizing attitudes towards people with mental disorders: how important are biomedical conceptualizations? *Acta Psychiatrica Scandinavica, 118*(4), 315-321.

Hutchinson, D. (1976). A model for transdisciplinary staff development. *Technical Report, 8.* NY: United Cerebral Palsy Association.

Ife, J. (2000). *Human Rights and Social Work.* 김형식 · 여지영 역(2001). 인권과 사회복지실천. 서울: 인간과복지.

Ignatieff, M. (2001). The attack on human rights. *Foreign Affairs 80.6*(November~ December), 102-106.

James, R. K. (2008). *Crisis Intervention strategies*(6th ed.). CA: Brooks/Cole.

Karls, J. M. (1994). *PIE Manual.* Washington, DC: NASW Press.

Larson, C. Z., & LaFasto, F. M. J. (1989). *Teamwork: What must go right/what can go wrong.* London: Sage Publishing.

Lauber, C., Nordt, C., Falcato, L., & Rossler, W. (2004). Factors influencing social distance toward people with mental illness. *Community Mental Health Journal, 40*(3), 265-274.

Liberman, R. P., & Foy, D. W. (1983). Psychiatric rehabilitation of chronic mental patients. *Psychiatric Annals, 13*, 539-545.

Link, B. G., Phelan, J. C., Bresnahan, M., Stueve, A., & Pescosolido, B. A. (1999). Public conceptions of mental illness: labels, causes, dangerousness, and social distance. *American Journal of Public Health, 89*(9), 1328-1333.

Mailick, M. D., & Jordon, P. (1997). A multimodel approach to collaborative practice in health setting. *Social Work in Health Care, 2*(4). summer.

Marion, R. (1980). Editor's corner. *Prospective for Change, 5,* summer.

Mueser, K. T., Bond, G. R., Drake, R. E., & Resnick, S. G. (1998). Models of community care for severe mental illness: A review of research on case management. *Schizophrenia Bulletin, 24*(1), 37-74.

O'Conner, G. G. (1988). Case management systems and practice. *Social Casework, 69*, 97-106.

O'Keefe, D. (1960). Psychiatric Social Work. In R. Kurtz(Ed.), *Social Work Year Book.* NY: National Association of Social Workers.

Perlman, H. H. (1975). Social work in psychiatric setting. In S. Arieti(Ed.), *American handbook of psychiatry*(2nd ed.). NY: Basic Books Inc.

Phelan, J. C., Link, B. G., Stueve, A., & Pescosolido, B. A. (2000). Public conceptions of mental illness in 1950 and 1996: what is mental illness and is it to be feared? *Journal of Health and Social Behavior, 41*, 188-207.

Ragins, M. (2010). *A Road to Recovery.* 김기태 · 박주홍 · 정민기 역(2011). **회복에 이르는 길.** 경기: 공동체.

Rapp, C. A. (1998). *The strengths model: Case management with people suffering from severe and persistent mental illness.* NY: Oxford University Press.

Rapp, C. A., & Goscha, R. J. (2004). The Principles of Effective Case Management of Mental Health Services. *Psychiatric Rehabilitation Journal, 27*(4), 319-333.

Reichert, E. (2003). *Human Rights and Social Work.* 권혁일 · 김윤택 · 김익현 · 김정린 · 나영희 · 박숙미 · 박한우 · 안상희 · 안석모 · 임송 · 진수명 · 최진 역(2008). **사회복지와 인권.** 서울: 인간과복지.

Russell, S. C. (1988). *Challenges to effective team functioning: Multi-, inter-, trans-disciplinary models.* Bowling Green, Oh: College of Health and Human Services. Bowling Green University.

Shanker, R. (1983). Occupational disease, worker' compensation, and social work advocate. *Social Work, 28.*

Sheafor, B. W., Horejsi, C. R., & Horejsi, G. A. (1997). *Techniques and guidelines for social work practice*(4th ed.). Boston: Allyn and Bacon.

Sherman, M., & Farina, A. (1974). Social Adeguacy of Parents and Children. *Journal of Abnormal Psychology, 83*, 327-330.

Siller, J. (1971). A summary: On the delineation of boundaries of professional practice in rehabilitation. *Article of Psychiatry in Medicine and Rehabilitation.*

Simon, B. L. (1994). *The Empowerment Tradition in American Social work.* NY: Columbia University Press.

Skidmore, R. A., Thackeray, M. G., & Farley, O. W. (1991). *Introduction to Social Work.* New Jersey: Prentice Hall.

Slaikeu, K. A. (1990). *Crisis intervention: A handbook for practice and research*(2nd ed.). Boston: Allyn and Bacon.

Turner, J. E., & Shifren, I. (1979). Community support systems: How comprehensive? *New Directions for Mental Health Services, 1*, 1-23.

Woodside, M. R., & McClam, T. (2006). *Generalist Case Management: A Method of Human Service Delivery*(2nd ed.). Pacific Grove, CA: Brooks/Cole.

Zastrow, C. (1992). *The Practice of Social Work*(4th ed.). California: Brooks/Cole Publishing Co.

Zastrow, C. (1995). *The Practice of Social Work*(5th ed.). California: Brooks/Cole Publishing Co.

Zastrow, C. (1999). *The Practice of Social Work*(6th ed.). California: Brooks/Cole Publishing Co.

경향신문(2010. 11. 21.). 자살 보도, 개인 문제보다 구조적 문제 조명해야죠.

매일경제(2018. 8. 26.). '1인 1스마트폰 시대' 개막…가입자 수 5천만 명 돌파.

매일경제(2020. 9. 21.). 서울시민 10명 중 4명 "코로나19로 정신건강 악화."

메디컬투데이(2014. 5. 15.). '강박충동장애' 연관 유전적 표지자 규명.

서울경제(2020. 11. 12.). 청소년 '극단선택' 사상 최고 기록하나.

조선일보(2021. 4. 10.). 천안함 트라우마센터는 왜 안 되나.

조선일보(2021. 5. 7.). 정신과 찾는 청춘들: 코로나 블루…우울증 위험군 3년새 6배, 2030이 최악.

중앙일보(2021. 5. 18.). 오프라가 손 잡아준 英해리 "20년간 다이애나 트라우마" 고백.

한국일보(2020. 9. 21.). 서울시민 40%, 코로나로 정신건강 악화…여행 제약도 어려움.

http://www.amc.seoul.kr/asan

https://www.beminor.com

http://www.cyadic.or.kr
http://www.doopedia.co.kr
http://www.health.kdca.go.kr
https://www.hidoc.co.kr
http://www.humanrights.go.kr/hrletter/08051/pop01.htm
http://www.koreanpsychology.or.kr
http://www.mentalhealth.go.kr
http://www.snuh.org
https://www.stdict.korean.go.kr

찾아보기

〈인 명〉

〈내 용〉

ㄱ

ㄴ

ㄷ

ㅁ

ㅂ

ㅅ

ㅊ

ㅋ

ㅌ

저자 소개

■ **김상옥**

숭실대학교 경영대학원 복지경영학과 교수

■ **김현경**

경민대학교 사회복지과 교수

■ **박주현**

백석문화대학교 사회복지학부 및 백석대학교 평생교육원 교수

■ **윤명길**

동원대학교 사회복지과 겸임교수

■ **이기원**

호원대학교 아동복지학과 교수

■ **이영희**

대전과학기술대학교 보건복지과 교수

■ **장갑수**

백석문화대학교 사회복지학부 교수

■ **정명희**

중원대학교 사회복지학과 교수

(가나다 순)

정신건강사회복지론

1판 1쇄 인쇄 – 2021년 8월 2일
1판 1쇄 발행 – 2021년 8월 6일

저 자 - 김상옥 김현경 박주현 윤명길 이기원 이영희 장갑수 정명희
발 행 인 - 강철원
발 행 처 - 양성원
주 소 - 경기도 파주시 검산로 173번길 29-20
전 화 - 031-946-3861(代)
팩 스 - 031-946-3864
이 메 일 - tnwpub@naver.com
홈페이지 - tnwpub.co.kr
출판등록 - 2015년 8월 31일 제 2015-000211 호

ISBN 979-11-6126-389-2

정가 20,000원

※ 저자와 협의하여 인지는 생략합니다.
※ 저작권법 제136조(벌칙)에 따라 위반자는 5년 이하의 징역 또는
5천만 원 이하의 벌금에 처하거나 이를 병과할 수 있습니다.